U0824279

BLUE BOOK OF
LITIGATION FOR CHINESE LISTED COMPANIES
（2022~2023）

2022~2023
中国上市公司诉讼蓝皮书

谢会生　总主编

法律出版社
LAW PRESS·CHINA
——北京——

图书在版编目(CIP)数据

2022～2023中国上市公司诉讼蓝皮书 / 谢会生总主编. -- 北京：法律出版社, 2023
ISBN 978－7－5197－8268－9

Ⅰ. ①2… Ⅱ. ①谢… Ⅲ. ①上市公司－经济纠纷－民事诉讼－研究报告－中国－2022－2023 Ⅳ. ①D925.104

中国国家版本馆CIP数据核字(2023)第167472号

2022～2023中国上市公司诉讼蓝皮书
2022～2023 ZHONGGUO SHANGSHI GONGSI SUSONG LANPISHU

谢会生 总主编

责任编辑 朱轶佳
装帧设计 汪奇峰

出版发行 法律出版社
编辑统筹 司法实务出版分社
责任校对 王 丰 郭艳萍
责任印制 胡晓雅
经　　销 新华书店

开本 710毫米×1000毫米 1/16
印张 27.25 **字数** 481千
版本 2023年9月第1版
印次 2023年9月第1次印刷
印刷 固安华明印业有限公司

地址:北京市丰台区莲花池西里7号(100073)
网址:www.lawpress.com.cn
投稿邮箱:info@lawpress.com.cn
举报盗版邮箱:jbwq@lawpress.com.cn

销售电话:010－83938349
客服电话:010－83938350
咨询电话:010－63939796
版权所有·侵权必究
书号:ISBN 978－7－5197－8268－9
定价:98.00元

凡购买本社图书,如有印装错误,我社负责退换。电话:010－83938349

编 委 会

总 主 编： 谢会生

执行主编： 杨慧彩　袁　京

编　　委： 姜　帅　邹龙妹　刘曦雨　周忠成
王安东　宋立妍　宋　鹤　杨功鹏
丁文庆　郭琴婷　陈乙芳　陈　梦
钟世娟　康　笛　孟祥昊　巨莹博
杨　睿　章祥兵　赵婷婷　张培铮
高　歌　苗　萍　田彦钰　王金强
吴玉婷　蔡九川　谢安丽

支持单位： 北京市金融服务法学研究会
中央财经大学金融服务法研究中心

序

2022 年，是资本市场风起云涌的一年。这一年，俄乌战争的不期而至，使整个国际局势发生深刻变化，全球范围内的疫情反复和由此导致的经济下行压力也使世界各国面临严峻挑战。在此背景下，作为经济的晴雨表，资本市场自然也未能幸免，在挑战与变局中经历了多重冲击。但令人欣慰的是，在各种挑战面前，我国资本市场都表现出了良好韧性。无论是 4 月新能源赛道股票的集体下跌，还是年中波及中美两国的中概股退市危机，抑或 A 股涌现史上最大的“破发潮”“退市潮”，资本市场政策制定者都找到了因应之策，未使风险进一步蔓延。

这一年，我国资本市场也继续向前发展，A 股存量公司首次突破 5000 家，投资者数量正式突破 2 亿，资本市场一系列高水平制度型开放举措也渐次落地。党的二十大报告提出“健全资本市场功能，提高直接融资比重”的要求，更是为未来资本市场改革发展指明了方向。可以预见，在未来，我国资本市场将继续立足服务实体经济这一根本要求，贯彻新发展理念，稳步推进全面注册制，不断完善资本市场基础制度，统筹扩大高水平对外开放，不断增强市场活力和吸引力。

这一年，我国资本市场法治建设也迈上了新台阶。1 月 21 日，最高人民法院发布《关于审理证券市场虚假陈述侵权民事赔偿案件的若干规定》，正式取代施行了 18 年之久的最高人民法院《关于审理证券市场因虚假陈述引发的民事赔偿案件的若干规定》，为贯彻 2019 年修订的《证券法》和全面推行注册制又提供了一道重要司法保障。2 月 28 日，全国人民代表大会常务委员会通过《关于设立成渝金融法院的决定》，标志着继上海金融法院、北京金融法院之后我国第三家金融法院正式设立。更为引人瞩目的是，4 月 20 日，全国人民代表大会正式通过了酝酿已久的《中华人民共和国期货和衍生品法》，我国资本市场“法律库”迎来新成员。

然而，在上述改革发展的浪潮下，我国资本市场领域的法律风险也呈现高发复杂的特点，对于上市公司而言尤为突出。作为承载我国资本市场运行的核心载体，上市公司不仅是中国证监会重要的监管对象且牵涉投资者、经营者、社会面等多元利益，还承担着诸多区别于普通公司的法律义务，其相关法律规范和行为规则的影响范围、复杂程度远超一般商事主体。因此,关注并研究上市公司面临的诉讼风险对于促进我国资本市场健康发展有着不容忽视的重要意义。

北京策略律师事务所是国内为数不多长年深耕资本市场重大商事纠纷领域的律师事务所。多年以来,策略律师事务所已深度参与并成功解决了多起资本市场领域重要案件,为国内多家上市公司与拟上市公司提供了切实有效的法律纠纷解决方案。律所凭借近年成功办理的“中国负案上市第一案”“中国上市公司股权激励第一案”“上市公司股东滥用股东权利纠纷第一案”“新三板中介机构被诉虚假陈述第一案”等多起在资本市场具有广泛影响力的重大案件,树立起在业界的突出优势。从 2019 年至今,策略律师事务所依托在资本市场重大商事纠纷业务上的经验和特色,独创并持续推进了“中国上市公司诉讼蓝皮书”研究项目,本项目在对每个自然年度内上市公司的诉讼风险状况予以深入分析的同时,还筛选当年度内若干典型案例进行具体呈现。在一年又一年精益求精的努力下,“中国上市公司诉讼蓝皮书”系列丛书不仅引发了资本市场从业者的积极反响,更已成为研究资本市场上市公司诉讼的重要参考资料。

本书是“中国上市公司诉讼蓝皮书”项目第四年的研究成果。从内容上看,本书在延续往年主要结构和体例的同时,与时俱进地强化了统计范围、分析深度和案例覆盖面:一是在实证分析方面,本书覆盖的上市公司数量为 5079 家,吸纳的诉讼案件也进一步扩容,达到 22,516 个样本案例,并在此基础上以行业为单位构建了诉讼风险指数体系;二是在典型案例的筛选解读方面,本书聚焦上市公司重大诉讼和司法前沿的筛选方法也比往年更加科学、成熟,插入案情图示、分析图示的做法也有利于读者更快掌握案情和法律要点。

在资本市场持续深化改革、逆境新生的大背景下,本书作为策略律师事务所精心打造的第四部“中国上市公司诉讼蓝皮书”,殊为不易。鲁迅曾说:“巨大的建筑,总是由一木一石叠起来的。”我们相信,“中国上市公司诉讼蓝皮书”系列丛书每年“一木一石”积累的卓越成果,也终会为资本市场上市公司诉讼研究构筑一座壮观醒目的地标。作为策略律师事务所资本市场部首席顾问,我也衷心希望这部承载着美好愿景和独特价值的新作能够持续为业界同仁的共同进步提供有益参考。

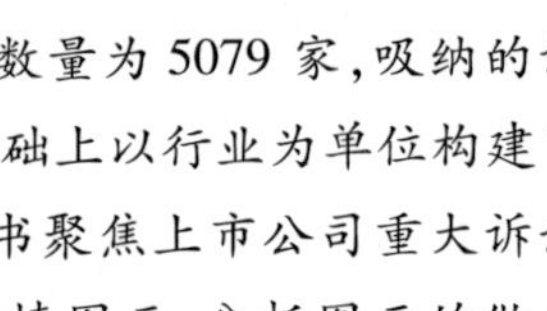

2023 年 8 月 22 日

自　序

“一溪初入千花明，万壑度尽松风声”，在千帆争竞的证券市场大潮中，“中国上市公司诉讼蓝皮书”系列已徜徉至第四个年头。常闻大潮浩荡、常见潮起潮落，有时躬身入局、有时侧目旁观。聚沙成书，所得“花明”“松风”，有幸与同侪共享。

置身中国资本市场的丘壑之间，股票发行注册制的全面推行无疑是2022年以来最醒目的里程碑，这标志着中国上市公司股票发行彻底从“核准制”转轨到“注册制”。这项制度变革带来的影响不可谓不重大，业内人士将之比喻为中国资本市场进入新阶段的“成人礼”，彰显了注册制对于资本市场法治化、市场化的深刻影响。

注册制改革，从机制上看，是将原本专属于中国证监会的上市审核权“下放”到交易所，实现“审监分离”，使中国证监会更专注于上市后的监管和资本市场运行过程中的调控。但从更深远的角度上看，全面推行注册制很大程度上将选择权交还给证券交易所、中介机构及至投资者，最终将必然带来整个资本市场生态环境的改变。

一切旧事物的变革中都孕育着新机会，而把握这些新机会又需要厚积薄发的坚守，这是我们通过“中国上市公司诉讼蓝皮书”系列长期观察中国资本市场的深切体会。全面推行注册制无疑开启了资本市场的一个新纪元，也给本书的案例研究提供了新的土壤。可以预见，随着越来越多的上市公司以注册方式上市发行，上市公司及其投资者的主体性也会显著提升：一方面，作为“研究样本”的上市公司及其诉讼案件的规模和更新速度将会持续攀升；另一方面，资本市场中的利益博弈也会越来越多地通过市场化的方式解决，诉讼等规范性、法治化途径将逐渐成为纠纷解决的主要途径。这些变化与发展都将成为我们研究资本市场、洞察趋势、汇聚谋略与智慧的源泉。

“不积跬步，无以至千里；不积小流，无以成江海。”我们的研究工作始终立足于中国资本市场三十多年的发展历程之上。蓝皮书系列的成果受益于国家金融改革的积极成效，也仰赖于资本市场各类从业者的长期耕耘。怀揣着对第四部《2022～2023中国上市公司诉讼蓝皮书》的美好期待，我们也希望能够通过这样一份研究成果，总览2022～2023年度的风云变幻，记录历史进程、回馈读者期许。

2023年8月3日

目　　录

第一章

2022年上市公司诉讼总体情况分析

第一节 2022 年上市公司诉讼案件的行业及类型分析

根据深圳证券交易所、上海证券交易所、北京证券交易所官网的统计信息，截至 2022 年年末，我国 A 股上市公司共计 5079 家，相比 2021 年年末的 4697 家，A 股上市公司的数量增长了约 8.13%。①

一、2022 年中国上市公司总体情况分析

（一）2022 年 A 股上市公司的行业划分

本书参考中国证券监督管理委员会发布的《上市公司行业分类指引》（证监会公告〔2012〕31 号）②和原国家质量监督检验检疫总局、国家标准化管理委员会发布的《国民经济行业分类》（GB/T4754—2017），将上述 5079 家上市公司划分为 31 个行业。

各行业相应的上市公司数量如表 1－1 所示，本书将以下述 31 个行业为主线，分别展开 2022 年度上市公司诉讼案件的风险梳理和统计分析。

表 1－1 2022 年各行业上市公司数量统计

节序号*	行业	上市公司数量/家	数量排名
十六	计算机、通信和其他电子设备制造业	569	1
十三	专用设备制造业	362	2
七	石油、化学相关制品制造业	348	3
二十四	软件和信息技术服务业	336	4
十五	电气机械和器材制造业	321	5
八	医药制造业	314	6
十四	汽车等交通运输设备制造业	247	7
十一	金属相关制造业	213	8

① 本书系针对 A 股上市公司情况进行的统计分析，以下简称上市公司，不再逐一说明。

② 该规范已于 2022 年 8 月 12 日被中国证券监督管理委员会《关于废止部分证券期货规范性文件的决定》废止，但作为上市公司行业分类的重要历史规范，本书仍将其作为划定上市公司类别的参考资料之一。

续表

节序号	行业	上市公司数量/家	数量排名
十二	通用设备制造业	195	9
三	食品、饮品相关制造业	185	10
九	化纤、橡胶、塑料相关制造业	151	11
十八	电力、热力、燃气及水生产和供应业	132	12
二十五	金融业	128	13
二十九	公共事业等其他服务业	126	14
二十二	交通运输、仓储、邮政、住宿和餐饮业	121	15
十七	仪器仪表等其他制造业	114	16
十	非金属矿物制品业	113	17
二十六	房地产业	113	17
二十八	科学研究和技术服务业	110	19
十九	建筑业	109	20
四	纺织、服饰相关制造业	103	21
二十一	零售业	101	22
二十	批发业	89	23
二十三	电信和互联网相关服务业	88	24
二	采矿业	80	25
五	木材、家具、造纸相关制造业	79	26
二十七	租赁和商务服务业	67	27
三十	文化、体育和娱乐业	63	28
一	农、林、牧、渔业	49	29
六	印刷、文娱相关制品制造业	40	30
三十一	综合行业	13	31
	总计	5079	

* 表中的节序号对应的是第二章的小节序号。

(二)2022 年 A 股上市公司的地域分布

本书根据 2022 年年末 A 股各大上市公司的公开企业信息，以各个公司的注册地址为依据，整理了 2022 年 A 股上市公司的地域分布情况。总体来看，上市公司在各省(自治区、直辖市)的数量分布与各地的经济发展水平基本呈现正相关关系。上市公司数量最多的几个省(自治区、直辖市)分别为:广东省(834 家)、浙江省(657 家)、江苏省(637 家)、北京市(458 家)、上海市(422 家)、山东省(291 家)。各地上市公司具体数量分布情况如图 1－1 所示。

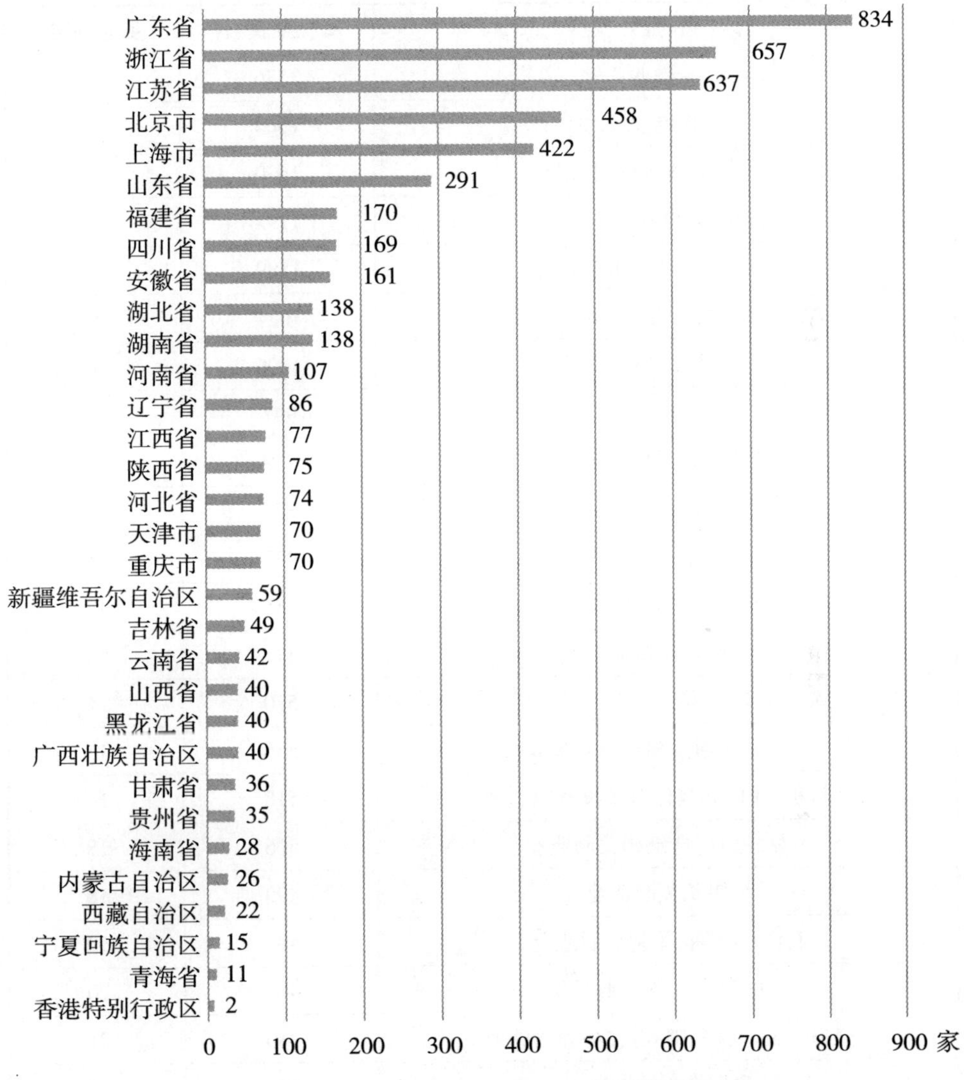

图 1－1　上市公司具体数量地域分布情况

(三)2022 年上市公司诉讼案件的行业分布概况

为研究各行业上市公司在 2022 年度的诉讼情况,本书以上市公司为当事人,利用“威科先行”和“北大法宝”等法律信息数据库，检索了2022年1月1日～12月31日全国各地各级法院审结的诉讼案件，共收集案件22,516件，作为本书研究的统计样本。22,516件样本案件的行业分布情况如表1－2所示。

表1－2　2022年上市公司诉讼案件数量分行业统计

行业	案件数量/件	数量排名
金融业	3586	1
建筑业	1960	2
电气机械和器材制造业	1630	3
文化、体育和娱乐业	1192	4
电力、热力、燃气及水生产和供应业	1189	5
食品、饮品相关制造业	1014	6
纺织、服饰相关制造业	1006	7
房地产业	947	8
电信和互联网相关服务业	919	9
专用设备制造业	877	10
印刷、文娱相关制品制造业	872	11
公共事业等其他服务业	855	12
医药制造业	597	13
零售业	570	14
汽车等交通运输设备制造业	555	15
计算机、通信和其他电子设备制造业	518	16
木材、家具、造纸相关制造业	506	17
金属相关制造业	499	18
石油、化学相关制品制造业	493	19
软件和信息技术服务业	475	20
交通运输、仓储、邮政、住宿和餐饮业	380	21
通用设备制造业	373	22
采矿业	354	23
非金属矿物制品业	319	24
批发业	170	25

续表

行业	案件数量/件	数量排名
化纤、橡胶、塑料相关制造业	141	26
仪器仪表等其他制造业	136	27
科学研究和技术服务业	128	28
农、林、牧、渔业	126	29
租赁和商务服务业	114	30
综合行业	15	31
总计	22,516	—

二、2022 年上市公司诉讼案件类型及案由分布概况

（一）2022 年上市公司诉讼案件类型分布情况

在本书研究的 22,516 件样本案件中，根据民事诉讼、行政诉讼和刑事诉讼三大部门法领域的划分，民事、行政、刑事三类案件的数量分别为 22,320 件、196 件和 0 件（见表 1－3）。可见其中绝大部分为民事案件，约占全部样本案件数量的 99.13%，因此，上市公司的民事诉讼案件也将是本书研究的主要内容。

表 1－3　样本案件类型分布

案件类型	案件数量/件
民事案件	22,320
行政案件	196
刑事案件	0

（二）2022 年上市公司民事案件基本类型分布情况

如前所述，样本案件中民事案件共 22,320 件，占据所有样本案件数量的 99% 以上。在民事案件的类型上，本书按照所涉及的具体民事法律部门种类，具体划分为物权纠纷、合同类纠纷、侵权责任纠纷、知识产权纠纷、竞争法纠纷、公司法纠纷、金融法纠纷、劳动法纠纷、其他民事纠纷 9 类，其中，竞争法纠纷包含不正当竞争纠纷和垄断纠纷，公司法纠纷包含与公司、企业、破产有关的纠纷，金融法纠纷包含证券、保险、票据、信托、期货、信用证等领域的纠纷，其他民事纠纷包含人格权纠纷、海事海商纠纷等在本书研究的样本中数量较少的纠纷类型。

上述9类民事案件的案件数量具体分布情况如表1－4所示。

表1－4　民事案件类型分布

案件类型	案件数量/件	数量排名
合同类纠纷	11,542	1
知识产权纠纷	5149	2
金融法纠纷	2267	3
劳动法纠纷	1587	4
侵权责任纠纷	718	5
公司法纠纷	302	6
物权纠纷	293	7
其他民事纠纷	242	8
竞争法纠纷	220	9
总计	22, 320	—

如表1－4所示，在本书研究的所有民事案件中，合同类纠纷数量最多，达到11, 542件，约占全部民事案件总数的51.71%；其次是知识产权纠纷，共计5149件，约占全部民事案件总数的23.07%；再次是金融法纠纷和劳动法纠纷，分别约占全部民事案件总数的10.16%和7.11%；其他类型的民事案件占比均小于5%，数量较少。具体如图1－2所示。

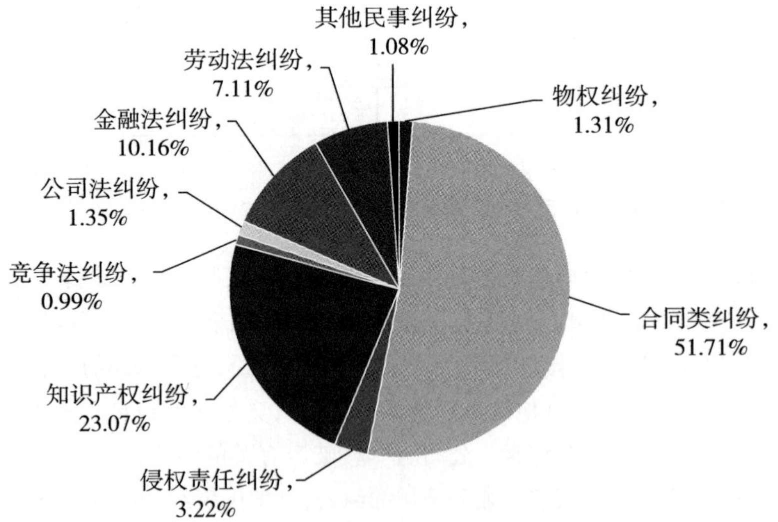

图1－2　民事案件基本类型占比

（三）民事案件具体案由的分布情况

在民事案件的具体案由上，本书依据最高人民法院制定的《民事案件案由规定》（法〔2020〕347 号，以下简称《民事案由规定》），对样本中全部民事案件的具体案由进行归纳和总结，参考《民事案由规定》对一级、二级和三级案由的划分，将全部民事案件案由的数量分布情况呈现为表 1－5。

表 1－5　民事案件案由类型分布

序号	一级案由	二级案由	三级案由	数量/件
1	人格权纠纷	人格权纠纷	生命权、身体权、健康权纠纷	97
2			名誉权纠纷	12
3			隐私权、个人信息保护纠纷	9
4			一般人格权纠纷	7
5			肖像权纠纷	3
6			姓名权纠纷	2
7			名称权纠纷	1
8	婚姻家庭、继承纠纷	婚姻家庭纠纷	离婚后财产纠纷	7
9		继承纠纷	离婚纠纷	1
10			夫妻财产约定纠纷	1
11			被继承人债务清偿纠纷	18
12			法定继承纠纷	3
13			继承纠纷	2
14	物权纠纷	不动产登记纠纷	异议登记不当损害责任纠纷	2
15		物权保护纠纷	财产损害赔偿纠纷	150
16			排除妨害纠纷	34
17			返还原物纠纷	30
18			物权确认纠纷	27
19			物权保护纠纷	19
20			恢复原状纠纷	4
21			消除危险纠纷	1

续表

序号	一级案由	二级案由	三级案由	数量/件
22	物权纠纷	所有权纠纷	修理、重作、更换纠纷	1
23			共有纠纷	5
24			相邻关系纠纷	3
25			建筑物区分所有权纠纷	2
26			业主撤销权纠纷	1
27		用益物权纠纷	业主知情权纠纷	1
28		担保物权纠纷	土地承包经营权纠纷	4
29		占有保护纠纷	抵押权纠纷	3
30			其他物权纠纷	4
31			占有物返还纠纷	1
32			占有排除妨害纠纷	1
33	合同、准合同纠纷	合同纠纷	买卖合同纠纷	3760
34			借款合同纠纷	1830
35			建设工程合同纠纷	1341
36			供用热力合同纠纷	1019
37			服务合同纠纷	580
38			房屋买卖合同纠纷	520
39			租赁合同纠纷	439
40			承揽合同纠纷	407
41			追偿权纠纷	309
42			银行卡纠纷	251
43			劳务合同纠纷	218
44			运输合同纠纷	147
45			物业服务合同纠纷	75
46			委托合同纠纷	74
47			保证合同纠纷	64
48			债权人代位权纠纷	56
49			确认合同效力纠纷	50

续表

序号	一级案由	二级案由	三级案由	数量/件
50	合同、准合同纠纷	合同纠纷	储蓄存款合同纠纷	48
51			委托理财合同纠纷	30
52			广告合同纠纷	30
53			债权转让合同纠纷	29
54			融资租赁合同纠纷	29
55			债权人撤销权纠纷	28
56			中介合同纠纷	17
57			保理合同纠纷	14
58			民事主体间房屋拆迁补偿合同纠纷	13
59			合伙合同纠纷	10
60			抵押合同纠纷	9
61			缔约过失责任纠纷	8
62			供用气合同纠纷	7
63			拍卖合同纠纷	6
64			仓储合同纠纷	6
65			房地产开发经营合同纠纷	4
66			供用电合同纠纷	4
67			质押合同纠纷	4
68			债务转移合同纠纷	3
69			农业承包合同纠纷	3
70			展览合同纠纷	3
71			预约合同纠纷	2
72			供用水合同纠纷	2
73			借用合同纠纷	2
74			种植、养殖回收合同纠纷	2
75			债务加入纠纷	1
76			建设用地使用权合同纠纷	1
77			赠与合同纠纷	1

续表

序号	一级案由	二级案由	三级案由	数量/件
78	合同、准合同纠纷	合同纠纷	定金合同纠纷	1
79			保管合同纠纷	1
80			土地承包经营权合同纠纷	1
81		不当得利纠纷	不当得利纠纷	74
82		无因管理纠纷	准合同纠纷	8
83			无因管理纠纷	1
84	知识产权与竞争纠纷	知识产权合同纠纷	其他知识产权纠纷	41
85			著作权合同纠纷	24
86			特许经营合同纠纷	9
87			技术合同纠纷	7
88			商标合同纠纷	6
89			网络域名合同纠纷	5
90			专利合同纠纷	3
91		知识产权权属、侵权纠纷	商标权权属、侵权纠纷	2945
92			著作权权属、侵权纠纷	1914
93			专利权权属、侵权纠纷	191
94			植物新品种权权属、侵权纠纷	1
95			侵害企业名称(商号)权纠纷	1
96			网络域名权属、侵权纠纷	1
97		不正当竞争纠纷	因恶意提起知识产权诉讼损害责任纠纷	1
98			其他不正当竞争纠纷	150
99			仿冒纠纷	59
100			网络不正当竞争纠纷	8
101			虚假宣传纠纷	1
102			侵害商业秘密纠纷	1
103			商业诋毁纠纷	1

续表

序号	一级案由	二级案由	三级案由	数量/件
104	劳动争议、人事争议	劳动争议	劳动合同纠纷	1534
105			社会保险纠纷	37
106			福利待遇纠纷	12
107		人事争议	其他劳动争议、人事争议	4
108	海事海商纠纷	海事海商纠纷	海上、通海水域货物运输合同纠纷	35
109			海上、通海水域货运代理合同纠纷	24
110			船舶建造合同纠纷	12
111			其他海事海商纠纷	2
112			海上、通海水域财产损害责任纠纷	1
113			航次租船合同纠纷	1
114			船员劳务合同纠纷	1
115			海难救助合同纠纷	1
116			海上、通海水域保险合同纠纷	1
117			港口作业纠纷	1
118	与公司、证券、保险、票据等有关的民事纠纷	与企业有关的纠纷	联营合同纠纷	9
119			挂靠经营合同纠纷	1
120		与公司有关的纠纷	股权转让纠纷	71
121			损害公司债权人利益责任纠纷	40
122			其他与公司有关的纠纷	31
123			公司决议纠纷	18
124			损害公司利益责任纠纷	10
125			股东资格确认纠纷	9
126			损害股东利益责任纠纷	9
127			清算责任纠纷	8
128			新增资本认购纠纷	7
129			公司解散纠纷	7
130			股东知情权纠纷	6
131			公司盈余分配纠纷	6

续表

序号	一级案由	二级案由	三级案由	数量/件
132	与公司、证券、保险、票据等有关的民事纠纷	与公司有关的纠纷	请求变更公司登记纠纷	5
133			股东出资纠纷	4
134			公司增资纠纷	3
135			公司减资纠纷	2
136		合伙企业纠纷	其他与合伙企业有关的纠纷	4
137		与破产有关的纠纷	破产债权确认纠纷	31
138			对外追收债权纠纷	9
139			其他与破产有关的纠纷	5
140			损害债务人利益赔偿纠纷	2
141			请求撤销个别清偿行为纠纷	1
142			请求确认债务人行为无效纠纷	1
143			追收未缴出资纠纷	1
144			取回权纠纷	1
145			别除权纠纷	1
146		证券纠纷	证券欺诈责任纠纷	777
147			证券交易合同纠纷	17
148			证券回购合同纠纷	17
149			融资融券交易纠纷	11
150			证券发行纠纷	5
151			证券交易代理合同纠纷	4
152			金融衍生品种交易纠纷	1
153			证券承销合同纠纷	1
154			客户交易结算资金纠纷	1
155		期货交易纠纷	其他期货交易纠纷	1
156		信托纠纷	营业信托纠纷	7
157		保险纠纷	人身保险合同纠纷	179
158			财产保险合同纠纷	49
159			保险代理合同纠纷	2

续表

序号	一级案由	二级案由	三级案由	数量/件
160	与公司、证券、保险、票据等有关的民事纠纷	保险纠纷	保险费纠纷	1
161		票据纠纷	票据追索权纠纷	1002
162			票据纠纷	105
163			票据付款请求权纠纷	58
164			票据利益返还请求权纠纷	15
165		信用证纠纷	信用证议付纠纷	9
166			信用证融资纠纷	1
167		独立保函纠纷	独立保函欺诈纠纷	4
168	侵权责任纠纷	侵权责任纠纷	机动车交通事故责任纠纷	204
169			提供劳务者受害责任纠纷	170
170			其他侵权责任纠纷	143
171			产品责任纠纷	82
172			网络侵权责任纠纷	31
173			违反安全保障义务责任纠纷	21
174			教育机构责任纠纷	19
175			建筑物和物件损害责任纠纷	14
176			非机动车交通事故责任纠纷	7
177			触电人身损害责任纠纷	5
178			用人单位责任纠纷	4
179			提供劳务者致害责任纠纷	4
180			医疗损害责任纠纷	4
181			环境污染责任纠纷	3
182			高度危险责任纠纷	3
183			因申请财产保全损害责任纠纷	2
184			义务帮工人受害责任纠纷	1
185			航空运输损害责任纠纷	1

如表 1－5 所示，样本中的 22，320 件民事案件共涉及 185 个三级案由、30 个二级案由和 9 个一级案由。其中，除在统计过程中无法判断具体案由的“综合类”或“其他类”三级案由外，案件数量最多的 20 个三级案由分别为：买卖合同纠纷，商标权权属、侵权纠纷，著作权权属、侵权纠纷，借款合同纠纷，劳动合同纠纷，建设工程合同纠纷，供用热力合同纠纷，票据追索权纠纷，证券欺诈责任纠纷，服务合同纠纷，房屋买卖合同纠纷，租赁合同纠纷，承揽合同纠纷，追偿权纠纷，银行卡纠纷，劳务合同纠纷，机动车交通事故责任纠纷，专利权权属、侵权纠纷，人身保险合同纠纷，提供劳务者受害责任纠纷。上述案由所包含的案件数量按降序排列，具体分布见表 1－6。

表 1－6　案件数量前 20 名的案由分布

序号	2022 年三级案由前 20 名	案件数量/件
1	买卖合同纠纷	3760
2	商标权权属、侵权纠纷	2945
3	著作权权属、侵权纠纷	1914
4	借款合同纠纷	1830
5	劳动合同纠纷	1534
6	建设工程合同纠纷	1341
7	供用热力合同纠纷	1019
8	票据追索权纠纷	1002
9	证券欺诈责任纠纷	777
10	服务合同纠纷	580
11	房屋买卖合同纠纷	520
12	租赁合同纠纷	439
13	承揽合同纠纷	407
14	追偿权纠纷	309
15	银行卡纠纷	251
16	劳务合同纠纷	218
17	机动车交通事故责任纠纷	204
18	专利权权属、侵权纠纷	191
19	人身保险合同纠纷	179
20	提供劳务者受害责任纠纷	170

如前文所述，样本中全部的 22,320 件民事案件涉及 185 个三级案由，而表 1-6 所示的 20 个案由所包含的案件数量共计 19,590 件，约占全部民事案件总数的 87.77%，可见上市公司案件类型在上述 20 个案由中的集中度较高，这 20 个案由基本反映了上市公司所涉及的民事诉讼中比较多发和常见的案件类型情况。

第二节　2022 年上市公司诉讼案件的诉讼程序及地域分析

一、2022 年上市公司诉讼案件的诉讼程序概况

（一）样本案件的诉讼阶段分布概况

在 22,516 件样本案件中，一审程序审结的案件有 18,954 件，二审程序审结的案件有 3300 件，再审程序审结的案件有 262 件。如图 1-3 所示，其中约 84.18% 的案件为一审案件，二审案件占比约为 14.66%，而再审案件数量较少，仅占约 1.16%。

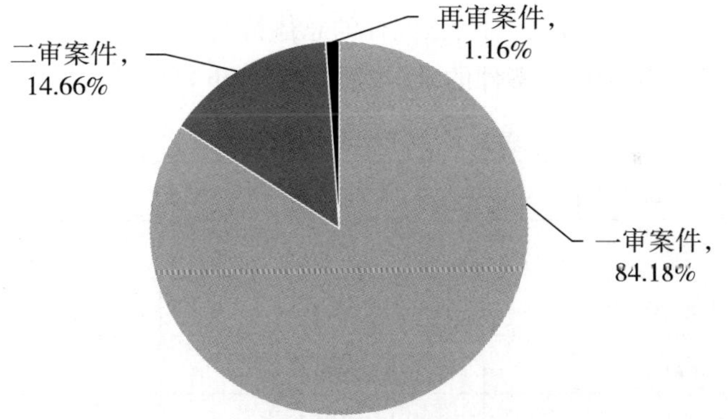

图 1-3　样本案件各诉讼阶段占比

（二）样本案件的审理法院层级分布概况

在 22,516 件样本案件中，基层人民法院（包括互联网法院等与基层法院同级的专门法院）审结的案件有 16,777 件、中级人民法院（包括海事法院、知识产权法院、金融法院等与中级人民法院同级的专门法院）审结的案件有 5177 件、高级人民法院审结的案件有 508 件、最高人民法院审结的案件有 54 件。各级法院审结的案件占比情况如图 1-4 所示。其中约 74.51% 的案件为基层人民法院审结的案件，中

级人民法院审结的案件约占22.99%，而各高级人民法院及最高人民法院审结的案件数量较少，分别约占全部案件数量的2.26%和0.24%。

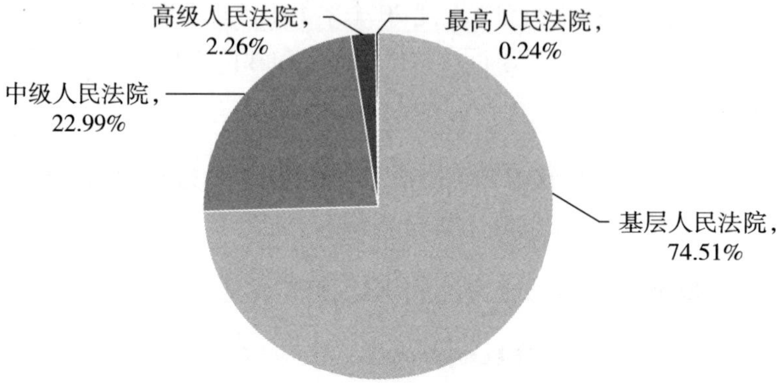

图1－4　样本案件中各级审理法院层级占比示意

二、2022年上市公司诉讼案件的地域分布概况

在22,516件样本案件中，本书根据审理法院所属的省级行政区划，统计了各省（自治区、直辖市）审理上市公司诉讼案件的总体情况。除54件案件由最高人民法院审结之外，其余22,462件案件的省（自治区、直辖市）分布情况如表1－7所示。

表1－7　样本案件地域分布

省（自治区、直辖市）	案件数量/件	数量排名
北京市	4042	1
山东省	2647	2
上海市	2625	3
广东省	1754	4
湖南省	1451	5
江苏省	1228	6
辽宁省	1061	7
浙江省	1015	8
陕西省	958	9
河南省	764	10
福建省	746	11

续表

省（自治区、直辖市）	案件数量/件	数量排名
湖北省	669	12
吉林省	607	13
重庆市	537	14
安徽省	326	15
天津市	236	16
四川省	215	17
河北省	212	18
新疆维吾尔自治区	212	19
云南省	196	20
甘肃省	175	21
江西省	148	22
广西壮族自治区	125	23
黑龙江省	124	24
贵州省	86	25
内蒙古自治区	79	26
青海省	68	27
宁夏回族自治区	66	28
山西省	55	29
海南省	25	30
西藏自治区	10	31

由表1－7可知，在全国31个省级行政区中，2022年审结的上市公司案件数量超过1000件的有北京市、山东省、上海市、广东省、湖南省、江苏省、辽宁省、浙江省共8个省市，可见上市公司涉及的诉讼案件较多集中在经济相对发达的地区审理。

第三节　2022 年上市公司诉讼案件的诉讼结果及风险指数分析

一、2022 年上市公司诉讼案件标的额概况

在本书所收集并研究的 22,516 件案件中，除部分撤回起诉、撤回上诉、撤回再审申请、驳回起诉、驳回上诉、驳回再审申请、发回重审等诉讼结果中无法统计诉讼标的额的案件，以及一些因案件性质不需要讨论标的额问题的案件之外，共统计到明确记载标的额的案件为 9941 件。

通过图 1－5 可以看出，样本案件的标的额呈现以下特点：(1)大量案件的标的额集中于 1 万～50 万元的数据区间内，其中有 4222 件案件的标的额在 1 万元以上 10 万元以下，有 1252 件案件的标的额在 10 万元以上 20 万元以下，有 1629 件案件的标的额在 20 万元以上 50 万元以下；(2)其他标的额区间的案件数量分布相对较少，案件数量均不超过 1000 件；(3)从总体趋势来看，案件数量与标的额大体上呈负相关关系，即标的额越大，相应的案件数量越少。

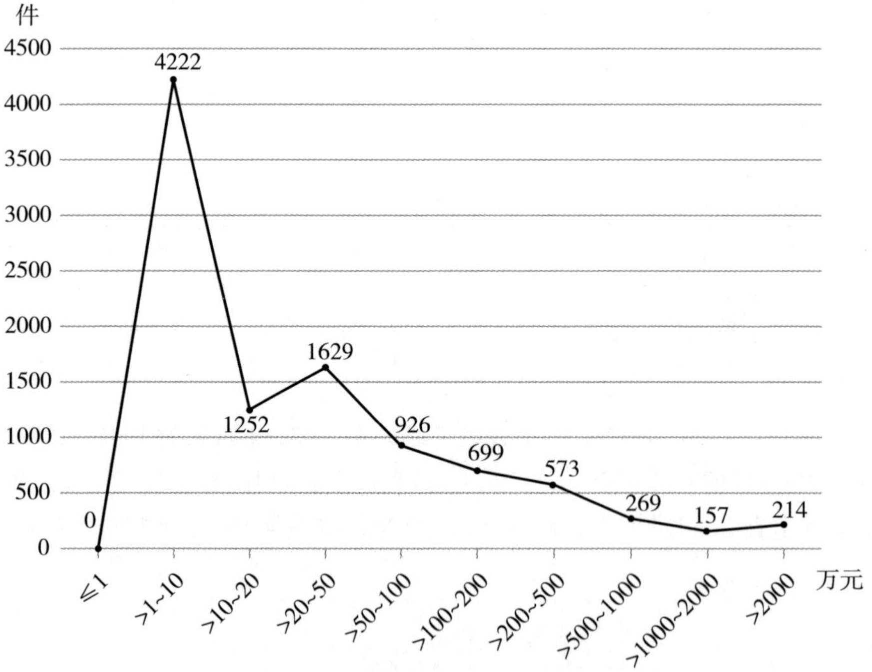

图 1－5　样本案件诉讼标的额分布

二、2022 年上市公司诉讼案件的诉讼结果概况

(一)样本案件中诉讼结果分布概况

根据上市公司诉讼案件的实际情况,本书将案件诉讼结果主要分为以下五种情形:

(1)上市公司胜诉:法院判决上市公司一方胜诉或认可了上市公司一方的大多数诉讼请求。

(2)上市公司败诉:法院判决上市公司一方败诉或否认了上市公司一方的大多数诉讼请求。

(3)任意一方当事人撤诉:诉讼当事人一方(一般是原告)撤回起诉或者撤回上诉,导致诉讼无疾而终,从而无法判断上市公司一方是否胜诉。

(4)法院驳回起诉、上诉或再审申请:法院驳回当事人一方的请求,但没有对上市公司一方的诉讼请求予以回应,或者判决书中没有明确记载法院的判决理由,因而无法判断上市公司一方是否胜诉。

(5)法院不予受理、发回重审:判决书中仅记载不予受理或发回重审,无法判断上市公司一方是否胜诉。

上述情形所涉及的案件数量统计如表 1 - 8 所示。

表 1 - 8 上市公司诉讼案件诉讼结果分布

诉讼结果	案件数量/件
胜诉	10,815
败诉	10,901
撤回起诉	358
撤回上诉	105
撤回再审申请	13
驳回起诉	122
驳回上诉	181
驳回再审申请	0
发回重审	21

胜诉和败诉以外的其他情况以“其他”概括,则在所有的样本案件中,上市公司的胜诉和败诉情况如图 1 - 6 所示。其中,上市公司一方胜诉的案件共 10,815 件,约占全部案件数量的 48.03%;上市公司一方败诉的案件共 10,901 件,约占全部案

件数量的48.41%；其余为发生撤回起诉、撤回上诉、撤回再审申请、驳回起诉、驳回上诉、驳回再审申请、发回重审等情形的案件，仅约占全部案件数量的3.56%。

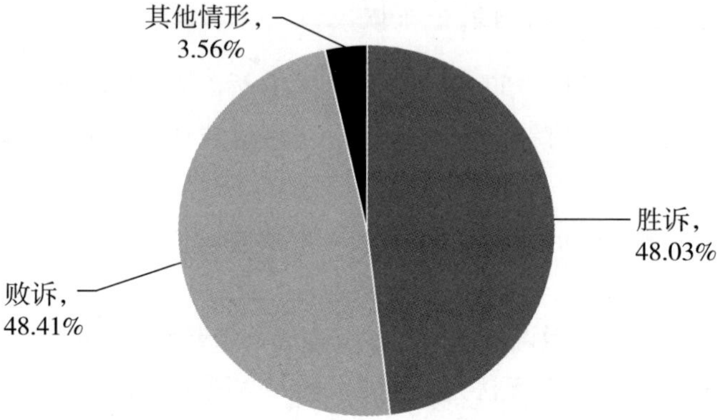

图1－6　样本案件中各类诉讼结果占比

总体来看，上市公司参与诉讼案件的结果是胜少败多，但胜诉和败诉案件的数量差距并不大，基本持平。

（二）各行业上市公司诉讼结果情况总体分布

在不考虑撤回起诉、撤回上诉、撤回再审申请、驳回起诉、驳回上诉、驳回再审申请、发回重审等特殊情形案件的情况下，31个行业上市公司的胜诉、败诉情况如表1－9所示。其中，上市公司胜诉的案件共计10,815件，上市公司败诉的案件共计10,901件，在去除撤回起诉等其他情形后，总体的胜诉率约为49.8%。

表1－9　各行业上市公司胜诉和败诉情况分布

序号	行业	胜诉/件	败诉/件
1	农、林、牧、渔业	74	50
2	采矿业	252	91
3	食品、饮品相关制造业	379	617
4	纺织、服饰相关制造业	390	612
5	木材、家具、造纸相关制造业	217	274
6	印刷、文娱相关制品制造业	220	652
7	石油、化学相关制品制造业	309	178
8	医药制造业	221	368

续表

序号	行业	胜诉/件	败诉/件
9	化纤、橡胶、塑料相关制造业	63	72
10	非金属矿物制品业	171	137
11	金属相关制造业	232	252
12	通用设备制造业	167	199
13	专用设备制造业	514	345
14	汽车等交通运输设备制造业	348	173
15	电气机械和器材制造业	612	990
16	计算机、通信和其他电子设备制造业	244	262
17	仪器仪表等其他制造业	63	69
18	电力、热力、燃气及水生产和供应业	379	801
19	建筑业	1288	626
20	批发业	62	102
21	零售业	334	211
22	交通运输、仓储、邮政、住宿和餐饮业	261	108
23	电信和互联网相关服务业	451	443
24	软件和信息技术服务业	255	209
25	金融业	1800	1382
26	房地产业	559	359
27	租赁和商务服务业	63	44
28	科学研究和技术服务业	75	51
29	公共事业等其他服务业	533	305
30	文化、体育和娱乐业	270	914
31	综合行业	9	5
	总计	10, 815	10, 901

（三）各行业上市公司参与诉讼的胜诉率排行

2022 年，在不考虑撤回起诉等特殊情形案件的情况下，各行业上市公司的胜诉率排行如表 1 – 10 所示。

表1-10　各行业上市公司胜诉率排行

行业	胜诉率/%	排名
采矿业	73.47	1
交通运输、仓储、邮政、住宿和餐饮业	70.73	2
建筑业	67.29	3
汽车等交通运输设备制造业	66.79	4
综合行业	64.29	5
公共事业等其他服务业	63.60	6
石油、化学相关制品制造业	63.45	7
零售业	61.28	8
房地产业	60.89	9
专用设备制造业	59.84	10
农、林、牧、渔业	59.68	11
科学研究和技术服务业	59.52	12
租赁和商务服务业	58.88	13
金融业	56.57	14
非金属矿物制品业	55.52	15
软件和信息技术服务业	54.96	16
电信和互联网相关服务业	50.45	17
计算机、通信和其他电子设备制造业	48.22	18
金属相关制造业	47.93	19
仪器仪表等其他制造业	47.73	20
化纤、橡胶、塑料相关制造业	46.67	21
通用设备制造业	45.63	22
木材、家具、造纸相关制造业	44.20	23
纺织、服饰相关制造业	38.92	24
电气机械和器材制造业	38.20	25
食品、饮品相关制造业	38.05	26
批发业	37.80	27
医药制造业	37.52	28

续表

行业	胜诉率/%	排名
电力、热力、燃气及水生产和供应业	32.12	29
印刷、文娱相关制品制造业	25.23	30
文化、体育和娱乐业	22.80	31

从表 1－10 可以发现，全部 31 个行业的上市公司中，参与诉讼胜诉率最高的是采矿业的上市公司，其次是交通运输、仓储、邮政、住宿和餐饮业的上市公司，接下来是建筑业，汽车等交通运输设备制造业，综合行业，公共事业等其他服务业，石油、化学相关制品制造业，零售业以及房地产业的上市公司，以上 9 个行业中上市公司的胜诉率均超过了 60%，明显高于全体上市公司的平均胜诉率。

而上市公司参与诉讼胜诉率最低的 8 个行业分别是：纺织、服饰相关制造业，电气机械和器材制造业，食品、饮品相关制造业，批发业，医药制造业，电力、热力、燃气及水生产和供应业，印刷、文娱相关制品制造业以及文化、体育和娱乐业的上市公司，上述 8 个行业的上市公司参与诉讼胜诉率均在 40% 以下，明显低于全体上市公司的平均胜诉率。

三、2022 年各行业上市公司诉讼风险指数

（一）上市公司诉讼风险内涵

诉讼风险与法律风险密切相关，但存在一些区别。从法律管理流程的角度来说，诉讼风险是法律风险在法律管理末端的一种表现形式；从法律管理条块的角度来说，诉讼风险是法律风险的其中一个子集，其重要程度与公司对诉讼问题的重视程度有关；从二者相关性上而言，诉讼风险与法律风险总体上呈正相关关系。

一般而言，对于上市公司，可以将其所涉及的法律风险划分为以下四个层次：一是广义的法律风险，即可能给公司业务运行和管理带来负面影响的所有法律问题；二是涉诉风险，即可能导致公司成为被告，或需要公司主动提起诉讼的所有法律纠纷风险；三是败诉风险，即在参与诉讼之后，公司的诉讼请求被法院驳回，或者产生其他不利的诉讼结果的风险；四是损失风险，即在获得败诉结果之时，该结果给公司带来直接经济损失的风险。

具体到研究对象上市公司，本书认为，应当将上市公司诉讼风险内涵的核心明确为“上市公司参与诉讼的诉讼成本”，具体而言，诉讼成本由两方面构成：一方面是诉讼负担，即上市公司参与诉讼的间接成本，包括公司治理、专业人员、时间、精力

等方面投入的成本；另一方面是诉讼损失，即公司在诉讼中获得败诉结果后由法院判决应当承担的直接经济损失。

总之，在本书的研究中，诉讼风险是法律风险的一部分，而严重的法律风险几乎均会以诉讼风险的形式表现出来，因此研究诉讼风险是上市公司从整体上把握法律风险的重要"抓手"。接下来，本书将从间接的诉讼负担和直接的诉讼损失两个方面分别入手，构建分析上市公司诉讼风险的基本框架。

（二）2022 年各行业上市公司诉讼风险指数

经由上文对诉讼风险概念的分析，本书将诉讼风险指数的描述对象界定为诉讼成本，即诉讼对上市公司造成负面影响的大小。而影响诉讼成本的因素包括以下两个要点：（1）诉讼负担：描述诉讼活动所带来的公司管理、资源等负累的程度，该要素受实际诉讼规模的影响，可分解为平均涉案数量和案件平均标的额两个要素；（2）诉讼损失：公司基于败诉结果承担的直接经济损失，该要素受实际诉讼结果的影响，可以由案件平均败诉损失来表示。

具体而言，一方面，公司涉案数量、标的额影响着诉讼规模的大小，涉案数量越多、标的额越大，则对上市公司造成的诉讼整体负担越重，诉讼风险相应也越大，故平均涉案数量、平均标的额两个要素与上市公司诉讼风险大小在整体构成正相关关系；另一方面，败诉损失显然直接构成诉讼损失，故平均败诉损失这一要素也与上市公司诉讼风险大小构成正相关关系。可见，平均涉案数量、平均标的额、平均败诉损失三大要素均与上市公司诉讼风险大小构成正相关关系，据此，本书整理了构成各行业上市公司诉讼风险指数要素的排名情况，如表 1 - 11 所示（排名越高，表示该行业上市公司的诉讼负担或诉讼损失越大）。

表 1 - 11　各行业上市公司诉讼风险要素排名情况

行业	诉讼负担		诉讼损失
	平均涉案数量排名	平均标的额排名	平均败诉损失排名
农、林、牧、渔业	17	8	10
采矿业	14	6	11
食品、饮品相关制造业	12	22	21
纺织、服饰相关制造业	6	19	19
木材、家具、造纸相关制造业	10	31	31

续表

行业	诉讼负担		诉讼损失
	平均涉案数量排名	平均标的额排名	平均败诉损失排名
印刷、文娱相关制品制造业	2	11	7
石油、化学相关制品制造业	25	4	4
医药制造业	23	13	9
化纤、橡胶、塑料相关制造业	30	20	22
非金属矿物制品业	16	27	25
金属相关制造业	19	2	1
通用设备制造业	21	15	14
专用设备制造业	18	5	5
汽车等交通运输设备制造业	20	1	2
电气机械和器材制造业	13	21	20
计算机、通信和其他电子设备制造业	31	14	13
仪器仪表等其他制造业	27	26	24
电力、热力、燃气及水生产和供应业	7	18	16
建筑业	4	12	15
批发业	22	7	6
零售业	11	17	18
交通运输、仓储、邮政、住宿和餐饮业	15	24	30
电信和互联网相关服务业	5	9	8
软件和信息技术服务业	26	30	27
金融业	1	3	3
房地产业	8	10	12
租赁和商务服务业	24	29	28
科学研究和技术服务业	28	25	26
公共事业等其他服务业	9	16	17
文化、体育和娱乐业	3	23	23
综合行业	29	28	29

由表1－11可知，本书通过对诉讼负担和诉讼损失两大要素的赋值进行排名，初步设计了上市公司诉讼风险的初级模型：根据各行业在诉讼负担和诉讼损失两个方面、三个要素的排名作为赋分依据，以平均涉案数量排名、平均标的额排名、平均败诉损失三项诉讼风险要素排名皆为第一的金融业赋值为100，作为参照，形成描述各行业上市公司诉讼风险状况得分（百分制）的各行业上市公司诉讼风险指数。所得出的诉讼风险指数排行榜具体如表1－12所示。

表1－12　各行业上市公司诉讼风险指数排行

行业	诉讼风险指数	排名
金融业	95.16	1
金属相关制造业	84.68	2
汽车等交通运输设备制造业	83.06	3
印刷、文娱相关制品制造业	81.45	4
电信和互联网相关服务业	79.03	5
专用设备制造业	76.61	6
石油、化学相关制品制造业	73.39	7
批发业	70.16	8
采矿业	69.35	9
房地产业	69.35	10
农、林、牧、渔业	66.94	11
建筑业	66.13	12
医药制造业	59.68	13
电力、热力、燃气及水生产和供应业	57.26	14
公共事业等其他服务业	55.65	15
纺织、服饰相关制造业	52.42	16
通用设备制造业	51.61	17
零售业	51.61	18
计算机、通信和其他电子设备制造业	45.97	19
文化、体育和娱乐业	45.16	20
电气机械和器材制造业	43.55	21
食品、饮品相关制造业	41.94	22

续表

行业	诉讼风险指数	排名
非金属矿物制品业	28.23	23
化纤、橡胶、塑料相关制造业	27.42	24
交通运输、仓储、邮政、住宿和餐饮业	23.39	25
仪器仪表等其他制造业	21.77	26
木材、家具、造纸相关制造业	20.16	27
科学研究和技术服务业	18.55	28
租赁和商务服务业	15.32	29
软件和信息技术服务业	14.52	30
综合行业	10.48	31

第二章

2022年各行业上市公司诉讼情况统计

第一节　农、林、牧、渔业

一、农、林、牧、渔业上市公司概况

农、林、牧、渔业，即广义的农业，其在国民经济中处于基础性地位，属于三大产业中的第一产业。根据我国国民经济行业分类，农、林、牧、渔业包括狭义的农业（种植业）、林业、畜牧业、渔业，以及农、林、牧、渔相关的专业或辅助性活动（如农业服务业等）。农、林、牧、渔业上市公司经营活动主要围绕粮食和农副产品等基本生活资料的生产展开。

截至 2022 年第四季度，我国农、林、牧、渔业上市公司共计 49 家，从行业小类看，包括狭义农业（种植业）上市公司 18 家、林业上市公司 4 家、畜牧业上市公司 18 家、渔业上市公司 8 家、农林牧渔服务业上市公司 1 家；种植业和畜牧业上市公司在农、林、牧、渔业上市公司中占据主流。从市场规模看，我国上市公司中农、林、牧、渔业的整体规模较小，仅约占全部上市公司数量的 0.96%，可见农、林、牧、渔业在全国范围内具有较大市场影响力的企业数量较少。

二、农、林、牧、渔业上市公司诉讼情况统计

本书以农、林、牧、渔业的 49 家上市公司为当事人检索案件，共收集 2022 年度全国法院公布的各类裁判文书 126 份，作为统计分析的样本。

（一）案件类型分布

1. 案件诉讼类型

从案件诉讼类型看，2022 年农、林、牧、渔业上市公司涉及的 126 件案件绝大多数为民事诉讼，仅有 1 件行政诉讼。

2. 案件案由种类

首先，从诉讼案件案由的基本类型看，2022 年农、林、牧、渔业上市公司涉及的 126 件案件主要集中在合同类纠纷中，具体分布情况如表 2 - 1 所示。

表 2 - 1　农、林、牧、渔业上市公司案件案由基本类型分布

案由基本类型	案件数量/件
合同类纠纷	49

续表

案由基本类型	案件数量/件
金融法纠纷	42
劳动法纠纷	10
物权纠纷	7
侵权责任纠纷	7
知识产权纠纷	5
公司法纠纷	3
竞争法纠纷	1
其他民事纠纷	1
行政诉讼	1
刑事诉讼	0
总计	126

其中，在民事案件中，合同类纠纷案件共有 49 件，约占全部民事案件总量的 39.20%；金融法纠纷案件共有 42 件，约占全部民事案件总量的 33.60%。具体案件数量分布情况如图 2－1 所示。

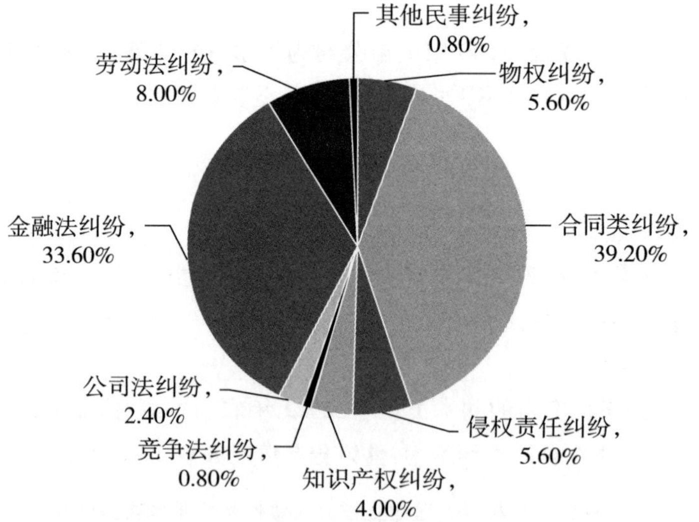

图 2－1　农、林、牧、渔业上市公司民事案由基本类型分布

其次，从案件的具体案由看，2022 年农、林、牧、渔业上市公司涉及的 126 件案件的案由以证券欺诈责任纠纷数量最多，建设工程合同纠纷、买卖合同纠纷、劳动合同纠纷、借款合同纠纷较多，具体分布情况如表 2－2 所示。

表 2－2　农、林、牧、渔业上市公司案件具体案由分布

具体案由	案件数量/件
证券欺诈责任纠纷	41
建设工程合同纠纷	12
买卖合同纠纷	11
劳动合同纠纷	9
借款合同纠纷	7
租赁合同纠纷	4
商标权权属、侵权纠纷	4
劳务合同纠纷	3
承揽合同纠纷	3
返还原物纠纷	3
排除妨害纠纷	3
提供劳务者受害责任纠纷	3
农业承包合同纠纷	2
机动车交通事故责任纠纷	2
保证合同纠纷	2
其他不正当竞争纠纷	1
植物新品种权权属、侵权纠纷	1
股权转让纠纷	1
追收未缴出资纠纷	1
土地承包经营权纠纷	1
损害债务人利益赔偿纠纷	1
运输合同纠纷	1
其他劳动争议、人事争议	1
产品责任纠纷	1
信用证议付纠纷	1
确认合同效力纠纷	1
生命权、身体权、健康权纠纷	1
种植、养殖回收合同纠纷	1
土地承包经营权合同纠纷	1

续表

具体案由	案件数量/件
债权转让合同纠纷	1
商标行政管理	1
用人单位责任纠纷	1

3. 案件地域分布

从案件地域分布看,2022 年农、林、牧、渔业上市公司涉及的 126 件案件主要分布在辽宁省、山东省、甘肃省、河南省等地。具体分布情况如图 2－2 所示。

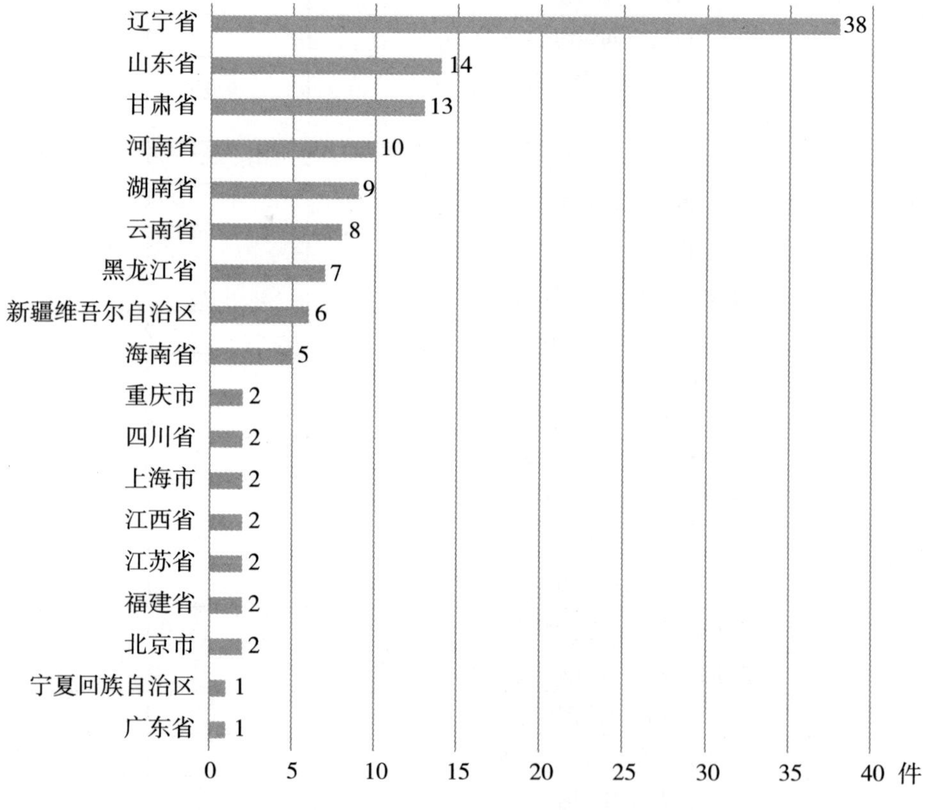

图 2－2　农、林、牧、渔业上市公司案件地域分布情况

(二)案件审理程序

1. 诉讼阶段

如图 2－3 所示,从诉讼阶段看,2022 年农、林、牧、渔业上市公司涉及的 126 件案件中，一审案件 113 件，占比约为 89.68%；二审案件 11 件，占比约为 8.73%；再审案件 2 件，占比约为 1.59%。

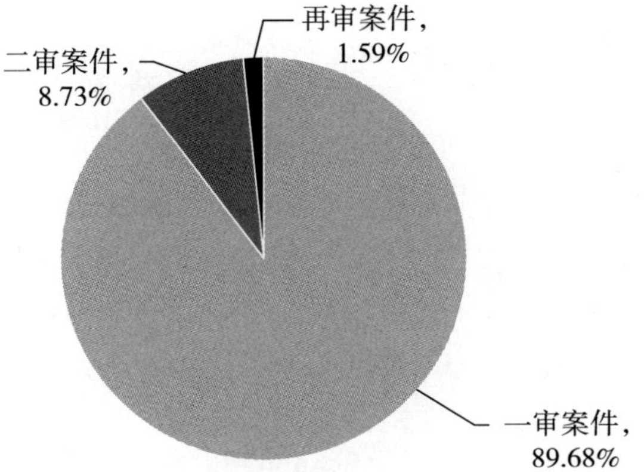

图 2－3　农、林、牧、渔业上市公司案件诉讼阶段分布

2. 法院层级

如图 2－4 所示，从法院层级看，2022 年农、林、牧、渔业上市公司涉及的 126 件案件中，基层人民法院审结的案件 69 件，占比约为 54.76%；中级人民法院审结的案件 53 件，占比约为 42.06%；高级人民法院审结的案件 4 件，占比约为 3.18%。

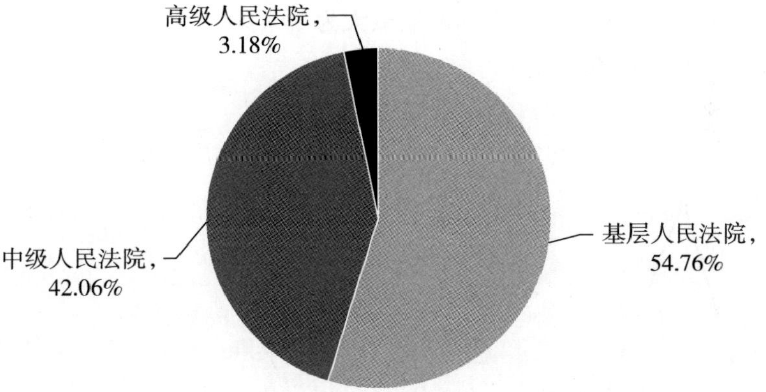

图 2－4　农、林、牧、渔业上市公司案件审理法院层级分布

（三）上市公司诉讼地位

如图 2－5 所示，从上市公司的诉讼地位看，2022 年农、林、牧、渔业上市公司涉及的 126 件案件中，上市公司作为原告的案件有 21 件，占比约为 16.66%；上市公司作为被告的案件有 103 件，占比约为 81.75%；上市公司作为第三人的案件有 2 件，占比约为 1.59%。由此可见,2022 年农、林、牧、渔业上市公司诉讼中,上市公司主要处于应诉方的角色,被动地参与诉讼。

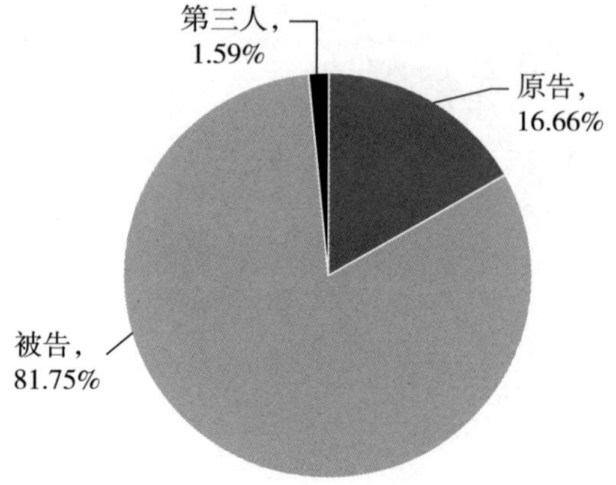

图 2-5 农、林、牧、渔业上市公司诉讼地位分布

(四)诉讼标的额

从诉讼案件的标的额看,2022 年农、林、牧、渔业上市公司涉及的有标的额可查的案件中,诉讼标的额数量分布情况如图 2-6 所示。总体来看,本行业诉讼标的额总额为 520,428,846.14 元,诉讼标的额最大为 398,906,000.00 元,行业平均诉讼标的额为 10,842,267.63 元。

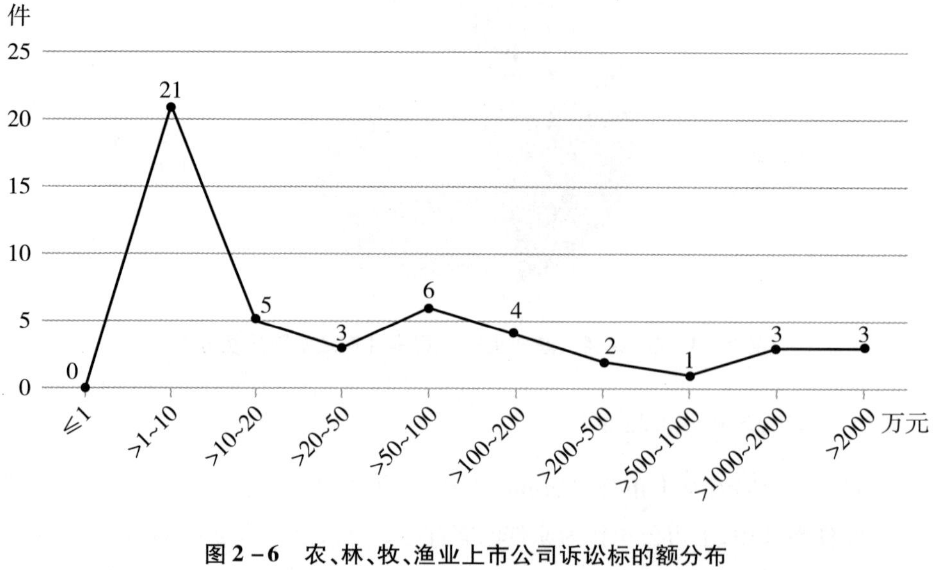

图 2-6 农、林、牧、渔业上市公司诉讼标的额分布

（五）诉讼结果和胜诉率

从总体上看，如图 2 -7 所示，2022 年农、林、牧、渔业上市公司涉及的所有案件中，上市公司胜诉的案件有 74 件，败诉的案件有 50 件，撤回起诉的案件有 1 件，驳回上诉的案件有 1 件。该行业上市公司胜诉的案件数量在全部案件中占比约为 58.74%，如果排除撤诉等特殊情形，则该行业上市公司的总体胜诉率约为 59.68%。

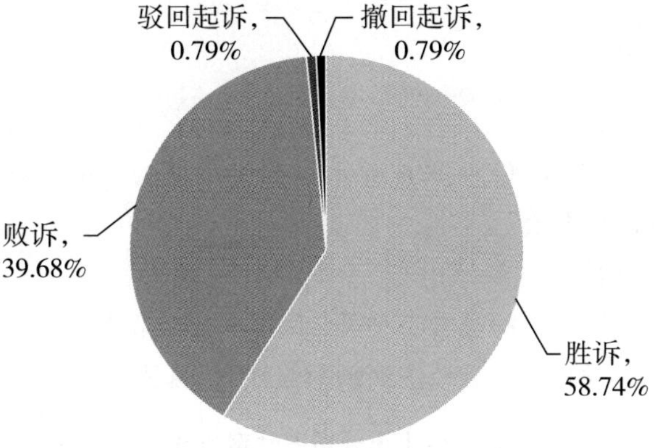

图 2 -7　农、林、牧、渔业上市公司诉讼结果占比

第二节　采　矿　业

一、采矿业上市公司概况

采矿业，是指对固体（如煤和矿物）、液体（如原油）或气体（如天然气）等自然产生的矿物的采掘；包括地下或地上采掘、矿井的运行，以及一般在矿址或矿址附近从事的旨在加工原材料的所有辅助性工作，如碾磨、选矿和处理，均属本类活动；还包括使原料得以销售所需的准备工作；不包括水的蓄集、净化和分配，以及地质勘查、建筑工程活动。

截至 2022 年第四季度，我国采矿业上市公司共计 80 家，从行业小类看，煤炭开采和洗选业上市公司 24 家、石油和天然气开采业上市公司 8 家、黑色金属矿采选业上市公司 5 家、有色金属矿采选业上市公司 24 家、非金属矿采选业上市公司 2 家、开采辅助活动上市公司 17 家；可以看出，有色金属矿采选业、煤炭开采和洗选业上市公司在采矿业上市公司中占据主流。从市场规模看，我国上市公司中采矿业的整体规模较小，仅约占全部上市公司数量的1.58%，可见采矿业在全国范围内具有较大市场影响力与竞争力的企业数量比农业类企业稍高，但总体仍然较少。

二、采矿业上市公司诉讼情况统计

本书以采矿业的80家上市公司为当事人检索案件，共收集2022年度全国法院公布的各类裁判文书354份，作为统计分析的样本。

（一）案件类型分布

1. 案件诉讼类型

从案件诉讼类型看，2022年采矿业上市公司涉及的354件案件绝大多数为民事诉讼，仅有1件行政诉讼。

2. 案件案由种类

首先，从诉讼案件案由的基本类型看，2022年采矿业上市公司涉及的354件案件主要集中在合同类纠纷中，劳动法纠纷数量次之，具体分布情况如表2－3所示。

表2－3　采矿业上市公司案件案由基本类型分布

案由基本类型	案件数量/件
合同类纠纷	154
劳动法纠纷	71
金融法纠纷	46
物权纠纷	33
知识产权纠纷	21
侵权责任纠纷	11
其他民事纠纷	9
公司法纠纷	8
行政诉讼	1
竞争法纠纷	0
刑事诉讼	0
合计	354

其中,在民事案件中,合同类纠纷案件共有 154 件,约占全部民事案件总量的 43.63%;劳动法纠纷案件共有 71 件,约占全部民事案件总量的 20.11%。具体案件数量分布情况如图 2-8 所示。

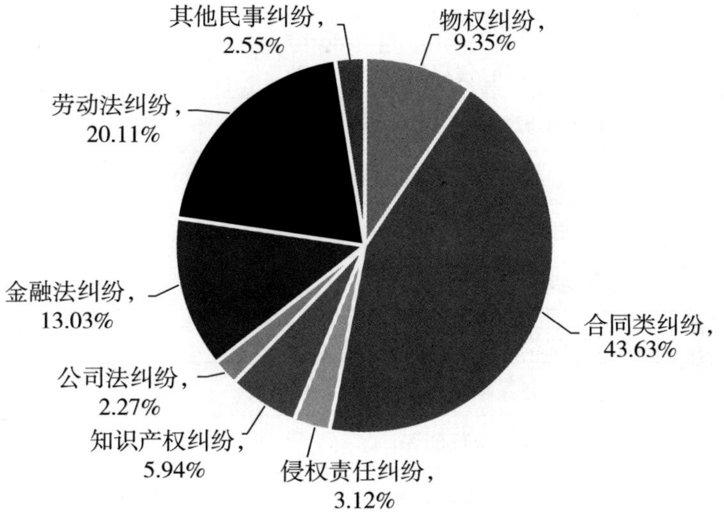

图 2-8　采矿业上市公司民事案由基本类型分布

其次,从案件的具体案由看,2022 年采矿业上市公司涉及的 354 件案件的案由以劳动合同纠纷、买卖合同纠纷、建设工程合同纠纷、证券欺诈责任纠纷为主,以买卖合同纠纷数量最多,具体分布情况如表 2-4 所示。

表 2-4　采矿业上市公司案件具体案由分布

具体案由	案件数量/件
劳动合同纠纷	68
买卖合同纠纷	58
建设工程合同纠纷	46
证券欺诈责任纠纷	42
财产损害赔偿纠纷	19
著作权权属、侵权纠纷	15
借款合同纠纷	9
租赁合同纠纷	8

续表

具体案由	案件数量/件
承揽合同纠纷	7
服务合同纠纷	7
专利权权属、侵权纠纷	6
海上、通海水域货运代理合同纠纷	5
生命权、身体权、健康权纠纷	4
排除妨害纠纷	4
返还原物纠纷	4
房屋买卖合同纠纷	4
社会保险纠纷	3
其他侵权责任纠纷	3
提供劳务者受害责任纠纷	3
不当得利纠纷	3
票据追索权纠纷	3
运输合同纠纷	2
民事主体间房屋拆迁补偿合同纠纷	2
机动车交通事故责任纠纷	2
对外追收债权纠纷	2
建筑物和物件损害责任纠纷	2
债权人代位权纠纷	2
物权保护纠纷	2
票据纠纷	1
债权转让合同纠纷	1
股权转让纠纷	1
损害公司债权人利益责任纠纷	1
确认合同效力纠纷	1

续表

具体案由	案件数量/件
追偿权纠纷	1
委托合同纠纷	1
环境污染责任纠纷	1
占有排除妨害纠纷	1
物权确认纠纷	1
公司决议纠纷	1
土地承包经营权纠纷	1
公司解散纠纷	1
委托理财合同纠纷	1
消除危险纠纷	1
损害公司利益责任纠纷	1
行政复议	1
保证合同纠纷	1
破产债权确认纠纷	1

3. 案件地域分布

从案件地域分布看,2022 年采矿业上市公司涉及的 354 件案件主要集中在山东省、河南省、北京市、陕西省等地。具体分布情况如图 2－9 所示。

(二)案件审理程序

1. 诉讼阶段

如图 2－10 所示,从诉讼阶段看,2022 年采矿业上市公司涉及的354 件案件中,一审案件 289 件,占比约为 81.64%;二审案件 54 件,占比约为 15.25%;再审案件 11 件,占比约为 3.11%。

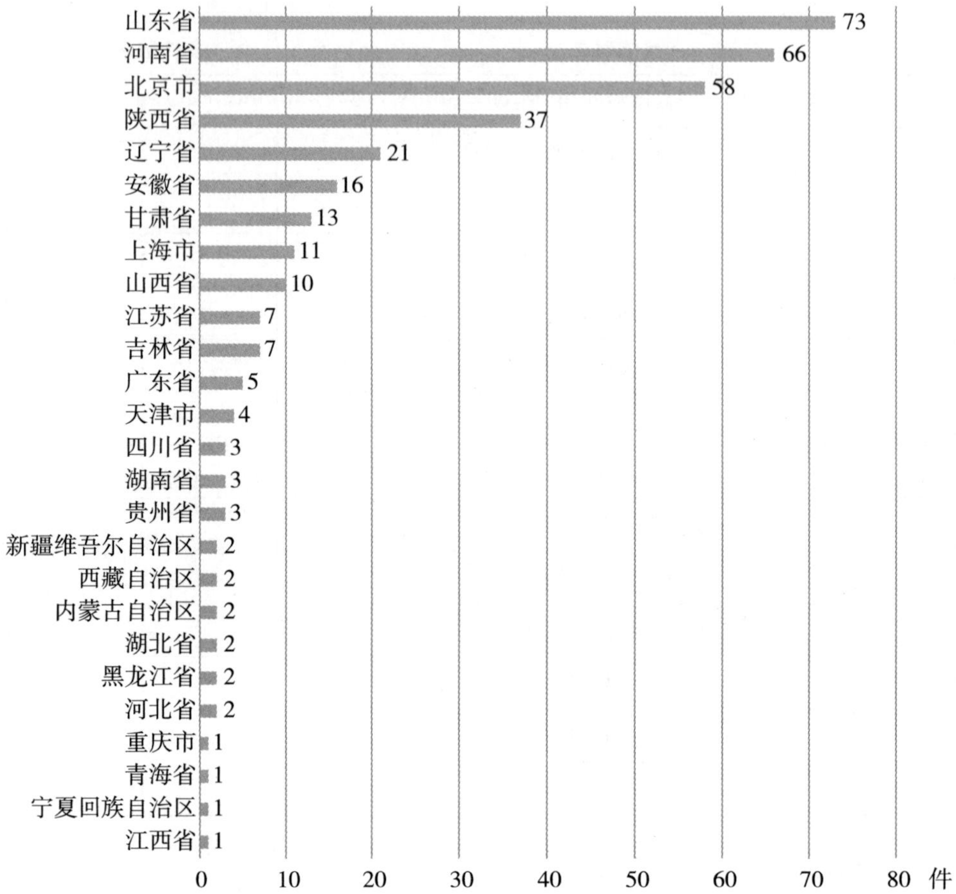

图 2－9　采矿业上市公司案件地域分布情况

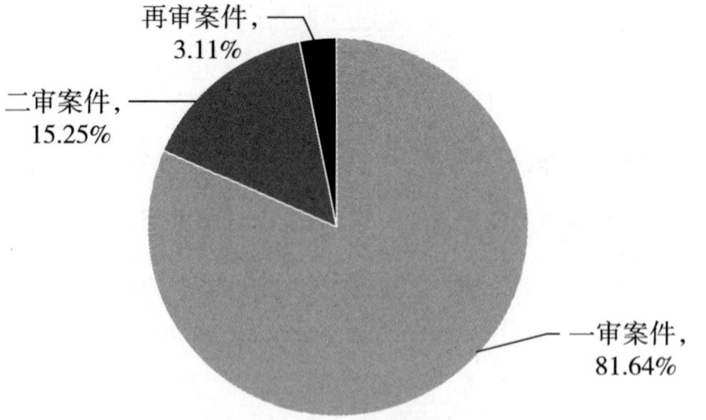

图 2－10　采矿业上市公司案件诉讼阶段分布

2. 法院层级

如图 2－11 所示，从法院层级看，2022 年采矿业上市公司涉及的 354 件案件中，基层人民法院审结的案件 234 件，占比约为 66.11%；中级人民法院审结的案件 110 件，占比约为 31.07%；高级人民法院审结的案件 10 件，占比约为 2.82%。

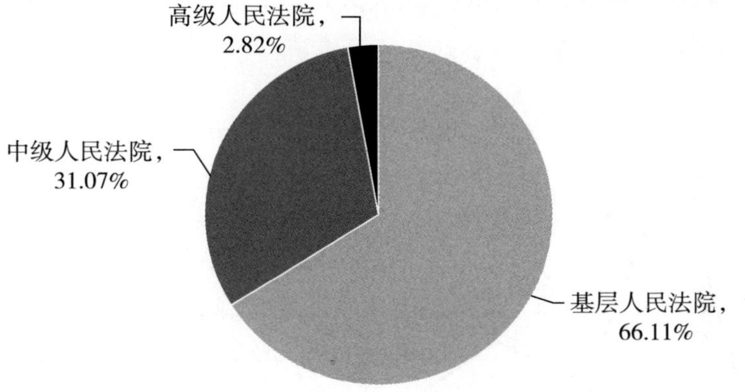

图 2－11　采矿业上市公司案件审理法院层级分布

（三）上市公司诉讼地位

如图 2－12 所示，从上市公司的诉讼地位看，2022 年采矿业上市公司涉及的 354 件案件中，上市公司作为原告的案件有 49 件，占比约为 13.85%；上市公司作为被告的案件有 259 件，占比约为 73.16%；上市公司作为第三人的案件有 46 件，占比约为 12.99%。由此可见，2022 年采矿业上市公司诉讼中，上市公司主要处于应诉方的角色，被动地参与诉讼。

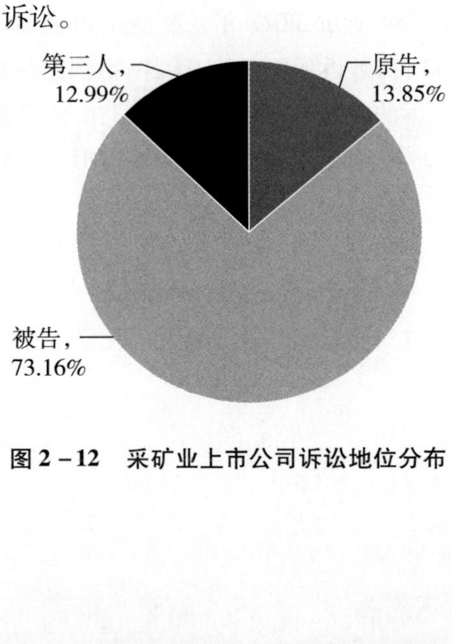

图 2－12　采矿业上市公司诉讼地位分布

（四）诉讼标的额

从诉讼案件的标的额看，2022 年采矿业上市公司涉及的有标的额可查的案件中，诉讼标的额数量分布情况如图 2－13 所示。总体来看，本行业诉讼标的额总额为 2, 435, 668, 862. 30 元，诉讼标的额最大为 1, 980, 780, 000. 00 元，行业平均诉讼标的额为 16, 346, 770. 89 元。

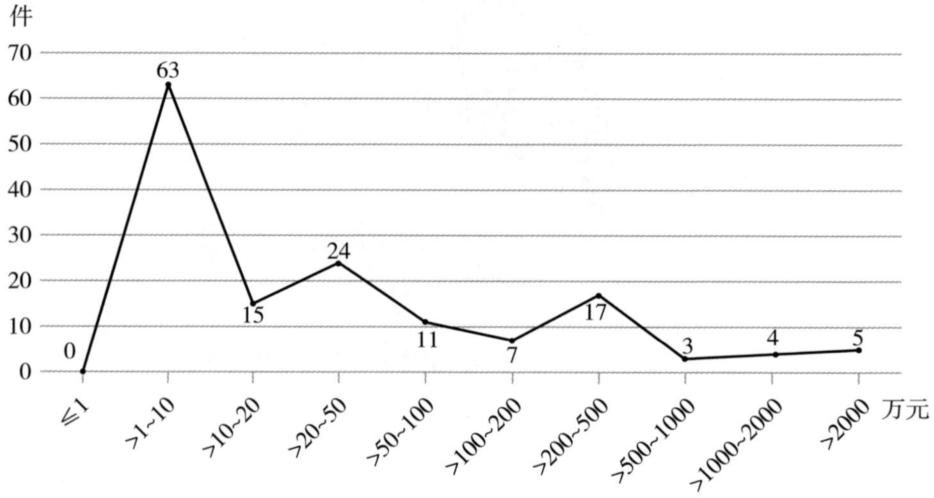

图 2－13　采矿业上市公司诉讼标的额分布

（五）诉讼结果和胜诉率

从总体上看，如图 2－14 所示，2022 年采矿业上市公司涉及的所有案件中，上市公司胜诉的案件有 252 件，败诉的案件有 91 件，撤回起诉的案件有 4 件，驳回起诉的案件有 1 件，驳回上诉的案件有 6 件。该行业上市公司胜诉的案件数量在全部案件中的占比约为 71. 19%，如果排除撤诉等特殊情形，则该行业上市公司的总体胜诉率约为 73. 47%。

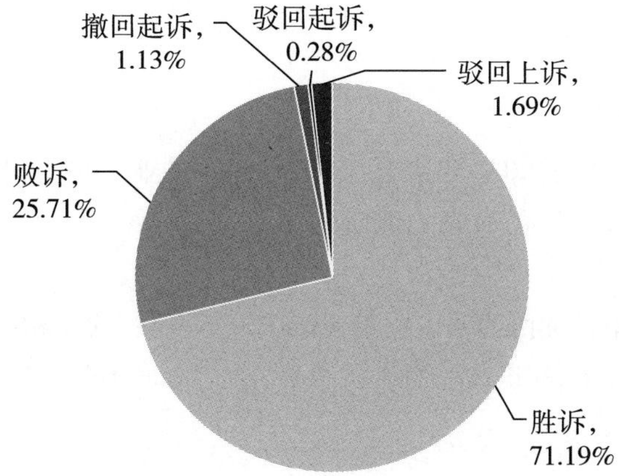

图 2－14　采矿业上市公司诉讼结果占比

第三节　食品、饮品相关制造业

一、食品、饮品相关制造业上市公司概况

食品、饮品相关制造业，是指以农副产品为原料，通过物理变化或化学变化的方法制造食品、饮品的工业。其中，农副食品加工业，是指直接以农、林、牧、渔业产品为原料进行的谷物磨制、饲料加工、植物油和制糖加工、屠宰及肉类加工、水产品加工，以及蔬菜、水果和坚果等食品的加工。

截至 2022 年第四季度，我国食品、饮品相关制造业上市公司共计 185 家，从行业小类看，农副食品加工业上市公司 61 家，食品制造业上市公司 75 家，酒、饮料和精制茶制造业上市公司 49 家；农副食品加工业、食品制造业、酒、饮料和精制茶制造业上市公司的数量基本相当。从市场规模看，我国上市公司中食品、饮品相关制造业具有一定的规模，其数量约占全部上市公司数量的 3.64%，可见食品、饮品相关制造业上市公司在全国范围内占比并不大。

二、食品、饮品相关制造业上市公司诉讼情况统计

本书以食品、饮品相关制造业的 185 家上市公司为当事人检索案件，共收集 2022 年度全国法院公布的各类裁判文书 1014 份，作为统计分析的样本。

（一）案件类型分布

1. 案件诉讼类型

从案件诉讼类型看，2022 年食品、饮品相关制造业上市公司涉及的 1014 件案件大多数为民事诉讼，仅有 21 件行政诉讼。

2. 案件案由种类

首先，从诉讼案件案由的基本类型看，2022 年食品、饮品相关制造业上市公司涉及的 1014 件案件中，知识产权纠纷占半数左右，合同类纠纷数量次之，具体分布情况如表 2－5 所示。

表 2－5　食品、饮品相关制造业上市公司案件案由基本类型分布

案由基本类型	案件数量/件
知识产权纠纷	690
合同类纠纷	147
劳动法纠纷	54
竞争法纠纷	45
侵权责任纠纷	27
公司法纠纷	23
行政诉讼	21
其他民事纠纷	5
物权纠纷	1
金融法纠纷	1
刑事诉讼	0
合计	1014

其中，在民事案件中，知识产权纠纷案件共有 690 件，约占全部民事案件总量的 69.49%；合同类纠纷案件共有 147 件，约占全部民事案件总量的 14.80%。具体案件数量分布情况如图 2－15 所示。

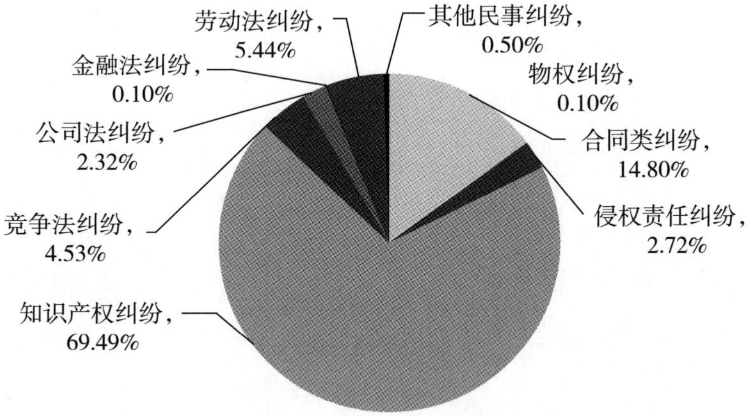

图 2－15　食品、饮品相关制造业上市公司民事案由基本类型分布

其次，从案件的具体案由看，2022 年食品、饮品相关制造业上市公司涉及的 1014 件案件的案由以商标权权属、侵权纠纷数量最多，买卖合同纠纷、劳动合同纠纷次之，具体分布情况如表 2－6 所示。

表 2－6　食品、饮品相关制造业上市公司案件具体案由分布

具体案由	案件数量/件
商标权权属、侵权纠纷	675
买卖合同纠纷	103
劳动合同纠纷	53
其他不正当竞争纠纷	29
商标行政管理	21
产品责任纠纷	16
建设工程合同纠纷	10
股权转让纠纷	10
著作权权属、侵权纠纷	9
仿冒纠纷	8
网络不正当竞争纠纷	8
租赁合同纠纷	7
承揽合同纠纷	7
其他知识产权纠纷	5

续表

具体案由	案件数量/件
机动车交通事故责任纠纷	4
服务合同纠纷	4
保证合同纠纷	3
提供劳务者受害责任纠纷	3
破产债权确认纠纷	3
借款合同纠纷	2
生命权、身体权、健康权纠纷	2
其他侵权责任纠纷	2
追偿权纠纷	2
公司决议纠纷	2
公司解散纠纷	2
广告合同纠纷	2
名誉权纠纷	2
劳务合同纠纷	1
农业承包合同纠纷	1
返还原物纠纷	1
运输合同纠纷	1
种植、养殖回收合同纠纷	1
社会保险纠纷	1
委托合同纠纷	1
不当得利纠纷	1
专利权权属、侵权纠纷	1
股东出资纠纷	1
非机动车交通事故责任纠纷	1
损害股东利益责任纠纷	1
财产保险合同纠纷	1
清算责任纠纷	1
其他与公司有关的纠纷	1
网络侵权责任纠纷	1
公司增资纠纷	1

续表

具体案由	案件数量/件
建设用地使用权合同纠纷	1
一般人格权纠纷	1
股东资格确认纠纷	1

3. 案件地域分布

从案件地域分布看，2022 年食品、饮品相关制造业上市公司涉及的 1014 件案件主要集中在北京市、山东省、湖南省、上海市、陕西省等地。具体分布情况如图 2 – 16 所示。

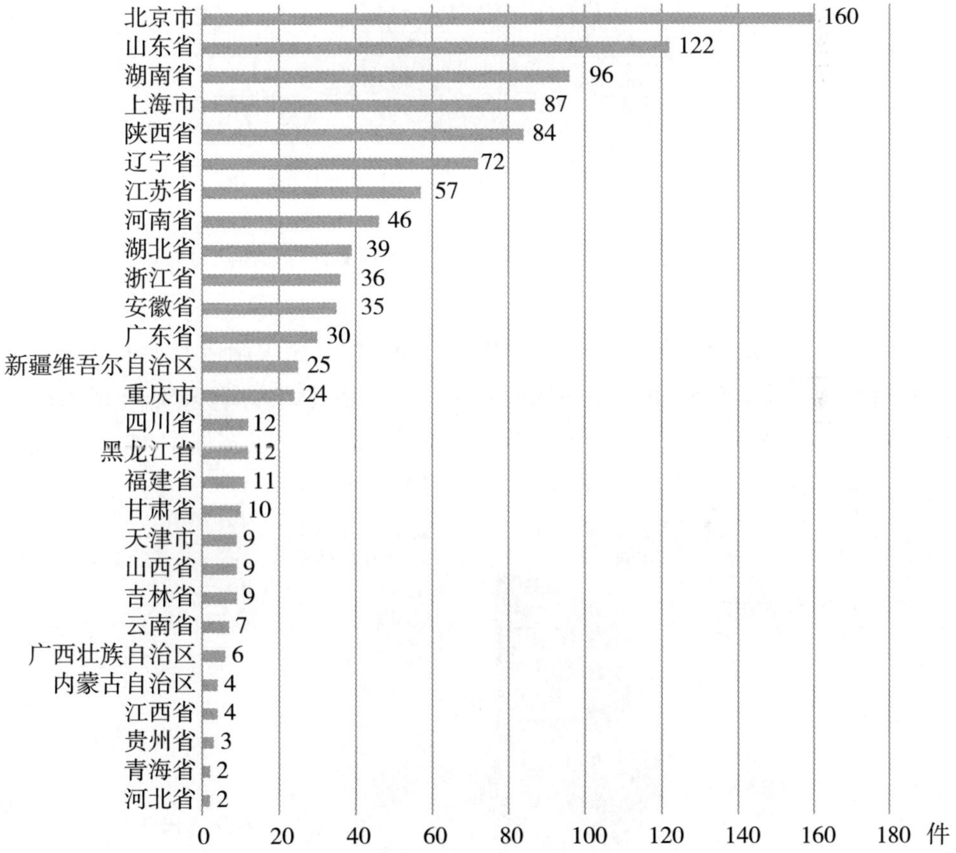

图 2 – 16　食品、饮品相关制造业上市公司案件地域分布情况

（二）案件审理程序

1. 诉讼阶段

如图 2－17 所示，从诉讼阶段看，2022 年食品、饮品相关制造业上市公司涉及的 1014 件案件中，一审案件 884 件，占比约为 87.18%；二审案件 125 件，占比约为 12.33%；再审案件 5 件，占比约为 0.49%。

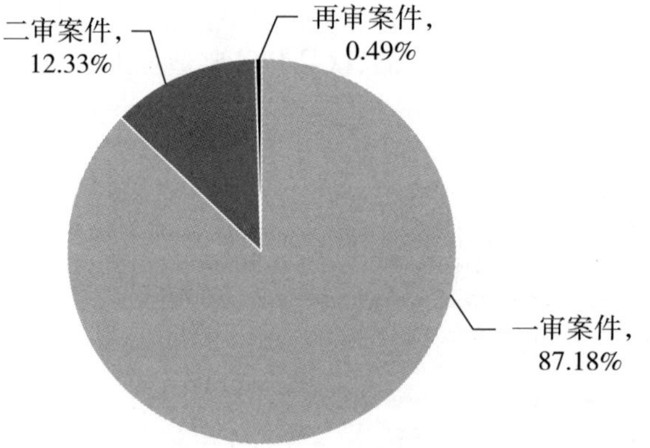

图 2－17　食品、饮品相关制造业上市公司案件诉讼阶段分布

2. 法院层级

如图 2－18 所示，从法院层级看，2022 年食品、饮品相关制造业上市公司涉及的 1014 件案件中，基层人民法院审结的案件 634 件，占比约为 62.53%；中级人民法院审结的案件 324 件，占比约为 31.95%；高级人民法院审结的案件 55 件，占比约为 5.42%；最高人民法院审结的案件 1 件，占比约为 0.10%。

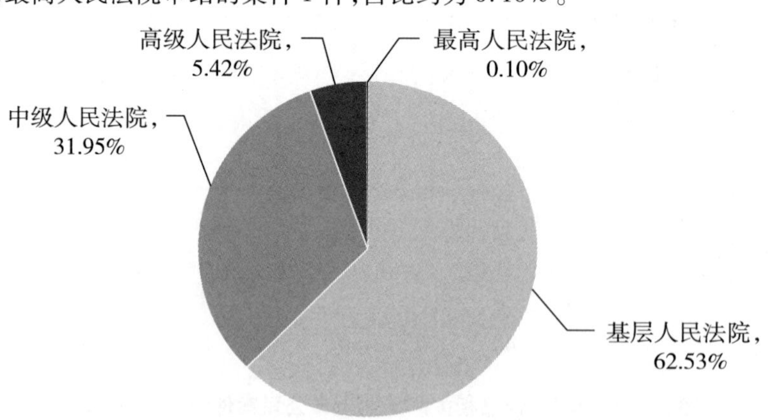

图 2－18　食品、饮品相关制造业上市公司案件审理法院层级分布

(三)上市公司诉讼地位

如图 2 - 19 所示,从上市公司的诉讼地位看,2022 年食品、饮品相关制造业上市公司涉及的 1014 件案件中,上市公司作为原告的案件有 786 件,占比约为 77.51%;上市公司作为被告的案件有 211 件,占比约为 20.81%;上市公司作为第三人的案件有 17 件,占比约为 1.68%。由此可见,2022 年食品、饮品相关制造业上市公司诉讼中,上市公司主要处于起诉方的角色,主动地发起诉讼。

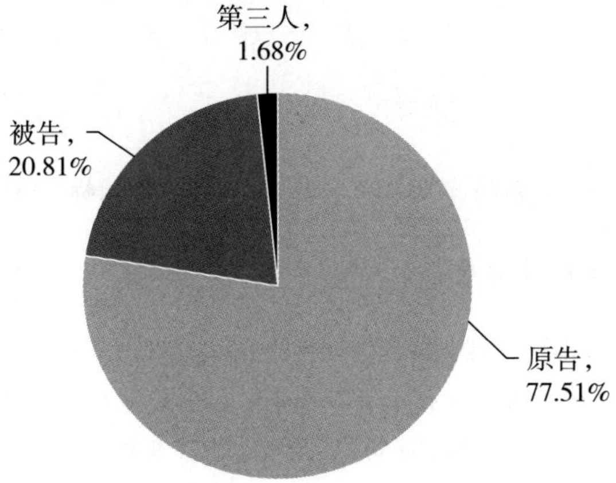

图 2 - 19　食品、饮品相关制造业上市公司诉讼地位分布

(四)诉讼标的额

从诉讼案件的标的额看,2022 年食品、饮品相关制造业上市公司涉及的有标的额可查的案件中,诉讼标的额数量分布情况如图 2 - 20 所示。总体来看,本行业诉讼标的额总额为 654,975,747.87 元,诉讼标的额最大为 427,948,000.00 元,行业平均诉讼标的额为 2,106,031.34 元。

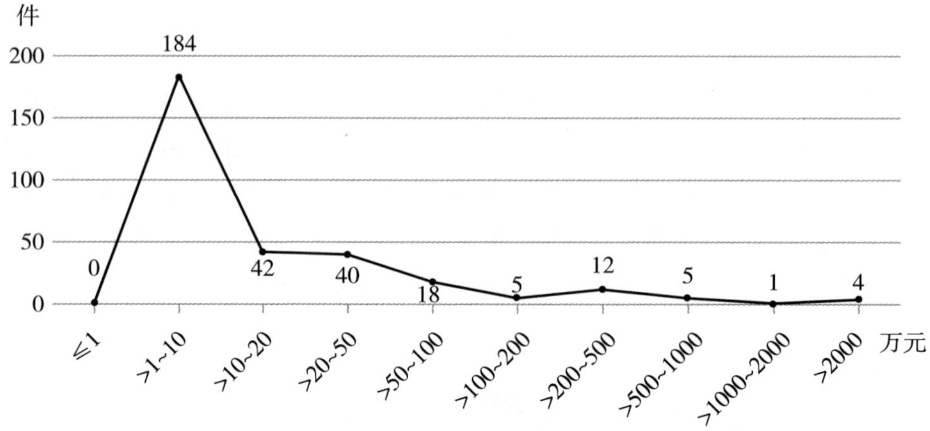

图 2－20　食品、饮品相关制造业上市公司诉讼标的额分布

（五）诉讼结果和胜诉率

从总体上看，如图 2－21 所示，2022 年食品、饮品相关制造业上市公司涉及的所有案件中，上市公司胜诉的案件有 379 件，败诉的案件有 617 件，撤回起诉的案件有 4 件，撤回上诉的案件有 2 件，驳回起诉的案件有 6 件，驳回上诉的案件有 5 件，再审的案件有 1 件。该行业上市公司胜诉的案件数量在全部案件中的占比约为 37.38%，如果排除撤诉等特殊情形，则该行业上市公司的总体胜诉率约为 38.05%。

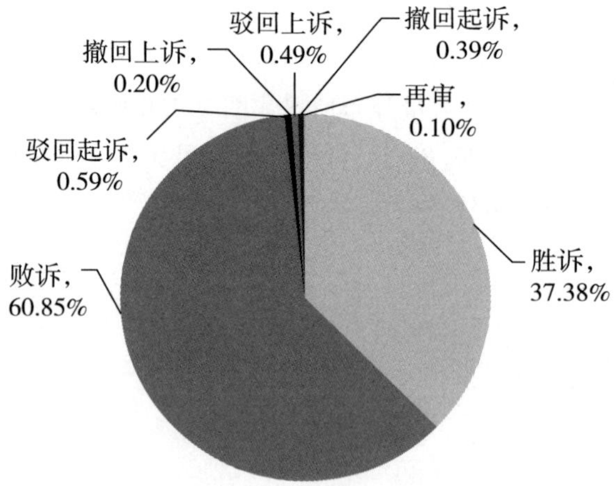

图 2－21　食品、饮品相关制造业上市公司诉讼结果占比

第四节 纺织、服饰相关制造业

一、纺织、服饰相关制造业上市公司概况

纺织、服饰相关制造业，是指以纺织面料为主要原料，经裁剪后缝制各种男、女服装，以及儿童成衣的活动。包括非自产原料制作的服装，以及固定生产地点的服装制作。我国纺织服装产业链企业集中分布在浙江、江苏、山东、新疆、广东等地区。

截至2022年第四季度，我国纺织、服饰相关制造业上市公司共计103家，从行业小类看，纺织业上市公司49家，纺织服装、服饰业上市公司42家，皮革、毛皮、羽毛及其制品和制鞋业上市公司12家；纺织业和纺织服装、服饰业上市公司在纺织、服饰相关制造业上市公司中占据主流。从市场规模看，我国上市公司中纺织、服饰相关制造业的整体规模较小，其数量约占全部上市公司数量的2.03%。

二、纺织、服饰相关制造业上市公司诉讼情况统计

本书以纺织、服饰相关制造业的103家上市公司为当事人检索案件，共收集2022年度全国法院公布的各类裁判文书1006份，作为统计分析的样本。

（一）案件类型分布

1. 案件诉讼类型

从案件诉讼类型看，2022年纺织、服饰相关制造业上市公司涉及的1006件案件绝大多数为民事诉讼，仅有9件行政诉讼。

2. 案件案由种类

首先，从诉讼案件案由的基本类型看，2022年纺织、服饰相关制造业上市公司涉及的1006件案件主要集中在知识产权纠纷中，劳动法纠纷与合同类纠纷数量次之，具体分布情况如表2－7所示。

表2－7 纺织、服饰相关制造业上市公司案件案由基本类型分布

案由基本类型	案件数量/件
知识产权纠纷	813
合同类纠纷	71
劳动法纠纷	71

续表

案由基本类型	案件数量/件
其他民事纠纷	16
侵权责任纠纷	10
行政诉讼	9
竞争法纠纷	6
金融法纠纷	6
公司法纠纷	3
物权纠纷	1
刑事诉讼	0
合计	1006

其中,在民事案件中,知识产权纠纷案件共有 813 件,约占全部民事案件总量的 81.54%;劳动法纠纷和合同类纠纷案件分别各有 71 件,各约占全部案件总量的 7.12%。具体案件数量分布情况如图 2－22 所示。

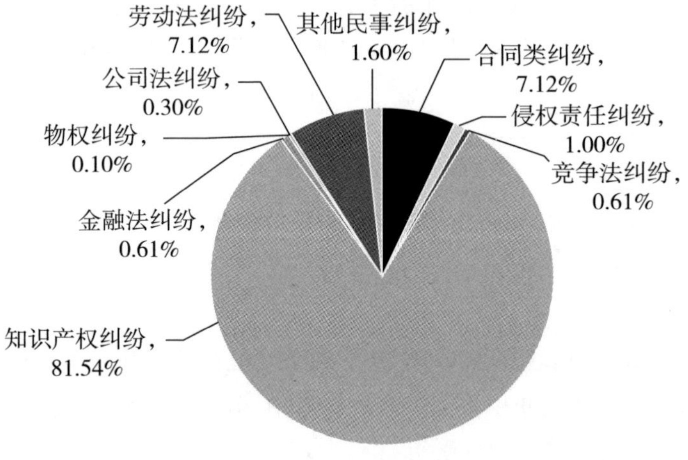

图 2－22　纺织、服饰相关制造业上市公司民事案由基本类型分布

其次,从案件的具体案由看,2022 年纺织、服饰相关制造业上市公司涉及的 1006 件案件的案由以商标权权属、侵权纠纷数量最多,具体分布情况如表 2－8 所示。

表 2-8 纺织、服饰相关制造业上市公司案件具体案由分布

具体案由	案件数量/件
商标权权属、侵权纠纷	787
劳动合同纠纷	68
买卖合同纠纷	26
其他知识产权纠纷	15
租赁合同纠纷	13
海上、通海水域货运代理合同纠纷	13
商标行政管理	9
著作权权属、侵权纠纷	8
借款合同纠纷	7
承揽合同纠纷	7
其他不正当竞争纠纷	6
服务合同纠纷	6
网络侵权责任纠纷	4
建设工程合同纠纷	3
产品责任纠纷	3
运输合同纠纷	2
生命权、身体权、健康权纠纷	2
社会保险纠纷	2
其他侵权责任纠纷	2
追偿权纠纷	2
广告合同纠纷	2
特许经营合同纠纷	2
票据付款请求权纠纷	2
股权转让纠纷	1
返还原物纠纷	1
提供劳务者受害责任纠纷	1
证券欺诈责任纠纷	1
委托合同纠纷	1
专利权权属、侵权纠纷	1
票据追索权纠纷	1

续表

具体案由	案件数量/件
损害股东利益责任纠纷	1
福利待遇纠纷	1
仓储合同纠纷	1
联营合同纠纷	1
信用证融资纠纷	1
融资租赁合同纠纷	1
票据利益返还请求权纠纷	1
肖像权纠纷	1

3. 案件地域分布

从案件地域分布看，2022 年纺织、服饰相关制造业上市公司涉及的 1006 件案件主要集中在福建省、上海市、湖南省、北京市等地。具体分布情况如图 2－23 所示。

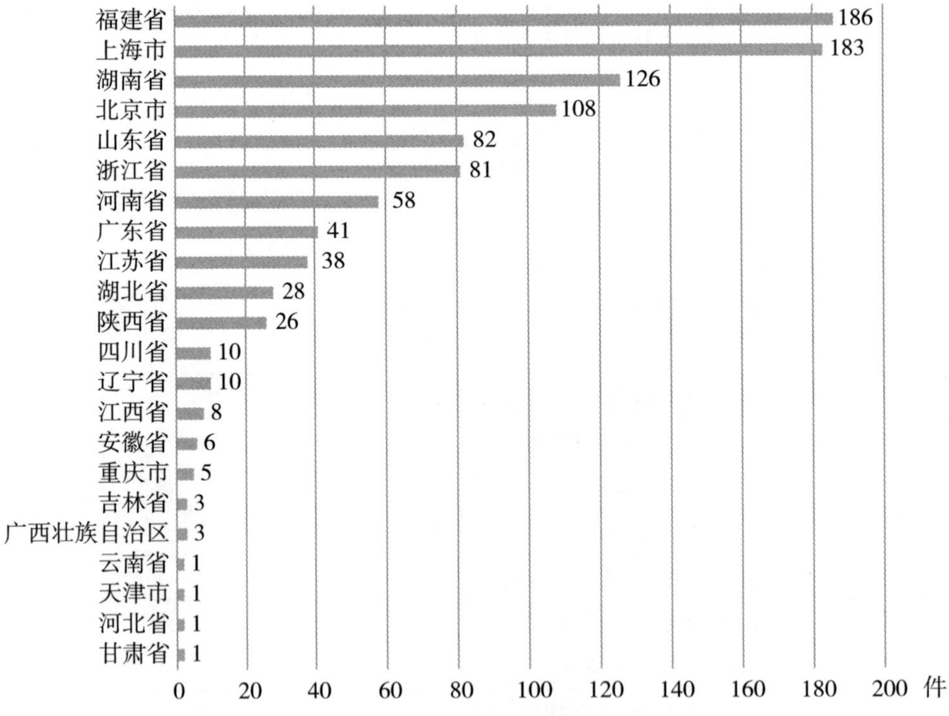

图 2－23 纺织、服饰相关制造业上市公司案件地域分布情况

(二)案件审理程序

1. 诉讼阶段

如图 2 - 24 所示,从诉讼阶段看,2022 年纺织、服饰相关制造业上市公司涉及的 1006 件案件中,一审案件 928 件,占比约为 92.25%;二审案件 73 件,占比约为 7.25%;再审案件 5 件,占比约为 0.50%。

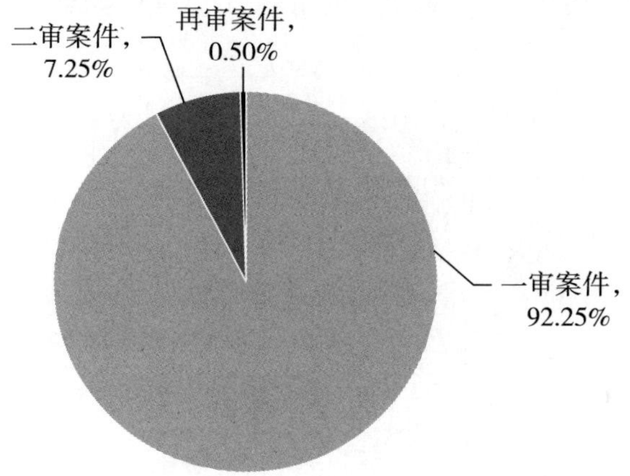

图 2 - 24　纺织、服饰相关制造业上市公司案件诉讼阶段分布

2. 法院层级

如图 2 - 25 所示,从法院层级看,2022 年纺织、服饰相关制造业上市公司涉及的 1006 件案件中,基层人民法院审结的案件 744 件,占比约为 73.96%,中级人民法院审结的案件 249 件,占比约为 24.75%;高级人民法院审结的案件 13 件,占比约为 1.29%。

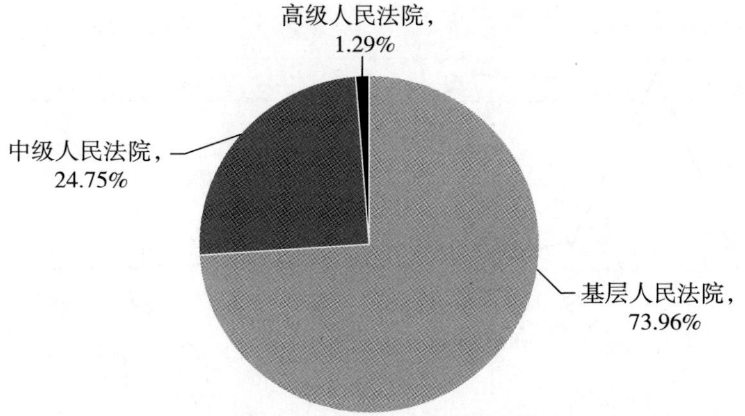

图 2 - 25　纺织、服饰相关制造业上市公司案件审理法院层级分布

（三）上市公司诉讼地位

如图 2－26 所示，从上市公司的诉讼地位看，2022 年纺织、服饰相关制造业上市公司涉及的 1006 件案件中，上市公司作为原告的案件有 882 件，占比约为 87.67%；上市公司作为被告的案件有 121 件，占比约为 12.03%；上市公司作为第三人的案件有 3 件，占比约为 0.30%。由此可见，2022 年纺织、服饰相关制造业上市公司诉讼中，上市公司主要处于起诉方的角色，主动地发起诉讼。

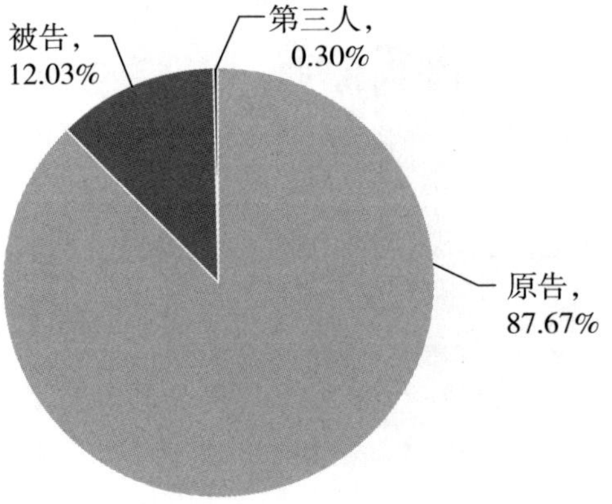

图 2－26　纺织、服饰相关制造业上市公司诉讼地位分布

（四）诉讼标的额

从诉讼案件的标的额看，2022 年纺织、服饰相关制造业上市公司涉及的有标的额可查的案件中，诉讼标的额数量分布情况如图 2－27 所示。总体来看，本行业诉

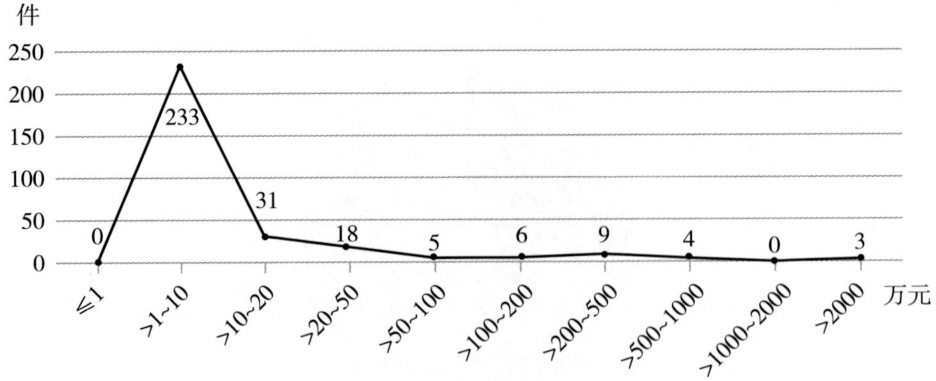

图 2－27　纺织、服饰相关制造业上市公司诉讼标的额分布

讼标的额总额为 768,920,439.52 元,诉讼标的额最大为 596,137,120.00 元,行业平均诉讼标的额为 2,488,415.66 元。

(五)诉讼结果和胜诉率

从总体上看,如图 2－28 所示,2022 年纺织、服饰相关制造业上市公司涉及的所有案件中,上市公司胜诉的案件有 390 件,败诉的案件有 612 件,撤回起诉的案件有 1 件,撤回上诉的案件有 2 件,再审的案件有 1 件。该行业上市公司胜诉的案件数量在全部案件中的占比约为 38.77%,如果排除撤诉等特殊情形,则该行业上市公司的总体胜诉率约为 38.92%。

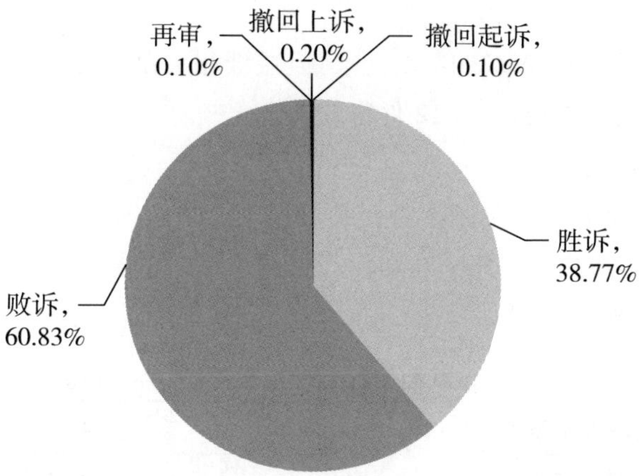

图 2－28　纺织、服饰相关制造业上市公司诉讼结果占比

第五节　木材、家具、造纸相关制造业

一、木材、家具、造纸相关制造业上市公司概况

木材、家具、造纸相关制造业具体包括木材加工及木、竹、藤、棕、草制品业,家具制造业,造纸及纸制品业。

截至 2022 年第四季度,我国木材、家具、造纸相关制造业上市公司共计 79 家,从行业小类看,木材加工及木、竹、藤、棕、草制品业上市公司共 9 家,家具制造业上市公司 31 家,造纸及纸制品业上市公司 39 家;家具制造业和造纸及纸制品业上市公司在木材、家具、造纸相关制造业上市公司中占据主流。从市场规模看,我国上市公司中木材、家具、造纸相关制造业的整体规模较小，约占全部上市公司数量的1.56%，木材、家具、造纸相关制造业在全国范围内具有较大市场影响力的企业数量较少。

二、木材、家具、造纸相关制造业上市公司诉讼情况统计

本书以木材、家具、造纸相关制造业的79家上市公司为当事人检索案件，共收集2022年度全国法院公布的各类裁判文书506份，作为统计分析的样本。

（一）案件类型分布

1. 案件诉讼类型

从案件诉讼类型看，2022年木材、家具、造纸相关制造业上市公司涉及的506件案件大多数为民事诉讼，仅有12件行政诉讼。

2. 案件案由种类

首先，从诉讼案件案由的基本类型看，2022年木材、家具、造纸相关制造业上市公司涉及的506件案件主要集中在知识产权纠纷中，合同类纠纷数量次之，具体分布情况如表2－9所示。

表2－9　木材、家具、造纸相关制造业上市公司案件案由基本类型分布

案由基本类型	案件数量/件
知识产权纠纷	278
合同类纠纷	108
劳动法纠纷	70
竞争法纠纷	12
行政诉讼	12
金融法纠纷	11
公司法纠纷	7
侵权责任纠纷	6
其他民事纠纷	2
物权纠纷	0
刑事诉讼	0
合计	506

其中，在民事案件中，知识产权纠纷案件共有 278 件，约占全部民事案件总量的 56.28%；合同类纠纷案件共有 108 件，约占全部民事案件总量的 21.86%。具体案件数量分布情况如图 2－29 所示。

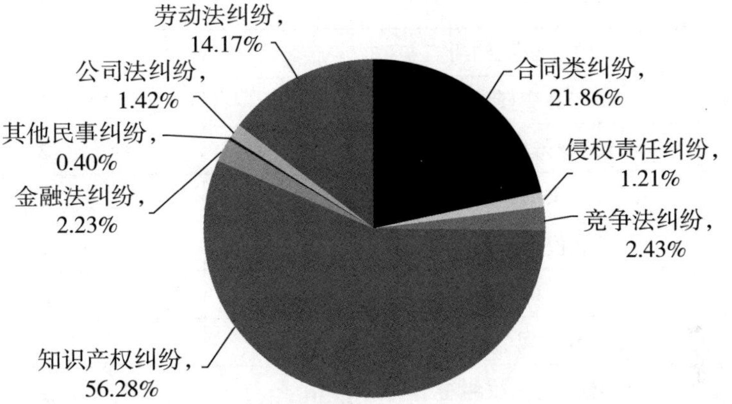

图 2－29　木材、家具、造纸相关制造业上市公司民事案由基本类型分布

其次，从案件的具体案由看，2022 年木材、家具、造纸相关制造业上市公司涉及的 506 件案件的案由以商标权权属、侵权纠纷，劳动合同纠纷，买卖合同纠纷，承揽合同纠纷为主，以商标权权属、侵权纠纷数量最多，具体分布情况如表 2－10 所示。

表 2－10　木材、家具、造纸相关制造业上市公司案件具体案由分布

具体案由	案件数量/件
商标权权属、侵权纠纷	272
劳动合同纠纷	67
买卖合同纠纷	50
承揽合同纠纷	33
其他不正当竞争纠纷	12
商标行政管理	12
建设工程合同纠纷	11
票据付款请求权纠纷	7
损害公司债权人利益责任纠纷	4
服务合同纠纷	4
租赁合同纠纷	3

续表

具体案由	案件数量/件
社会保险纠纷	3
特许经营合同纠纷	3
劳务合同纠纷	2
产品责任纠纷	2
生命权、身体权、健康权纠纷	2
票据纠纷	2
其他侵权责任纠纷	2
不当得利纠纷	2
专利权权属、侵权纠纷	2
票据追索权纠纷	2
股权转让纠纷	1
机动车交通事故责任纠纷	1
运输合同纠纷	1
提供劳务者受害责任纠纷	1
债权转让合同纠纷	1
著作权权属、侵权纠纷	1
清算责任纠纷	1
联营合同纠纷	1
债权人撤销权纠纷	1

3.案件地域分布

从案件地域分布看，2022年木材、家具、造纸相关制造业上市公司涉及的506件案件主要集中在山东省、广东省、陕西省、浙江省等地。具体分布情况如图2－30所示。

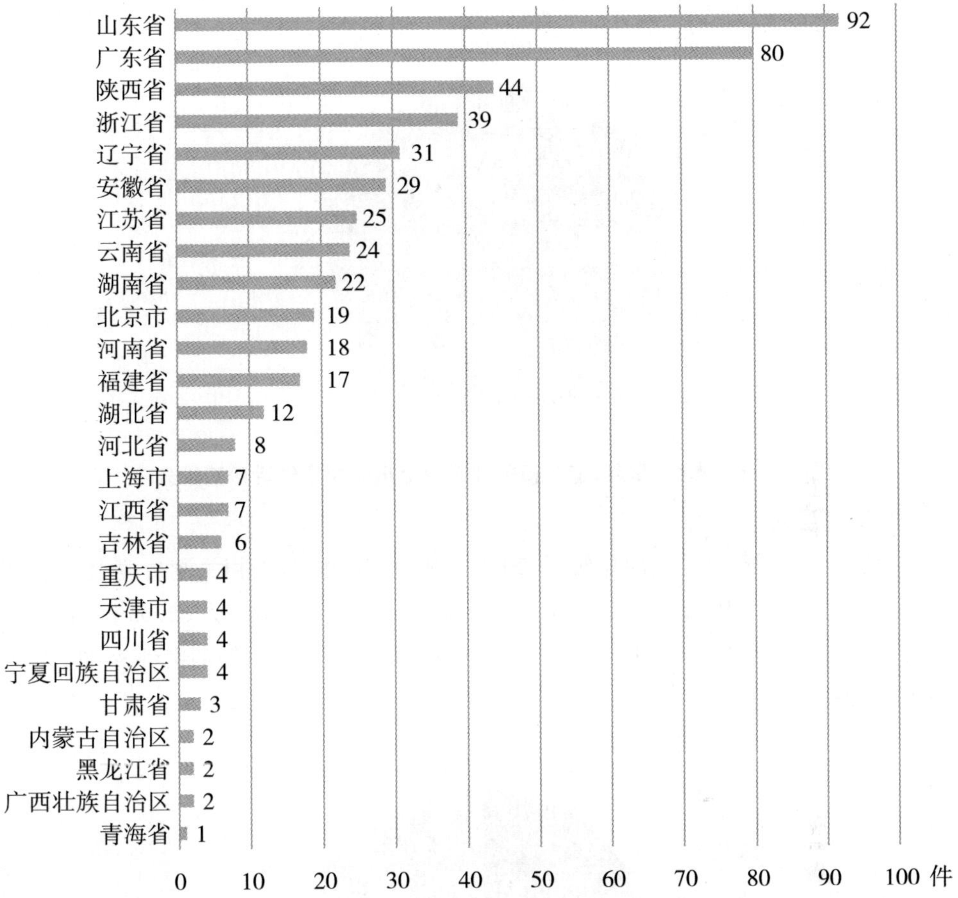

图 2-30 木材、家具、造纸相关制造业上市公司案件地域分布情况

(二)案件审理程序

1. 诉讼阶段

如图 2-31 所示,从诉讼阶段看,2022 年木材、家具、造纸相关制造业上市公司涉及的 506 件案件中,一审案件 387 件,占比约为 76.48%;二审案件 118 件,占比约为 23.32%;再审案件 1 件,占比约为 0.20%。

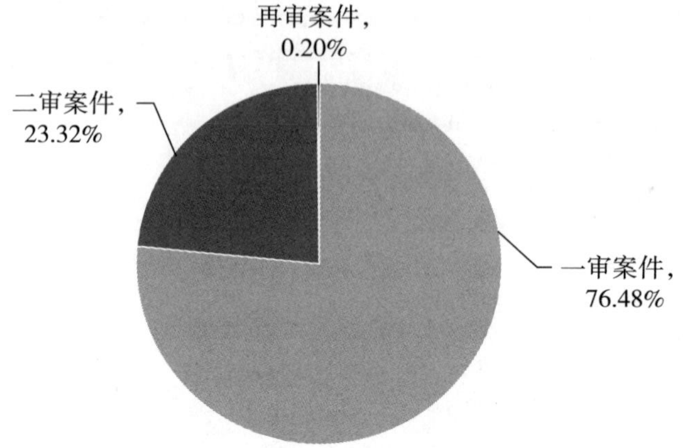

图 2－31　木材、家具、造纸相关制造业上市公司案件诉讼阶段分布

2. 法院层级

如图 2－32 所示，从法院层级看，2022 年木材、家具、造纸相关制造业上市公司涉及的 506 件案件中，基层人民法院审结的案件 317 件，占比约为 62.65%；中级人民法院审结的案件 155 件，占比约为 30.63%；高级人民法院审结的案件 34 件，占比约为 6.72%。

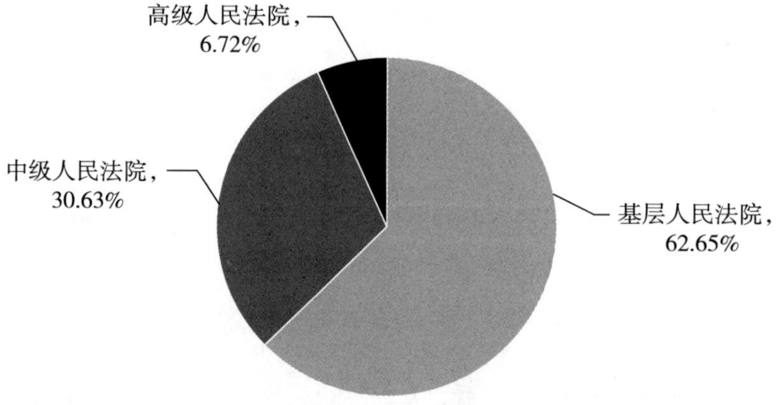

图 2－32　木材、家具、造纸相关制造业上市公司案件审理法院层级分布

（三）上市公司诉讼地位

如图 2－33 所示，从上市公司的诉讼地位看，2022 年木材、家具、造纸相关制造业上市公司涉及的 506 件案件中，上市公司作为原告的案件有 354 件，占比约为 69.96%；上市公司作为被告的案件有 149 件，占比约为 29.45%；上市公司作为第三人的案件有 3 件,占比约为 0.59%。可见,2022 年木材、家具、造纸相关制造业上市公司诉讼中,上市公司主要处于起诉方的角色,主动地发起诉讼。

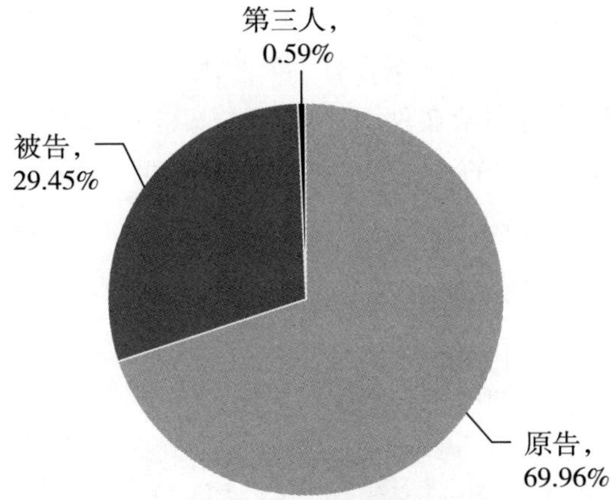

图 2-33　木材、家具、造纸相关制造业上市公司诉讼地位分布

(四)诉讼标的额

从诉讼案件的标的额看,2022 年木材、家具、造纸相关制造业上市公司涉及的有标的额可查的案件中,诉讼标的额数量分布情况如图 2-34 所示。总体来看,本行业诉讼标的额总额为 52,278,378.40 元,诉讼标的额最大为 4,839,625.00 元,行业平均诉讼标的额为 262,705.42 元。

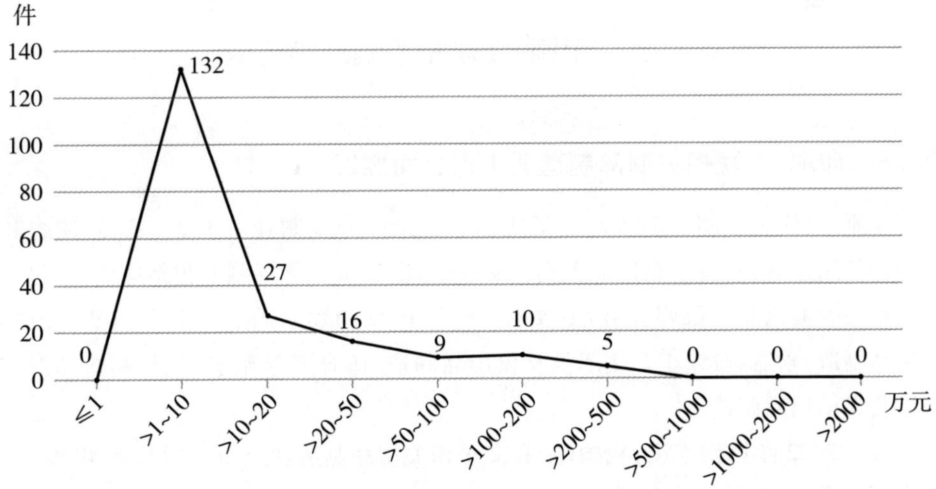

图 2-34　木材、家具、造纸相关制造业上市公司诉讼标的额分布

(五)诉讼结果和胜诉率

从总体上看,如图 2-35 所示,2022 年木材、家具、造纸相关制造业上市公司涉及的所有案件中,上市公司胜诉的案件有 217 件,败诉的案件有 274 件,撤回上诉的案件有 1 件,驳回起诉的案件有 2 件,驳回上诉的案件有 12 件。该行业上市公司胜诉的案件数量在全部案件中的占比约为 42.89%,如果排除撤诉等特殊情形,则该行业上市公司的总体胜诉率约为 44.20%。

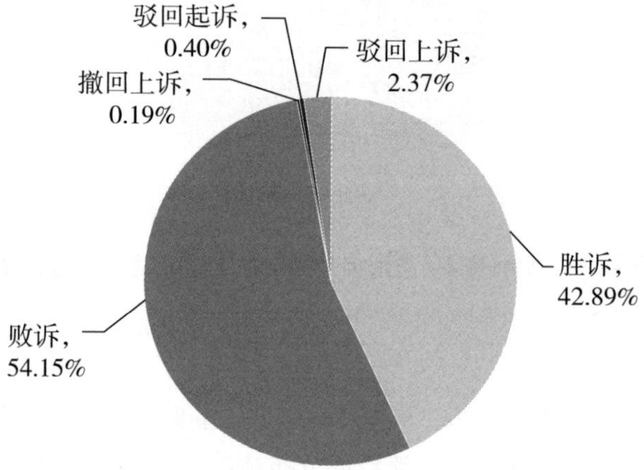

图 2-35　木材、家具、造纸相关制造业上市公司诉讼结果占比

第六节　印刷、文娱相关制品制造业

一、印刷、文娱相关制品制造业上市公司概况

印刷、文娱相关制品制造业包括印刷和记录媒介复制业和文教、工美、体育和娱乐用品制造业,同属于制造业大类。其中,印刷记录媒介复制业包括印刷、装订及印刷相关服务以及记录媒介复制;文教、工美、体育和娱乐用品制造业包括文教办公用品制造、乐器制造、工艺美术及礼仪用品制造、体育用品制造、玩具制造和游艺器材及娱乐用品制造。

截至 2022 年第四季度,我国印刷、文娱相关制品制造业上市公司共计 40 家,从行业小类看,印刷和记录媒介复制业上市公司 15 家,文教、工美、体育和娱乐用品制造业上市公司 25 家,印刷和记录媒介复制业的上市公司稍多。从整体市场规模看,我国上市公司中印刷、文娱相关制品制造业的规模较小，其数量仅约占全部上市公司数量的 0.79%。

二、印刷、文娱相关制品制造业上市公司诉讼情况统计

本书以印刷、文娱相关制品制造业的 40 家上市公司为当事人检索案件，共收集 2022 年度全国法院公布的各类裁判文书 872 份，作为统计分析的样本。

（一）案件类型分布

1. 案件诉讼类型

从案件诉讼类型看，2022 年印刷、文娱相关制品制造业上市公司涉及的 872 件案件全部为民事诉讼。

2. 案件案由种类

首先，从诉讼案件案由的基本类型看，2022 年印刷、文娱相关制品制造业上市公司涉及的 872 件案件主要集中在知识产权纠纷中，具体分布情况如表 2 - 11 所示。

表 2 - 11　印刷、文娱相关制品制造业上市公司案件案由基本类型分布

案由基本类型	案件数量/件
知识产权纠纷	832
合同类纠纷	23
劳动法纠纷	8
侵权责任纠纷	5
公司法纠纷	2
物权纠纷	1
其他民事纠纷	1
竞争法纠纷	0
金融法纠纷	0
行政诉讼	0
刑事诉讼	0
合计	872

其中，民事案件中，知识产权纠纷案件共有 832 件，约占全部民事案件总量的

95.41%。具体案件数量分布情况如图2－36所示。

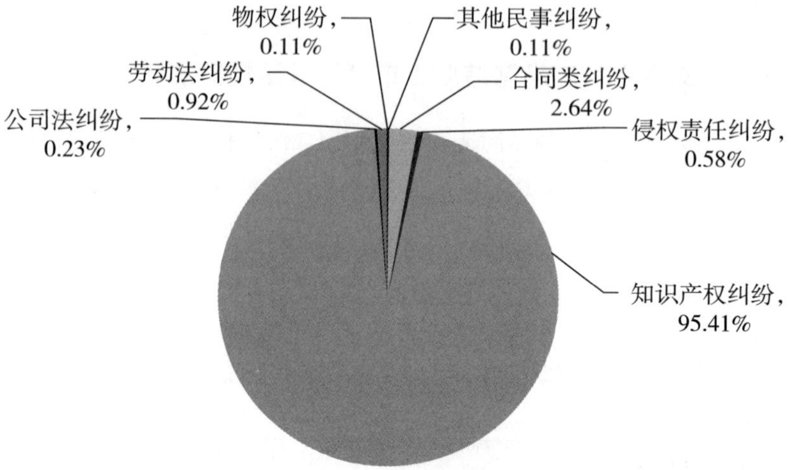

图2－36 印刷、文娱相关制品制造业上市公司民事案由基本类型分布

其次，从案件的具体案由看，2022年印刷、文娱相关制品制造业上市公司涉及的872件案件的案由以著作权权属、侵权纠纷为主，商标权权属、侵权纠纷次之，都属于知识产权纠纷，具体分布情况如表2－12所示。

表2－12 印刷、文娱相关制品制造业上市公司案件具体案由分布

具体案由	案件数量/件
著作权权属、侵权纠纷	742
商标权权属、侵权纠纷	79
买卖合同纠纷	15
劳动合同纠纷	8
其他知识产权纠纷	8
建设工程合同纠纷	3
提供劳务者受害责任纠纷	3
著作权合同纠纷	3
借款合同纠纷	2
其他侵权责任纠纷	2
承揽合同纠纷	1
保证合同纠纷	1

续表

具体案由	案件数量/件
生命权、身体权、健康权纠纷	1
损害公司债权人利益责任纠纷	1
服务合同纠纷	1
物权确认纠纷	1
损害公司利益责任纠纷	1

3. 案件地域分布

从案件地域分布看，2022 年印刷、文娱相关制品制造业上市公司涉及的 872 件案件主要集中在浙江省、山东省、广东省、上海市等地。具体分布情况如图 2－37 所示。

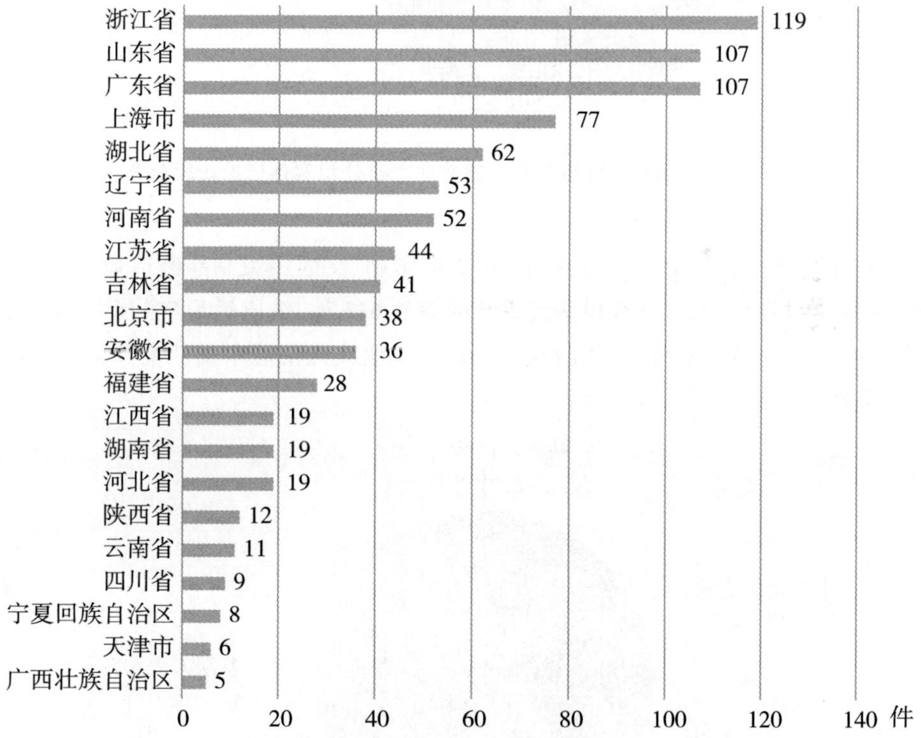

图 2－37　印刷、文娱相关制品制造业上市公司案件地域分布情况

（二）案件审理程序

1. 诉讼阶段

如图 2－38 所示，从诉讼阶段看，2022 年印刷、文娱相关制品制造业上市公司涉及的 872 件案件中，一审案件 848 件，占比约为 97.25%；二审案件 22 件，占比约为 2.52%；再审案件 2 件，占比约为 0.23%。

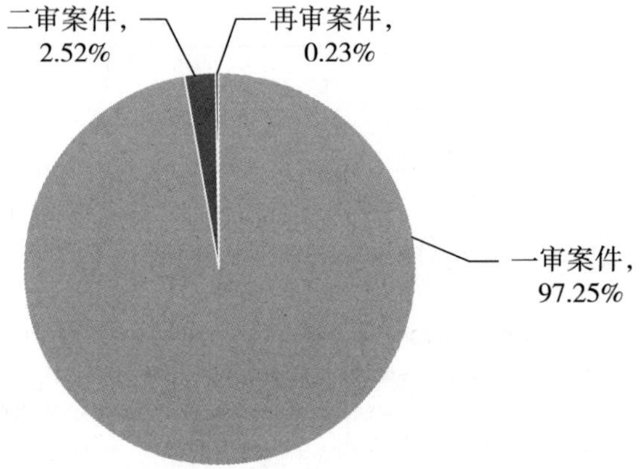

图 2－38　印刷、文娱相关制品制造业上市公司案件诉讼阶段分布

2. 法院层级

如图 2－39 所示，从法院层级看，2022 年印刷、文娱相关制品制造业上市公司涉及的 872 件案件中，基层人民法院审结的案件 638 件，占比约为 73.16%；中级人民法院审结的案件 230 件，占比约为 26.38%；高级人民法院审结的案件 4 件，占比约为 0.46%。

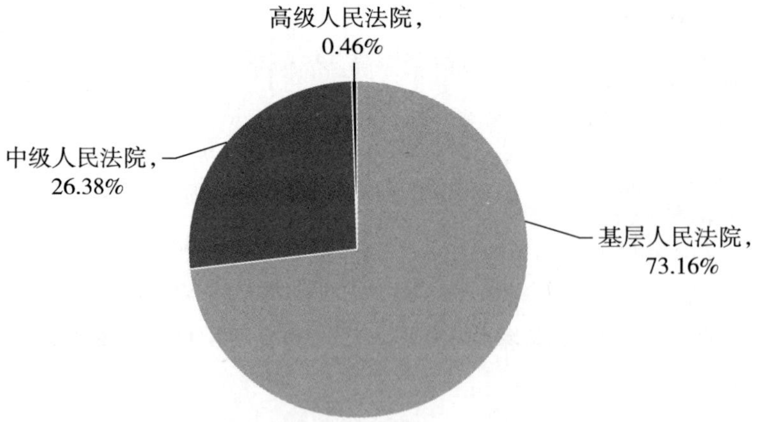

图 2－39　印刷、文娱相关制品制造业上市公司案件审理法院层级分布

（三）上市公司诉讼地位

如图 2－40 所示，从上市公司的诉讼地位看，2022 年印刷、文娱相关制品制造业上市公司涉及的 872 件案件中，上市公司作为原告的案件有 834 件，占比约为 95.64%；上市公司作为被告的案件有 38 件，占比约为 4.36%；没有上市公司作为第三人的案例。可见，2022 年印刷、文娱相关制品制造业上市公司诉讼中，上市公司主要处于起诉方的角色，主动地发起诉讼。

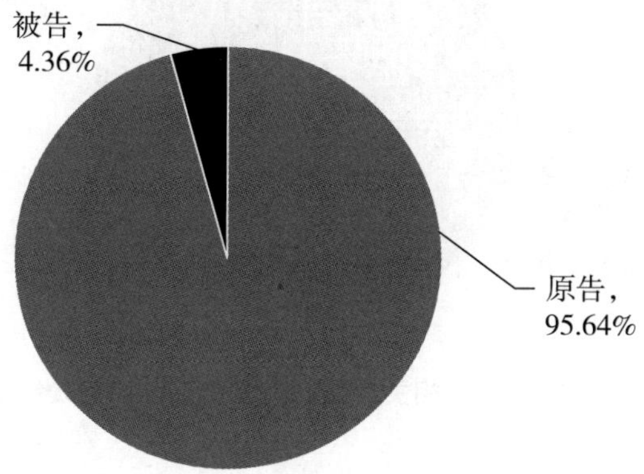

图 2－40　印刷、文娱相关制品制造业上市公司诉讼地位分布

（四）诉讼标的额

从诉讼案件的标的额看，2022 年印刷、文娱相关制品制造业上市公司涉及的有标的额可查的案件中，诉讼标的额数量分布情况如图 2－41 所示。总体来看，本行业诉讼标的额总额为 1, 975, 197, 260. 00 元，诉讼标的额最大为 1, 934, 370, 000. 00 元，行业平均诉讼标的额为 8, 978, 169. 36 元。

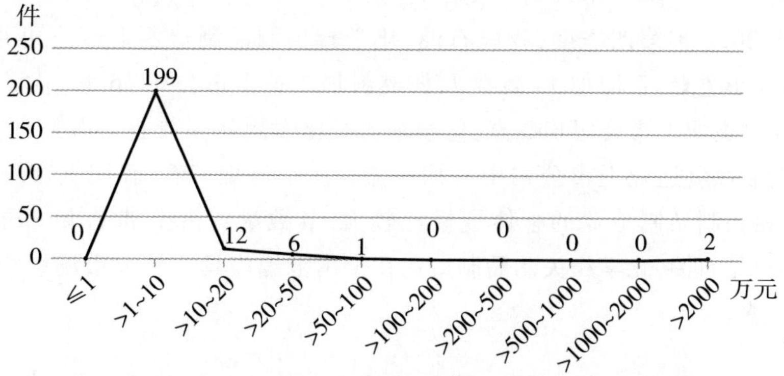

图 2－41　印刷、文娱相关制品制造业上市公司诉讼标的额分布

(五)诉讼结果和胜诉率

从总体上看,如图 2－42 所示,2022 年印刷、文娱相关制品制造业上市公司涉及的所有案件中,上市公司胜诉的案件有 220 件,败诉的案件有 652 件。该行业上市公司的总体胜诉率约为 25.23%。

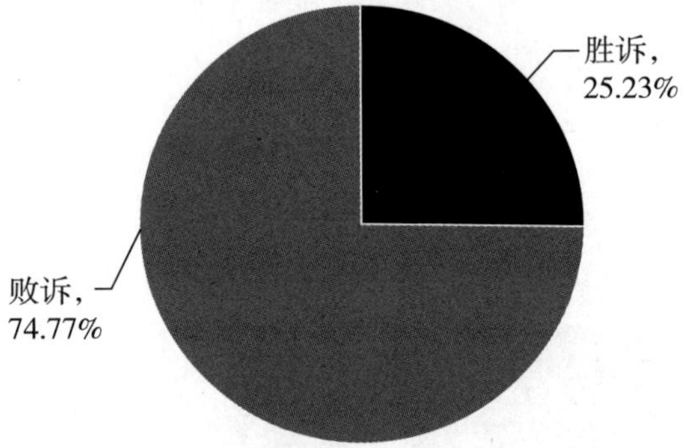

图 2－42 印刷、文娱相关制品制造业上市公司诉讼结果占比

第七节 石油、化学相关制品制造业

一、石油、化学相关制品制造业上市公司概况

石油、化学相关制品制造业,一般是指以石油和天然气为原料的化学工业。范围很广,产品很多。原油经过裂解(裂化)、重整和分离,提供基础原料,如乙烯、丙烯、丁烯、丁二烯、苯、甲苯、二甲苯、萘等。

截至 2022 年第四季度,我国石油、化学相关制品制造业上市公司共计 348 家,从行业小类看,石油加工、炼焦及核燃料加工业上市公司 16 家,化学原料及化学制品制造业上市公司 332 家;化学原料及化学制品制造业上市公司在石油、化学相关制品制造业上市公司中占据主流。从市场规模看,我国上市公司中石油、化学相关制品制造业的整体规模比较大,其数量约占全部上市公司数量的 6.85%,可见石油、化学相关制品制造业在全国范围内具有较大市场影响力的企业数量众多。

二、石油、化学相关制品制造业上市公司诉讼情况统计

本书以石油、化学相关制品制造业的348家上市公司为当事人检索案件，共收集2022年度全国法院公布的各类裁判文书493份，作为统计分析的样本。

（一）案件类型分布

1. 案件诉讼类型

从案件诉讼类型看，2022年石油、化学相关制品制造业上市公司涉及的493件案件绝大多数为民事诉讼，仅有8件行政诉讼案件。

2. 案件案由种类

首先，从诉讼案件案由的基本类型看，2022年石油、化学相关制品制造业上市公司涉及的493件案件主要集中在合同类纠纷中，金融法纠纷数量次之，具体分布情况如表2－13所示。

表2－13 石油、化学相关制品制造业上市公司案件案由基本类型分布

案由基本类型	案件数量/件
合同类纠纷	236
金融法纠纷	89
劳动法纠纷	81
知识产权纠纷	45
公司法纠纷	15
侵权责任纠纷	10
行政诉讼	8
物权纠纷	6
其他民事纠纷	2
竞争法纠纷	1
刑事诉讼	0
合计	493

其中，在民事案件中，合同类纠纷案件共有236件，约占全部民事案件总量的48.66%；金融法纠纷案件共有89件，约占全部民事案件总量的18.35%。具体案件数量分布情况如图2－43所示。

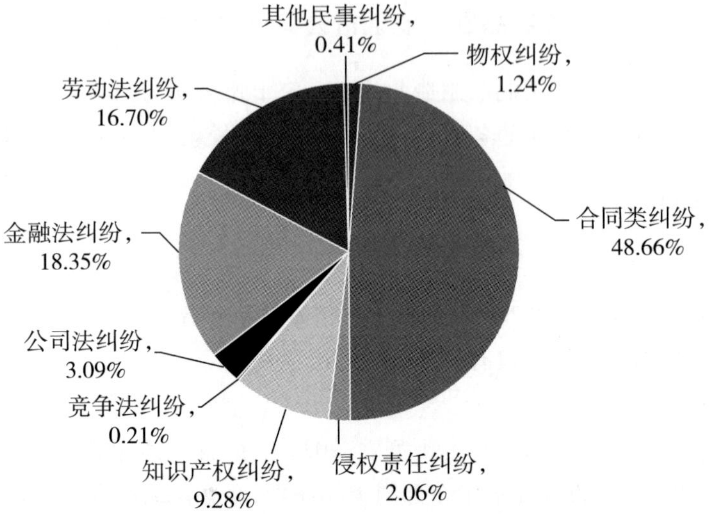

图 2－43　石油、化学相关制品制造业上市公司民事案由基本类型分布

其次，从案件的具体案由看，2022 年石油、化学相关制品制造业上市公司涉及的 493 件案件的案由以买卖合同纠纷，劳动合同纠纷，证券欺诈责任纠纷，商标权权属、侵权纠纷为主，以买卖合同纠纷数量最多，具体分布情况如表 2－14 所示。

表 2－14　石油、化学相关制品制造业上市公司案件具体案由分布

具体案由	案件数量/件
买卖合同纠纷	141
劳动合同纠纷	78
证券欺诈责任纠纷	59
商标权权属、侵权纠纷	34
建设工程合同纠纷	26
票据纠纷	15
追偿权纠纷	13
租赁合同纠纷	11
承揽合同纠纷	11
票据追索权纠纷	11
借款合同纠纷	8
商标行政管理	8

续表

具体案由	案件数量/件
劳务合同纠纷	7
股权转让纠纷	5
其他知识产权纠纷	5
融资租赁合同纠纷	5
产品责任纠纷	4
著作权权属、侵权纠纷	4
排除妨害纠纷	3
社会保险纠纷	3
损害公司债权人利益责任纠纷	3
服务合同纠纷	3
委托合同纠纷	3
保理合同纠纷	3
高度危险责任纠纷	3
财产损害赔偿纠纷	2
专利权权属、侵权纠纷	2
破产债权确认纠纷	2
票据付款请求权纠纷	2
证券交易代理合同纠纷	2
其他不正当竞争纠纷	1
返还原物纠纷	1
机动车交通事故责任纠纷	1
运输合同纠纷	1
提供劳务者受害责任纠纷	1
确认合同效力纠纷	1
生命权、身体权、健康权纠纷	1
不当得利纠纷	1
海上、通海水域货运代理合同纠纷	1
其他与公司有关的纠纷	1

续表

具体案由	案件数量/件
网络侵权责任纠纷	1
广告合同纠纷	1
股东资格确认纠纷	1
新增资本认购纠纷	1
准合同纠纷	1
公司减资纠纷	1
其他与破产有关的纠纷	1

3. 案件地域分布

从案件地域分布看，2022 年石油、化学相关制品制造业上市公司涉及的 493 件案件主要集中在山东省、上海市、广东省等地。具体分布情况如图 2－44 所示。

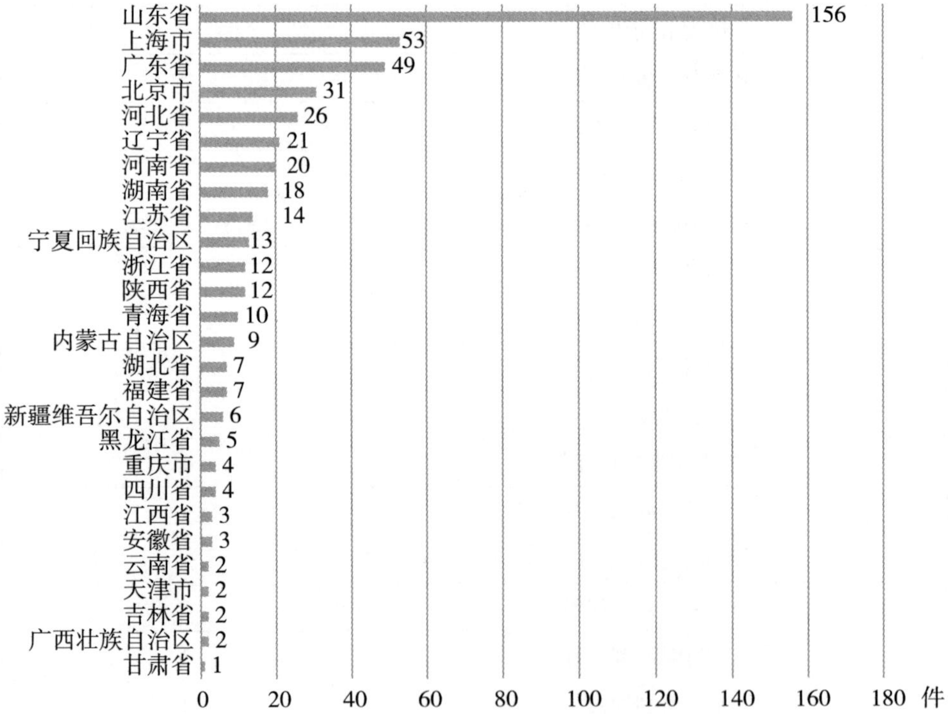

图 2－44　石油、化学相关制品制造业上市公司案件地域分布情况

(二)案件审理程序

1. 诉讼阶段

如图 2－45 所示,从诉讼阶段看,2022 年石油、化学相关制品制造业上市公司涉及的 493 件案件中,一审案件 400 件,占比约为 81.13%;二审案件 83 件,占比约为 16.84%;再审案件 10 件,占比约为 2.03%。

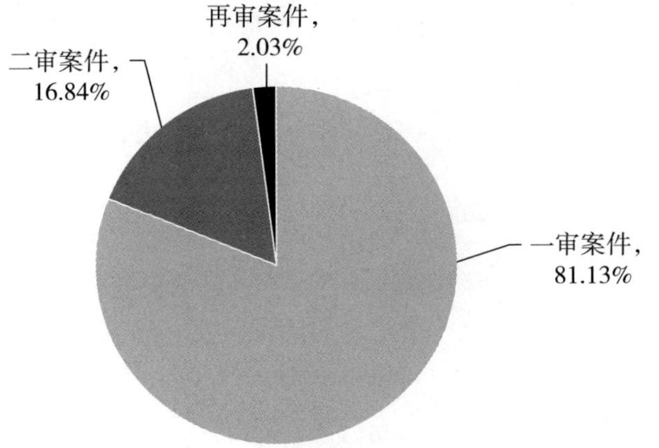

图 2－45　石油、化学相关制品制造业上市公司案件诉讼阶段分布

2. 法院层级

如图 2－46 所示,从法院层级看,2022 年石油、化学相关制品制造业上市公司涉及的 493 件案件中,基层人民法院审结的案件 326 件,占比约为 66.13%;中级人民法院审结的案件 145 件,占比约为 29.41%;高级人民法院审结的案件 21 件,占比约为 4.26%;最高人民法院审结的案件 1 件,占比约为 0.20%。

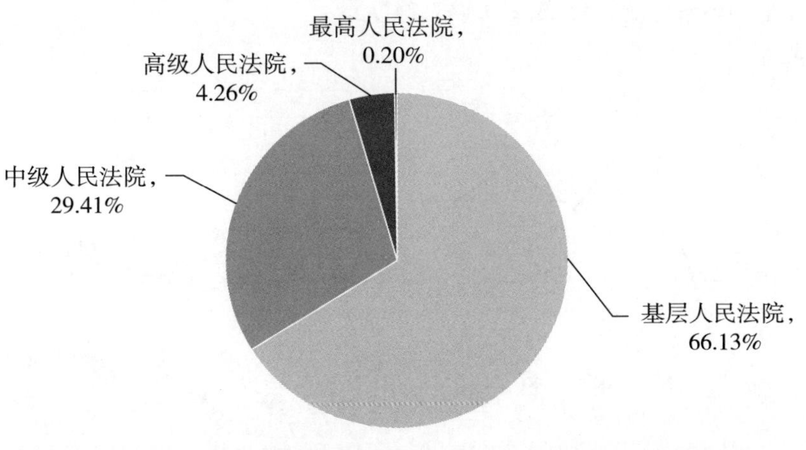

图 2－46　石油、化学相关制品制造业上市公司案件审理法院层级分布

（三）上市公司诉讼地位

如图2－47所示，从上市公司的诉讼地位看，2022年石油、化学相关制品制造业上市公司涉及的493件案件中，上市公司作为原告的案件有215件，占比约为43.61%；上市公司作为被告的案件有272件，占比约为55.17%；上市公司作为第三人的案件有6件，占比约为1.22%。由此可见，2022年石油、化学相关制品制造业上市公司诉讼中，上市公司主要处于应诉方的角色，被动地参与诉讼。

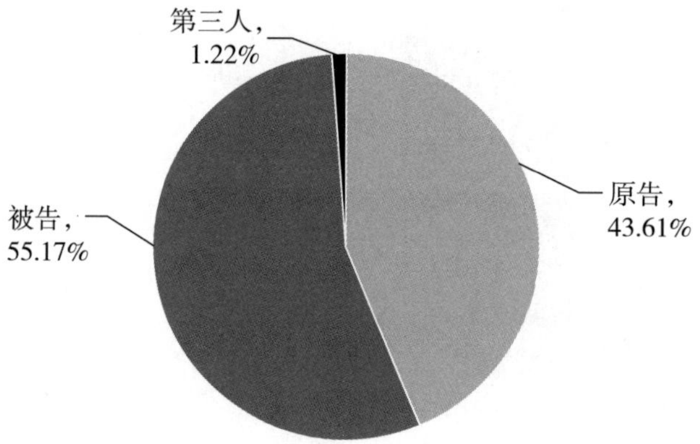

图2－47　石油、化学相关制品制造业上市公司诉讼地位分布

（四）诉讼标的额

从诉讼案件的标的额看，2022年石油、化学相关制品制造业上市公司涉及的有标的额可查的案件中，诉讼标的额数量分布情况如图2－48所示。总体来看，本行业诉讼标的额总额为7,702,139,608.68元，诉讼标的额最大为2,554,102,000.00元，行业平均诉讼标的额为43,270,447.24元。

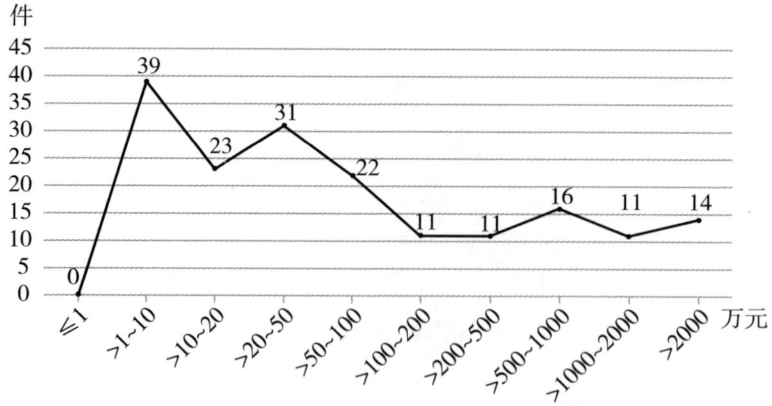

图2－48　石油、化学相关制品制造业上市公司诉讼标的额分布

(五)诉讼结果和胜诉率

从总体上看,如图 2 - 49 所示,2022 年石油、化学相关制品制造业上市公司涉及的所有案件中,上市公司胜诉的案件有 309 件,败诉的案件有 178 件,撤回起诉的案件有 1 件,撤回上诉的案件有 1 件,驳回起诉的案件有 2 件,驳回上诉的案件有 2 件。该行业上市公司胜诉的案件数量在全部案件中占比约为 62.67%,如果排除撤诉等特殊情形,则该行业上市公司的总体胜诉率约为 63.45%。

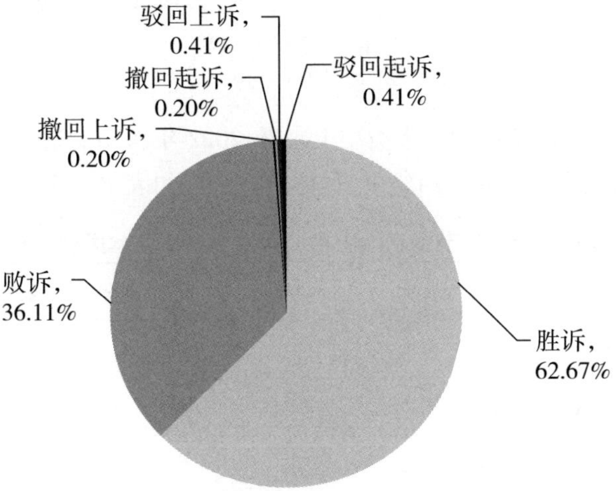

图 2 - 49　石油、化学相关制品制造业上市公司诉讼结果占比

第八节　医药制造业

一、医药制造业上市公司概况

医药制造业,是指通过物理或化学手段将原材料生产成为新的医药类产品的行业,包含通常所说的中西药制造,其中兽用药品还包含医药原药及卫生材料。

截至 2022 年第四季度,我国医药制造业上市公司共计 314 家。从市场规模看,我国医药制造业上市公司的整体规模很大,约占全部上市公司数量的 6.18%,可见医药制造业在全国范围内具有较大市场影响力的企业数量较多。

二、医药制造业上市公司诉讼情况统计

本书以医药制造业的314家上市公司为当事人检索案件，共收集2022年度全国法院公布的各类裁判文书597份，作为统计分析的样本。

（一）案件类型分布

1. 案件诉讼类型

从案件诉讼类型看，2022年医药制造业上市公司涉及的597件案件大多数为民事诉讼，数量达586件，行政诉讼案件仅有11件。

2. 案件案由种类

首先，从诉讼案件案由的基本类型上来看，2022年医药制造业上市公司涉及的597件案件主要集中在合同类纠纷中，具体分布情况如表2－15所示。

表2－15　医药制造业上市公司案件案由基本类型分布

案由基本类型	案件数量/件
合同类纠纷	418
劳动法纠纷	56
知识产权纠纷	37
金融法纠纷	33
公司法纠纷	13
竞争法纠纷	12
行政诉讼	11
物权纠纷	9
侵权责任纠纷	6
其他民事纠纷	2
刑事诉讼	0

其中，在民事案件中，合同类法纠纷案件共有418件，约占全部民事案件总量的71.33%。具体案件数量分布情况如图2－50所示。

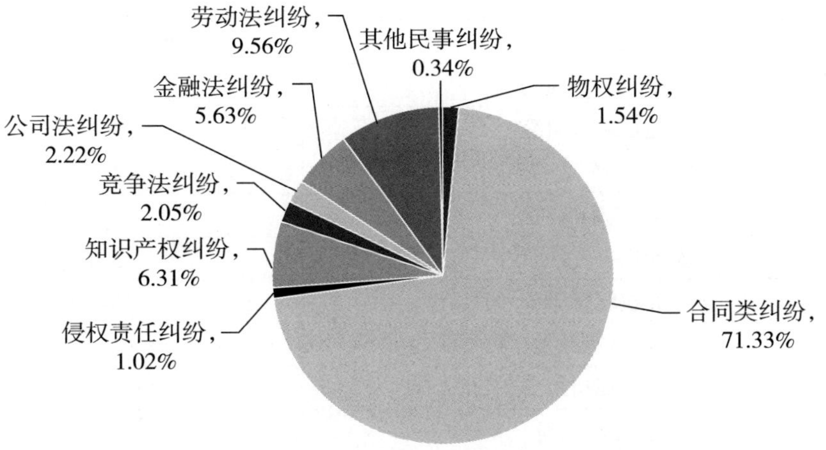

图 2－50　医药制造业上市公司民事案由基本类型分布

其次，从案件的具体案由看，2022 年医药制造业上市公司涉及的 597 件案件的案由以买卖合同纠纷数量最多，劳动合同纠纷、证券欺诈责任纠纷、建设工程合同纠纷数量较多，其他种类案由呈现分散化分布状态，具体分布情况如表 2－16 所示。

表 2－16　医药制造业上市公司案件具体案由分布

具体案由	案件数量/件
买卖合同纠纷	349
劳动合同纠纷	54
证券欺诈责任纠纷	26
建设工程合同纠纷	22
著作权权属、侵权纠纷	15
商标权权属、侵权纠纷	13
商标行政管理	11
其他不正当竞争纠纷	10
租赁合同纠纷	9
借款合同纠纷	6
财产损害赔偿纠纷	5
委托合同纠纷	5
融资租赁合同纠纷	5
承揽合同纠纷	4
服务合同纠纷	4

续表

具体案由	案件数量/件
网络域名合同纠纷	4
返还原物纠纷	3
专利权权属、侵权纠纷	3
票据追索权纠纷	3
医疗损害责任纠纷	3
股权转让纠纷	2
产品责任纠纷	2
票据纠纷	2
追偿权纠纷	2
仿冒纠纷	2
损害股东利益责任纠纷	2
福利待遇纠纷	2
借用合同纠纷	2
公司盈余分配纠纷	2
中介合同纠纷	2
劳务合同纠纷	1
运输合同纠纷	1
生命权、身体权、健康权纠纷	1
债权转让合同纠纷	1
其他侵权责任纠纷	1
公司决议纠纷	1
不当得利纠纷	1
物权保护纠纷	1
清算责任纠纷	1
票据付款请求权纠纷	1
票据利益返还请求权纠纷	1
著作权合同纠纷	1
新增资本认购纠纷	1
其他与破产有关的纠纷	1
拍卖合同纠纷	1
请求变更公司登记纠纷	1

续表

具体案由	案件数量/件
其他与合伙企业有关的纠纷	1
股东知情权纠纷	1
债务转移合同纠纷	1
技术合同纠纷	1
房地产开发经营合同纠纷	1
物业服务合同纠纷	1
名称权纠纷	1

3. 案件地域分布

从案件地域分布看,2022 年医药制造业上市公司涉及的 597 件案件主要分布在吉林省、北京市等地。具体分布情况如图 2－51 所示。

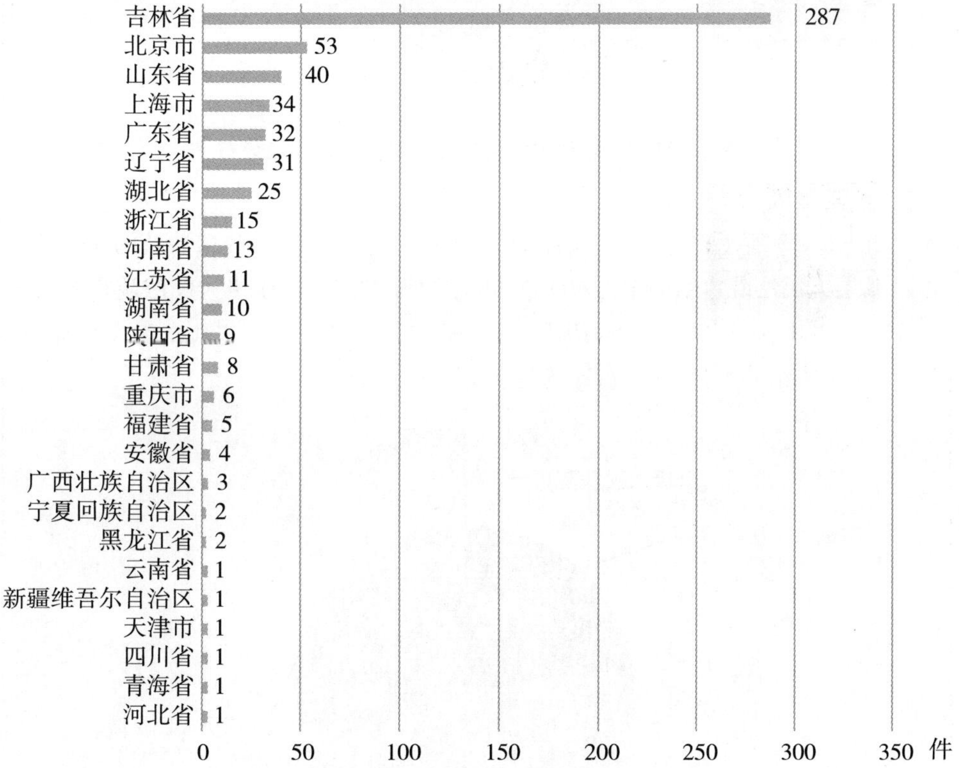

图 2－51　医药制造业上市公司案件地域分布情况

（二）案件审理程序

1. 诉讼阶段

如图 2－52 所示，从诉讼阶段看，2022 年医药制造业上市公司涉及的 597 件案件中，一审案件 498 件，占比约为 83.42%；二审案件 86 件，占比约为 14.41%；再审案件 13 件，占比约为 2.17%。

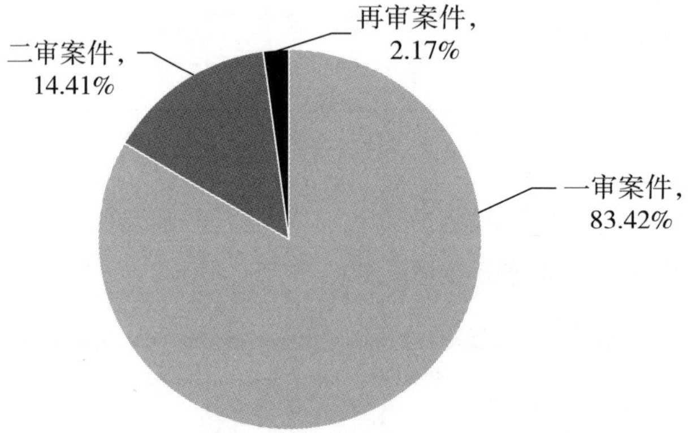

图 2－52　医药制造业上市公司案件诉讼阶段分布

2. 法院层级

如图 2－53 所示，从法院层级看，2022 年医药制造业上市公司涉及的 597 件案件中，基层人民法院审结的案件 463 件，占比约为 77.55%；中级人民法院审结的案件 116 件，占比约为 19.43%；高级人民法院审结的案件 17 件，占比约为 2.85%；最高人民法院审结的案件 1 件，占比约为 0.17%。

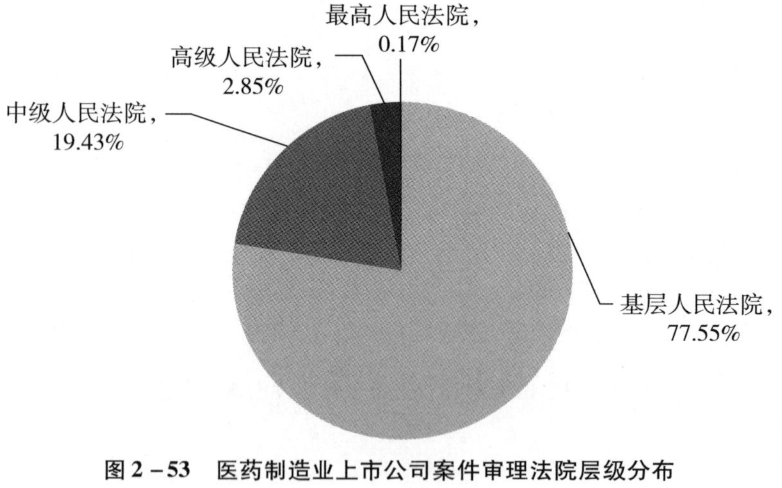

图 2－53　医药制造业上市公司案件审理法院层级分布

(三)上市公司诉讼地位

如图 2 – 54 所示,从上市公司的诉讼地位看,2022 年医药制造业上市公司涉及的 597 件案件中,上市公司作为原告的案件有 398 件,占比约为 66.67%;上市公司作为被告的案件有 192 件,占比约为 32.16%;上市公司作为第三人的案件有 7 件,占比约为 1.17%。由此可见,2022 年医药制造业上市公司诉讼中,上市公司主要处于起诉方的角色,主动地发起诉讼。

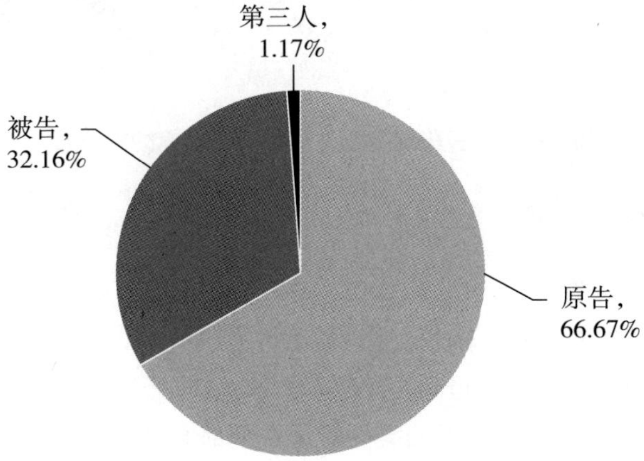

图 2 – 54　医药制造业上市公司诉讼地位分布

(四)诉讼标的额

从诉讼案件的标的额看,2022 年医药制造业上市公司涉及的有标的额可查的案件中,诉讼标的额数量分布情况如图 2 – 55 所示。总体来看,本行业诉讼标的额总额为 2,023,487,192.26 元,诉讼标的额最大为 591,852,500.00 元,行业平均诉讼标的额为 7,331,475.33 元。

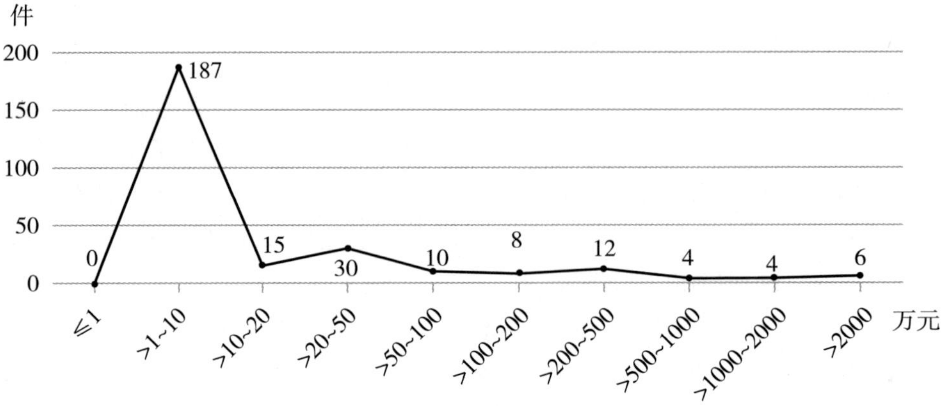

图 2 – 55　医药制造业上市公司诉讼标的额分布

（五）诉讼结果和胜诉率

从总体上看，如图 2 – 56 所示，2022 年医药制造业上市公司涉及的所有案件中，上市公司胜诉的案件有 221 件，败诉的案件有 368 件，撤回起诉的案件有 1 件，撤回上诉的案件有 1 件，驳回起诉的案件有 2 件，驳回上诉的案件有 3 件，再审的案件有 1 件。该行业上市公司胜诉的案件数量在全部案件中占比约为 37.01%，如果排除撤诉等特殊情形，则该行业上市公司的总体胜诉率约为37.52%。

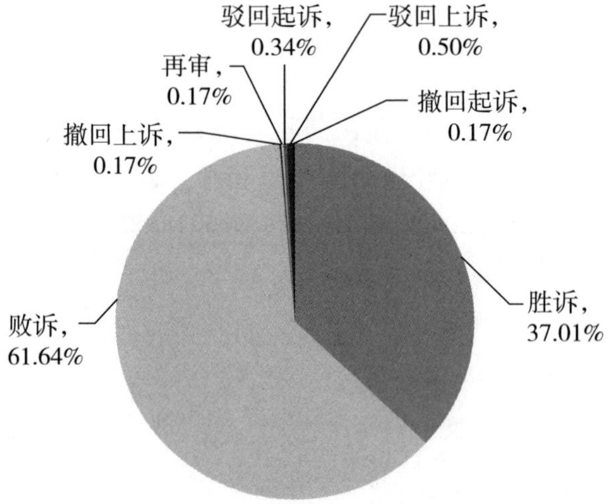

图 2 – 56　医药制造业上市公司诉讼结果占比

第九节　化纤、橡胶、塑料相关制造业

一、化纤、橡胶、塑料相关制造业上市公司概况

化纤、橡胶、塑料相关制造业从属于制造业大类,化学纤维制造业,是指利用原料以化学方式生产纤维的活动;橡胶制造业,是指以天然及合成橡胶为原料生产各种橡胶制品的活动;塑料制造业,是指以合成树脂为主要原料,经采用挤塑、注塑、压延、层压等工艺加工成型的各种制品的生产,以及利用回收的废旧塑料加工再生产塑料制品的活动。

截至 2022 年第四季度,我国化纤、橡胶、塑料相关制造业上市公司共计 151 家,从行业小类看,化学纤维制造业上市公司 32 家、橡胶和塑料制品业上市公司 119 家;橡胶和塑料制品制造业上市公司在化纤、橡胶、塑料相关制造业上市公司中占据主流。从市场规模看,我国上市公司中化纤、橡胶、塑料相关制造业的整体规模不大,其数量约占全部上市公司数量的 2.97%。

二、化纤、橡胶、塑料相关制造业上市公司诉讼情况统计

本书以化纤、橡胶、塑料相关制造业的 151 家上市公司为当事人检索案件,共收集 2022 年度全国法院公布的各类裁判文书 141 份,作为统计分析的样本。

(一)案件类型分布

1. 案件诉讼类型

从案件诉讼类型看,2022 年化纤、橡胶、塑料相关制造业上市公司涉及的 141 件案件绝大多数为民事诉讼,仅有 4 件为行政诉讼。

2. 案件案由种类

首先,从诉讼案件案由的基本类型看,2022 年化纤、橡胶、塑料相关制造业上市公司涉及的 141 件案件主要集中在合同类纠纷中,具体分布情况如表 2 – 17 所示。

表 2 – 17　化纤、橡胶、塑料相关制造业上市公司案件案由基本类型分布

案由基本类型	案件数量/件
合同类纠纷	100

续表

案由基本类型	案件数量/件
劳动法纠纷	24
知识产权纠纷	4
行政诉讼	4
公司法纠纷	3
金融法纠纷	3
侵权责任纠纷	2
物权纠纷	1
竞争法纠纷	0
其他民事纠纷	0
刑事诉讼	0
总计	141

其中，在民事案件中，合同类纠纷案件共有 100 件，约占全部民事案件总量的 72.99%；劳动法纠纷案件共有 24 件，约占全部民事案件总量的 17.52%。具体数量分布情况如图 2－57 所示。

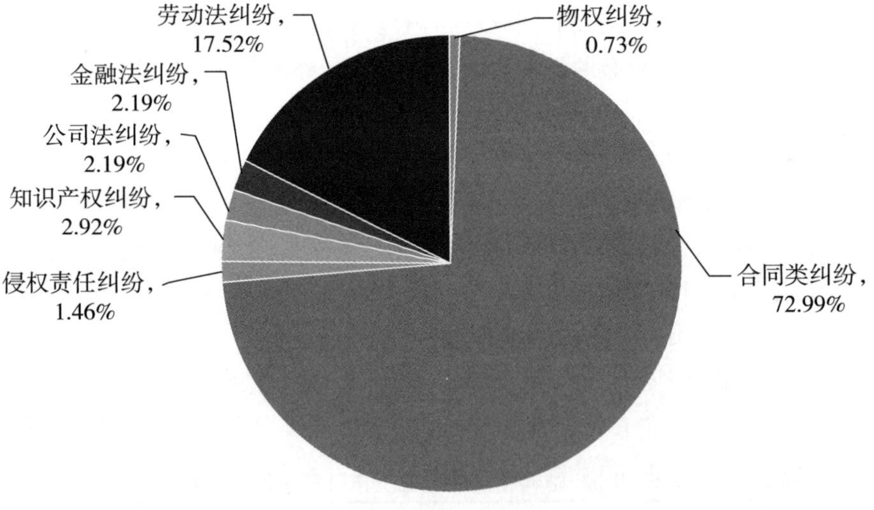

图 2－57　化纤、橡胶、塑料相关制造业上市公司民事案由基本类型分布

其次，从案件的具体案由看，2022 年化纤、橡胶、塑料相关制造业上市公司涉及的 141 件案件的案由以买卖合同纠纷数量最多,劳动合同纠纷、承揽合同纠纷、建设工程合同纠纷较多,具体分布情况如表 2－18 所示。

表 2－18　化纤、橡胶、塑料相关制造业上市公司案件具体案由分布

具体案由	案件数量/件
买卖合同纠纷	61
劳动合同纠纷	24
承揽合同纠纷	10
建设工程合同纠纷	8
租赁合同纠纷	4
劳务合同纠纷	4
不当得利纠纷	4
商标行政管理	3
著作权权属、侵权纠纷	3
借款合同纠纷	2
提供劳务者受害责任纠纷	2
服务合同纠纷	2
对外追收债权纠纷	2
票据追索权纠纷	2
保理合同纠纷	2
运输合同纠纷	1
财产损害赔偿纠纷	1
损害公司债权人利益责任纠纷	1
房屋买卖合同纠纷	1
债权人代位权纠纷	1
专利权权属、侵权纠纷	1
票据付款请求权纠纷	1
其他行政管理	1

3. 案件地域分布

从案件地域分布看,2022 年化纤、橡胶、塑料相关制造业上市公司涉及的 141 件案件主要分布在山东省、广东省、上海市等地。具体分布情况如图 2－58 所示。

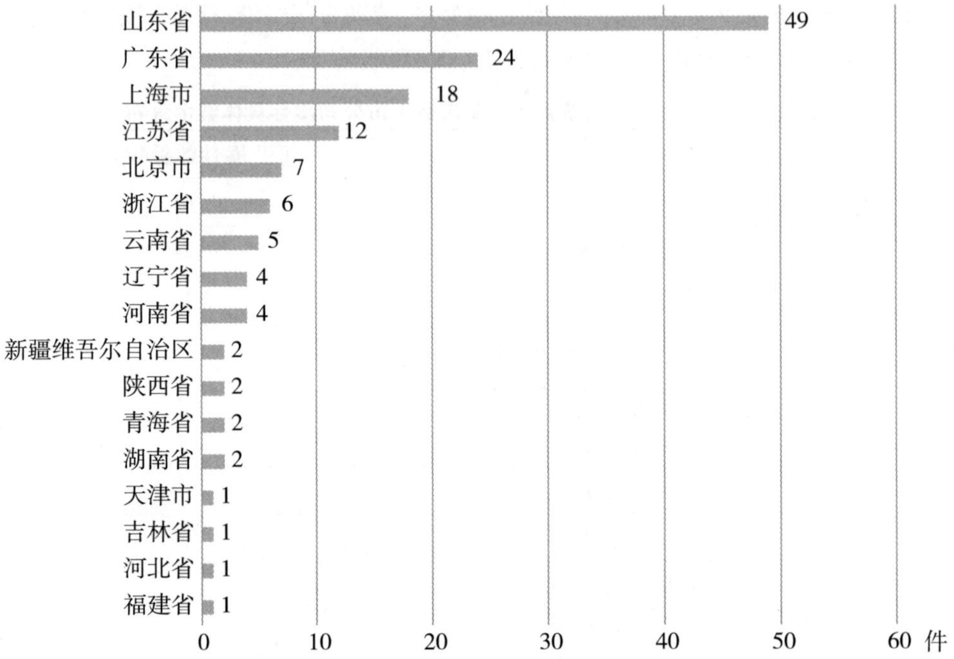

图 2－58　化纤、橡胶、塑料相关制造业上市公司案件地域分布情况

(二)案件审理程序

1. 诉讼阶段

如图 2－59 所示,从诉讼阶段看,2022 年化纤、橡胶、塑料相关制造业上市公司涉及的 141 件案件中,一审案件 102 件,占比约为 72.34%;二审案件 33 件,占比约为 23.40%;再审案件 6 件,占比约为 4.26%。

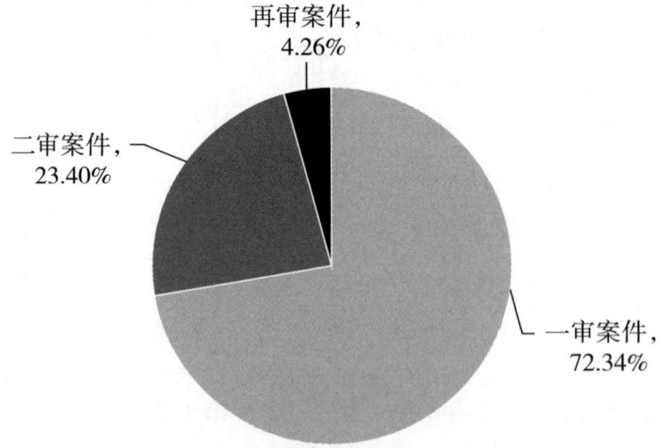

图 2－59　化纤、橡胶、塑料相关制造业上市公司案件诉讼阶段分布

2. 法院层级

如图 2－60 所示，从法院层级看，2022 年化纤、橡胶、塑料相关制造业上市公司涉及的 141 件案件中，基层人民法院审结的案件 101 件，占比约为 71.63%；中级人民法院审结的案件 31 件，占比约为 21.99%；高级人民法院审结的案件 9 件，占比约为 6.38%。

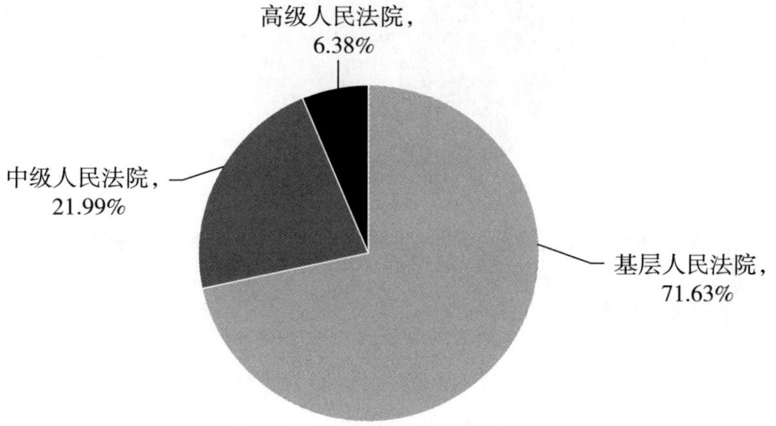

图 2－60　化纤、橡胶、塑料相关制造业上市公司案件审理法院层级分布

（三）上市公司诉讼地位

如图 2－60 所示，从上市公司的诉讼地位看，2022 年化纤、橡胶、塑料相关制造业上市公司涉及的 141 件案件中，上市公司作为原告的案件有 68 件，占比约为 48.23%；上市公司作为被告的案件有 69 件，占比约为 48.93%；上市公司作为第三人的案件有 4 件，占比约为 2.84%。由此可见，2022 年化纤、橡胶、塑料相关制造业上市公司诉讼中，上市公司作为起诉方和应诉方比例基本均等，主动地发起诉讼的同时也被动地应诉。

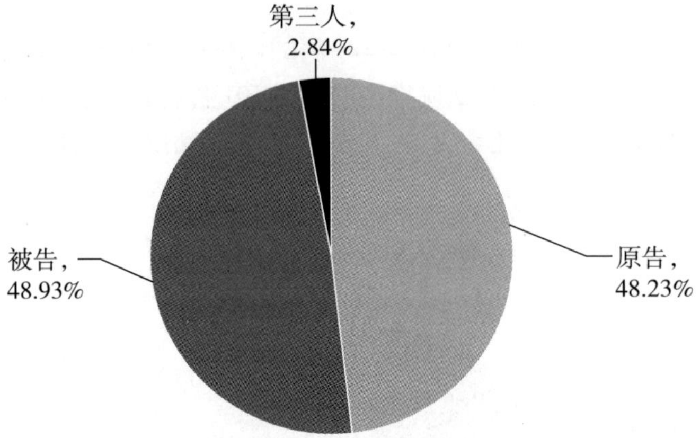

图 2-61　化纤、橡胶、塑料相关制造业上市公司诉讼地位分布

（四）诉讼标的额

从诉讼案件的标的额看，2022 年化纤、橡胶、塑料相关制造业上市公司涉及的有标的额可查的案件中，诉讼标的额数量分布情况如图 2-62 所示。总体来看，本行业诉讼标的额总额为 127,438,514.07 元，诉讼标的额最大为 46,048,800.00 元，行业平均诉讼标的额为 2,317,063.89 元。

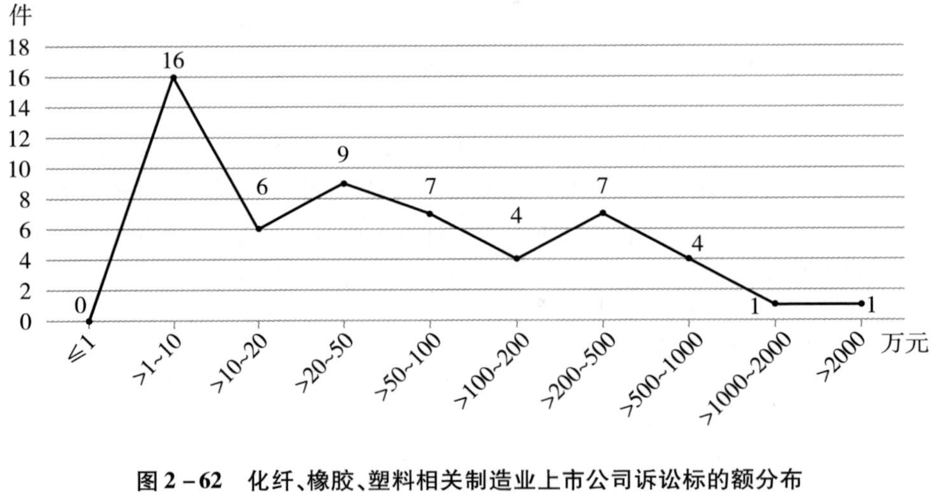

图 2-62　化纤、橡胶、塑料相关制造业上市公司诉讼标的额分布

（五）诉讼结果和胜诉率

从总体上看，如图 2-63 所示，2022 年化纤、橡胶、塑料相关制造业上市公司涉及的所有案件中，上市公司胜诉的案件有 63 件，败诉的案件有 72 件，撤回起诉的案件有 2 件，驳回上诉的案件有 3 件，再审的案件有 1 件。该行业上市公司胜诉的案件数量在全部案件中占比约为 44.68%，如果排除撤诉等特殊情形，则该行业上市公司的总体胜诉率约为 46.67%。

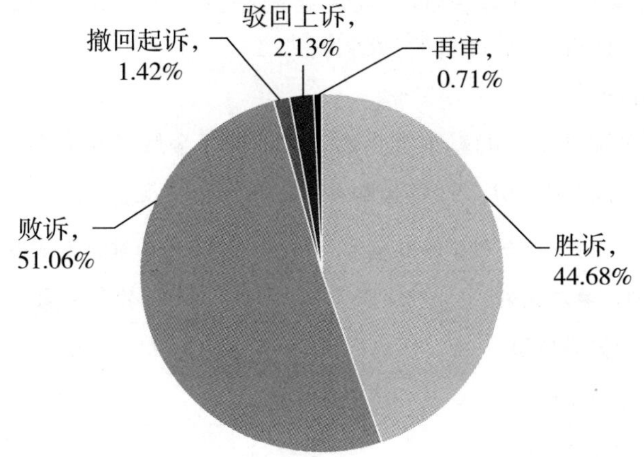

图 2-63　化纤、橡胶、塑料相关制造业上市公司诉讼结果占比

第十节　非金属矿物制品业

一、非金属矿物制品业上市公司概况

非金属矿物制品，是指以非金属矿物材料经过进一步加工形成的产品，非金属矿物制品业，则是生产、制造非金属矿物制品的行业。根据我国国民经济分类，非金属矿物制品业包括水泥、石灰和石膏制造，石膏、水泥制品及类似制品制造，砖瓦、石材等建筑材料制造，玻璃制造、玻璃制品制造，玻璃纤维和玻璃纤维增强塑料制品制造，陶瓷制品制造，耐火材料制品制造以及石墨及其他非金属矿物制品制造。

截至 2022 年第四季度，我国非金属矿物制品业上市公司共计 113 家，从市场规模看，我国上市公司中非金属矿物制品业的整体规模较小，其数量约占全部上市公司数量的 2.22%，在全国范围内具有较大市场影响力的企业数量有限。

二、非金属矿物制品业上市公司诉讼情况统计

本书以非金属矿物制品业的 113 家上市公司为当事人检索案件，共收集 2022

年度全国法院公布的各类裁判文书 319 份，作为统计分析的样本。

（一）案件类型分布

1. 案件诉讼类型

从案件诉讼类型看，2022 年非金属矿物制品业上市公司涉及的 319 件案件大多数为民事诉讼，此外还有 33 件行政诉讼。

2. 案件案由种类

首先，从诉讼案件案由的基本类型看，2022 年非金属矿物制品业上市公司涉及的 319 件案件以合同类纠纷案件数量最多，具体分布情况如表 2－19 所示。

表 2－19　非金属矿物制品业上市公司案件案由基本类型分布

案由基本类型	案件数量/件
合同类纠纷	164
金融法纠纷	42
劳动法纠纷	33
行政诉讼	33
知识产权纠纷	31
物权纠纷	4
公司法纠纷	4
侵权责任纠纷	3
其他民事纠纷	3
竞争法纠纷	2
刑事诉讼	0
总计	319

其中，在民事案件中，合同类纠纷案件共有 164 件，约占全部民事案件总量的 57.34%；金融法纠纷案件共有 42 件，约占全部民事案件总量的 14.68%。具体案件数量分布情况如图 2－64 所示。

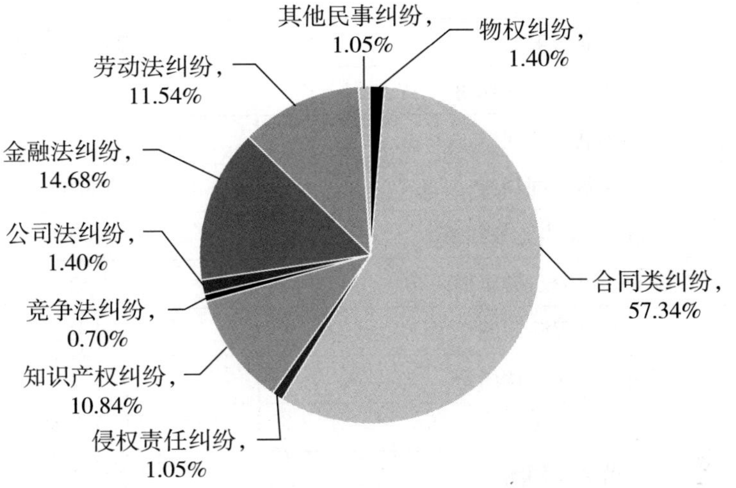

图 2-64　非金属矿物制品业上市公司民事案由基本类型分布

其次，从案件的具体案由看，2022 年非金属矿物制品业上市公司涉及的 319 件案件的案由以买卖合同纠纷数量最多，商标行政管理，票据追索权纠纷，劳动合同纠纷，商标权权属、侵权纠纷较多，具体分布情况如表 2-20 所示。

表 2-20　非金属矿物制品业上市公司案件具体案由分布

具体案由	案件数量/件
买卖合同纠纷	119
商标行政管理	33
票据追索权纠纷	29
劳动合同纠纷	28
商标权权属、侵权纠纷	25
建设工程合同纠纷	12
债权人代位权纠纷	9
承揽合同纠纷	7
票据纠纷	7
委托合同纠纷	5
著作权权属、侵权纠纷	4
票据付款请求权纠纷	4
借款合同纠纷	3

续表

具体案由	案件数量/件
其他侵权责任纠纷	3
福利待遇纠纷	3
租赁合同纠纷	2
其他不正当竞争纠纷	2
生命权、身体权、健康权纠纷	2
社会保险纠纷	2
财产损害赔偿纠纷	2
股权转让纠纷	1
劳务合同纠纷	1
运输合同纠纷	1
债权转让合同纠纷	1
证券欺诈责任纠纷	1
物权确认纠纷	1
物权保护纠纷	1
其他知识产权纠纷	1
损害股东利益责任纠纷	1
财产保险合同纠纷	1
特许经营合同纠纷	1
联营合同纠纷	1
债权人撤销权纠纷	1
准合同纠纷	1
请求变更公司登记纠纷	1
物业服务合同纠纷	1
合伙合同纠纷	1
姓名权纠纷	1

3. 案件地域分布

从案件地域分布看，2022年非金属矿物制品业上市公司涉及的319件案件主要分布在广东省、北京市、重庆市、山东省等地。具体分布情况如图2－65所示。

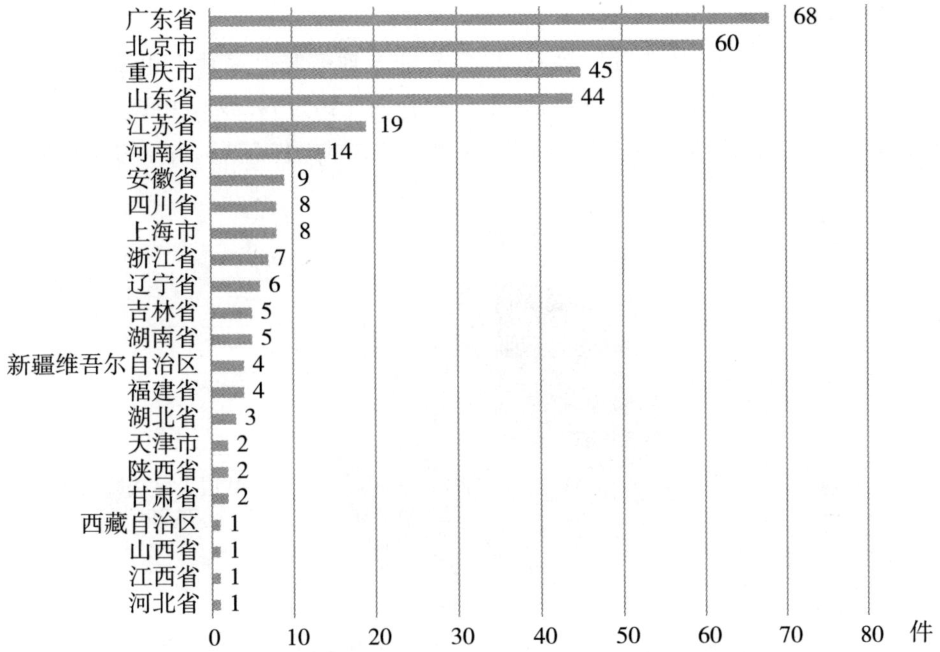

图 2－65　非金属矿物制品业上市公司案件地域分布情况

（二）案件审理程序

1. 诉讼阶段

如图 2－66 所示，从诉讼阶段看，2022 年非金属矿物制品业上市公司涉及的 319 件案件中，一审案件 252 件，占比约为 79.00%；二审案件 63 件，占比约为 19.75%；再审案件 4 件，占比约为 1.25%。

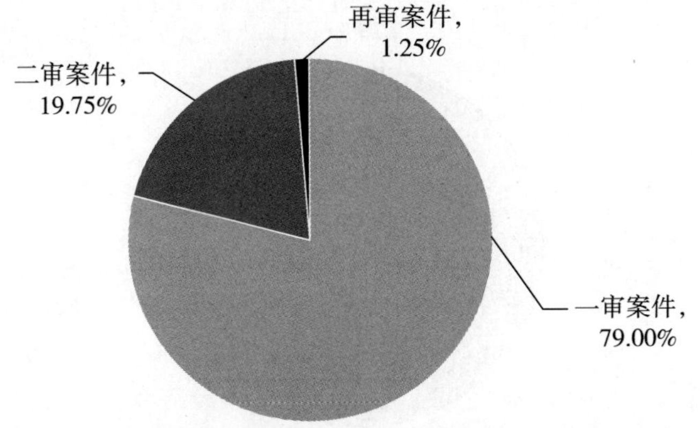

图 2－66　非金属矿物制品业上市公司案件诉讼阶段分布

2. 法院层级

如图 2－67 所示，从法院层级看，2022 年非金属矿物制品业上市公司涉及的 319 件案件中，基层人民法院审结的案件 237 件，占比约为 74.29%；中级人民法院审结的案件 55 件，占比约为 17.25%；高级人民法院审结的案件 27 件，占比约为 8.46%。

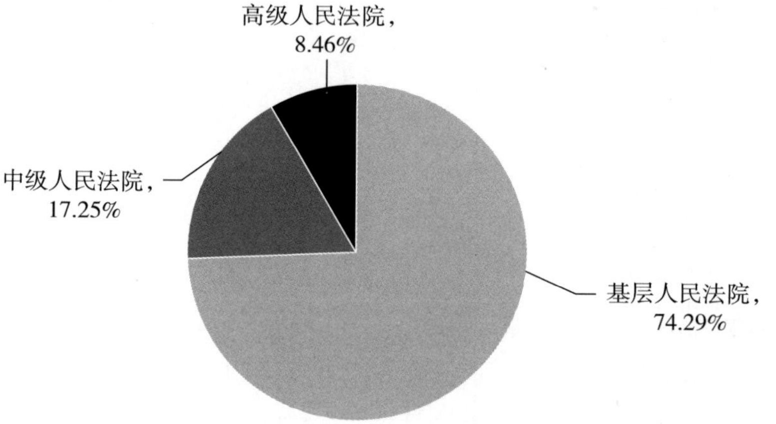

图 2－67　非金属矿物制品业上市公司案件审理法院层级分布

（三）上市公司诉讼地位

如图 2－68 所示，从上市公司的诉讼地位看，2022 年非金属矿物制品业上市公司涉及的 319 件案件中，上市公司作为原告的案件有 187 件，占比约为 58.62%；上市公司作为被告的案件有 125 件，占比约为 39.19%；上市公司作为第三人的案件有 7 件，占比约为 2.19%。由此可见，2022 年非金属矿物制品业上市公司诉讼中，上市公司主要处于起诉方的角色，主动地发起诉讼。

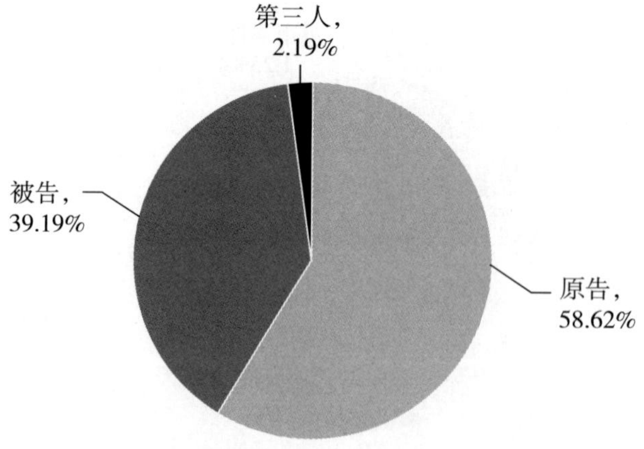

图 2－68　非金属矿物制品业上市公司诉讼地位分布

(四)诉讼标的额

从诉讼案件的标的额看,2022 年非金属矿物制品业上市公司涉及的有标的额可查的案件中,诉讼标的额数量分布情况如图 2－69 所示。总体来看,本行业诉讼标的额总额为 126,956,045.32 元,诉讼标的额最大为 48,656,600.00 元,行业平均诉讼标的额为 1,049,223.52 元。

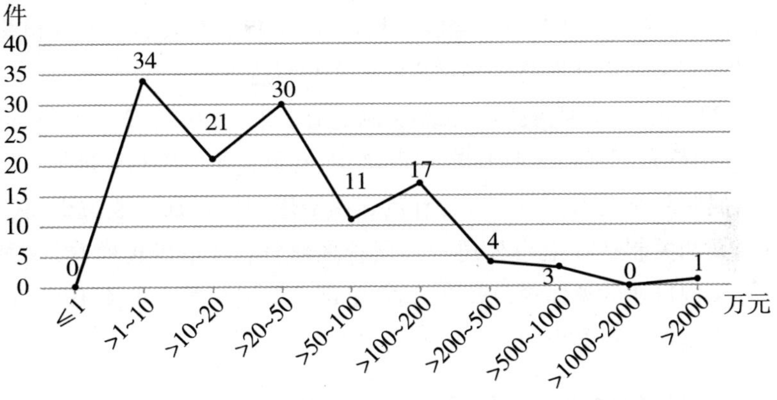

图 2－69　非金属矿物制品业上市公司诉讼标的额分布

(五)诉讼结果和胜诉率

从总体上看,如图 2－70 所示,2022 年非金属矿物制品业上市公司涉及的所有案件中,上市公司胜诉的案件有 171 件,上市公司败诉的案件有 137 件,撤回起诉的案件有 1 件,撤回再审申请的案件有 1 件,驳回起诉的案件有 6 件,驳回上诉的案件有 3 件。该行业上市公司胜诉的案件数量在全部案件中占比约为 53.61%,如果排除撤诉等特殊情形,则该行业上市公司的总体胜诉率约为 55.52%。

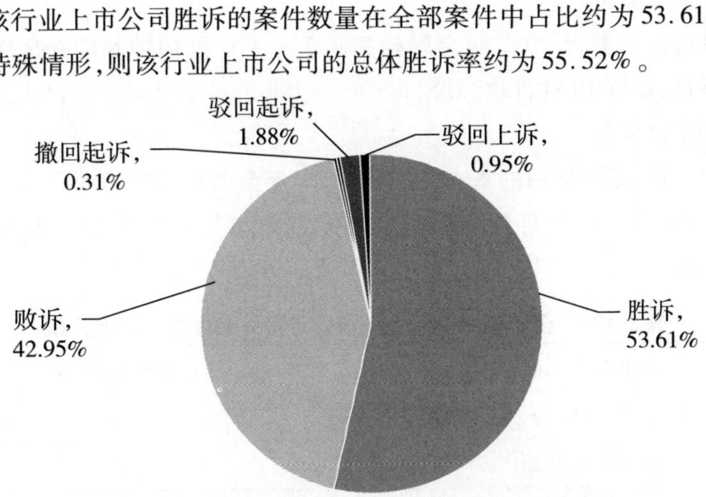

图 2－70　非金属矿物制品业上市公司诉讼结果占比

第十一节　金属相关制造业

一、金属相关制造业上市公司概况

根据我国国民经济行业分类,金属相关制造业包括黑色金属冶炼和压延加工业、有色金属冶炼和压延加工业和金属制品业,属于制造业大类。金属相关制造业上市公司的经营活动主要围绕金属材料的生产和制造展开。

截至 2022 年第四季度,我国金属相关制造业上市公司共计 213 家,从行业小类看,黑色金属冶炼及压延加工业上市公司 32 家、有色金属冶炼和压延加工业上市公司 84 家、金属制品业上市公司 97 家;有色金属冶炼和压延加工业与金属制品业上市公司在金属相关制造业上市公司中占据较多部分。从市场规模看,我国上市公司中金属相关制造业的整体规模较大,约占全部上市公司数量的 4.19%,可见金属相关制造业在全国有影响力的企业数量较多。

二、金属相关制造业上市公司诉讼情况统计

本书以金属相关制造业的 213 家上市公司为当事人检索案件,共收集 2022 年度全国法院公布的各类裁判文书 499 份,作为统计分析的样本。

(一)案件类型分布

1. 案件诉讼类型

从案件诉讼类型看,2022 年金属相关制造业上市公司涉及的 499 件案件大多数为民事诉讼,仅有 10 件行政诉讼。

2. 案件案由种类

首先,从诉讼案件案由的基本类型看,2022 年金属相关制造业上市公司涉及的 499 件案件主要集中在合同类纠纷、知识产权纠纷和劳动法纠纷中,具体分布情况如表 2－21 所示。

表 2－21　金属相关制造业上市公司案件案由基本类型分布

案由基本类型	案件数量/件
合同类纠纷	206
知识产权纠纷	125

续表

案由基本类型	案件数量/件
劳动法纠纷	107
金融法纠纷	28
侵权责任纠纷	16
行政诉讼	10
物权纠纷	3
公司法纠纷	3
竞争法纠纷	1
其他民事纠纷	0
刑事诉讼	0
合计	499

其中,在民事案件中,合同类纠纷案件共有 206 件,约占全部民事案件总量的 42.13%;知识产权纠纷案件共有 125 件,约占全部民事案件总量的 25.56%;劳动法纠纷案件共有 107 件,约占全部民事案件总量的 21.88%。具体案件数量分布情况如图 2 – 71 所示。

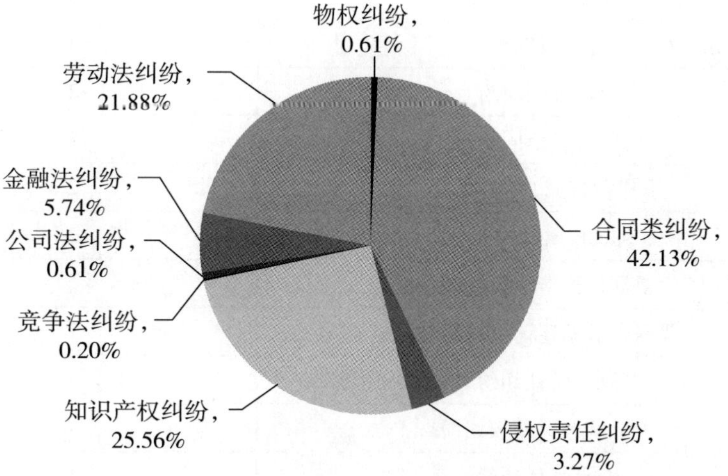

图 2 – 71　金属相关制造业上市公司民事案由基本类型分布

其次,从案件的具体案由看,2022 年金属相关制造业上市公司涉及的 499 件案件的案由分布也较为集中,以商标权权属、侵权纠纷,买卖合同纠纷及劳动合同纠纷等数量最多，具体分布情况如表 2－22 所示。

表 2－22　金属相关制造业上市公司案件具体案由分布

具体案由	案件数量/件
商标权权属、侵权纠纷	121
买卖合同纠纷	116
劳动合同纠纷	100
建设工程合同纠纷	44
票据追索权纠纷	21
承揽合同纠纷	19
提供劳务者受害责任纠纷	10
租赁合同纠纷	8
商标行政管理	8
社会保险纠纷	6
债权人代位权纠纷	6
其他侵权责任纠纷	5
劳务合同纠纷	3
证券欺诈责任纠纷	3
追偿权纠纷	3
运输合同纠纷	2
房屋买卖合同纠纷	2
著作权权属、侵权纠纷	2
专利权权属、侵权纠纷	2
票据付款请求权纠纷	2
票据利益返还请求权纠纷	2
股权转让纠纷	1
土地承包经营权纠纷	1
产品责任纠纷	1
债权转让合同纠纷	1
财产损害赔偿纠纷	1

续表

具体案由	案件数量/件
对外追收债权纠纷	1
委托合同纠纷	1
公司解散纠纷	1
行政复议	1
福利待遇纠纷	1
相邻关系纠纷	1
专利行政管理	1
供用电合同纠纷	1
商业诋毁纠纷	1

3. 案件地域分布

从案件地域分布看,2022 年金属相关制造业上市公司涉及的 499 件案件主要分布在山东省、辽宁省、广东省等地。具体分布情况如图 2 – 72 所示。

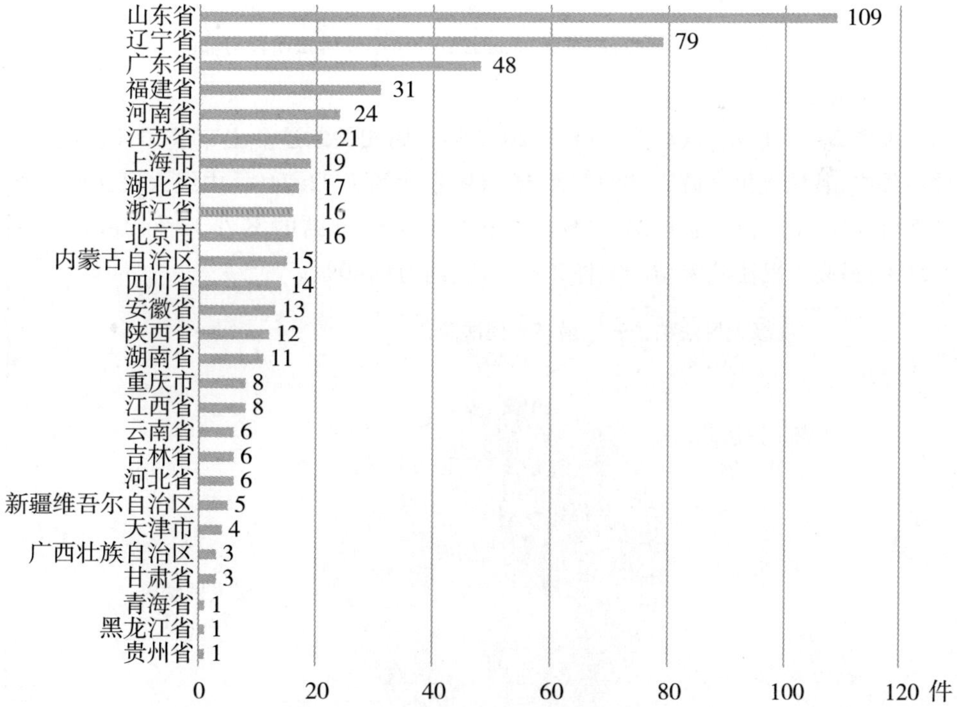

图 2 – 72　金属相关制造业上市公司案件地域分布情况

(二)案件审理程序

1. 诉讼阶段

如图 2－73 所示,从诉讼阶段看,2022 年金属相关制造业上市公司涉及的 499 件案件中,一审案件 406 件,占比约为 81.36%;二审案件 89 件,占比约为 17.84%;再审案件 4 件,占比约为 0.80%。

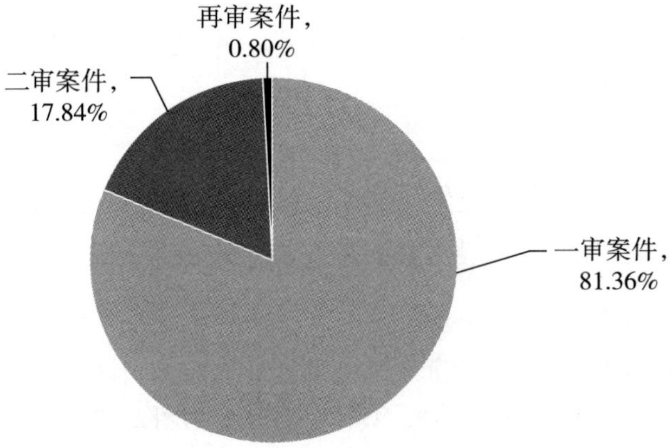

图 2－73　金属相关制造业上市公司案件诉讼阶段分布

2. 法院层级

如图 2－74 所示,从法院层级看,2022 年金属相关制造业上市公司涉及的 499 件案件中,基层人民法院审结的案件 363 件,占比约为 72.74%;中级人民法院审结的案件 121 件,占比约为 24.25%;高级人民法院审结的案件 13 件,占比约为 2.61%;最高人民法院审结的案件 2 件,占比约为 0.40%。

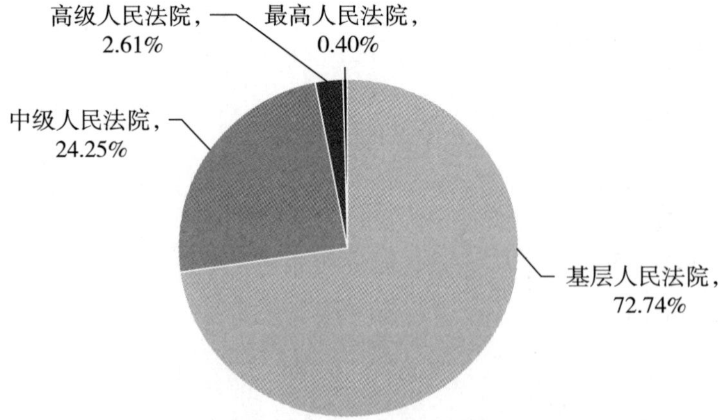

图 2－74　金属相关制造业上市公司案件审理法院层级分布

（三）上市公司诉讼地位

如图 2－75 所示，从上市公司的诉讼地位看，2022 年金属相关制造业上市公司涉及的 499 件案件中，上市公司作为原告的案件有 236 件，占比约为 47.29%；上市公司作为被告的案件有 253 件，占比约为 50.70%；上市公司作为第三人的案件有 10 件，占比约为 2.01%。由此可见，2022 年金属相关制造业上市公司诉讼中，上市公司作为应诉方角色被动参与诉讼的情形稍多。

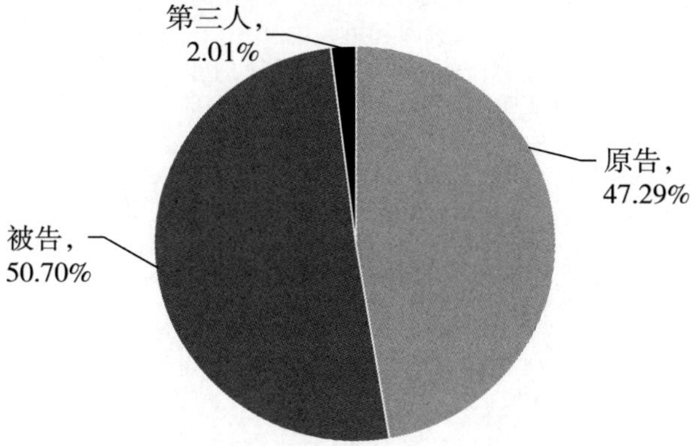

图 2－75　金属相关制造业上市公司诉讼地位分布

（四）诉讼标的额

从诉讼案件的标的额看，2022 年金属相关制造业上市公司涉及的有标的额可查的案件中，诉讼标的额数量分布情况如图 2－76 所示。总体来看，本行业诉讼标的额总额为 10, 193, 356, 062. 97 元，诉讼标的额最大为 9, 230, 490, 000. 00 元，行业平均诉讼标的额为 54, 509, 925. 47 元。

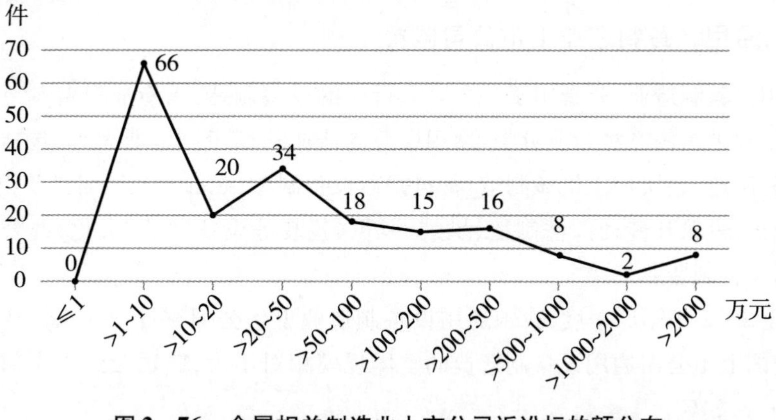

图 2－76　金属相关制造业上市公司诉讼标的额分布

(五)诉讼结果和胜诉率

从总体上看,如图 2－77 所示,2022 年金属相关制造业上市公司涉及的所有案件中,上市公司胜诉的案件有 232 件,败诉的案件有 252 件,撤回起诉的案件有 3 件,驳回起诉的案件有 3 件,驳回上诉的案件有 9 件。该行业上市公司胜诉的案件数量在全部案件中占比约为 46.49%,如果排除撤诉等特殊情形,则该行业上市公司的总体胜诉率约为 47.93%。

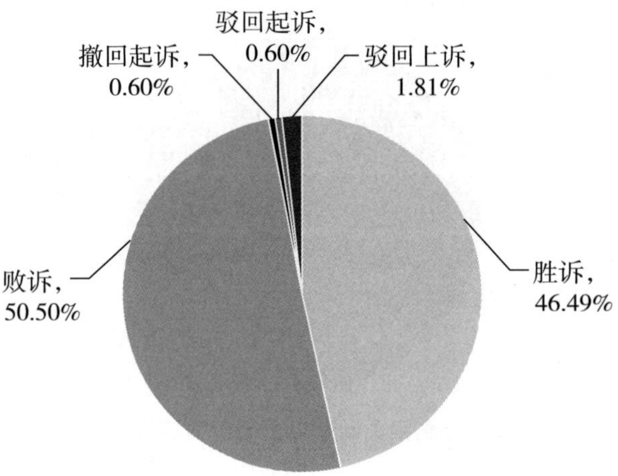

图 2－77　金属相关制造业上市公司诉讼结果占比

第十二节　通用设备制造业

一、通用设备制造业上市公司概况

通用设备制造业,是指用于一个以上行业的设备制造,与专业设备制造业相区分。根据我国国民经济行业分类,通用设备制造业从属于制造业大类,包括锅炉及原动设备制造,金属加工机械制造,物料搬运设备制造,泵、阀门、压缩机及类似机械制造,轴承、齿轮和传动部件制造,烘炉、风机、包装等设备制造,文化、办公用品制造,通用设备制造业。

截至 2022 年第四季度,我国通用设备制造业上市公司共计 195 家。从市场规模看,我国上市公司通用设备制造业的整体规模相对不大,其数量约占全部上市公司数量的 3.84%。

二、通用设备制造业上市公司诉讼情况统计

本书以通用设备制造业的 195 家上市公司为当事人检索案件,共收集 2022 年度全国法院公布的各类裁判文书 373 份,作为统计分析的样本。

(一)案件类型分布

1. 案件诉讼类型

从案件诉讼类型看,2022 年通用设备制造业上市公司涉及的 373 件案件绝大多数为民事诉讼,仅有 3 件行政诉讼。

2. 案件案由种类

首先,从诉讼案件案由的基本类型看,2022 年通用设备制造业上市公司涉及的 373 件案件主要集中在合同类纠纷中,具体分布情况如表 2－23 所示。

表 2－23　通用设备制造业上市公司案件案由基本类型分布

案由基本类型	案件数量/件
合同类纠纷	244
劳动法纠纷	81
金融法纠纷	21
知识产权纠纷	16
侵权责任纠纷	6
行政诉讼	3
竞争法纠纷	1
公司法纠纷	1
物权纠纷	0
其他民事纠纷	0
刑事诉讼	0
合计	373

其中,在民事案件中,合同类纠纷案件共有 244 件,约占全部民事案件总量的 65.95%。具体案件数量分布情况如图 2－78 所示。

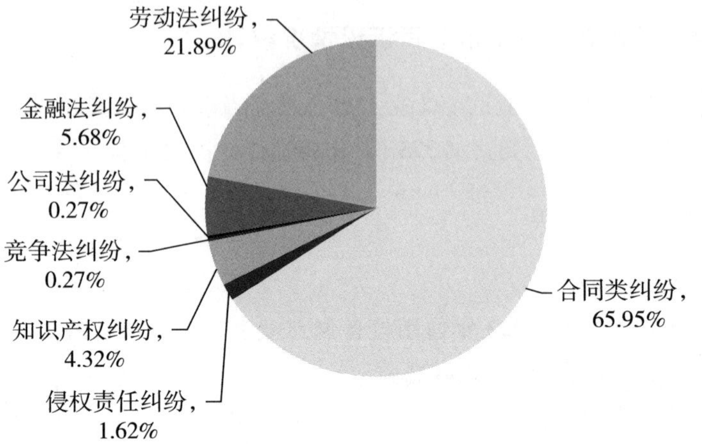

图 2－78　通用设备制造业上市公司民事案由基本类型分布

其次，从案件的具体案由看，2022 年通用设备制造业上市公司涉及的 373 件案件的案由分布也较为集中，以买卖合同纠纷、劳动合同纠纷数量最多，具体分布情况如表 2－24 所示。

表 2－24　通用设备制造业上市公司案件具体案由分布

具体案由	案件数量/件
买卖合同纠纷	163
劳动合同纠纷	80
承揽合同纠纷	37
建设工程合同纠纷	17
商标权权属、侵权纠纷	13
信用证议付纠纷	8
租赁合同纠纷	5
运输合同纠纷	4
票据纠纷	4
服务合同纠纷	4
票据利益返还请求权纠纷	4
借款合同纠纷	3
提供劳务者受害责任纠纷	3
商标行政管理	3

续表

具体案由	案件数量/件
债权人代位权纠纷	3
专利权权属、侵权纠纷	3
票据追索权纠纷	2
财产保险合同纠纷	2
融资租赁合同纠纷	2
其他不正当竞争纠纷	1
机动车交通事故责任纠纷	1
产品责任纠纷	1
债权转让合同纠纷	1
社会保险纠纷	1
损害公司债权人利益责任纠纷	1
房屋买卖合同纠纷	1
不当得利纠纷	1
票据付款请求权纠纷	1
准合同纠纷	1
中介合同纠纷	1
合伙合同纠纷	1
因申请财产保全损害责任纠纷	1

3. 案件地域分布

从案件地域分布看，2022 年通用设备制造业上市公司涉及的 373 件案件主要分布在辽宁省、山东省等地。具体分布情况如图 2－79 所示。

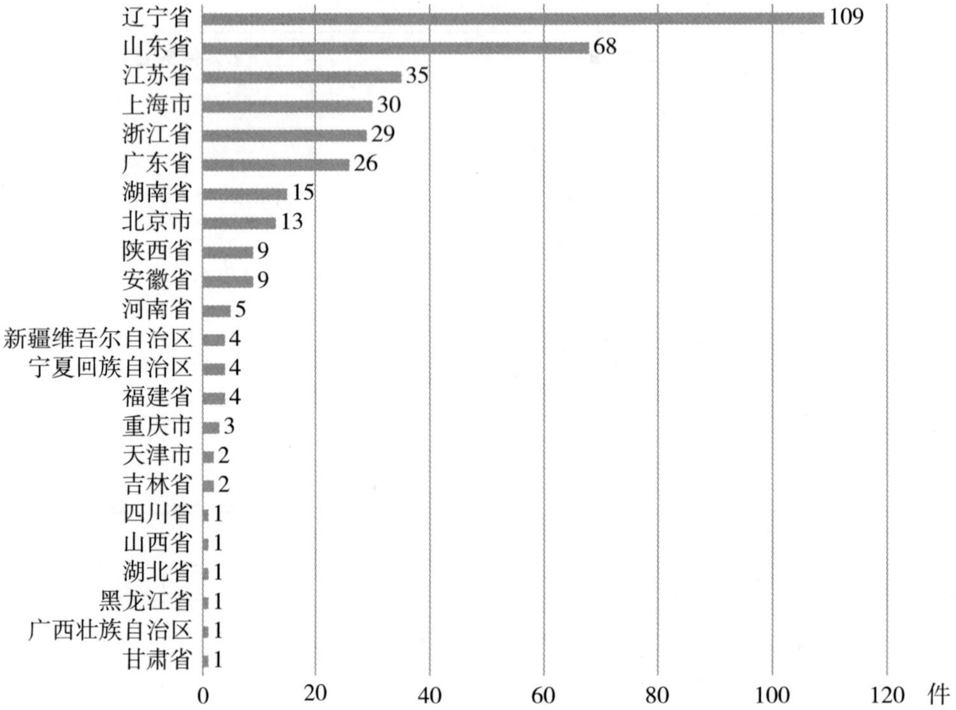

图 2－79 通用设备制造业上市公司案件地域分布情况

（二）案件审理程序

1. 诉讼阶段

如图 2－80 所示，从诉讼阶段看，2022 年通用设备制造业上市公司涉及的 373 件案件中，一审案件 291 件，占比约为 78.01%；二审案件 80 件，占比约为 21.45%；再审案件 2 件，占比约为 0.54%。

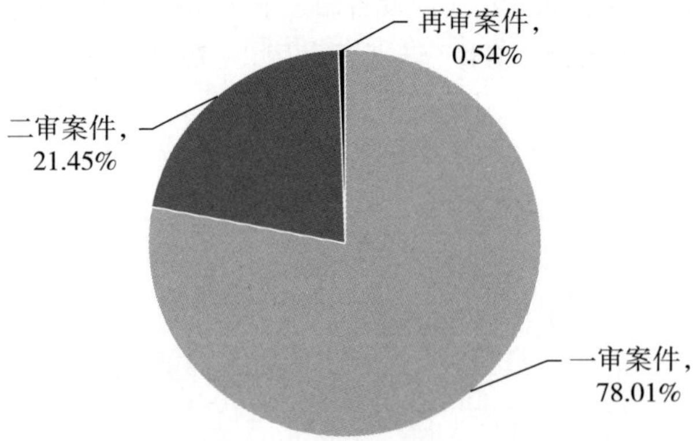

图 2－80 通用设备制造业上市公司案件诉讼阶段分布

2. 法院层级

如图 2－81 所示，从法院层级看，2022 年通用设备制造业上市公司涉及的 373 件案件中，基层人民法院审结的案件 282 件，占比约为 75.60%；中级人民法院审结的案件 88 件，占比约为 23.59%；高级人民法院审结的案件 3 件，占比约为 0.81%。

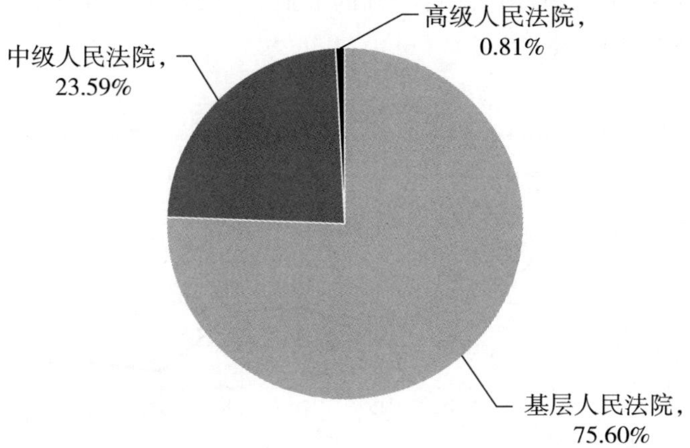

图 2－81　通用设备制造业上市公司案件审理法院层级分布

（三）上市公司诉讼地位

如图 2－82 所示，从上市公司的诉讼地位看，2022 年通用设备制造业上市公司涉及的 373 件案件中，上市公司作为原告的案件有 220 件，占比约为 58.98%；上市公司作为被告的案件有 147 件，占比约为 39.41%；上市公司作为第三人的案件有 6 件，占比约为 1.61%。由此可见，2022 年通用设备制造业上市公司诉讼中，上市公司主要处于起诉方的角色，主动地参与诉讼。

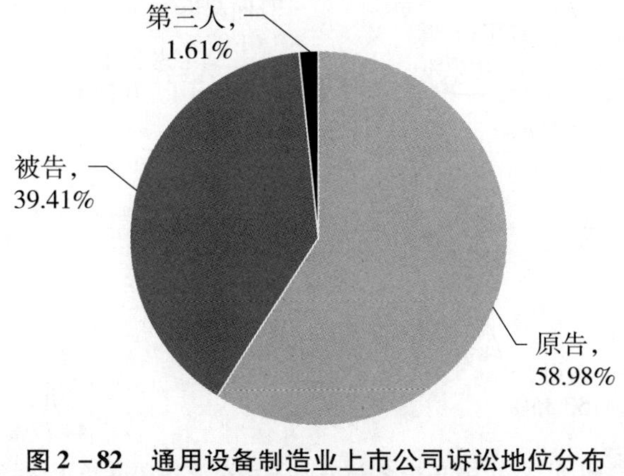

图 2－82　通用设备制造业上市公司诉讼地位分布

（四）诉讼标的额

从诉讼案件的标的额看，2022 年通用设备制造业上市公司涉及的有标的额可查的案件中，诉讼标的额数量分布情况如图 2－83 所示。总体来看，本行业诉讼标的额总额为 958，559，729. 10 元，诉讼标的额最大为 543，066，000. 00 元，行业平均诉讼标的额为 5，774，456. 20 元。

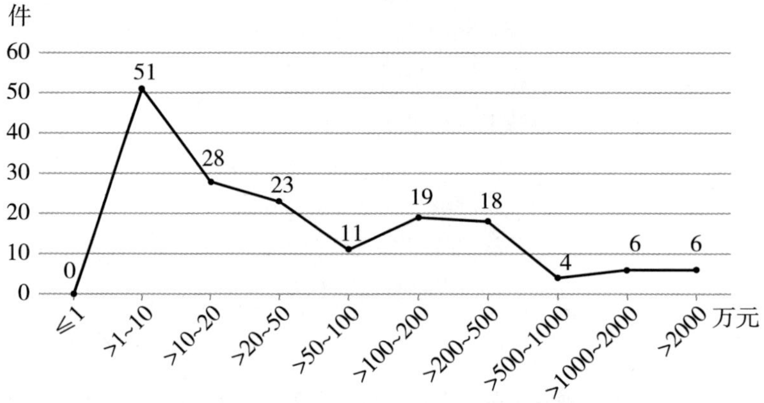

图 2－83　通用设备制造业上市公司诉讼标的额分布

（五）诉讼结果和胜诉率

从总体上看，如图 2－84 所示，2022 年通用设备制造业上市公司涉及的所有案件中，上市公司胜诉的案件有 167 件，败诉的案件有 199 件，撤回起诉的案件有 1 件，撤回上诉的案件有 1 件，驳回起诉的案件有 4 件，驳回上诉的案件有 1 件。该行业上市公司胜诉的案件数量在全部案件中占比约为 44. 77%，如果排除撤诉等特殊情形，则该行业上市公司的总体胜诉率约为 53. 35%。

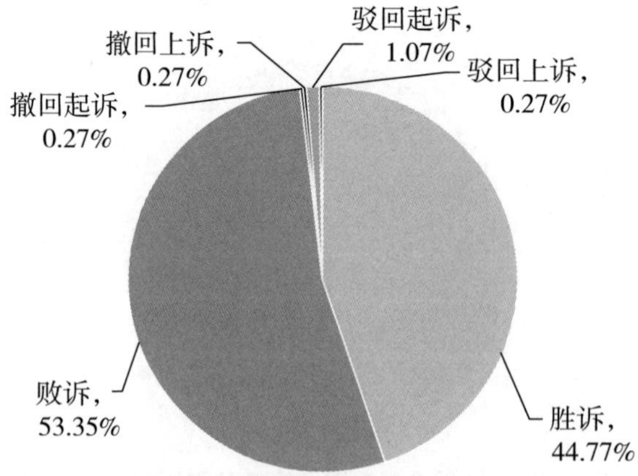

图 2－84　通用设备制造业上市公司诉讼结果占比

第十三节　专用设备制造业

一、专用设备制造业上市公司概况

专用设备的关键在于专用,是相对于通用设备而言的。专门为某一个行业服务应用的设备归类于专用设备制造业,而可以应用于两个行业及其以上的设备归类于通用设备制造业。专用设备通常是在某一特定行业或企业中使用的,如汽车制造流水线,而通用装备如发电机,一般在很多行业都有应用。

截至 2022 年第四季度,我国专用设备制造业上市公司共计 362 家。从市场规模看,我国上市公司中专用设备制造业的整体规模较大,约占全部上市公司数量的 7.13%,可见专用设备制造业在全国范围内具有较大市场影响力的企业数量较为可观。

二、专用设备制造业上市公司诉讼情况统计

本书以专用设备制造业的 362 家上市公司为当事人检索案件,共收集 2022 年度全国法院公布的各类裁判文书 877 份,作为统计分析的样本。

(一)案件类型分布

1. 案件诉讼类型

从案件诉讼类型看,2022 年专用设备制造业上市公司涉及的 877 件案件绝大多数为民事诉讼,仅有 6 件行政诉讼。

2. 案件案由种类

首先,从诉讼案件案由的基本类型看,2022 年专用设备制造业上市公司涉及的 877 件案件主要集中在合同类纠纷中,具体分布情况如表 2 - 25 所示。

表 2 - 25　专用设备制造业上市公司案件案由基本类型分布

案由基本类型	案件数量/件
合同类纠纷	693
劳动法纠纷	69
知识产权纠纷	32
金融法纠纷	29

续表

案由基本类型	案件数量/件
公司法纠纷	16
其他民事纠纷	16
侵权责任纠纷	7
物权纠纷	6
行政诉讼	6
竞争法纠纷	3
刑事诉讼	0
合计	877

其中,在民事案件中,合同类纠纷案件共有693件,约占全部民事案件总量的79.56%。具体案件数量分布情况如图2-85所示。

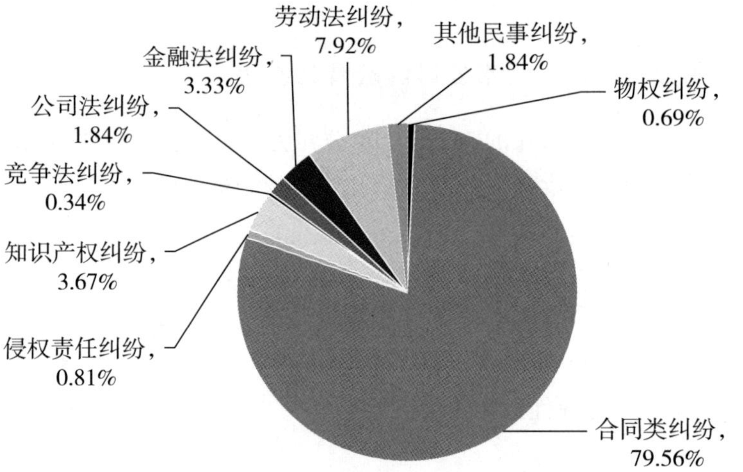

图2-85 专用设备制造业上市公司民事案由基本类型分布

其次,从案件的具体案由看,2022年专用设备制造业上市公司涉及的877件案件的案由分布也较为集中,以买卖合同纠纷、追偿权纠纷、劳动合同纠纷数量最多,具体分布情况如表2-26所示。

表2-26 专用设备制造业上市公司案件具体案由分布

具体案由	案件数量/件
买卖合同纠纷	436
追偿权纠纷	110

续表

具体案由	案件数量/件
劳动合同纠纷	69
承揽合同纠纷	46
建设工程合同纠纷	30
证券欺诈责任纠纷	19
租赁合同纠纷	17
商标权权属、侵权纠纷	13
专利权权属、侵权纠纷	13
运输合同纠纷	7
票据追索权纠纷	7
船舶建造合同纠纷	7
债权转让合同纠纷	6
著作权权属、侵权纠纷	6
股权转让纠纷	5
劳务合同纠纷	5
专利行政管理	5
服务合同纠纷	4
委托合同纠纷	4
融资租赁合同纠纷	4
债权人撤销权纠纷	4
借款合同纠纷	3
确认合同效力纠纷	3
损害公司债权人利益责任纠纷	3
房屋买卖合同纠纷	3
债权人代位权纠纷	3
其他不正当竞争纠纷	2
返还原物纠纷	2
机动车交通事故责任纠纷	2
保证合同纠纷	2

续表

具体案由	案件数量/件
提供劳务者受害责任纠纷	2
生命权、身体权、健康权纠纷	2
不当得利纠纷	2
破产债权确认纠纷	2
票据利益返还请求权纠纷	2
中介合同纠纷	2
抵押权纠纷	2
海上、通海水域货物运输合同纠纷	2
排除妨害纠纷	1
产品责任纠纷	1
商标行政管理	1
其他侵权责任纠纷	1
公司决议纠纷	1
损害公司利益责任纠纷	1
仿冒纠纷	1
财产保险合同纠纷	1
其他与公司有关的纠纷	1
联营合同纠纷	1
股东知情权纠纷	1
物业服务合同纠纷	1
供用热力合同纠纷	1
被继承人债务清偿纠纷	1
离婚纠纷	1
航次租船合同纠纷	1
恢复原状纠纷	1
取回权纠纷	1
其他海事海商纠纷	1
继承纠纷	1
提供劳务者致害责任纠纷	1

3. 案件地域分布

从案件地域分布看,2022 年专用设备制造业上市公司涉及的 877 件案件主要分布在湖南省、上海市、山东省等地。具体分布情况如图 2－86 所示。

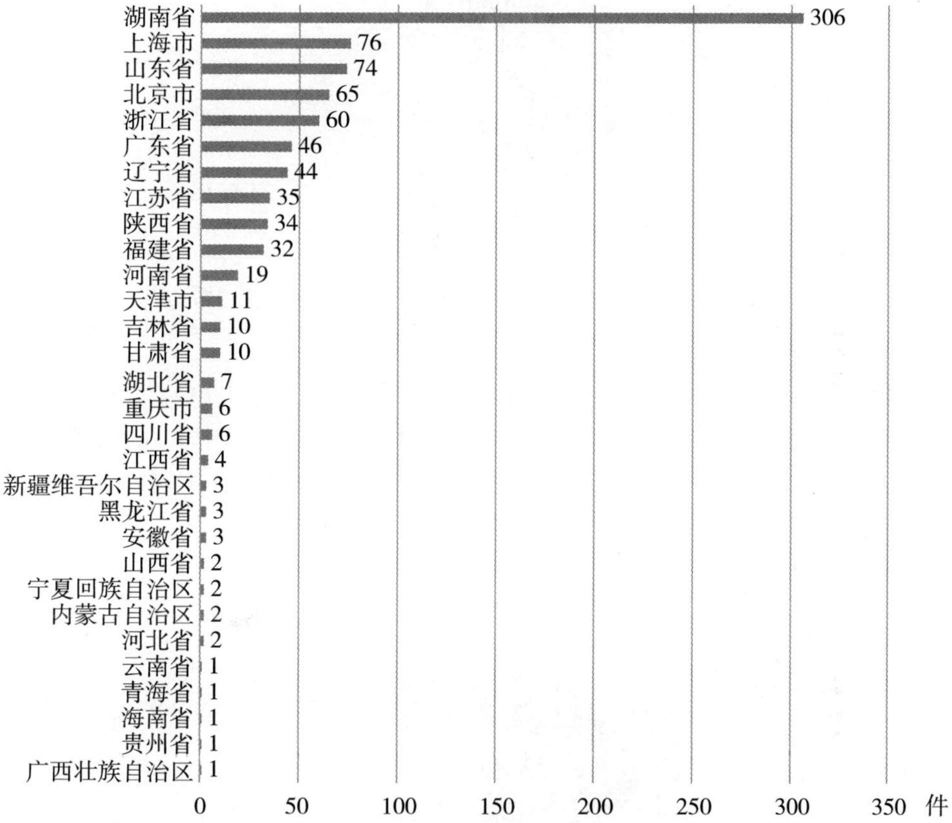

图 2－86 专用设备制造业上市公司案件地域分布情况

(二)案件审理程序

1. 诉讼阶段

如图 2－87 所示,从诉讼阶段看,2022 年专用设备制造业上市公司涉及的 877 件案件中,一审案件 724 件,占比约为 82.55%;二审案件 144 件,占比约为 16.42%;再审案件 9 件,占比约为 1.03%。

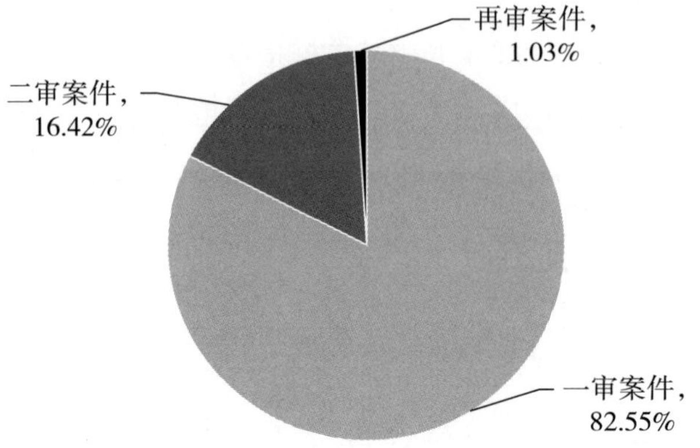

图 2－87　专用设备制造业上市公司案件诉讼阶段分布

2. 法院层级

如图 2－88 所示，从法院层级看，2022 年专用设备制造业上市公司涉及的 877 件案件中，基层人民法院审结的案件 682 件，占比约为 77.77%；中级人民法院审结的案件 167 件，占比约为 19.04%；高级人民法院审结的案件 18 件，占比约为 2.05%；最高人民法院审结的案件 10 件，占比约为 1.14%。

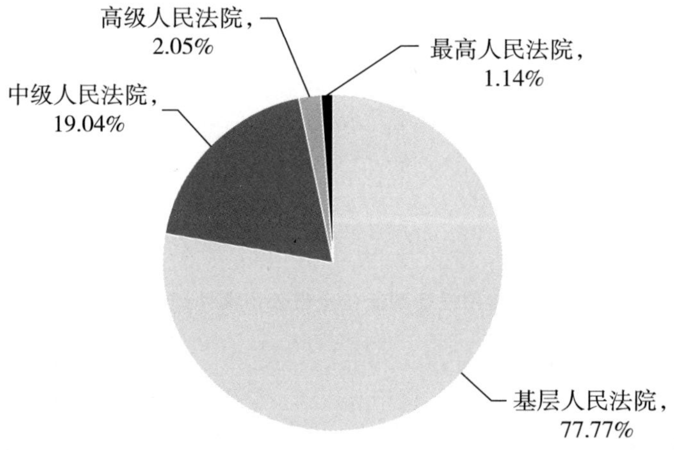

图 2－88　专用设备制造业上市公司案件审理法院层级分布

（三）上市公司诉讼地位

如图 2－89 所示，从上市公司的诉讼地位看，2022 年专用设备制造业上市公司涉及的 877 件案件中，上市公司作为原告的案件有 543 件，占比约为 61.92%；上市公司作为被告的案件有 319 件,占比约为 36.37%;上市公司作为第三人的案件有 15 件,占比约为 1.71%。由此可见,2022 年专用设备制造业上市公司诉讼中,上市公司主要处于起诉方的角色,主动地参与诉讼。

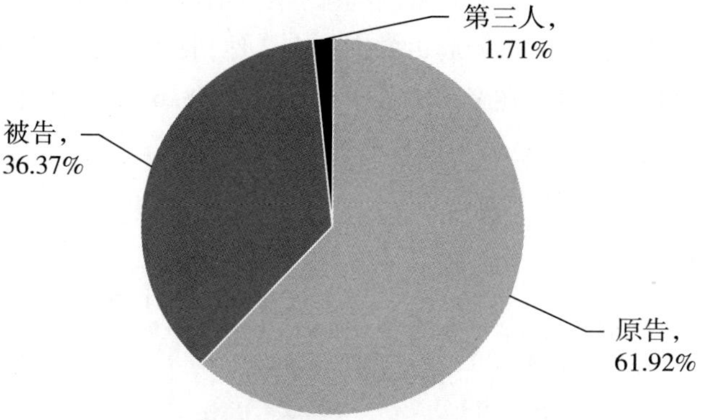

图 2-89　专用设备制造业上市公司诉讼地位分布

(四)诉讼标的额

从诉讼案件的标的额看,2022 年专用设备制造业上市公司涉及的有标的额可查的案件中,诉讼标的额数量分布情况如图 2-90 所示。总体来看,本行业诉讼标的额总额为 13,112,944,369.52 元,诉讼标的额最大为 6,162,684,000.00 元,行业平均诉讼标的额为 30,709,471.59 元。

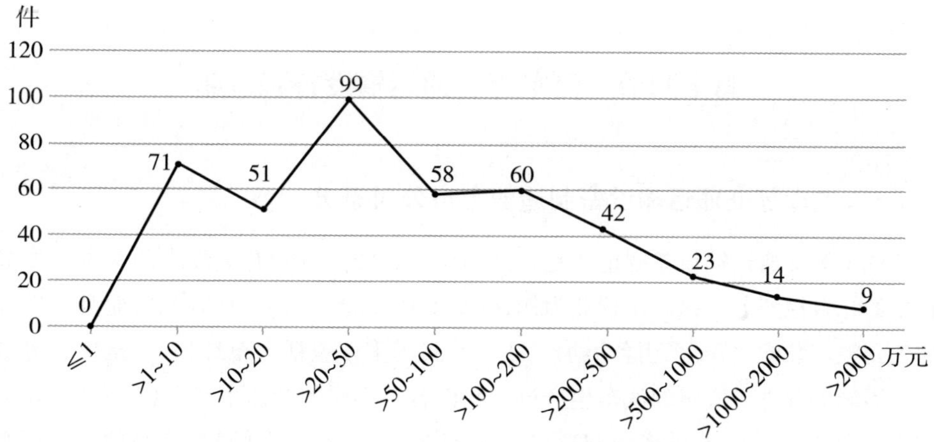

图 2-90　专用设备制造业上市公司诉讼标的额分布

(五)诉讼结果和胜诉率

从总体上看,如图2－91所示,2022年专用设备制造业上市公司涉及的所有案件中,上市公司胜诉的案件有514件,败诉的案件有345件,撤回起诉的案件有6件,撤回上诉的案件有2件,驳回起诉的案件有2件,驳回上诉的案件有8件。该行业上市公司胜诉的案件数量在全部案件中占比约为58.61%,如果排除撤诉等特殊情形,则该行业上市公司的总体胜诉率约为59.84%。

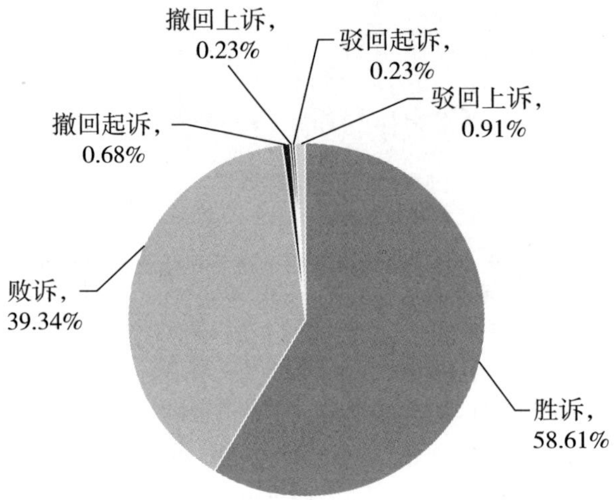

图2－91　专用设备制造业上市公司诉讼结果占比

第十四节　汽车等交通运输设备制造业

一、汽车等交通运输设备制造业上市公司概况

汽车等交通运输设备制造业是在许多相关联的工业和有关技术的基础上发展起来的综合性产业。以汽车行业为例,汽车上使用着许多部门的产品,而且从毛坯加工到整车装配,需要采用各类加工技术。汽车零件包括大至地板、小至螺钉等数千个不同的部件。实际的汽车生产过程是由若干不同的专业生产厂(车间)合作完成的。为了经济地、高效率地制造汽车,这些专业生产厂(车间)按产品的协作原则组织生产、分工合作。一般来说,发动机、变速器、车轴、车身等主要总成由本企业自己制造,而轮胎、玻璃、电器、车身内饰件与其他小型零部件等多靠协作,由外部专业

厂生产。

截至 2022 年第四季度，我国汽车等交通运输设备制造业上市公司共计 247 家，从行业小类看，汽车制造业上市公司 169 家，铁路、船舶、航空航天和其他运输设备制造业上市公司 78 家；汽车等交通运输设备制造业上市公司中以汽车制造业为主。从市场规模看，我国上市公司中汽车等交通运输设备制造业的整体规模相对可观，约占全部上市公司数量的 4.86%，可见汽车等交通运输设备制造业在全国范围内具有较大市场影响力的企业数量较多。

二、汽车等交通运输设备制造业上市公司诉讼情况统计

本书以汽车等交通运输设备制造业的 247 家上市公司为当事人检索案件，共收集 2022 年度全国法院公布的各类裁判文书 555 份，作为统计分析的样本。

（一）案件类型分布

1. 案件诉讼类型

从案件诉讼类型看，2022 年汽车等交通运输设备制造业上市公司涉及的 555 件案件绝大多数为民事诉讼，仅有 3 件行政诉讼。

2. 案件案由种类

首先，从诉讼案件案由的基本类型看，2022 年汽车等交通运输设备制造业上市公司涉及的 555 件案件主要集中在合同类纠纷中，具体分布情况如表 2－27 所示。

表 2－27　汽车等交通运输设备制造业上市公司案件案由基本类型分布

案由基本类型	案件数量/件
合同类纠纷	311
劳动法纠纷	92
知识产权纠纷	78
侵权责任纠纷	43
公司法纠纷	12
其他民事纠纷	8
金融法纠纷	5
行政诉讼	3
物权纠纷	2
竞争法纠纷	1
刑事诉讼	0
合计	555

其中，在民事案件中，合同类纠纷案件共有 311 件，约占全部民事案件总量的 56.34%。具体案件数量分布情况如图 2－92 所示。

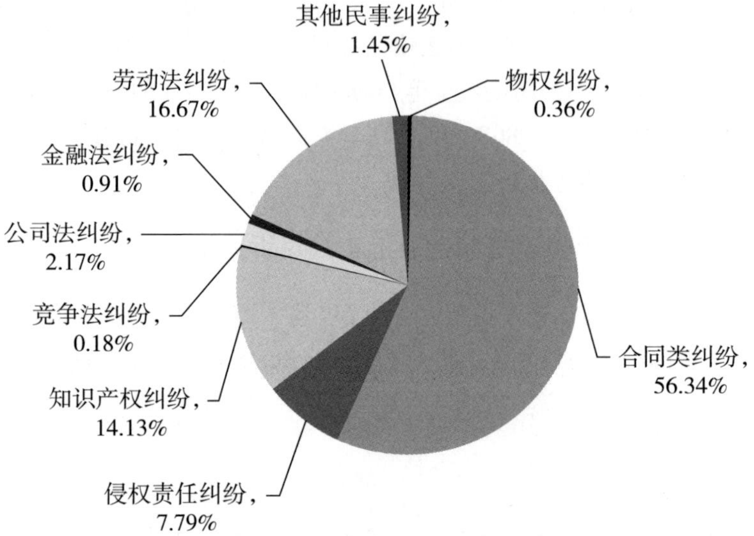

图 2－92　汽车等交通运输设备制造业上市公司民事案由基本类型分布

其次，从案件的具体案由看，2022 年汽车等交通运输设备制造业上市公司涉及的 555 件案件的案由分布也较为集中，以房屋买卖合同纠纷、劳动合同纠纷数量最多，具体分布情况如表 2－28 所示。

表 2－28　汽车等交通运输设备制造业上市公司案件具体案由分布

具体案由	案件数量/件
买卖合同纠纷	209
劳动合同纠纷	86
商标权权属、侵权纠纷	49
追偿权纠纷	28
产品责任纠纷	25
专利权权属、侵权纠纷	24
建设工程合同纠纷	16
承揽合同纠纷	13
债权人代位权纠纷	8
服务合同纠纷	7
租赁合同纠纷	6

续表

具体案由	案件数量/件
机动车交通事故责任纠纷	6
社会保险纠纷	6
网络侵权责任纠纷	6
缔约过失责任纠纷	6
股权转让纠纷	5
船舶建造合同纠纷	5
提供劳务者受害责任纠纷	4
著作权权属、侵权纠纷	4
委托合同纠纷	3
财产保险合同纠纷	3
生命权、身体权、健康权纠纷	2
商标行政管理	2
损害公司债权人利益责任纠纷	2
其他侵权责任纠纷	2
不当得利纠纷	2
破产债权确认纠纷	2
仓储合同纠纷	2
供用热力合同纠纷	2
其他不正当竞争纠纷	1
借款合同纠纷	1
劳务合同纠纷	1
排除妨害纠纷	1
运输合同纠纷	1
保证合同纠纷	1
确认合同效力纠纷	1
证券欺诈责任纠纷	1
对外追收债权纠纷	1
票据追索权纠纷	1
其他与公司有关的纠纷	1
名誉权纠纷	1
股东资格确认纠纷	1

续表

具体案由	案件数量/件
融资租赁合同纠纷	1
准合同纠纷	1
技术合同纠纷	1
中介合同纠纷	1
专利行政管理	1
修理、重作、更换纠纷	1
债务加入纠纷	1

3. 案件地域分布

从案件地域分布看，2022 年汽车等交通运输设备制造业上市公司涉及的 555 件案件主要分布在山东省、北京市等地。具体分布情况如图 2－93 所示。

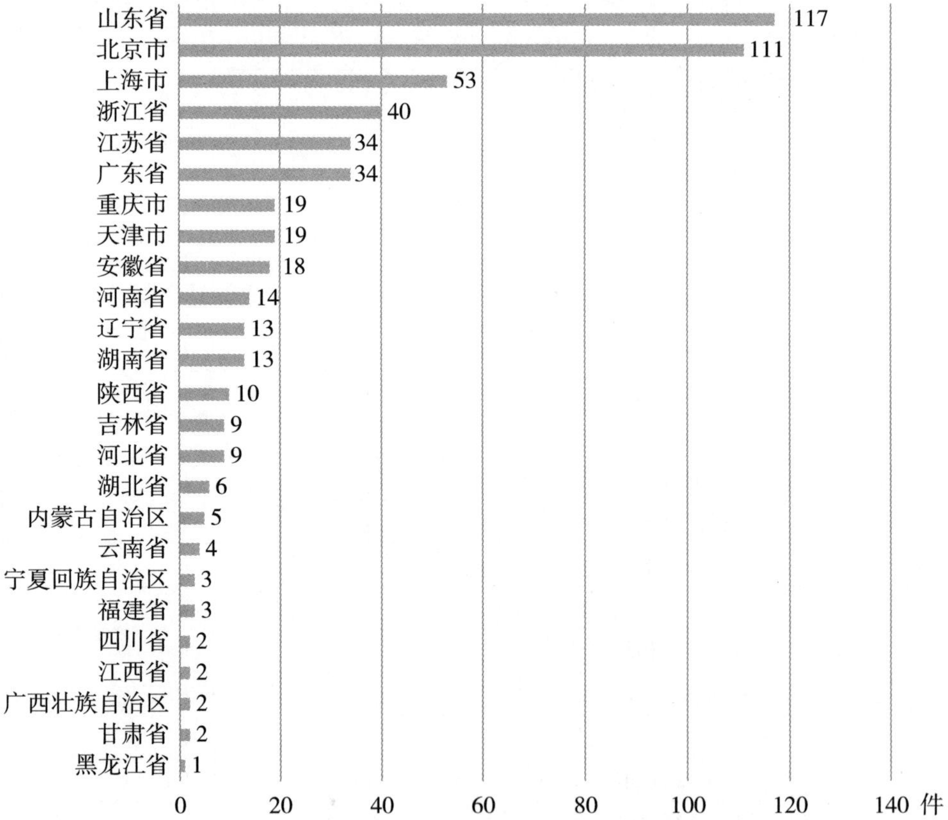

图 2－93　汽车等交通运输设备制造业上市公司案件地域分布情况

(二)案件审理程序

1. 诉讼阶段

如图 2 - 94 所示,从诉讼阶段看,2022 年汽车等交通运输设备制造业上市公司涉及的 555 件案件中,一审案件 433 件,占比约为 78.02%;二审案件 108 件,占比约为 19.46%;再审案件 14 件,占比约为 2.52%。

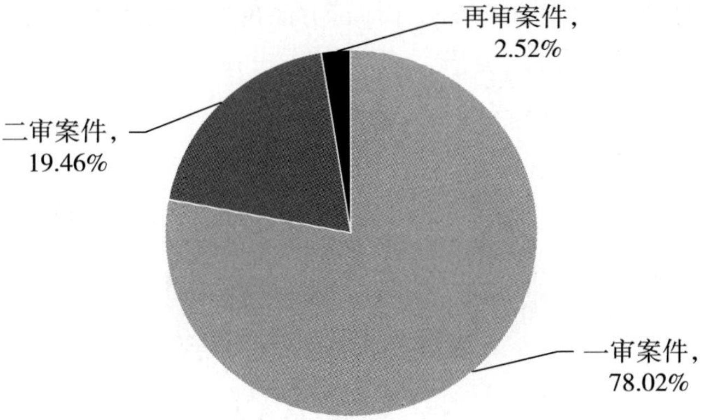

图 2 - 94　汽车等交通运输设备制造业上市公司案件诉讼阶段分布

2. 法院层级

如图 2 - 95 所示,从法院层级看,2022 年汽车等交通运输设备制造业上市公司涉及的 555 件案件中,基层人民法院审结的案件 402 件,占比约为 72.44%;中级人民法院审结的案件 127 件,占比约为 22.88%;高级人民法院审结的案件 14 件,占比约为 2.52%;最高人民法院审结的案件 12 件,占比约为 2.16%。

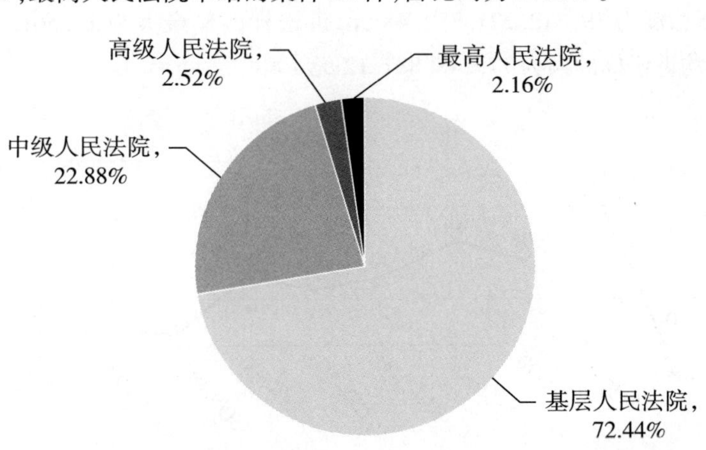

图 2 - 95　汽车等交通运输设备制造业上市公司案件审理法院层级分布

（三）上市公司诉讼地位

如图2－96所示，从上市公司的诉讼地位看，2022年汽车等交通运输设备制造业上市公司涉及的555件案件中，上市公司作为原告的案件有179件，占比约为32.25%；上市公司作为被告的案件有353件，占比约为63.60%；上市公司作为第三人的案件有23件，占比约为4.15%。由此可见，2022年汽车等交通运输设备制造业上市公司诉讼中，上市公司主要处于应诉方的角色，被动地参与诉讼。

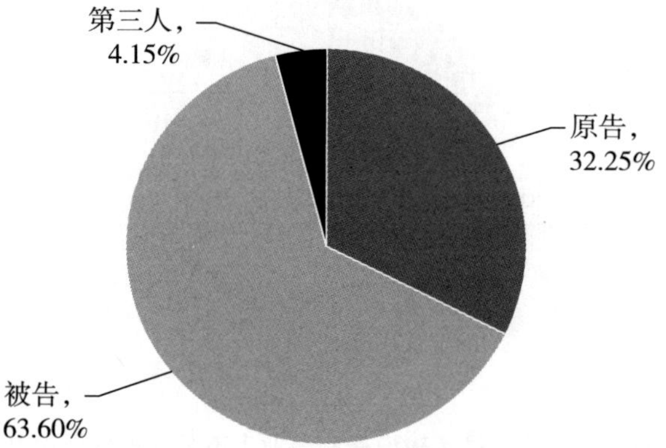

图2－96　汽车等交通运输设备制造业上市公司诉讼地位分布

（四）诉讼标的额

从诉讼案件的标的额看，2022年汽车等交通运输设备制造业上市公司涉及的有标的额可查的案件中，诉讼标的额数量分布情况如图2－97所示。总体来看，本行业诉讼标的额总额为19,312,221,780.48元，诉讼标的额最大为18,561,710,000.00元，行业平均诉讼标的额为77,248,887.12元。

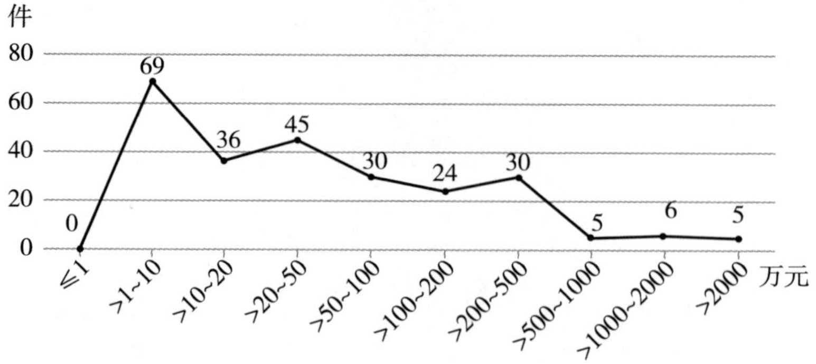

图2－97　汽车等交通运输设备制造业上市公司诉讼标的额分布

（五）诉讼结果和胜诉率

从总体上看，如图2-98所示，2022年汽车等交通运输设备制造业上市公司涉及的所有案件中，上市公司胜诉的案件有348件，败诉的案件有173件，撤回起诉的案件有8件，撤回上诉的案件有3件，撤回再审申请的案件有2件，驳回起诉的案件有11件，驳回上诉的案件有7件，再审的案件有3件。该行业上市公司胜诉的案件数量在全部案件中占比约为62.70%，如果排除撤诉等特殊情形，则该行业上市公司的总体胜诉率约为66.79%。

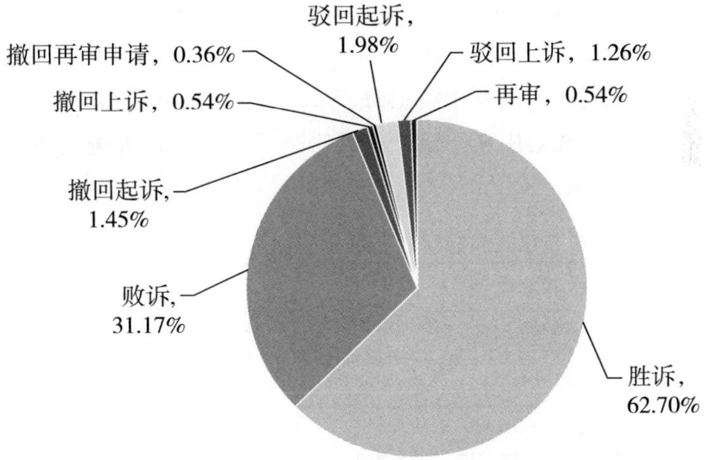

图2-98 汽车等交通运输设备制造业上市公司诉讼结果占比

第十五节 电气机械和器材制造业

一、电气机械和器材制造业上市公司概况

电气机械和器材制造业是国民经济的重要基础产业，包括电机制造业、输配电及控制设备制造业、电工器械制造业、日用电器制造业等。该行业产品技术密集程度相对较高，在提升产业经济、提高一国国民生活质量中起着不可替代的基础性作用。

截至2022年第四季度，我国电气机械和器材制造业上市公司共计321家。从市场规模看，我国上市公司中电气机械和器材制造业的整体规模较大，约占全部上市公司数量的6.32%。

二、电气机械和器材制造业上市公司诉讼情况统计

本书以电气机械和器材制造业的 321 家上市公司为当事人检索案件，共收集 2022 年度全国法院公布的各类裁判文书 1630 份，作为统计分析的样本。

（一）案件类型分布

1. 案件诉讼类型

从案件诉讼类型看，2022 年电气机械和器材制造业上市公司涉及的 1630 件案件大多数为民事诉讼，仅有 27 件行政诉讼。

2. 案件案由种类

首先，从诉讼案件案由的基本类型看，2022 年电气机械和器材制造业上市公司涉及的 1630 件案件主要集中在知识产权纠纷、合同类纠纷、金融法纠纷中，具体分布情况如表 2－29 所示。

表 2－29　电气机械和器材制造业上市公司案件案由基本类型分布

案由基本类型	案件数量/件
知识产权纠纷	579
合同类纠纷	452
金融法纠纷	401
劳动法纠纷	65
侵权责任纠纷	41
竞争法纠纷	28
行政诉讼	27
公司法纠纷	18
物权纠纷	14
其他民事纠纷	5
刑事诉讼	0
合计	1630

其中，在民事案件中，知识产权纠纷共有 579 件，约占全部民事案件总量的 36.12%；合同类纠纷共有 452 件，约占全部民事案件总量的 28.20%；金融法纠纷共有 401 件，约占全部民事案件总量的 25.02%。具体案件数量分布情况如图 2－99 所示。

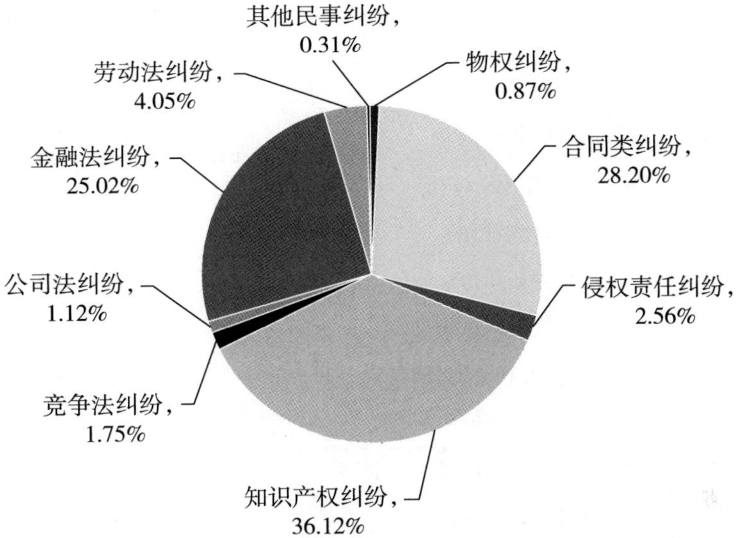

图 2-99 电气机械和器材制造业上市公司民事案由基本类型分布

其次，从案件的具体案由看，2022 年电气机械和器材制造业上市公司涉及的 1630 件案件的案由分布也较为集中，以商标权权属、侵权纠纷，证券欺诈责任纠纷，买卖合同纠纷数量最多，具体分布情况如表 2-30 所示。

表 2-30 电气机械和器材制造业上市公司案件具体案由分布

具体案由	案件数量/件
商标权权属、侵权纠纷	503
证券欺诈责任纠纷	361
买卖合同纠纷	329
劳动合同纠纷	63
专利权权属、侵权纠纷	59
建设工程合同纠纷	31
其他侵权责任纠纷	28
承揽合同纠纷	26
其他不正当竞争纠纷	25
票据追索权纠纷	22
商标行政管理	18

续表

具体案由	案件数量/件
委托合同纠纷	13
财产损害赔偿纠纷	12
著作权权属、侵权纠纷	10
专利行政管理	9
产品责任纠纷	7
债权人代位权纠纷	7
损害公司债权人利益责任纠纷	6
服务合同纠纷	6
财产保险合同纠纷	6
房屋买卖合同纠纷	5
票据付款请求权纠纷	5
证券发行纠纷	5
租赁合同纠纷	4
借款合同纠纷	4
股权转让纠纷	4
追偿权纠纷	4
物业服务合同纠纷	4
运输合同纠纷	3
保证合同纠纷	3
生命权、身体权、健康权纠纷	3
用人单位责任纠纷	3
专利合同纠纷	3
劳务合同纠纷	2
票据纠纷	2
社会保险纠纷	2
不当得利纠纷	2
损害公司利益责任纠纷	2
破产债权确认纠纷	2

续表

具体案由	案件数量/件
仿冒纠纷	2
网络侵权责任纠纷	2
融资租赁合同纠纷	2
公司盈余分配纠纷	2
商标合同纠纷	2
排除妨害纠纷	1
确认合同效力纠纷	1
委托理财合同纠纷	1
海上、通海水域货运代理合同纠纷	1
广告合同纠纷	1
公司增资纠纷	1
名誉权纠纷	1
仓储合同纠纷	1
债权人撤销权纠纷	1
新增资本认购纠纷	1
债务转移合同纠纷	1
因申请财产保全损害责任纠纷	1
供用热力合同纠纷	1
恢复原状纠纷	1
虚假宣传纠纷	1
因恶意提起知识产权诉讼损害责任纠纷	1
网络域名权属、侵权纠纷	1

3. 案件地域分布

从案件地域分布看，2022 年电气机械和器材制造业上市公司涉及的 1630 件案件主要分布在上海市、广东省、北京市、浙江省、江苏省等地。具体分布情况如图 2 – 100 所示。

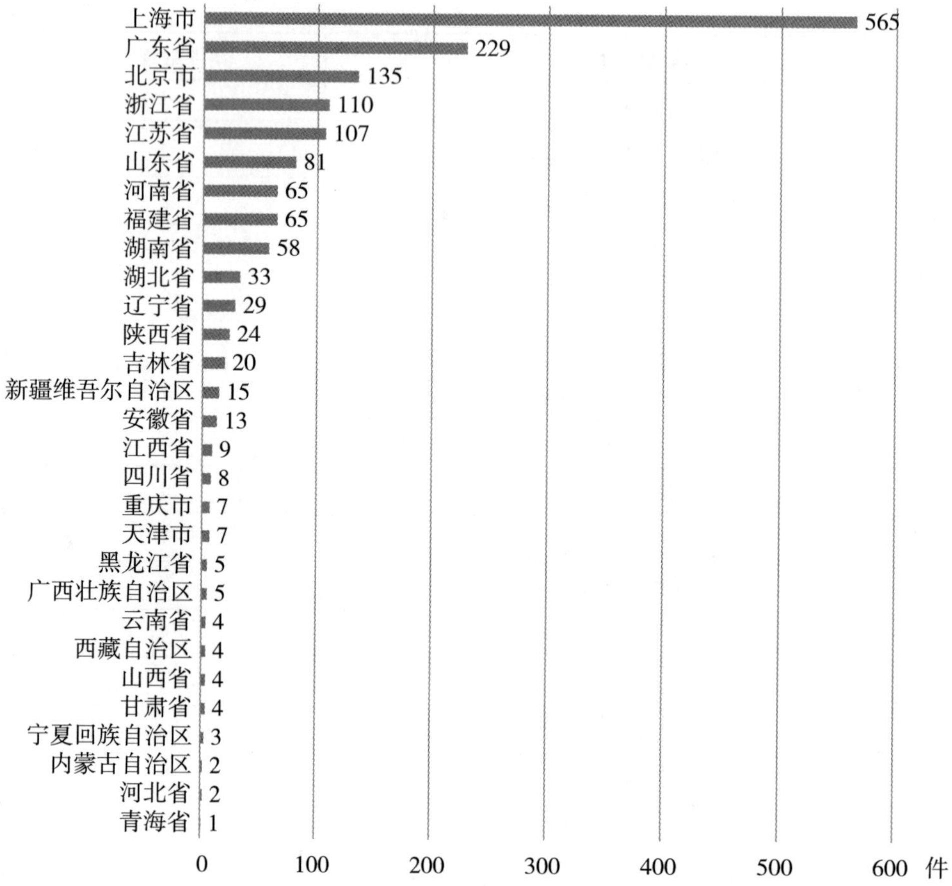

图 2－100 电气机械和器材制造业上市公司案件地域分布情况

(二)案件审理程序

1. 诉讼阶段

如图 2－101 所示，从诉讼阶段看，2022 年电气机械和器材制造业上市公司涉及的 1630 件案件中，一审案件 1437 件，占比约为 88.16%；二审案件 186 件，占比约为 11.41%；再审案件 7 件，占比约为 0.43%。

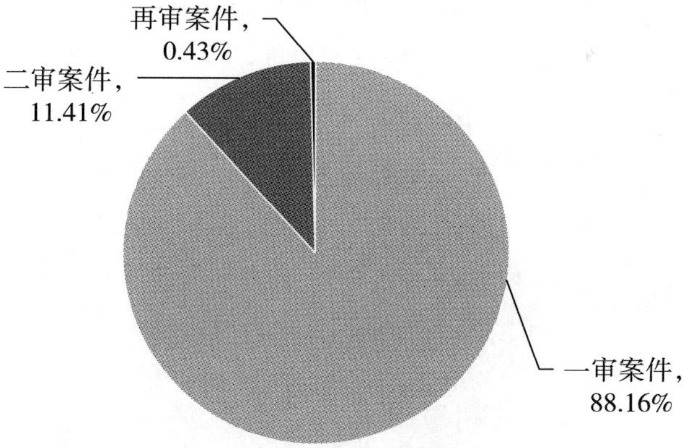

图 2 – 101　电气机械和器材制造业上市公司案件诉讼阶段分布

2. 法院层级

如图 2 – 102 所示，从法院层级看，2022 年电气机械和器材制造业上市公司涉及的 1630 件案件中，基层人民法院审结的案件 938 件，占比约为 57.54%；中级人民法院审结的案件 635 件，占比约为 38.96%；高级人民法院审结的案件 41 件，占比约为 2.52%；最高人民法院审结的案件 16 件，占比约为 0.98%。

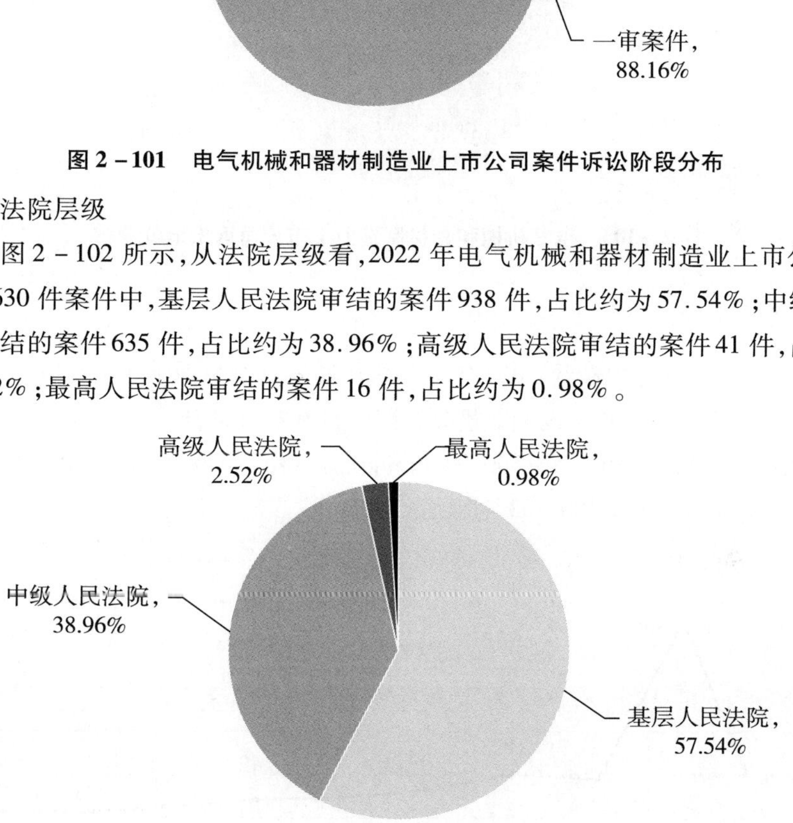

图 2 – 102　电气机械和器材制造业上市公司案件审理法院层级分布

（三）上市公司诉讼地位

如图 2 – 103 所示，从上市公司的诉讼地位看，2022 年电气机械和器材制造业上市公司涉及的 1630 件案件中，上市公司作为原告的案件有 942 件，占比约为 57.79%；上市公司作为被告的案件有 668 件，占比约为 40.98%；上市公司作为第三人的案件有 20 件，占比约为 1.23%。由此可见，2022 年电气机械和器材制造业上市公司诉讼中，上市公司主要处于起诉方的角色，主动地参与诉讼。

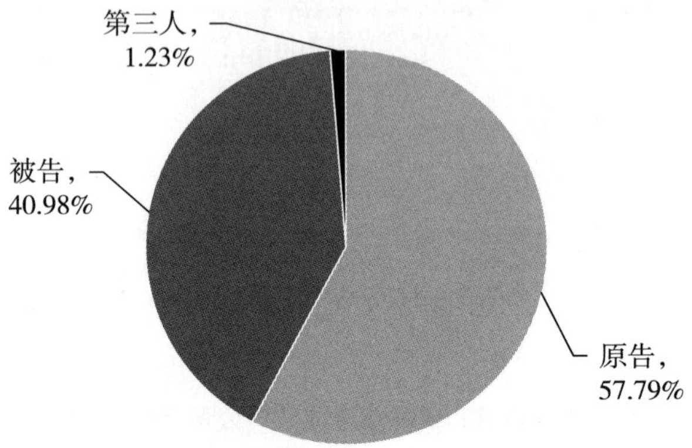

图 2－103　电气机械和器材制造业上市公司诉讼地位分布

(四) 诉讼标的额

从诉讼案件的标的额看，2022 年电气机械和器材制造业上市公司涉及的有标的额可查的案件中，诉讼标的额数量分布情况如图 2－104 所示。总体来看，本行业诉讼标的额总额为 1, 863, 513, 300. 92 元，诉讼标的额最大为 819, 000, 000. 00 元，行业平均诉讼标的额为 2, 200, 133. 77 元。

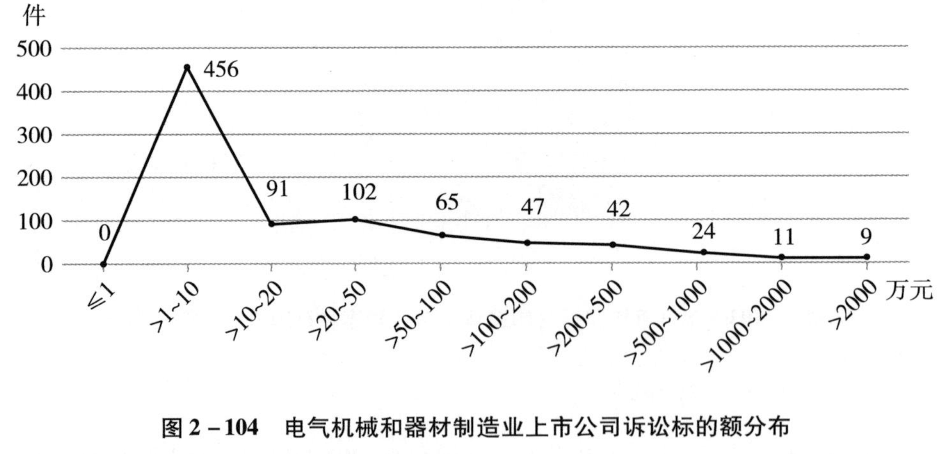

图 2－104　电气机械和器材制造业上市公司诉讼标的额分布

(五) 诉讼结果和胜诉率

从总体上看，如图 2－105 所示，2022 年电气机械和器材制造业上市公司涉及的所有案件中,上市公司胜诉的案件有 612 件,败诉的案件有 990 件,撤回起诉的案件有 6 件,撤回上诉的案件有 2 件,撤回再审申请的案件有 1 件,驳回起诉的案件有 10 件,驳回上诉的案件有 9 件。该行业上市公司胜诉的案件数量在全部案件中占比约为 37.55% ,如果排除撤诉等特殊情形,则该行业上市公司的总体胜诉率约为 60.74% 。

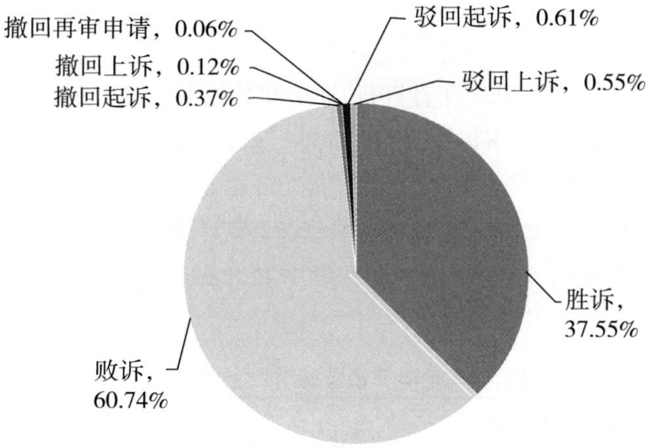

图 2 - 105　电气机械和器材制造业上市公司诉讼结果占比

第十六节　计算机、通信和其他电子设备制造业

一、计算机、通信和其他电子设备制造业上市公司概况

计算机、通信和其他电子设备制造业同样属于制造业大类,在制造业中处于比较重要的位置。计算机、通信和其他电子设备制造业包括计算机制造、通信设备制造、广播电视设备制造、雷达及配套设施制造、非专业视听设备制造、智能消费设备制造、电子器件制造、电子元件及电子专用材料制造、其他电子设备制造。其中,计算机制造包括计算机整机、计算机零部件、计算机外围设备、工业控制计算机及系统、信息安全设备、其他计算机制造。

截至 2022 年第四季度,我国计算机、通信和其他电子设备制造业上市公司共计 569 家。从市场规模看,我国上市公司中计算机、通信和其他电子设备制造业的整体规模排名所有行业第一,约占全部上市公司数量的 11.20% ,可见该行业在全国范围内具有较大市场影响力的企业数量相当可观。

二、计算机、通信和其他电子设备制造业上市公司诉讼情况统计

本书以计算机、通信和其他电子设备制造业的569家上市公司为当事人检索案件，共收集2022年度全国法院公布的各类裁判文书518份，作为统计分析的样本。

（一）案件类型分布

1. 案件诉讼类型

从案件诉讼类型看，2022年计算机、通信和其他电子设备制造业上市公司涉及的518件案件大多数为民事诉讼，仅有15件行政诉讼。

2. 案件案由种类

首先，从诉讼案件案由的基本类型看，2022年计算机、通信和其他电子设备制造业上市公司涉及的518件案件主要集中在合同类纠纷中，具体分布情况如表2－31所示。

表2－31 计算机、通信和其他电子设备制造业上市公司案件案由基本类型分布

案由基本类型	案件数量/件
合同类纠纷	280
知识产权纠纷	76
劳动法纠纷	70
金融法纠纷	33
公司法纠纷	30
行政诉讼	15
物权纠纷	4
其他民事纠纷	4
侵权责任纠纷	3
竞争法纠纷	3
刑事诉讼	0
合计	518

其中，在民事案件中，合同类纠纷案件共有280件，约占全部民事案件总量的55.67%。具体案件数量分布情况如图2－106所示。

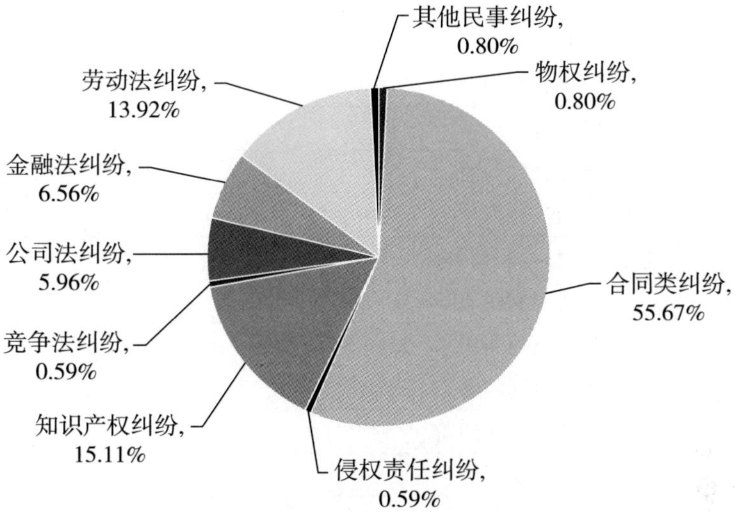

图 2－106　计算机、通信和其他电子设备制造业上市公司民事案由基本类型分布

其次,从案件的具体案由看,2022 年计算机、通信和其他电子设备制造业上市公司涉及的 518 件案件的案由分布也较为集中,以买卖合同纠纷,劳动合同纠纷,专利权权属、侵权纠纷数量最多,具体分布情况如表2－32 所示。

表 2－32　计算机、通信和其他电子设备制造业上市公司案件具体案由分布

具体案由	案件数量/件
买卖合同纠纷	219
劳动合同纠纷	69
专利权权属、侵权纠纷	51
证券欺诈责任纠纷	16
建设工程合同纠纷	14
著作权权属、侵权纠纷	14
承揽合同纠纷	13
商标行政管理	13
票据追索权纠纷	13
其他与公司有关的纠纷	10
商标权权属、侵权纠纷	9
劳务合同纠纷	8
股权转让纠纷	7

续表

具体案由	案件数量/件
服务合同纠纷	6
租赁合同纠纷	4
借款合同纠纷	4
其他不正当竞争纠纷	3
损害公司债权人利益责任纠纷	3
不当得利纠纷	3
返还原物纠纷	2
保证合同纠纷	2
其他侵权责任纠纷	2
公司决议纠纷	2
公司解散纠纷	2
债权人代位权纠纷	2
清算责任纠纷	2
中介合同纠纷	2
机动车交通事故责任纠纷	1
确认合同效力纠纷	1
生命权、身体权、健康权纠纷	1
社会保险纠纷	1
财产损害赔偿纠纷	1
追偿权纠纷	1
委托合同纠纷	1
物权保护纠纷	1
其他知识产权纠纷	1
财产保险合同纠纷	1
公司增资纠纷	1
一般人格权纠纷	1
股东资格确认纠纷	1
票据付款请求权纠纷	1
票据利益返还请求权纠纷	1
肖像权纠纷	1
请求变更公司登记纠纷	1

续表

具体案由	案件数量/件
股东知情权纠纷	1
技术合同纠纷	1
专利行政管理	1
行政登记	1
人身保险合同纠纷	1
海上、通海水域保险合同纠纷	1

3. 案件地域分布

从案件地域分布看,2022年计算机、通信和其他电子设备制造业上市公司涉及的518件案件主要分布在北京市、广东省等地。具体分布情况如图2－107所示。

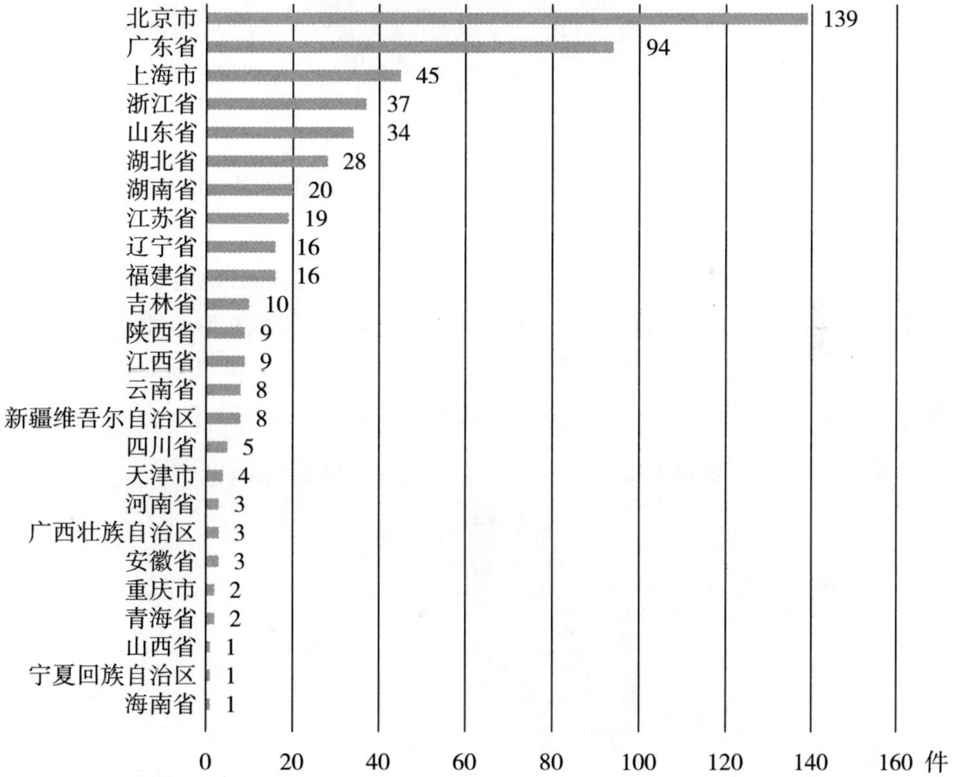

图2－107 计算机、通信和其他电子设备制造业上市公司案件地域分布情况

（二）案件审理程序

1. 诉讼阶段

如图 2－108 所示，从诉讼阶段看，2022 年计算机、通信和其他电子设备制造业上市公司涉及的 518 件案件中，一审案件 419 件，占比约为 80.89%；二审案件 96 件，占比约为 18.53%；再审案件 3 件，占比约为 0.58%。

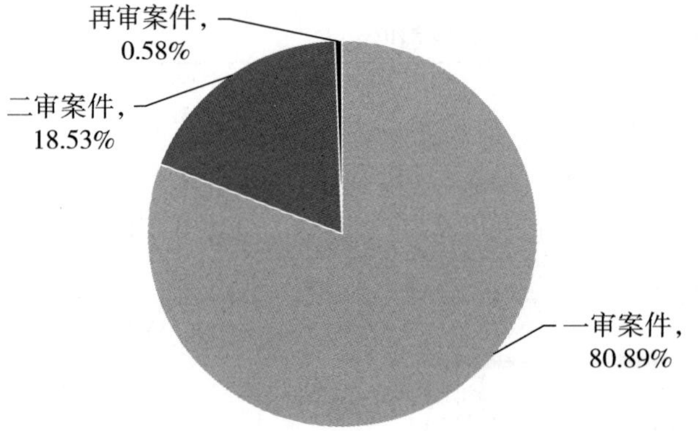

图 2－108 计算机、通信和其他电子设备制造业上市公司案件诉讼阶段分布

2. 法院层级

如图 2－109 所示，从法院层级看，2022 年计算机、通信和其他电子设备制造业上市公司涉及的 518 件案件中，基层人民法院审结的案件 344 件，占比约为 66.41%；中级人民法院审结的案件 157 件，占比约为 30.31%；高级人民法院审结的案件 16 件，占比约为 3.09%；最高人民法院审结的案件 1 件，占比约为 0.19%。

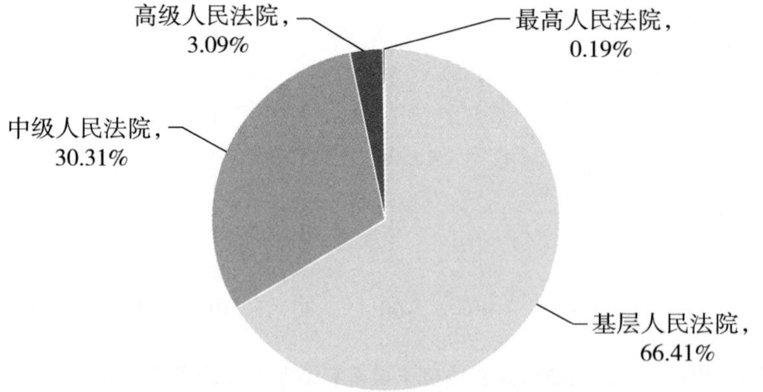

图 2－109 计算机、通信和其他电子设备制造业上市公司案件审理法院层级分布

（三）上市公司诉讼地位

如图 2－110 所示，从上市公司的诉讼地位看，2022 年计算机、通信和其他电子设备制造业上市公司涉及的 518 件案件中，上市公司作为原告的案件有 299 件，占比约为 57.72%；上市公司作为被告的案件有 204 件，占比约为 39.38%；上市公司作为第三人的案件有 15 件，占比约为 2.90%。由此可见，2022 年计算机、通信和其他电子设备制造业上市公司诉讼中，上市公司主要处于起诉方的角色，主动地参与诉讼。

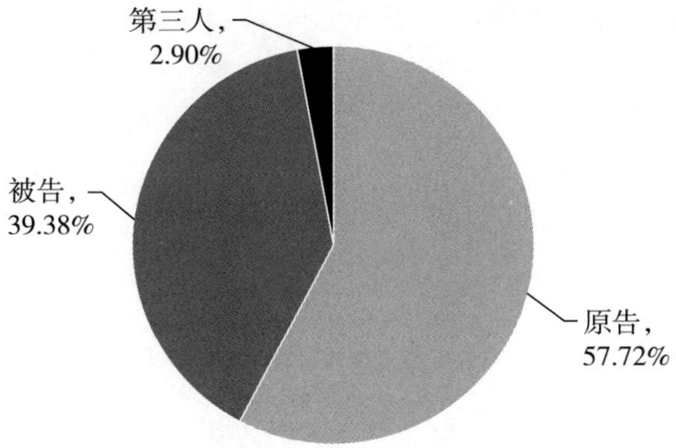

图 2－110　计算机、通信和其他电子设备制造业上市公司诉讼地位分布

（四）诉讼标的额

从诉讼案件的标的额看，2022 年计算机、通信和其他电子设备制造业上市公司涉及的有标的额可查的案件中，诉讼标的额数量分布情况如图 2－111 所示。总体来看，本行业诉讼标的额总额为 1,432,703,790.91 元，诉讼标的额最大为 720,000,000.00 元，行业平均诉讼标的额为 6,122,665.77 元。

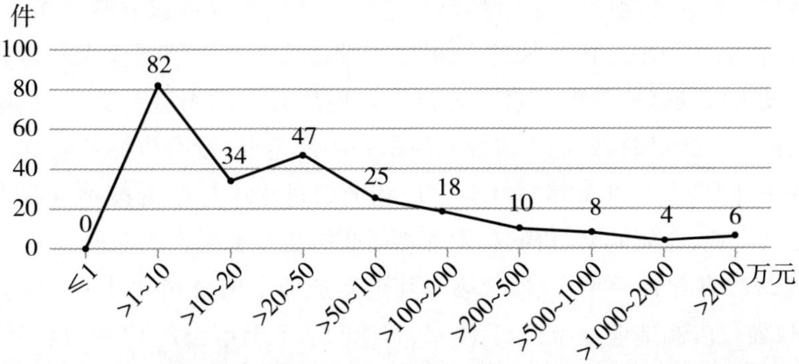

图 2－111　计算机、通信和其他电子设备制造业上市公司诉讼标的额分布

(五)诉讼结果和胜诉率

从总体上看,如图 2-112 所示,2022 年计算机、通信和其他电子设备制造业上市公司涉及的所有案件中,上市公司胜诉的案件有 244 件,败诉的案件有 262 件,撤回起诉的案件有 4 件,撤回上诉的案件有 3 件,驳回起诉的案件有 1 件,驳回上诉的案件有 4 件。该行业上市公司胜诉的案件数量在全部案件中占比约为 47.10%,如果排除撤诉等特殊情形,则该行业上市公司的总体胜诉率约为 48.22%。

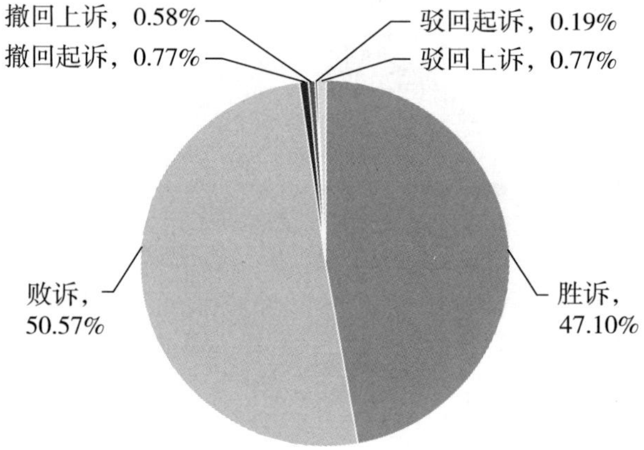

图 2-112 计算机、通信和其他电子设备制造业上市公司诉讼结果占比

第十七节 仪器仪表等其他制造业

一、仪器仪表等其他制造业上市公司概况

仪器仪表等其他制造业属于制造业大类,具体包括仪器仪表制造业、其他制造业、废弃资源综合利用业和金属制品、机械和设备修理业。仪器仪表制造业被视为国民经济发展以及基础设施建设等提供专业检测设备的先进制造业;其他制造业包括日用杂品制造、核辐射加工以及其他未列明制造业;废弃资源综合利用业是指在矿产资源开发、生产以及其与社会生产和消费过程中产生的废物资源进行回收和再利用的产业;金属制品、机械和设备修理业更是在工业生产上占有重要地位。

截至 2022 年第四季度,仪器仪表等其他制造业上市公司共计 114 家。从行业小类看,仪器仪表制造业上市公司 84 家、其他制造业上市公司 17 家、废弃资源综合利用业上市公司13家；仪器仪表制造业上市公司在仪器仪表等其他制造业上市公司中占据主流。从市场规模看，我国上市公司中仪器仪表等其他制造业的整体规模较小，约占全部上市公司数量的2.24%。

二、仪器仪表等其他制造业上市公司诉讼情况统计

本书以仪器仪表等其他制造业的114家上市公司为当事人检索案件，共收集2022年度全国法院公布的各类裁判文书136份，作为统计分析的样本。

（一）案件类型分布

1. 案件诉讼类型

从案件诉讼类型看，2022年仪器仪表等其他制造业上市公司涉及的136件案件均为民事诉讼。

2. 案件案由种类

首先，从诉讼案件案由的基本类型看，2022年仪器仪表等其他制造业上市公司涉及的136件案件主要集中在合同类纠纷中，具体分布情况如表2-33所示。

表2-33 仪器仪表等其他制造业上市公司案件案由基本类型分布

案由基本类型	案件数量/件
合同类纠纷	111
知识产权纠纷	10
侵权责任纠纷	6
劳动法纠纷	4
公司法纠纷	2
金融法纠纷	2
其他民事纠纷	1
物权纠纷	0
竞争法纠纷	0
行政诉讼	0
刑事诉讼	0
合计	136

其中，在民事案件中，合同类纠纷案件共有111件，约占全部民事案件总量的81.62%。具体案件数量分布情况如图2-113所示。

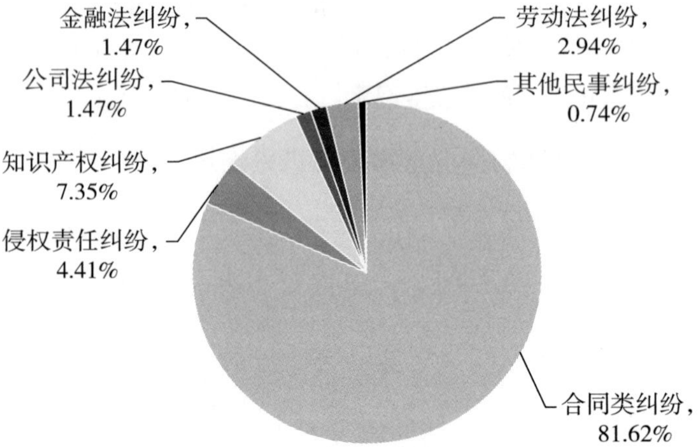

图 2－113　仪器仪表等其他制造业上市公司民事案由基本类型分布

其次，从案件的具体案由看，2022 年仪器仪表等其他制造业上市公司涉及的 136 件案件的案由分布也较为集中，以买卖合同纠纷数量最多，具体分布情况如表 2－34所示。

表 2－34　仪器仪表等其他制造业上市公司案件具体案由分布

具体案由	案件数量/件
买卖合同纠纷	88
建设工程合同纠纷	10
服务合同纠纷	6
商标权权属、侵权纠纷	4
劳动合同纠纷	3
承揽合同纠纷	3
产品责任纠纷	2
其他侵权责任纠纷	2
票据追索权纠纷	2
其他知识产权纠纷	2
特许经营合同纠纷	2
借款合同纠纷	1
劳务合同纠纷	1
机动车交通事故责任纠纷	1
其他劳动争议、人事争议	1
提供劳务者受害责任纠纷	1

续表

具体案由	案件数量/件
生命权、身体权、健康权纠纷	1
著作权权属、侵权纠纷	1
委托合同纠纷	1
不当得利纠纷	1
专利权权属、侵权纠纷	1
其他与公司有关的纠纷	1
联营合同纠纷	1

3. 案件地域分布

从案件地域分布看,2022 年仪器仪表等其他制造业上市公司涉及的 136 件案件主要分布在浙江省、北京市、福建省、山东省、河南省等地。具体分布情况如图 2－114 所示。

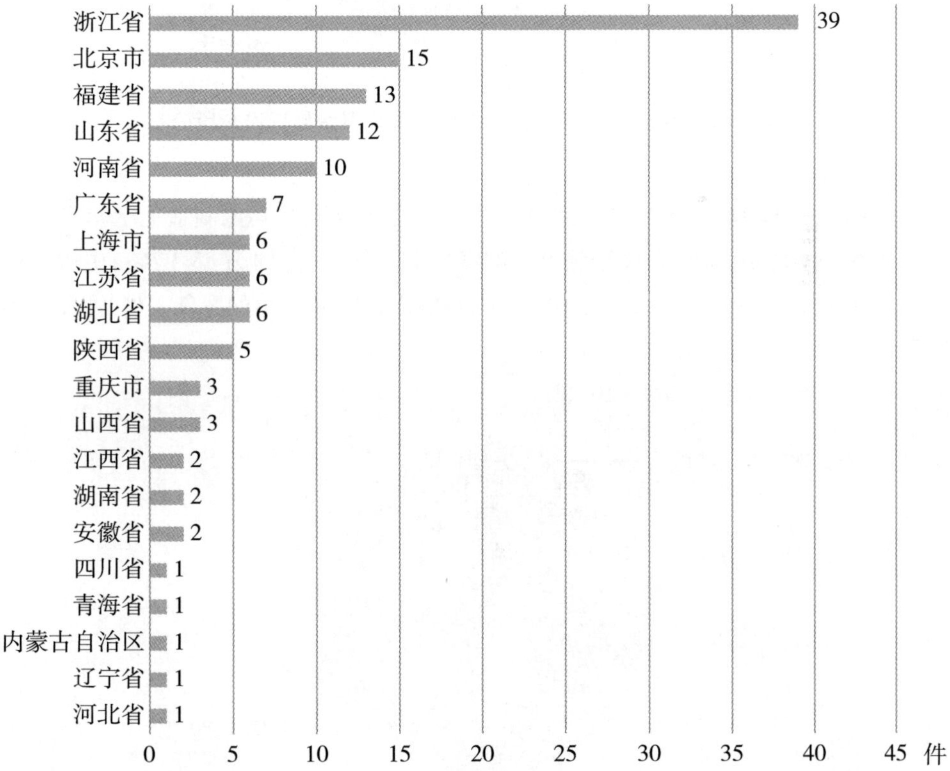

图 2－114　仪器仪表等其他制造业上市公司案件地域分布情况

（二）案件审理程序

1. 诉讼阶段

如图 2－115 所示，从诉讼阶段看，2022 年仪器仪表等其他制造业上市公司涉及的 136 件案件中，一审案件 123 件，占比约为 90.44%；二审案件 12 件，占比约为 8.82%；再审案件 1 件，占比约为 0.74%。

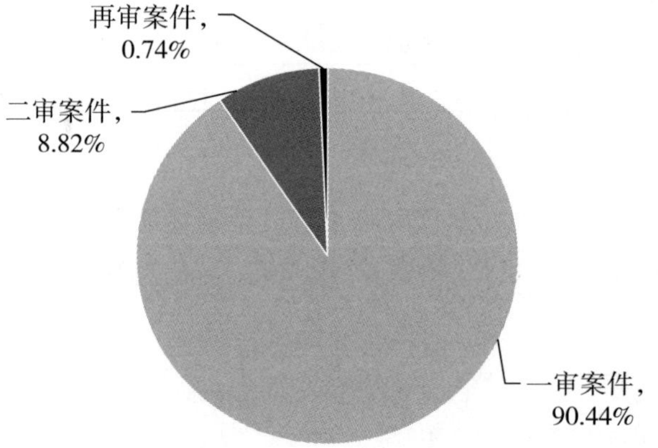

图 2－115　仪器仪表等其他制造业上市公司案件诉讼阶段分布

2. 法院层级

如图 2－116 所示，从法院层级看，2022 年仪器仪表等其他制造业上市公司涉及的 136 件案件中，基层人民法院审结的案件 121 件，占比约为 88.97%；中级人民法院审结的案件 14 件，占比约为 10.29%；高级人民法院审结的案件 1 件，占比约为 0.74%。

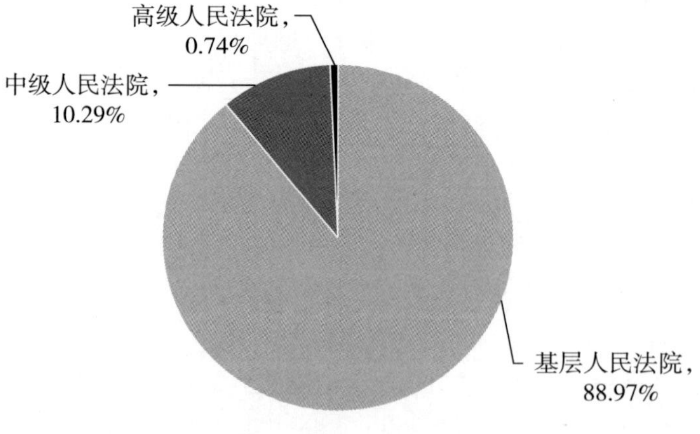

图 2－116　仪器仪表等其他制造业上市公司案件审理法院层级分布

(三)上市公司诉讼地位

如图 2－117 所示,从上市公司的诉讼地位看,2022 年仪器仪表等其他制造业上市公司涉及的 136 件案件中,上市公司作为原告的案件有 103 件,占比约为 75.74%;上市公司作为被告的案件有 31 件,占比约为 22.79%;上市公司作为第三人的案件有 2 件,占比约为 1.47%。由此可见,2022 年仪器仪表等其他制造业上市公司诉讼中,上市公司主要处于起诉方的角色,主动地参与诉讼。

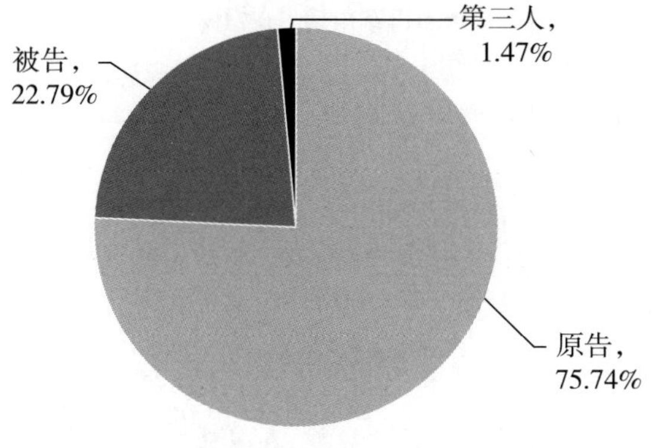

图 2－117　仪器仪表等其他制造业上市公司诉讼地位分布

(四)诉讼标的额

从诉讼案件的标的额看,2022 年仪器仪表等其他制造业上市公司涉及的有标的额可查的案件中,诉讼标的额数量分布情况如图 2－118 所示。总体来看,本行业诉讼标的额总额为 83,541,614.33 元,诉讼标的额最大为 27,818,600.00 元,行业平均诉讼标的额为 1,099,231.77 元。

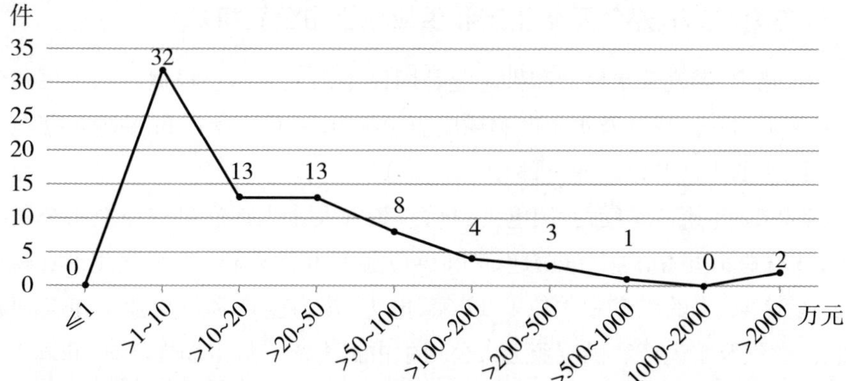

图 2－118　仪器仪表等其他制造业上市公司诉讼标的额分布

(五)诉讼结果和胜诉率

从总体上看,如图 2－119 所示,2022 年仪器仪表等其他制造业上市公司涉及的所有案件中,上市公司胜诉的案件有 63 件,败诉的案件有 69 件,撤回起诉的案件有 1 件,撤回上诉的案件有 1 件,撤回再审申请的案件有 1 件,驳回起诉的案件有 1 件。该行业上市公司胜诉的案件数量在全部案件中占比约为 46.31%,如果排除撤诉等特殊情形,则该行业上市公司的总体胜诉率约为 47.73%。

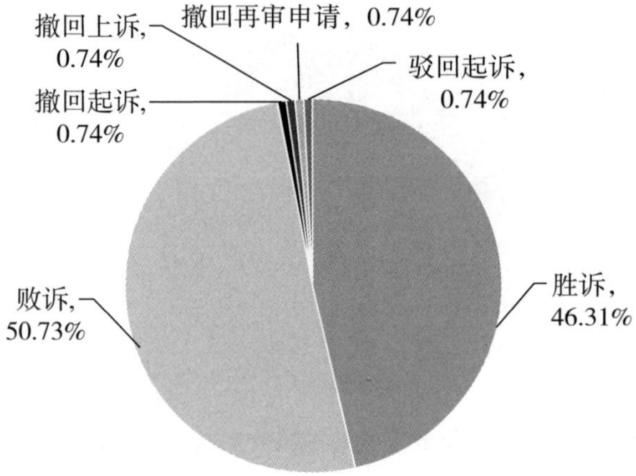

图 2－119　仪器仪表等其他制造业上市公司诉讼结果占比

第十八节　电力、热力、燃气及水生产和供应业

一、电力、热力、燃气及水生产和供应业上市公司概况

电力、热力、燃气及水生产和供应业是国民生活之必需。根据我国国民经济行业分类,电力、热力、燃气及水生产和供应业包括电力、热力生产和供应业、燃气生产和供应业、水的生产和供应业三部分。

截至 2022 年第四季度,我国电力、热力、燃气及水生产和供应业上市公司共计 132 家,从行业小类看,电力、热力生产和供应业上市公司 83 家、燃气生产和供应业上市公司 32 家、水的生产和供应业 17 家;电力、热力生产和供应业上市公司在电力、热力、燃气及水生产和供应业上市公司中占据主流。从市场规模看,我国上市公司中电力、热力、燃气及水生产和供应业的整体规模不大,约占全部上市公司数量的 2.60%。

二、电力、热力、燃气及水生产和供应业上市公司诉讼情况统计

本书以电力、热力、燃气及水生产和供应业的 132 家上市公司为当事人检索案件，共收集 2022 年度全国法院公布的各类裁判文书 1189 份，作为统计分析的样本。

（一）案件类型分布

1. 案件诉讼类型

从案件诉讼类型看，2022 年电力、热力、燃气及水生产和供应业上市公司涉及的 1189 件案件均为民事诉讼。

2. 案件案由种类

首先，从诉讼案件案由的基本类型看，2022 年电力、热力、燃气及水生产和供应业上市公司涉及的 1189 件案件主要集中在合同类纠纷中，具体分布情况如表 2－35 所示。

表 2－35 电力、热力、燃气及水生产和供应业上市公司案件案由基本类型分布

案由基本类型	案件数量/件
合同类纠纷	1097
物权纠纷	38
劳动法纠纷	19
侵权责任纠纷	17
公司法纠纷	9
金融法纠纷	5
其他民事纠纷	4
知识产权纠纷	0
竞争法纠纷	0
行政诉讼	0
刑事诉讼	0
合计	1189

其中，在民事案件中，合同类纠纷案件共有 1097 件，约占全部民事案件总量的 92.26%。具体案件数量分布情况如图 2－120 所示。

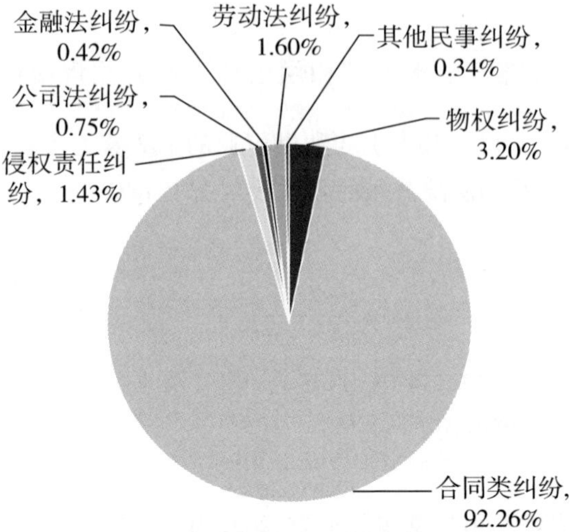

图 2－120　电力、热力、燃气及水生产和供应业上市公司民事案由基本类型分布

其次，从案件的具体案由看，2022 年电力、热力、燃气及水生产和供应业上市公司涉及的 1189 件案件的案由分布也较为集中，以供用热力合同纠纷数量最多，具体分布情况如表 2－36 所示。

表 2－36　电力、热力、燃气及水生产和供应业上市公司案件具体案由分布

具体案由	案件数量/件
供用热力合同纠纷	1007
财产损害赔偿纠纷	30
建设工程合同纠纷	28
买卖合同纠纷	19
劳动合同纠纷	19
提供劳务者受害责任纠纷	7
供用气合同纠纷	7
其他侵权责任纠纷	6
排除妨害纠纷	4
生命权、身体权、健康权纠纷	4
服务合同纠纷	4
租赁合同纠纷	3
承揽合同纠纷	3
证券欺诈责任纠纷	3

续表

具体案由	案件数量/件
供用电合同纠纷	3
借款合同纠纷	2
劳务合同纠纷	2
确认合同效力纠纷	2
损害公司债权人利益责任纠纷	2
房屋买卖合同纠纷	2
不当得利纠纷	2
破产债权确认纠纷	2
股东资格确认纠纷	2
房地产开发经营合同纠纷	2
物业服务合同纠纷	2
供用水合同纠纷	2
触电人身损害责任纠纷	2
机动车交通事故责任纠纷	1
运输合同纠纷	1
民事主体间房屋拆迁补偿合同纠纷	1
建筑物和物件损害责任纠纷	1
追偿权纠纷	1
物权确认纠纷	1
物权保护纠纷	1
票据追索权纠纷	1
股东出资纠纷	1
拍卖合同纠纷	1
请求变更公司登记纠纷	1
公司盈余分配纠纷	1
中介合同纠纷	1
恢复原状纠纷	1
人身保险合同纠纷	1
业主知情权纠纷	1
无因管理纠纷	1
定金合同纠纷	1

3. 案件地域分布

从案件地域分布看,2022 年电力、热力、燃气及水生产和供应业上市公司涉及的 1189 件案件主要集中在北京市。具体分布情况如图 2－121 所示。

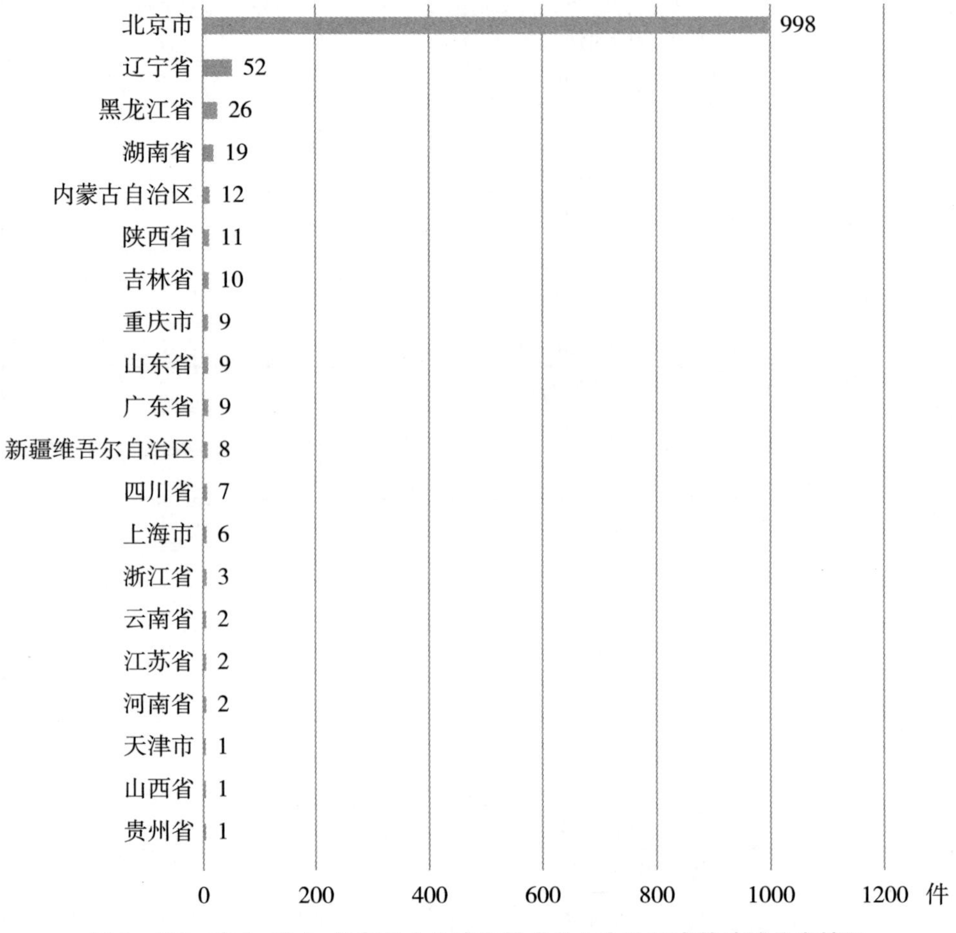

图 2－121　电力、热力、燃气及水生产和供应业上市公司案件地域分布情况

(二)案件审理程序

1. 诉讼阶段

如图 2－122 所示,从诉讼阶段看,2022 年电力、热力、燃气及水生产和供应业上市公司涉及的 1189 件案件中,一审案件 1092 件,占比约为 91.84%;二审案件 85 件,占比约为 7.15%;再审案件 12 件,占比约为 1.01%。

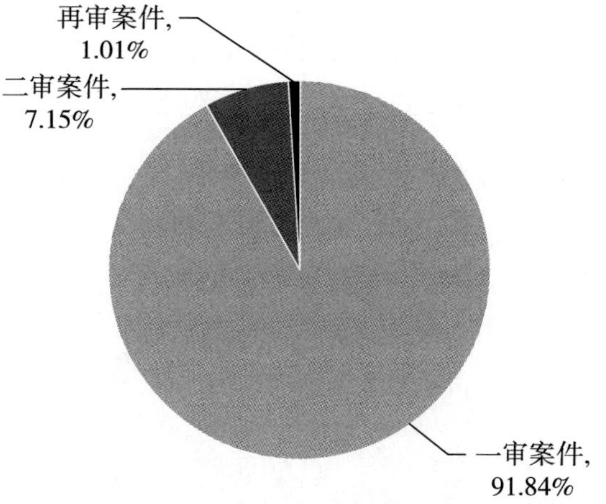

图 2－122　电力、热力、燃气及水生产和供应业上市公司案件诉讼阶段分布

2. 法院层级

如图 2－123 所示，从法院层级看，2022 年电力、热力、燃气及水生产和供应业上市公司涉及的 1189 件案件中，基层人民法院审结的案件 1093 件，占比约为 91.93%；中级人民法院审结的案件 88 件，占比约为 7.40%；高级人民法院审结的案件 7 件，占比约为 0.59%；最高人民法院审结的案件 1 件，占比约为 0.08%。

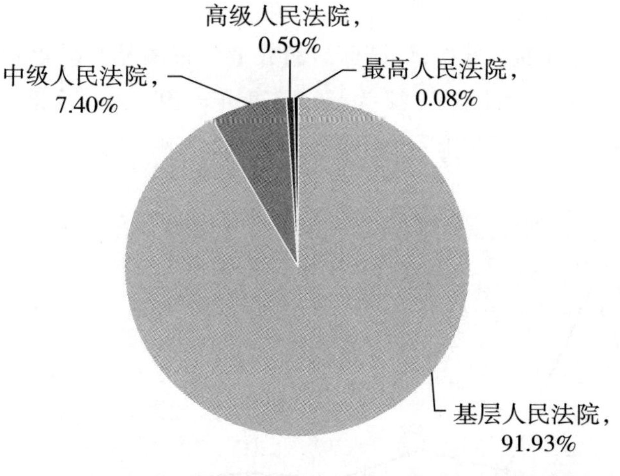

图 2－123　电力、热力、燃气及水生产和供应业上市公司案件审理法院层级分布

(三)上市公司诉讼地位

如图 2－124 所示，从上市公司的诉讼地位看，2022 年电力、热力、燃气及水生产和供应业上市公司涉及的 1189 件案件中，上市公司作为原告的案件有 993 件，占比约为 83.52%；上市公司作为被告的案件有 191 件，占比约为 16.06%；上市公司作为第三人的案件有 5 件，占比约为 0.42%。由此可见，2022 年电力、热力、燃气及水生产和供应业上市公司诉讼中，上市公司主要处于起诉方的角色，主动地参与诉讼。

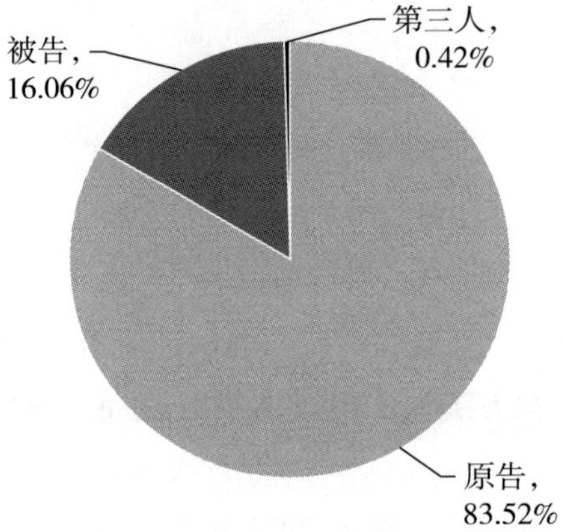

图 2－124　电力、热力、燃气及水生产和供应业上市公司诉讼地位分布

（四）诉讼标的额

从诉讼案件的标的额看，2022 年电力、热力、燃气及水生产和供应业上市公司涉及的有标的额可查的案件中，诉讼标的额数量分布情况如图 2－125 所示。总体来看，本行业诉讼标的额总额为 582，374，473.97 元，诉讼标的额最大为 396，734，000.00 元，行业平均诉讼标的额为 3，182，374.17 元。

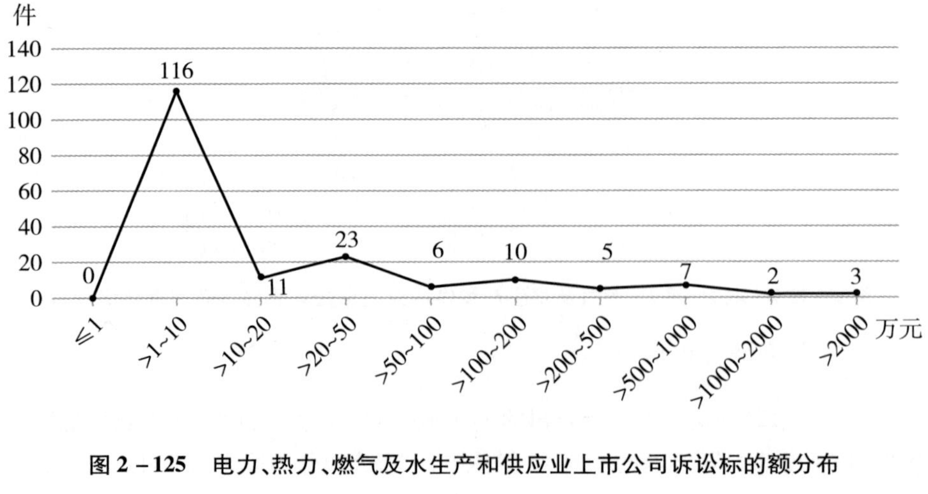

图 2－125　电力、热力、燃气及水生产和供应业上市公司诉讼标的额分布

(五)诉讼结果和胜诉率

从总体上看,如图 2 – 126 所示,2022 年电力、热力、燃气及水生产和供应业上市公司涉及的所有案件中,上市公司胜诉的案件有 379 件,败诉的案件有 801 件,撤回起诉的案件有 3 件,撤回上诉的案件有 3 件,撤回再审申请的案件有 2 件,驳回上诉的案件有 1 件。该行业上市公司胜诉的案件数量在全部案件中占比约为 31. 88% ,如果排除撤诉等特殊情形,则该行业上市公司的总体胜诉率约为 32. 12% 。

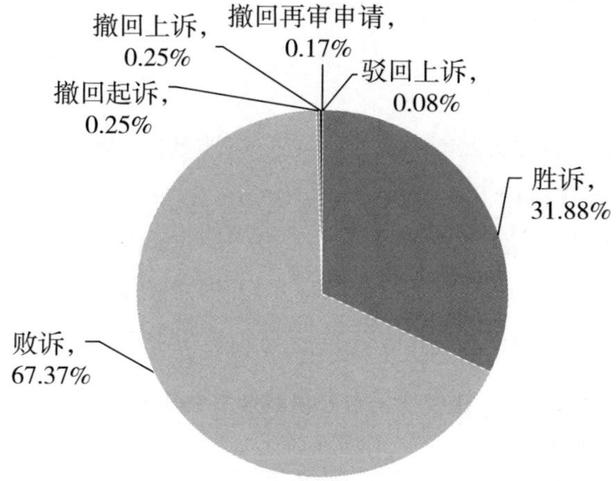

图 2 – 126　电力、热力、燃气及水生产和供应业上市公司诉讼结果占比

第十九节　建　筑　业

一、建筑业上市公司概况

建筑业,是指国民经济中从事建筑安装工程的勘察、设计、施工以及对原有建筑物进行维修活动的物质生产部门。按照国民经济行业分类目录,作为国民经济十三门之一的建筑业由以下三个大类组成:土木工程建筑业,线路、管道和设备安装业,勘察设计业。建筑业的职能主要是对各种建筑材料和构件、机器设备等进行建筑安装活动,为国民经济建造生产性与非生产性固定资产。

截至 2022 年第四季度,我国建筑业上市公司共计 109 家,从行业小类看,房屋建筑业上市公司 2 家、土木工程建筑业上市公司 74 家、建筑安装业上市公司 3 家、建筑装饰和其他建筑业上市公司 30 家;土木工程建筑业上市公司在建筑业上市公司中占据主流。从市场规模看,我国上市公司建筑业的整体规模较小,约占全部上市公司数量的 2.15%,可见该行业在全国范围内具有较大市场影响力的企业数量相对有限。

二、建筑业上市公司诉讼情况统计

本书以建筑业的 109 家上市公司为当事人检索案件,共收集 2022 年度全国法院公布的各类裁判文书 1960 份,作为统计分析的样本。

(一)案件类型分布

1. 案件诉讼类型

从案件诉讼类型看,2022 年建筑业上市公司涉及的 1960 件案件绝大多数为民事诉讼,仅有 1 件行政诉讼。

2. 案件案由种类

首先,从诉讼案件案由的基本类型看,2022 年建筑业上市公司涉及的 1960 件案件主要集中在合同类纠纷中,具体分布情况如表 2－37 所示。

表 2－37　建筑业上市公司案件案由基本类型分布

案由基本类型	案件数量/件
合同类纠纷	1472
金融法纠纷	326
劳动法纠纷	82
侵权责任纠纷	34
物权纠纷	16
公司法纠纷	12
知识产权纠纷	11
其他民事纠纷	5
竞争法纠纷	1
行政诉讼	1
刑事诉讼	0
合计	1960

其中,在民事案件中,合同类纠纷案件共有 1472 件,约占全部民事案件总量的 75.14%。具体案件数量分布情况如图 2－127 所示。

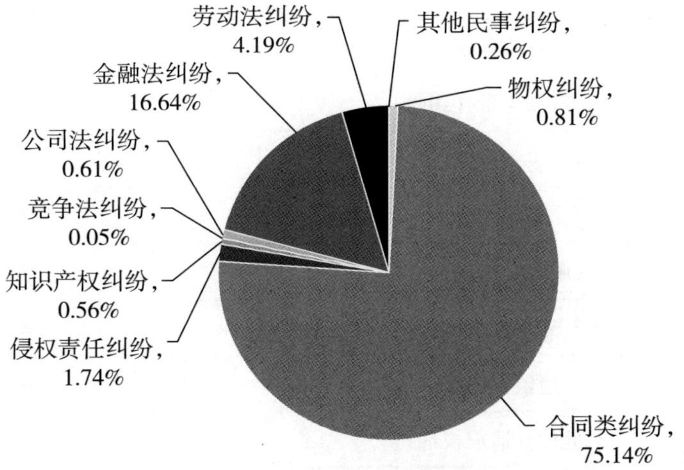

图 2－127　建筑业上市公司案由民事基本类型分布

其次，从案件的具体案由看，2022 年建筑业上市公司涉及的 1960 件案件的案由分布也较为集中，以建设工程合同纠纷、买卖合同纠纷、票据追索权纠纷数量最多，具体分布情况如表 2－38 所示。

表 2－38　建筑业上市公司案件具体案由分布

具体案由	案件数量/件
建设工程合同纠纷	595
买卖合同纠纷	538
票据追索权纠纷	292
劳务合同纠纷	123
租赁合同纠纷	89
劳动合同纠纷	79
承揽合同纠纷	58
提供劳务者受害责任纠纷	25
借款合同纠纷	15
运输合同纠纷	15
财产损害赔偿纠纷	13

续表

具体案由	案件数量/件
证券欺诈责任纠纷	11
房屋买卖合同纠纷	11
票据纠纷	10
服务合同纠纷	8
著作权权属、侵权纠纷	6
追偿权纠纷	6
票据付款请求权纠纷	6
生命权、身体权、健康权纠纷	5
破产债权确认纠纷	5
独立保函欺诈纠纷	4
机动车交通事故责任纠纷	3
社会保险纠纷	3
不当得利纠纷	3
股权转让纠纷	2
商标权权属、侵权纠纷	2
其他侵权责任纠纷	2
建筑物和物件损害责任纠纷	2
委托合同纠纷	2
专利权权属、侵权纠纷	2
财产保险合同纠纷	2
预约合同纠纷	2
排除妨害纠纷	1
确认合同效力纠纷	1
债权转让合同纠纷	1

续表

具体案由	案件数量/件
商标行政管理	1
损害公司债权人利益责任纠纷	1
债权人代位权纠纷	1
损害股东利益责任纠纷	1
其他与公司有关的纠纷	1
保理合同纠纷	1
准合同纠纷	1
其他与合伙企业有关的纠纷	1
物业服务合同纠纷	1
合伙合同纠纷	1
相邻关系纠纷	1
恢复原状纠纷	1
提供劳务者致害责任纠纷	1
保险费纠纷	1
侵害商业秘密纠纷	1
挂靠经营合同纠纷	1
义务帮工人受害责任纠纷	1
侵害企业名称(商号)权纠纷	1

3. 案件地域分布

从案件地域分布看,2022 年建筑业上市公司涉及的 1960 件案件中主要分布在广东省、北京市、上海市、山东省等地。具体分布情况如图 2 - 128 所示。

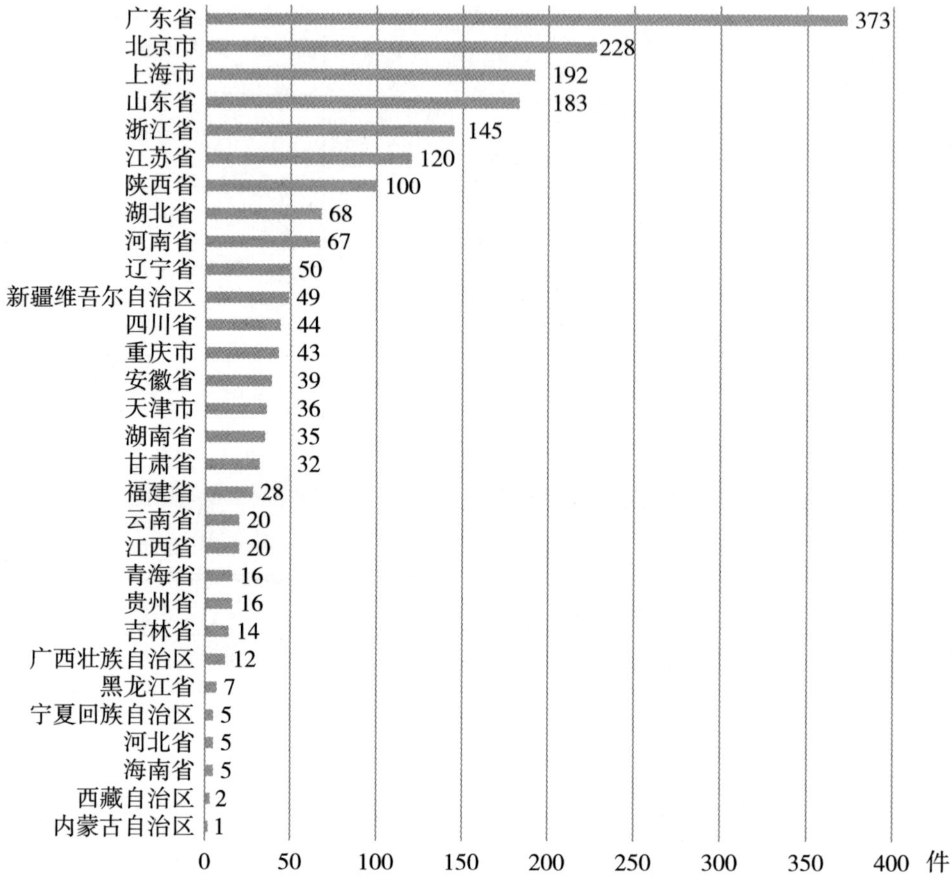

图 2－128　建筑业上市公司案件地域分布情况

（二）案件审理程序

1. 诉讼阶段

如图 2－129 所示，从诉讼阶段看，2022 年建筑业上市公司涉及的 1960 件案件中，一审案件 1569 件，占比约为 80.05%；二审案件 376 件，占比约为 19.18%；再审案件 15 件，占比约为 0.77%。

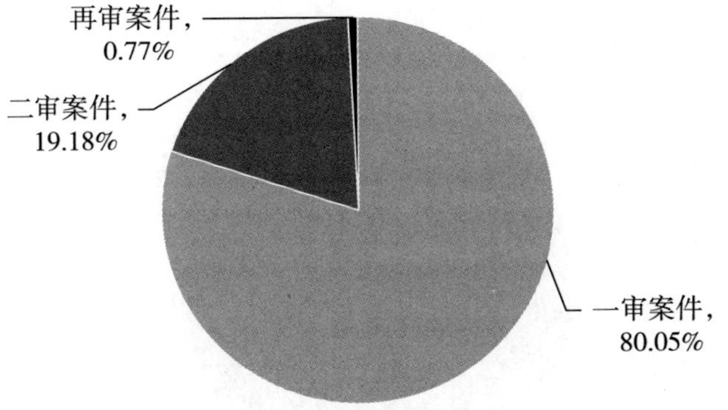

图2－129　建筑业上市公司案件诉讼阶段分布

2.法院层级

如图2－130所示，从法院层级看，2022年建筑业上市公司涉及的1960件案件中，基层人民法院审结的案件1544件，占比约为78.77%；中级人民法院审结的案件395件，占比约为20.15%；高级人民法院审结的案件16件，占比约为0.82%；最高人民法院审结的案件5件，占比约为0.26%。

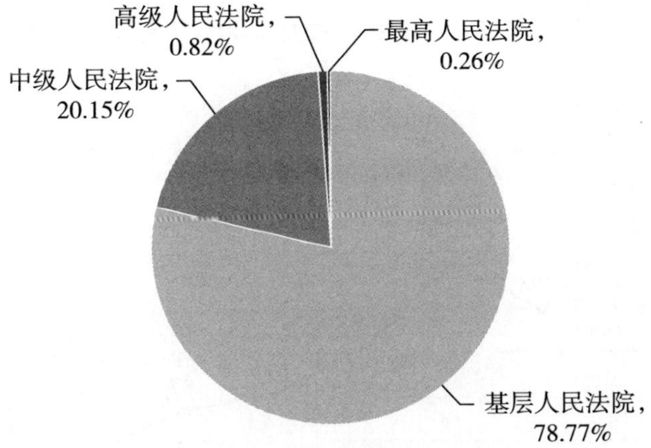

图2－130　建筑业上市公司案件审理法院层级分布

（三）上市公司诉讼地位

如图2－131所示，从上市公司的诉讼地位看，2022年建筑业上市公司涉及的1960件案件中，上市公司作为原告的案件有512件，占比约为26.12%；上市公司作为被告的案件有1422件，占比约为72.55%；上市公司作为第三人的案件有26件，占比约为1.33%。由此可见，2022年建筑业上市公司诉讼中，上市公司主要处于应诉方的角色,被动地参与诉讼。

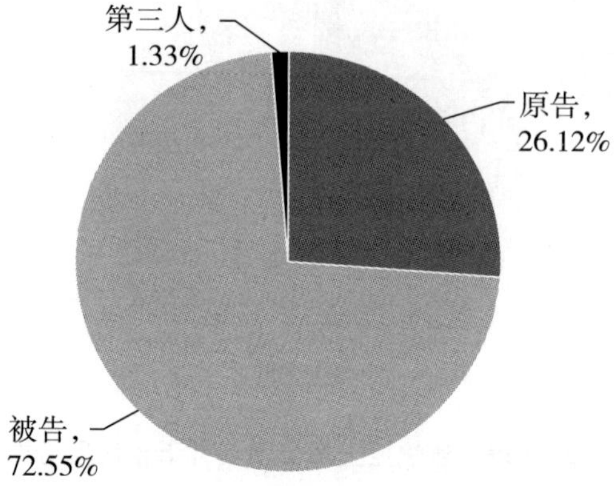

图 2－131　建筑业上市公司诉讼地位分布

（四）诉讼标的额

从诉讼案件的标的额看,2022 年建筑业上市公司涉及的有标的额可查的案件中,诉讼标的额数量分布情况如图 2－132 所示。总体来看,本行业诉讼标的额总额为 10,156,992,048.21 元,诉讼标的额最大为 2,204,593,000.00 元,行业平均诉讼标的额为 8,564,074.24 元。

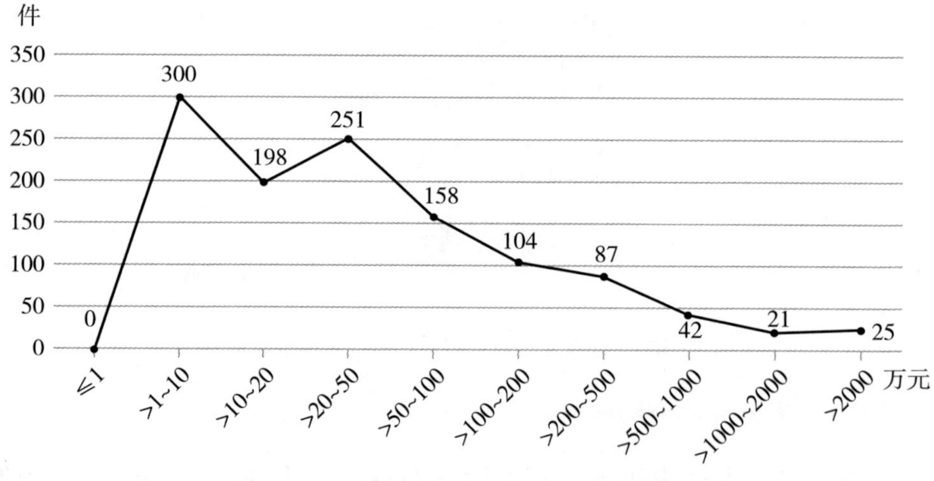

图 2－132　建筑业上市公司诉讼标的额分布

（五）诉讼结果和胜诉率

从总体上看,如图 2－133 所示,2022 年建筑业上市公司涉及的所有案件中,上市公司胜诉的案件有 1288 件,败诉的案件有 626 件,撤回起诉的案件有 17 件,撤回上诉的案件有 5 件,撤回再审申请的案件有 1 件,驳回起诉的案件有 1 件,驳回上诉的案件有 21 件,再审的案件有 1 件。该行业上市公司胜诉的案件数量在全部案件中占比约为 65.71%,如果排除撤诉等特殊情形,则该行业上市公司的总体胜诉率约为 67.29%。

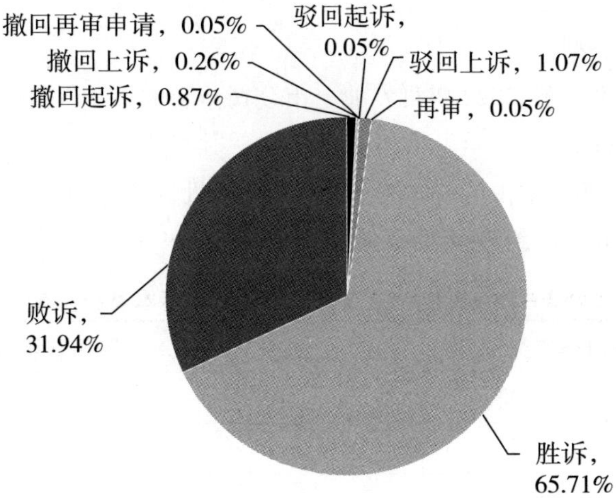

图 2－133　建筑业上市公司诉讼结果占比

第二十节　批　发　业

一、批发业上市公司概况

批发业,是指向其他批发或零售单位(含个体经营者)及其他企事业单位、机关团体等批量销售生活用品、生产资料,以及从事进出口贸易和贸易经纪与代理的活动,包括拥有货物所有权,并以本单位(公司)的名义进行交易活动,也包括不拥有货物的所有权,收取佣金的商品代理、商品代售活动;本类还包括各类商品批发市场中固定摊位的批发活动,以及以销售为目的的收购活动。

截至 2022 年第四季度,我国批发业上市公司共计 89 家。从市场规模看,我国上市公司中批发业的整体规模很小,约占全部上市公司数量的 1.75%。

二、批发业上市公司诉讼情况统计

本书以批发业的 89 家上市公司为当事人检索案件,共收集 2022 年度全国法院公布的各类裁判文书 170 份,作为统计分析的样本。

(一)案件类型分布

1. 案件诉讼类型

从案件诉讼类型看,2022 年批发业上市公司涉及的 170 件案件均为民事诉讼。

2. 案件案由种类

首先,从诉讼案件案由的基本类型看,2022 年批发业上市公司涉及的 170 件案件主要集中在合同类纠纷中,具体分布情况如表 2－39 所示。

表 2－39　批发业上市公司案件案由基本类型分布

案由基本类型	案件数量/件
合同类纠纷	146
劳动法纠纷	12
公司法纠纷	7
物权纠纷	2
侵权责任纠纷	1
知识产权纠纷	1
其他民事纠纷	1
竞争法纠纷	0
金融法纠纷	0
行政诉讼	0
刑事诉讼	0
合计	170

其中,在民事案件中,合同类纠纷案件共有 146 件,约占全部民事案件总量的 85.88%。具体案件数量分布情况如图 2－134 所示。

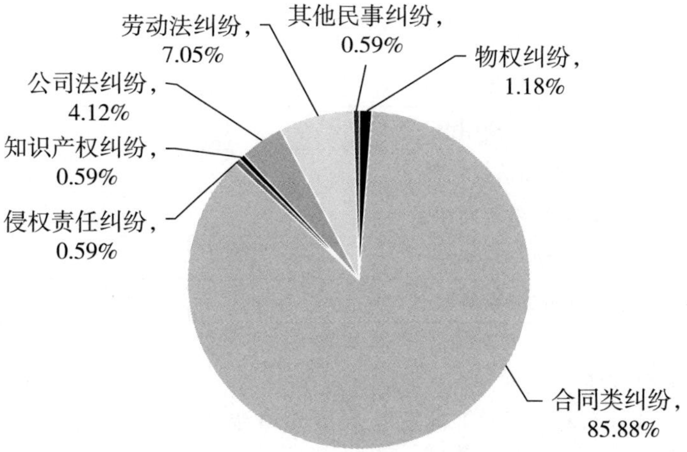

图 2－134 批发业上市公司民事案由基本类型分布

其次，从案件的具体案由看，2022 年批发业上市公司涉及的 170 件案件的案由分布也较为集中，以买卖合同纠纷等数量最多，具体分布情况如表 2－40 所示。

表 2－40 批发业上市公司案件具体案由分布

具体案由	案件数量/件
买卖合同纠纷	120
劳动合同纠纷	12
借款合同纠纷	10
租赁合同纠纷	3
股权转让纠纷	3
债权转让合同纠纷	3
民事主体间房屋拆迁补偿合同纠纷	2
财产损害赔偿纠纷	2
损害公司债权人利益责任纠纷	2
建设工程合同纠纷	1
承揽合同纠纷	1
保证合同纠纷	1
产品责任纠纷	1
商标权权属、侵权纠纷	1
房屋买卖合同纠纷	1
服务合同纠纷	1

续表

具体案由	案件数量/件
追偿权纠纷	1
股东出资纠纷	1
股东知情权纠纷	1
债务转移合同纠纷	1
合伙合同纠纷	1
法定继承纠纷	1

3. 案件地域分布

从案件地域分布看,2022 年批发业上市公司涉及的 170 件案件主要分布在湖北省等地。具体分布情况如图 2－135 所示。

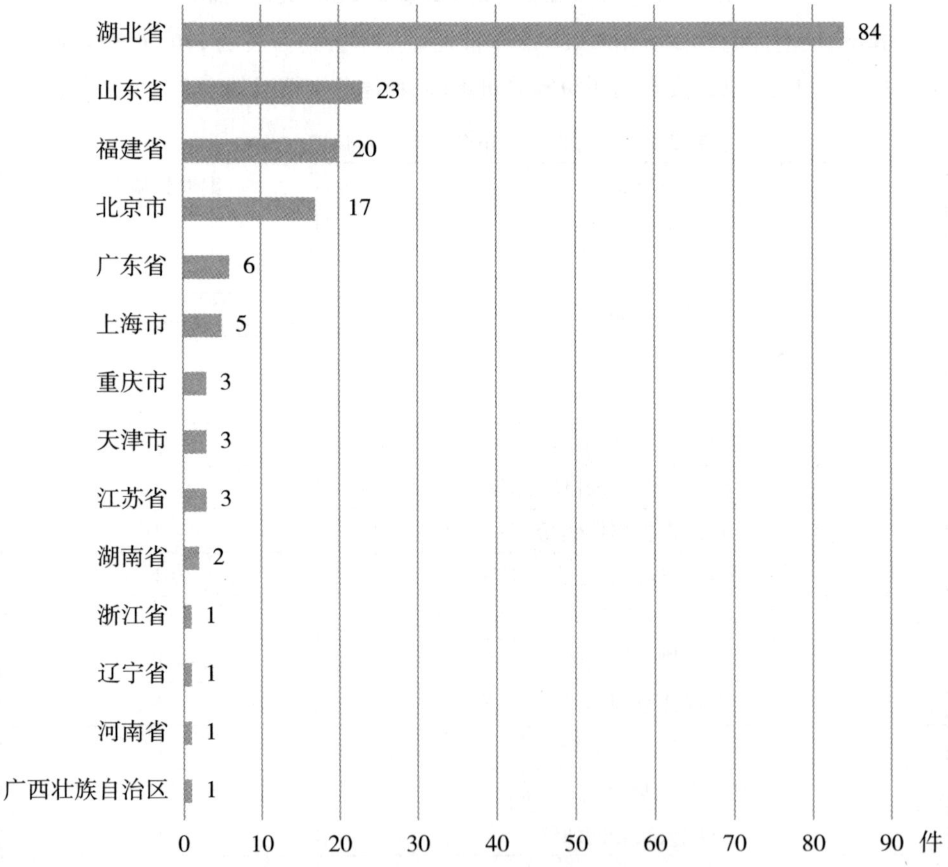

图 2－135　批发业上市公司案件地域分布情况

（二）案件审理程序

1. 诉讼阶段

如图 2－136 所示，从诉讼阶段看，2022 年批发业上市公司涉及的 170 件案件中，一审案件 144 件，占比约为 84.71%；二审案件 22 件，占比约为 12.94%；再审案件 4 件，占比约为 2.35%。

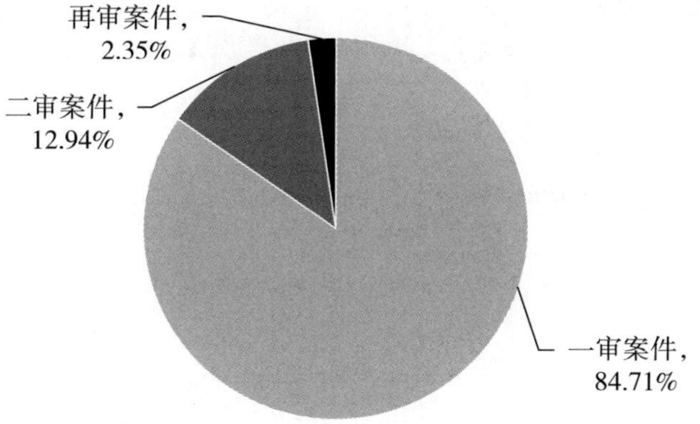

图 2－136　批发业上市公司案件诉讼阶段分布

2. 法院层级

如图 2－137 所示，从法院层级看，2022 年批发业上市公司涉及的 170 件案件中，基层人民法院审结的案件 143 件，占比约为 84.12%；中级人民法院审结的案件 24 件，占比约为 14.12%；高级人民法院审结的案件 3 件，占比约为 1.76%。

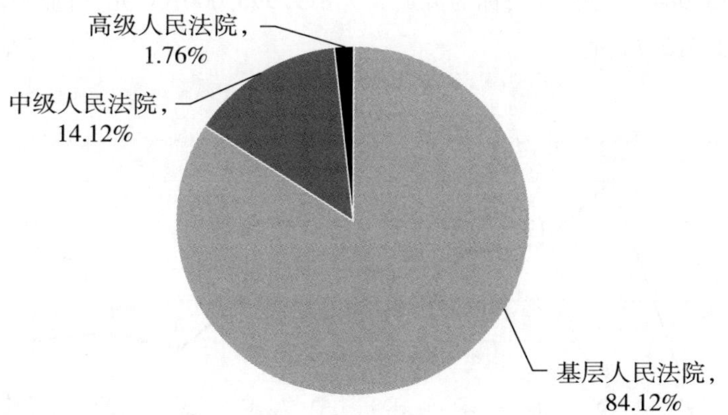

图 2－137　批发业上市公司案件审理法院层级分布

（三）上市公司诉讼地位

如图 2－138 所示，从上市公司的诉讼地位看，2022 年批发业上市公司涉及的 170 件案件中，上市公司作为原告的案件有 127 件，占比约为 74.71%；上市公司作为被告的案件有 40 件，占比约为 23.53%；上市公司作为第三人的案件有 3 件，占比约为 1.76%。由此可见，2022 年批发业上市公司诉讼中，上市公司主要处于起诉方的角色，主动地参与诉讼。

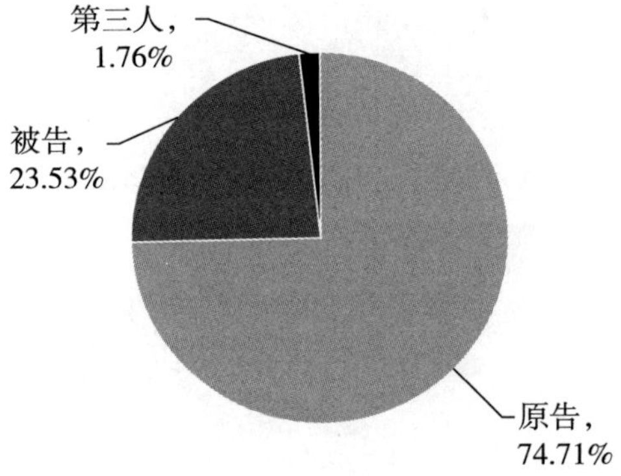

图 2－138　批发业上市公司诉讼地位分布

（四）诉讼标的额

从诉讼案件的标的额看，2022 年批发业上市公司涉及的有标的额可查的案件中，诉讼标的额数量分布情况如图 2－139 所示。总体来看，本行业诉讼标的额总额为 1,113,313,984.73 元，诉讼标的额最大为 819,996,000.00 元，行业平均诉讼标的额为 11,022,910.74 元。

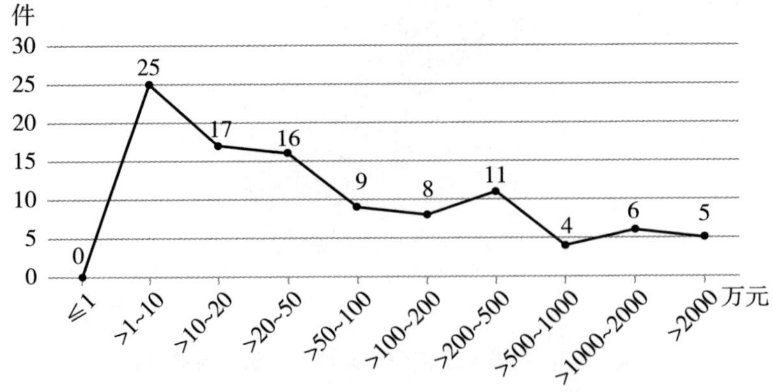

图 2－139　批发业上市公司诉讼标的额分布

（五）诉讼结果和胜诉率

从总体上看，如图 2－140 所示，2022 年批发业上市公司涉及的所有案件中，上市公司胜诉的案件有 62 件，败诉的案件有 102 件，撤回起诉的案件有 2 件，撤回上诉的案件有 1 件，驳回上诉的案件有 1 件，再审的案件有 2 件。该行业上市公司胜诉的案件数量在全部案件中占比约为 36.46%，如果排除撤诉等特殊情形，则该行业上市公司的总体胜诉率约为 37.80%。

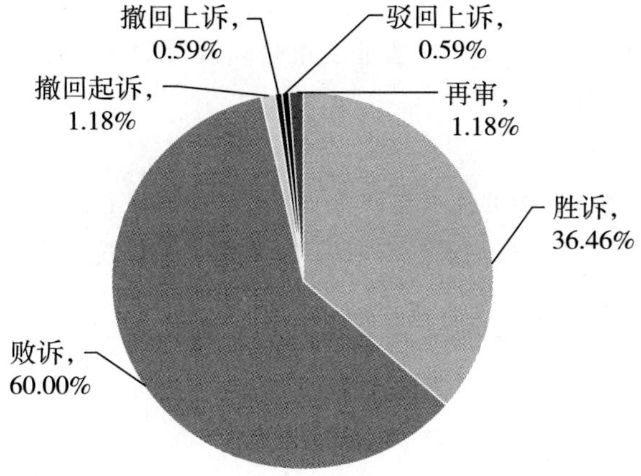

图 2－140　批发业上市公司诉讼结果占比

第二十一节　零　售　业

一、零售业上市公司概况

零售业，是指百货商店、超级市场、专门零售商店、品牌专卖店、售货摊等主要面向最终消费者（如居民等）开展销售活动，以互联网、邮政、电话、售货机等方式开展销售活动，还包括在同一地点，后面加工生产，前面以销售形式进行销售活动（如面包房）的行业。谷物、种子、饲料、牲畜、矿产品、生产用原料、化工原料、农用化工产品、机械设备（乘用车、计算机及通信设备除外）等生产资料的销售不作为零售活动。多数零售商对其销售的货物拥有所有权，有些则是充当委托人的代理人，进行委托销售或以收取佣金的方式进行销售。

截至 2022 年第四季度，我国零售业上市公司共计 101 家。从市场规模看，我国上市公司中零售业的整体规模很小,约占全部上市公司数量的1.99%。

二、零售业上市公司诉讼情况统计

本书以零售业的101家上市公司为当事人检索案件,共收集2022年度全国法院公布的各类裁判文书570份,作为统计分析的样本。

(一)案件类型分布

1. 案件诉讼类型

从案件诉讼类型看,2022年零售业上市公司涉及的570件案件大多数为民事诉讼,仅有13件行政诉讼。

2. 案件案由种类

首先,从诉讼案件案由的基本类型看,2022年零售业上市公司涉及的570件案件主要集中在合同类纠纷和知识产权纠纷中,具体分布情况如表2－41所示。

表2－41　零售业上市公司案件案由基本类型分布

案由基本类型	案件数量/件
合同类纠纷	319
知识产权纠纷	128
劳动法纠纷	51
侵权责任纠纷	31
行政诉讼	13
金融法纠纷	11
物权纠纷	9
其他民事纠纷	4
公司法纠纷	3
竞争法纠纷	1
刑事诉讼	0
合计	570

其中,在民事案件中,合同类纠纷案件共有319件,约占全部民事案件总量的57.27%。具体案件数量分布情况如图2－141所示。

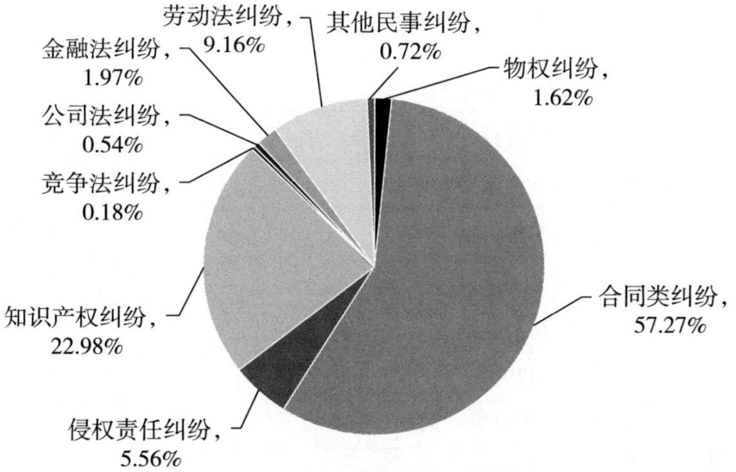

图 2－141　零售业上市公司民事案由基本类型分布

其次，从案件的具体案由看，2022 年零售业上市公司涉及的 570 件案件的案由分布也较为集中，以租赁合同纠纷，商标权权属、侵权纠纷，买卖合同纠纷数量最多，具体分布情况如表 2－42 所示。

表 2－42　零售业上市公司案件具体案由分布

具体案由	案件数量/件
租赁合同纠纷	110
商标权权属、侵权纠纷	94
买卖合同纠纷	72
劳动合同纠纷	46
借款合同纠纷	44
著作权权属、侵权纠纷	23
劳务合同纠纷	21
广告合同纠纷	19
建设工程合同纠纷	16
服务合同纠纷	13
商标行政管理	12
产品责任纠纷	11
证券欺诈责任纠纷	11

续表

具体案由	案件数量/件
专利权权属、侵权纠纷	10
其他侵权责任纠纷	9
违反安全保障义务责任纠纷	7
物权保护纠纷	6
福利待遇纠纷	5
承揽合同纠纷	4
生命权、身体权、健康权纠纷	4
提供劳务者受害责任纠纷	3
追偿权纠纷	3
委托合同纠纷	3
融资租赁合同纠纷	3
返还原物纠纷	2
运输合同纠纷	2
不当得利纠纷	2
物业服务合同纠纷	2
合伙合同纠纷	2
其他不正当竞争纠纷	1
股权转让纠纷	1
机动车交通事故责任纠纷	1
民事主体间房屋拆迁补偿合同纠纷	1
财产损害赔偿纠纷	1
损害公司债权人利益责任纠纷	1
特许经营合同纠纷	1
联营合同纠纷	1
债权人撤销权纠纷	1
保理合同纠纷	1
行政处罚	1

3. 案件地域分布

从案件地域分布看，2022 年零售业上市公司涉及的 570 件案件主要分布在湖南省、山东省、北京市、河北省等地。具体分布情况如图 2－142 所示。

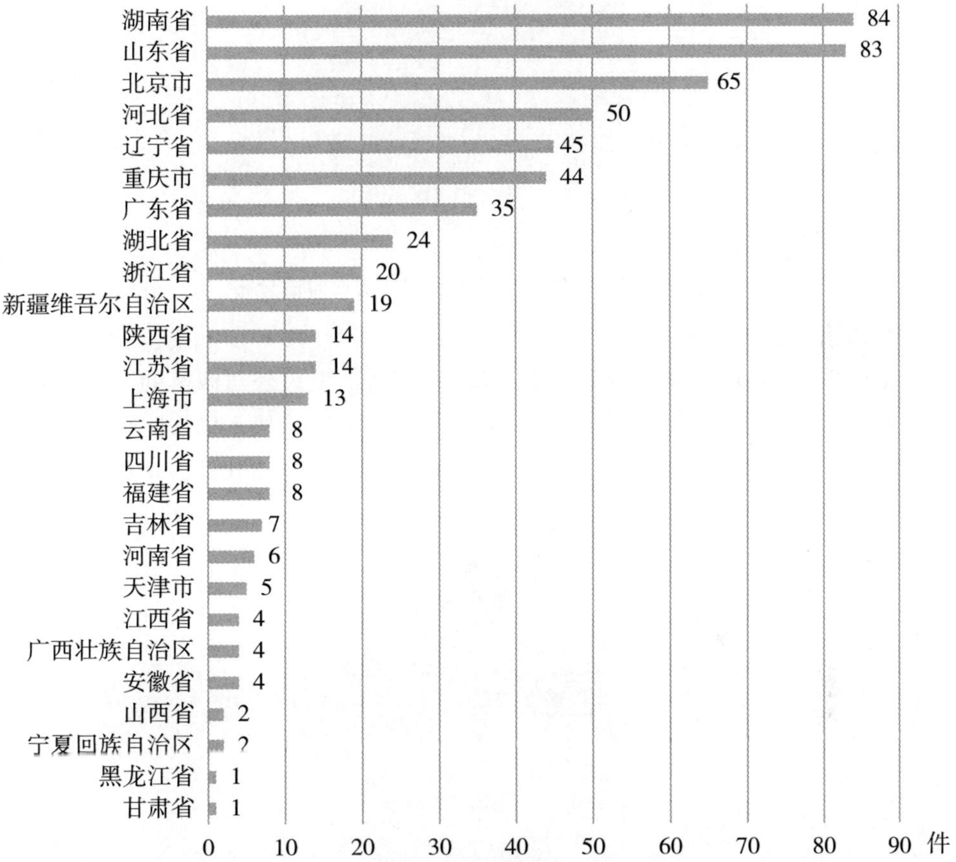

图 2－142　零售业上市公司案件地域分布情况

（二）案件审理程序

1. 诉讼阶段

如图 2－143 所示，从诉讼阶段看，2022 年零售业上市公司涉及的 570 件案件中，一审案件 459 件，占比约为 80.53%；二审案件 103 件，占比约为 18.07%；再审案件 8 件，占比约为 1.40%。

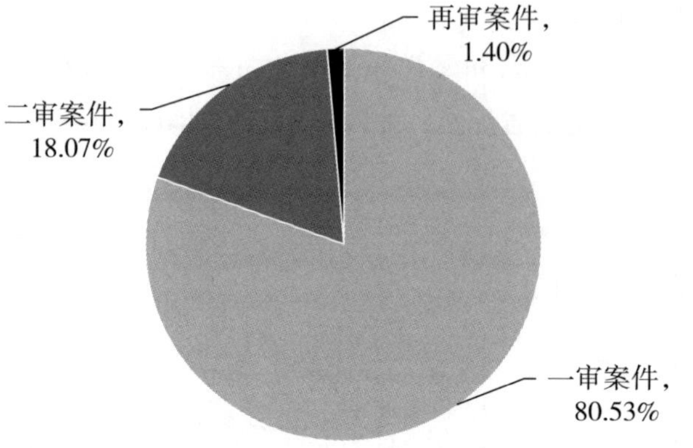

图 2－143　零售业上市公司案件诉讼阶段分布

2. 法院层级

如图 2－144 所示，从法院层级看，2022 年零售业上市公司涉及的 570 件案件中，基层人民法院审结的案件 430 件，占比约为 75.44%；中级人民法院审结的案件 108 件，占比约为 18.95%；高级人民法院审结的案件 32 件，占比约为 5.61%。

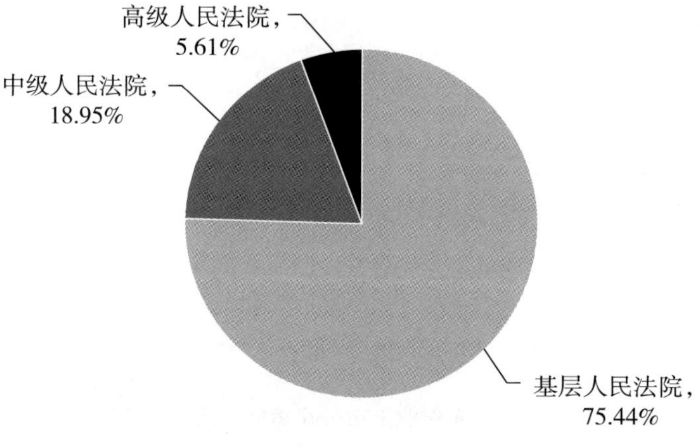

图 2－144　零售业上市公司案件审理法院层级分布

（三）上市公司诉讼地位

如图 2－145 所示，从上市公司的诉讼地位看，2022 年零售业上市公司涉及的 570 件案件中，上市公司作为原告的案件有 190 件，占比约为 33.33%；上市公司作为被告的案件有 351 件，占比约为 61.58%；上市公司作为第三人的案件有 29 件，占比约为 5.09%。由此可见，2022 年零售业上市公司诉讼中，上市公司主要处于应诉方的角色，被动地参与诉讼。

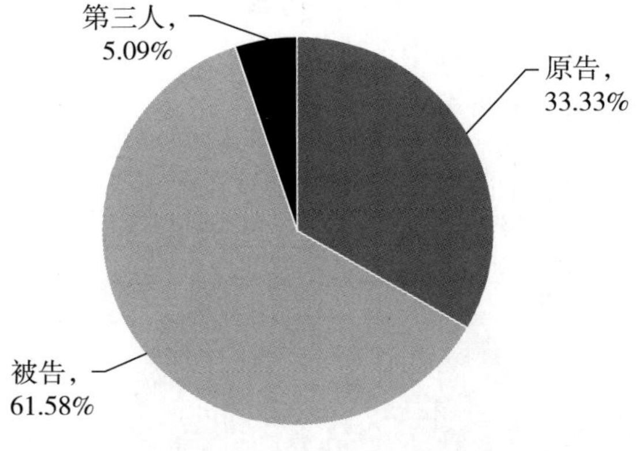

图 2－145　零售业上市公司诉讼地位分布

（四）诉讼标的额

从诉讼案件的标的额看，2022 年零售业上市公司涉及的有标的额可查的案件中，诉讼标的额数量分布情况如图 2－146 所示。总体来看，本行业诉讼标的额总额为 1, 096, 945, 903. 91 元，诉讼标的额最大为 933, 910, 000. 00 元，行业平均诉讼标的额为 4, 728, 215. 10 元。

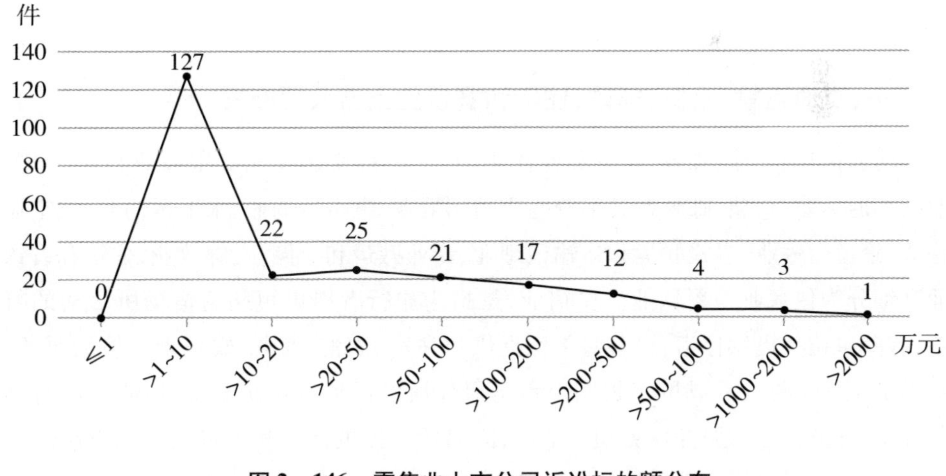

图 2－146　零售业上市公司诉讼标的额分布

（五）诉讼结果和胜诉率

从总体上看，如图 2－147 所示，2022 年零售业上市公司涉及的所有案件中，上市公司胜诉的案件有 334 件，败诉的案件有 211 件，撤回起诉的案件有 21 件，撤回上诉的案件有1件,驳回起诉的案件有2件,驳回上诉的案件有1件。该行业上市公司胜诉的案件数量在全部案件中占比约为58.59%,如果排除撤诉等特殊情形,则该行业上市公司的总体胜诉率约为61.28%。

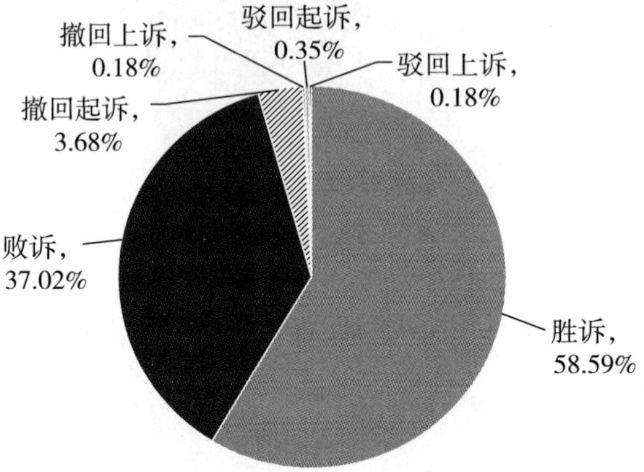

图2－147　零售业上市公司诉讼结果占比

第二十二节　交通运输、仓储、邮政、住宿和餐饮业

一、交通运输、仓储、邮政、住宿和餐饮业上市公司概况

交通运输、仓储、邮政、住宿和餐饮业(以下简称交通运输等服务业)属于服务业。交通运输、仓储、邮政业又细分为交通运输业、道路运输业、水上运输业、航空运输业、管道运输业、多式联运和运输代理业、专业搬运和仓储业、邮政业;住宿和餐饮业又细分为住宿业与餐饮业。住宿业,是指为旅行者提供短期留宿场所活动的行业,有些单位只提供住宿,也有些单位提供集住宿、饮食、商务、娱乐于一体的服务,本类不包括主要按月或按年长期出租房屋住所的活动。餐饮业,是指通过即时制作加工、商业销售和服务性劳动等活动,向消费者提供食品和消费场所及设施的服务。

截至2022年第四季度,我国交通运输等服务业上市公司共计121家,从行业小类看,铁路运输业上市公司6家、道路运输业上市公司35家、水上运输业上市公司33家、航空运输业上市公司14家、装卸搬运和其他运输代理业上市公司11家、仓储业上市公司9家、邮政业上市公司5家、住宿业上市公司5家、餐饮业上市公司

3 家;道路运输业上市公司在交通运输等服务业上市公司中较多。从市场规模看,我国上市公司中交通运输等服务业的整体规模较小,约占全部上市公司数量的 2.38%。

二、交通运输等服务业上市公司诉讼情况统计

本书以交通运输等服务业的 121 家上市公司为当事人检索案件,共收集 2022 年度全国法院公布的各类裁判文书 380 份,作为统计分析的样本。

(一)案件类型分布

1. 案件诉讼类型

从案件诉讼类型看,2022 年交通运输等服务业上市公司涉及的 380 件案件均为民事诉讼。

2. 案件案由种类

首先,从诉讼案件案由的基本类型看,2022 年交通运输等服务业上市公司涉及的 380 件案件主要集中在合同类纠纷中,具体分布情况如表 2 – 43 所示。

表 2 – 43　交通运输等服务业上市公司案件案由基本类型分布

案由基本类型	案件数量/件
合同类纠纷	188
劳动法纠纷	50
其他民事纠纷	46
侵权责任纠纷	37
知识产权纠纷	23
物权纠纷	20
公司法纠纷	7
金融法纠纷	5
竞争法纠纷	4
行政诉讼	0
刑事诉讼	0
合计	380

其中,在民事案件中,合同类纠纷案件共有 188 件,约占全部民事案件总量的

49.47%。具体案件数量分布情况如图 2－148 所示。

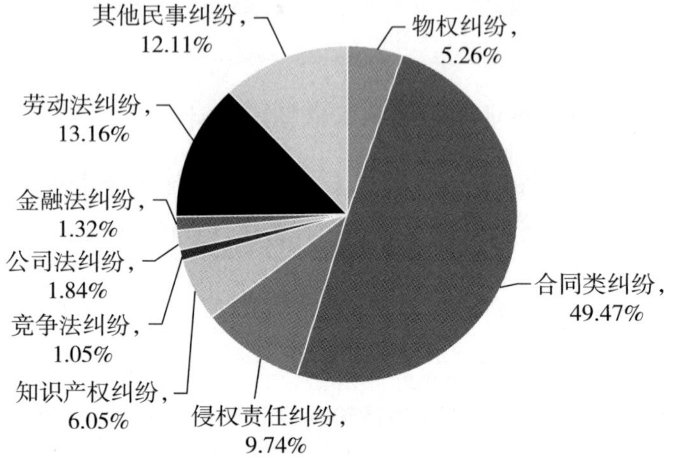

图 2－148　交通运输等服务业上市公司民事案由基本类型分布

其次，从案件的具体案由看，2022 年交通运输等服务业上市公司涉及的 380 件案件的案由分布也较为集中，以运输合同纠纷、劳动合同纠纷、服务合同纠纷数量最多，具体分布情况如表 2－44 所示。

表 2－44　交通运输等服务业上市公司案件具体案由分布

具体案由	案件数量/件
运输合同纠纷	96
劳动合同纠纷	48
服务合同纠纷	40
海上、通海水域货物运输合同纠纷	33
机动车交通事故责任纠纷	23
财产损害赔偿纠纷	17
建设工程合同纠纷	16
著作权权属、侵权纠纷	16
买卖合同纠纷	12
租赁合同纠纷	10
商标权权属、侵权纠纷	6
其他侵权责任纠纷	6
不当得利纠纷	6

续表

具体案由	案件数量/件
破产债权确认纠纷	6
财产保险合同纠纷	5
生命权、身体权、健康权纠纷	4
海上、通海水域货运代理合同纠纷	4
其他不正当竞争纠纷	3
提供劳务者受害责任纠纷	3
劳务合同纠纷	2
社会保险纠纷	2
建筑物和物件损害责任纠纷	2
物业服务合同纠纷	2
保证合同纠纷	1
产品责任纠纷	1
追偿权纠纷	1
委托合同纠纷	1
物权确认纠纷	1
公司决议纠纷	1
物权保护纠纷	1
仿冒纠纷	1
网络侵权责任纠纷	1
广告合同纠纷	1
著作权合同纠纷	1
其他海事海商纠纷	1
法定继承纠纷	1
海上、通海水域财产损害责任纠纷	1
港口作业纠纷	1
海难救助合同纠纷	1
航空运输损害责任纠纷	1
占有物返还纠纷	1

3. 案件地域分布

从案件地域分布看,2022 年交通运输等服务业上市公司所涉及的 380 件案件主要分布在上海市、北京市等地。具体分布情况如图 2－149 所示。

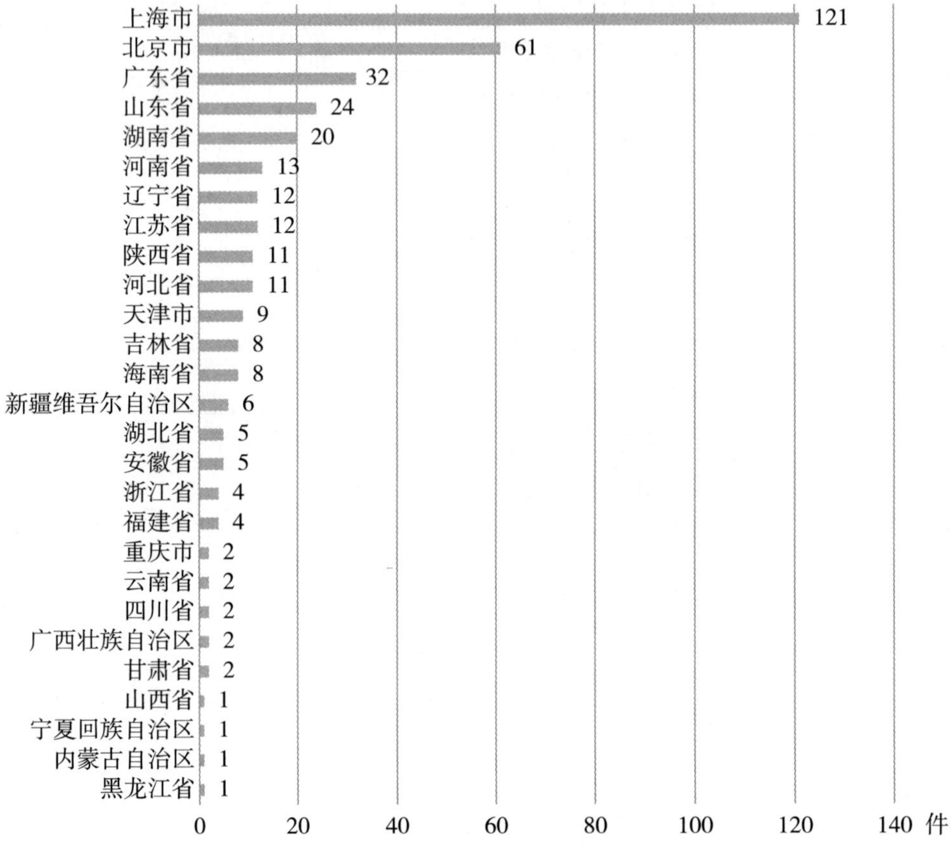

图 2－149　交通运输等服务业上市公司案件地域分布情况

(二)案件审理程序

1. 诉讼阶段

如图 2－150 所示,从诉讼阶段看,2022 年交通运输等服务业上市公司涉及的 380 件案件中,一审案件 307 件,占比约为 80. 79%;二审案件 66 件,占比约为 17. 37%;再审案件 7 件,占比约为 1. 84%。

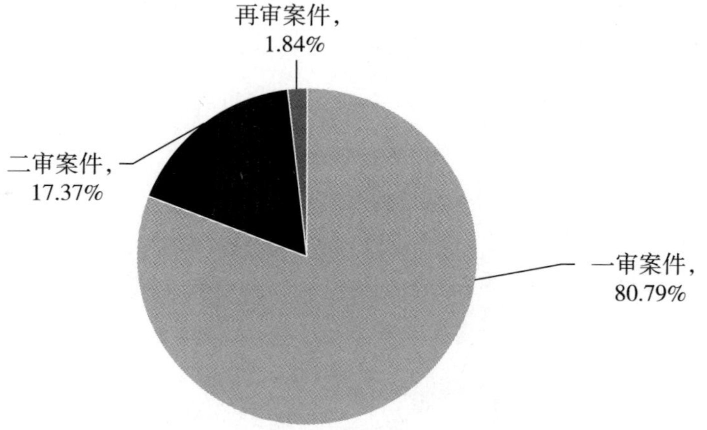

图 2－150　交通运输等服务业上市公司案件诉讼阶段分布

2. 法院层级

如图 2－151 所示，从法院层级看，2022 年交通运输等服务业上市公司涉及的 380 件案件中，基层人民法院审结的案件 263 件，占比约为 69.22%；中级人民法院审结的案件 106 件，占比约为 27.89%；高级人民法院审结的案件 11 件，占比约为 2.89%。

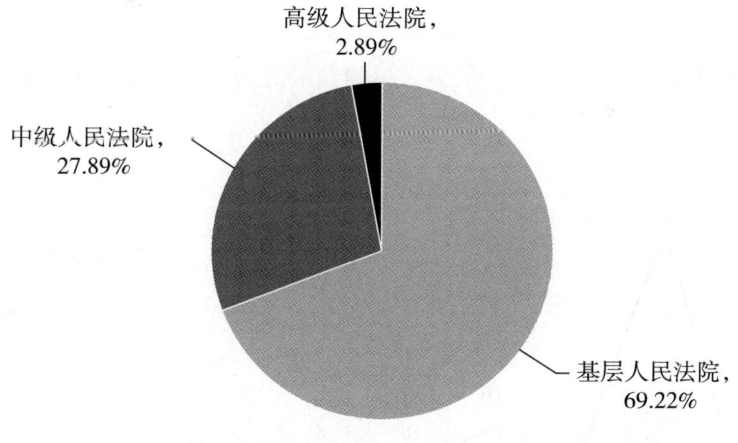

图 2－151　交通运输等服务业上市公司案件审理法院层级分布

（三）上市公司诉讼地位

如图 2－152 所示，从上市公司的诉讼地位看，2022 年交通运输等服务业上市公司涉及的 380 件案件中，上市公司作为原告的案件有 88 件，占比约为 23.17%；上市公司作为被告的案件有 284 件，占比约为 74.74%；上市公司作为第三人的案件有 8 件，占比约为 2.11%。由此可见，2022 年交通运输等服务业上市公司诉讼中，上市公司主要处于应诉方的角色，被动地参与诉讼。

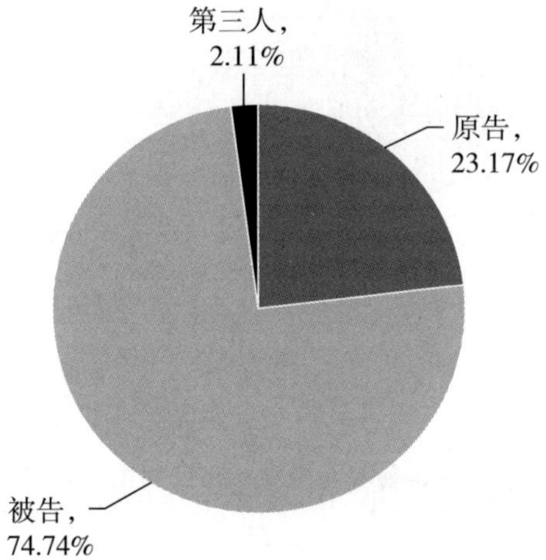

图 2－152　交通运输等服务业上市公司诉讼地位分布

（四）诉讼标的额

从诉讼案件的标的额看，2022 年交通运输等服务业上市公司涉及的有标的额可查的案件中，诉讼标的额数量分布情况如图 2－153 所示。总体来看，本行业诉讼标的额总额为 138，128，016.27 元，诉讼标的额最大为 31，760，000.00 元，行业平均诉讼标的额为 1，255，709.24 元。

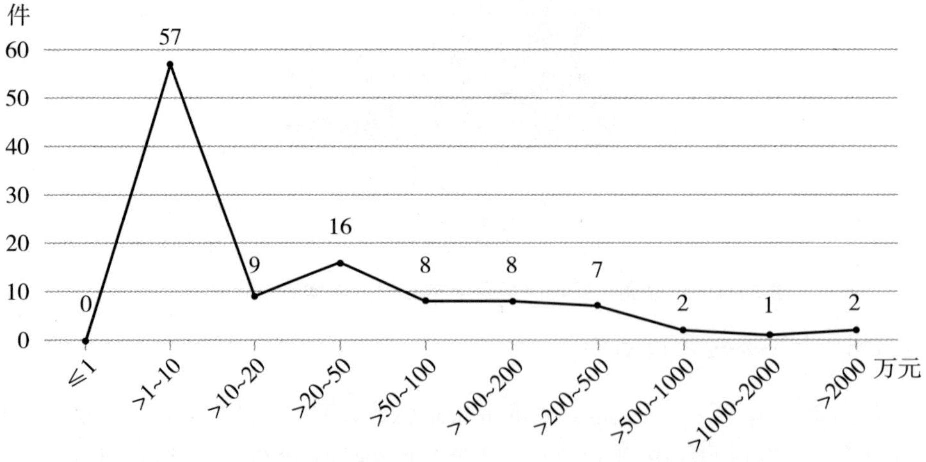

图 2－153　交通运输等服务业上市公司诉讼标的额分布

（五）诉讼结果和胜诉率

从总体上看，如图 2－154 所示，2022 年交通运输等服务业上市公司涉及的所有案件中，上市公司胜诉的案件有 261 件，败诉的案件有 108 件，撤回起诉的案件有 6 件，撤回上诉的案件有 1 件，撤回再审申请的案件有 1 件，驳回起诉的案件有 1 件，再审的案件有 2 件。该行业上市公司胜诉的案件数量在全部案件中占比约为 68.68%，如果排除撤诉等特殊情形，则该行业上市公司的总体胜诉率约为 70.73%。

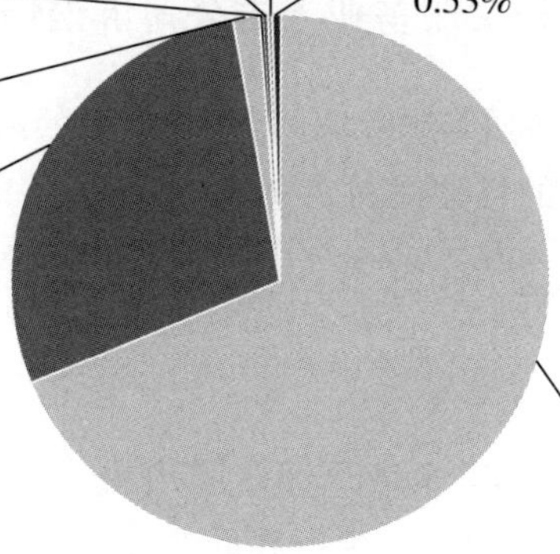

图 2－154　交通运输等服务业上市公司诉讼结果占比

第二十三节　电信和互联网相关服务业

一、电信和互联网相关服务业上市公司概况

电信和互联网相关服务业包括电信服务业和互联网服务业。电信，是指利用有线、无线的电磁系统或者光电系统，传送、发射或接受信息的活动。互联网，是指网络与网络之间所串联成的庞大网络，这些网络以一组通用的协议相连，形成逻辑上的单一巨大国际网络。互联网服务行业是随着互联网发展起来的新兴行业，并呈现与电信服务日益融合的趋势，具有极大的发展潜力。互联网服务业主要有应用网络服务和基础网络服务两大类：应用网络服务，是在应用层面上的网络服务业表现形式，如网络游戏、网上交易、网络广告、网络教育、网络短信等，其中最主要的代表是网络游戏业和网上交易（电子商务）；基础网络服务，是为网络应用服务业提供网络基础平台及数据通信保障的专业性服务提供商，其中很重要的是企业网络

服务如互联网数据中心(Internet Data Center, IDC)和互联网内容提供商(Internet Content Provider,ICP)等。

截至2022年第四季度,我国电信和互联网相关服务业上市公司共计88家,从行业小类看,电信、广播电视和卫星传输服务业上市公司19家,互联网和相关服务业上市公司69家;互联网和相关服务业上市公司在电信和互联网相关服务业上市公司中占据主流。从市场规模看,我国上市公司中电信和互联网相关服务业的整体规模不大,也是2022年度仅有的两个数量同比下降的行业之一,约占全部上市公司数量的1.73%。

二、电信和互联网相关服务业上市公司诉讼情况统计

本书以电信和互联网相关服务业的88家上市公司为当事人检索案件,共收集2022年度全国法院公布的各类裁判文书919份,作为统计分析的样本。

(一)案件类型分布

1. 案件诉讼类型

从案件诉讼类型看,2022年电信和互联网相关服务业上市公司涉及的919件案件绝大多数为民事诉讼,仅有5件行政诉讼。

2. 案件案由种类

首先,从诉讼案件案由的基本类型看,2022年电信和互联网相关服务业上市公司涉及的919件案件主要集中在合同类纠纷和知识产权纠纷中,具体分布情况如表2－45所示。

表2－45 电信和互联网相关服务业上市公司案件案由基本类型分布

案由基本类型	案件数量/件
合同类纠纷	495
知识产权纠纷	223
金融法纠纷	67
侵权责任纠纷	48
物权纠纷	34
劳动法纠纷	24
其他民事纠纷	15
公司法纠纷	7

续表

案由基本类型	案件数量/件
行政诉讼	5
竞争法纠纷	1
刑事诉讼	0
合计	919

其中，在民事案件中，合同类纠纷案件共有495件，约占全部民事案件总量的54.15%。具体案件数量分布情况如图2-155所示。

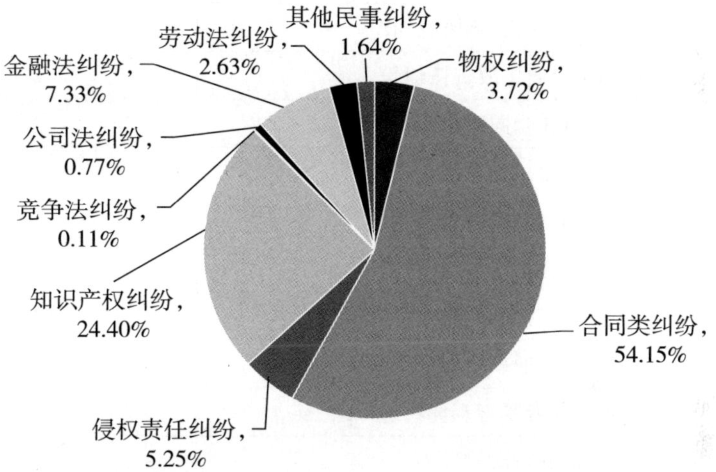

图2-155 电信和互联网相关服务业上市公司民事案由基本类型分布

其次，从案件的具体案由看，2022年电信和互联网相关服务业上市公司涉及的919件案件的案由分布也较为集中，以服务合同纠纷，著作权权属、侵权纠纷数量最多，具体分布情况如表2-46所示。

表2-46 电信和互联网相关服务业上市公司案件具体案由分布

具体案由	案件数量/件
服务合同纠纷	358
著作权权属、侵权纠纷	223
建设工程合同纠纷	70
证券欺诈责任纠纷	67

续表

具体案由	案件数量/件
劳动合同纠纷	24
财产损害赔偿纠纷	17
劳务合同纠纷	16
买卖合同纠纷	14
其他侵权责任纠纷	13
租赁合同纠纷	12
排除妨害纠纷	12
生命权、身体权、健康权纠纷	10
机动车交通事故责任纠纷	8
承揽合同纠纷	7
网络侵权责任纠纷	6
建筑物和物件损害责任纠纷	5
确认合同效力纠纷	4
不当得利纠纷	4
非机动车交通事故责任纠纷	4
提供劳务者受害责任纠纷	3
商标行政管理	3
触电人身损害责任纠纷	3
违反安全保障义务责任纠纷	3
借款合同纠纷	2
产品责任纠纷	2
房屋买卖合同纠纷	2
新增资本认购纠纷	2
隐私权、个人信息保护纠纷	2
异议登记不当损害责任纠纷	2
其他不正当竞争纠纷	1
返还原物纠纷	1
损害公司债权人利益责任纠纷	1

续表

具体案由	案件数量/件
追偿权纠纷	1
委托合同纠纷	1
环境污染责任纠纷	1
债权人代位权纠纷	1
损害公司利益责任纠纷	1
行政复议	1
名誉权纠纷	1
一般人格权纠纷	1
股东资格确认纠纷	1
仓储合同纠纷	1
联营合同纠纷	1
肖像权纠纷	1
其他与破产有关的纠纷	1
缔约过失责任纠纷	1
建筑物区分所有权纠纷	1
业主撤销权纠纷	1
政府信息公开	1
质押合同纠纷	1

3. 案件地域分布

从案件地域分布看,2022 年电信和互联网相关服务业上市公司涉及的 919 件案件主要分布在北京市、上海市等地。具体分布情况如图 2－156 所示。

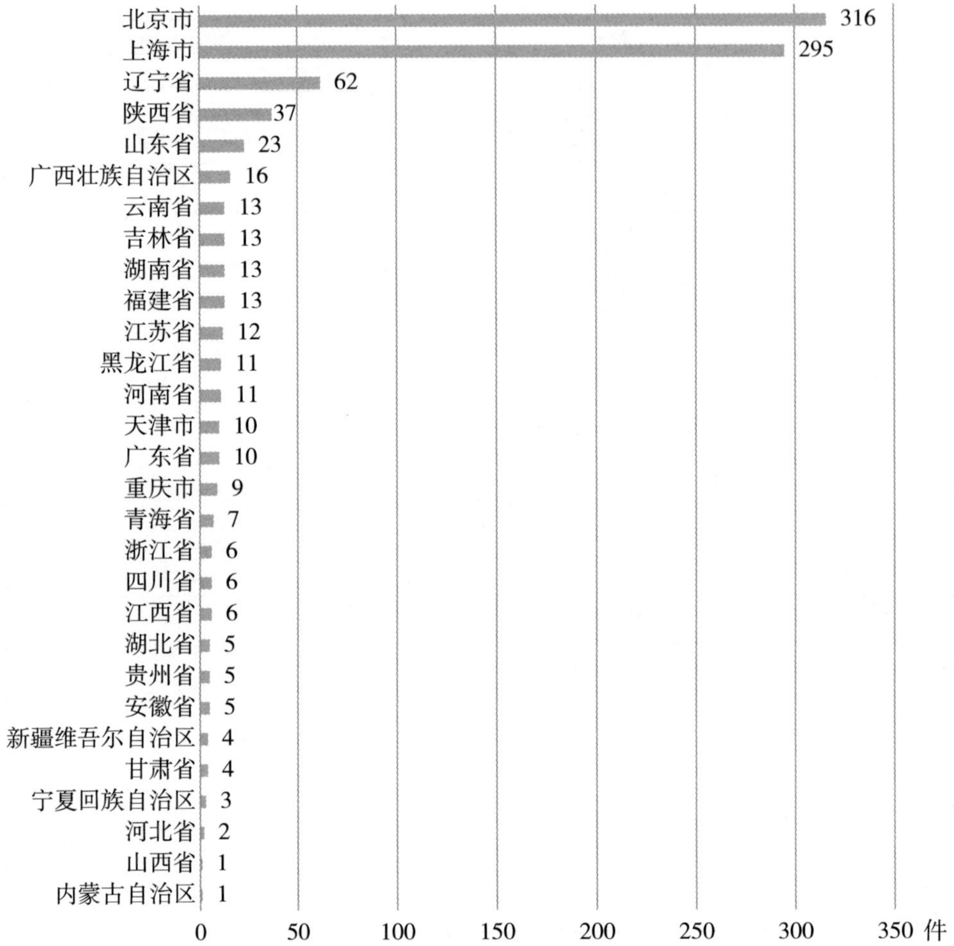

图 2－156　电信和互联网相关服务业上市公司案件地域分布情况

(二)案件审理程序

1. 诉讼阶段

如图 2－157 所示，从诉讼阶段看，2022 年电信和互联网相关服务业上市公司涉及的 919 件案件中，一审案件 767 件，占比约为 84.46%；二审案件 135 件，占比约为 14.69%；再审案件 17 件，占比约为 1.85%。

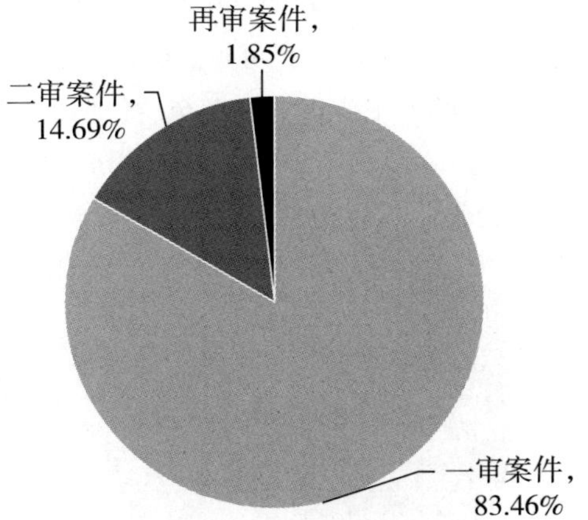

图 2－157　电信和互联网相关服务业上市公司案件诉讼阶段分布

2. 法院层级

如图 2－158 所示，从法院层级看，2022 年电信和互联网相关服务业上市公司涉及的 919 件案件中，基层人民法院审结的案件 693 件，占比约为 75.41%；中级人民法院审结的案件 210 件，占比约为 22.85%；高级人民法院审结的案件 16 件，占比约为 1.74%。

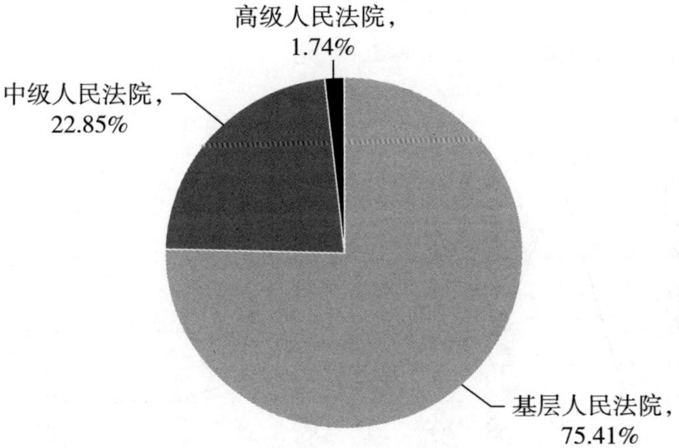

图 2－158　电信和互联网相关服务业上市公司案件审理法院层级分布

(三)上市公司诉讼地位

如图 2－159 所示，从上市公司的诉讼地位看，2022 年电信和互联网相关服务业上市公司涉及的 919 件案件中，上市公司作为原告的案件有 431 件，占比约为

46.90%；上市公司作为被告的案件有 463 件，占比约为 50.38%；上市公司作为第三人的案件有 25 件，占比约为 2.72%。由此可见，2022 年电信和互联网相关服务业上市公司诉讼中，上市公司主要处于应诉方的角色，被动地参与诉讼。

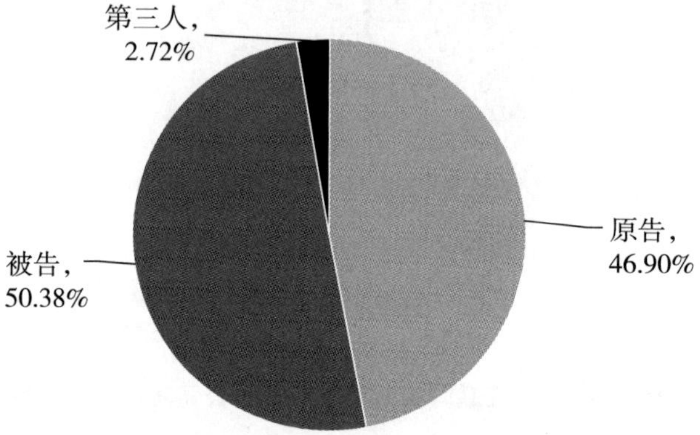

图 2－159　电信和互联网相关服务业上市公司诉讼地位分布

（四）诉讼标的额

从诉讼案件的标的额看，2022 年电信和互联网相关服务业上市公司涉及的有标的额可查的案件中，诉讼标的额数量分布情况如图 2－160 所示。总体来看，本行业诉讼标的额总额为 2,350,433,023.80 元，诉讼标的额最大为 2,152,438,000.00 元，行业平均诉讼标的额为 10,001,842.65 元。

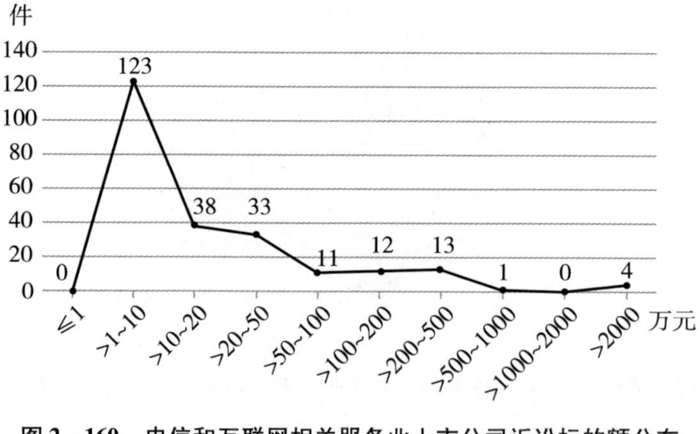

图 2－160　电信和互联网相关服务业上市公司诉讼标的额分布

（五）诉讼结果和胜诉率

从总体上看，如图 2－161 所示，2022 年电信和互联网相关服务业上市公司涉及的所有案件中,上市公司胜诉的案件有 451 件,败诉的案件有 443 件,撤回起诉的案件有 14 件,撤回上诉的案件有 1 件,驳回起诉的案件有 3 件,驳回上诉的案件有 7 件。该行业上市公司胜诉的案件数量在全部案件中占比约为49.08%,如果排除撤诉等特殊情形,则该行业上市公司的总体胜诉率约为50.45%。

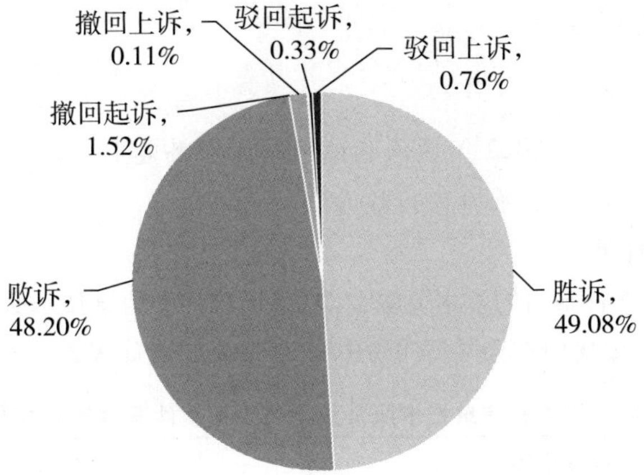

图 2-161 电信和互联网相关服务业上市公司诉讼结果占比

第二十四节 软件和信息技术服务业

一、软件和信息技术服务业上市公司概况

软件和信息技术服务业,是指对信息传输、信息制作、信息提供和信息接收过程中产生的技术问题或技术需求所提供的服务。软件和信息技术服务业是关系国民经济和社会发展全局的基础性、战略性、先导性产业,具有技术更新快、产品附加值高、应用领域广、渗透能力强、资源消耗低、人力资源利用充分等突出特点,对经济社会发展具有重要的支撑和引领作用。发展和提升软件和信息技术服务业,对于推动信息化和工业化深度融合,培育和发展战略性新兴产业,建设创新型国家,加快经济发展方式转变和产业结构调整,提高国家信息安全保障能力和国际竞争力具有重要意义。

截至 2022 年第四季度,我国软件和信息技术服务业上市公司共计 336 家。从市场规模看,我国上市公司中软件和信息技术服务业的整体规模较大,约占全部上市公司数量的6.62%,在全国范围内具有较大市场影响力的企业数量较多。

二、软件和信息技术服务业上市公司诉讼情况统计

本书以软件和信息技术服务业的 336 家上市公司为当事人检索案件，共收集 2022 年度全国法院公布的各类裁判文书 475 份，作为统计分析的样本。

（一）案件类型分布

1. 案件诉讼类型

从案件诉讼类型看，2022 年软件和信息技术服务业上市公司涉及的 475 件案件绝大多数为民事诉讼，仅有 6 件行政诉讼。

2. 案件案由种类

首先，从诉讼案件案由的基本类型看，2022 年软件和信息技术服务业上市公司涉及的 475 件案件主要集中在合同类纠纷中，具体分布情况如表 2－47 所示。

表 2－47　软件和信息技术服务业上市公司案件案由基本类型分布

案由基本类型	案件数量/件
合同类纠纷	284
劳动法纠纷	60
知识产权纠纷	40
金融法纠纷	36
公司法纠纷	22
侵权责任纠纷	14
物权纠纷	6
其他民事纠纷	6
行政诉讼	6
竞争法纠纷	1
刑事诉讼	0
合计	475

其中，在民事案件中，合同类纠纷案件共有 284 件，约占全部民事案件总量的 60.55%。具体案件数量分布情况如图 2－162 所示。

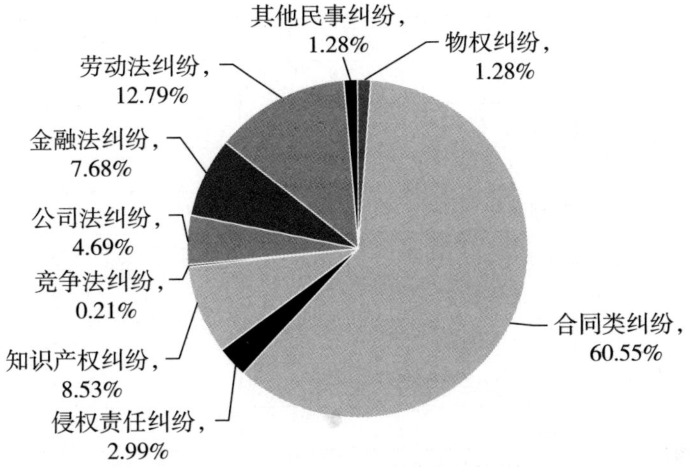

图 2-162　软件和信息技术服务业上市公司民事案由基本类型分布

其次，从案件的具体案由看，2022 年软件和信息技术服务业上市公司涉及的 475 件案件的案由分布也较为集中，以买卖合同纠纷、劳动合同纠纷数量最多，具体分布情况如表 2-48 所示。

表 2-48　软件和信息技术服务业上市公司案件具体案由分布

具体案由	案件数量/件
买卖合同纠纷	137
劳动合同纠纷	60
建设工程合同纠纷	38
服务合同纠纷	37
承揽合同纠纷	32
证券欺诈责任纠纷	30
租赁合同纠纷	15
著作权合同纠纷	13
著作权权属、侵权纠纷	12
其他与公司有关的纠纷	11
借款合同纠纷	6
商标权权属、侵权纠纷	6
网络侵权责任纠纷	6
财产损害赔偿纠纷	5
股权转让纠纷	4

续表

具体案由	案件数量/件
追偿权纠纷	4
专利权权属、侵权纠纷	4
技术合同纠纷	4
供用热力合同纠纷	4
机动车交通事故责任纠纷	3
其他侵权责任纠纷	3
财产保险合同纠纷	3
隐私权、个人信息保护纠纷	3
劳务合同纠纷	2
提供劳务者受害责任纠纷	2
商标行政管理	2
不当得利纠纷	2
一般人格权纠纷	2
联营合同纠纷	2
行政处理	2
其他不正当竞争纠纷	1
运输合同纠纷	1
票据纠纷	1
委托合同纠纷	1
公司决议纠纷	1
破产债权确认纠纷	1
股东出资纠纷	1
名誉权纠纷	1
股东资格确认纠纷	1
仓储合同纠纷	1
票据付款请求权纠纷	1
公司减资纠纷	1
物业服务合同纠纷	1
网络域名合同纠纷	1
其他行政管理	1
合伙合同纠纷	1

续表

具体案由	案件数量/件
专利行政管理	1
缔约过失责任纠纷	1
建筑物区分所有权纠纷	1
抵押合同纠纷	1
证券交易合同纠纷	1

3. 案件地域分布

从案件地域分布看,2022 年软件和信息技术服务业上市公司涉及的 475 件案件主要分布在北京市、上海市、广东省等地。具体分布情况如图 2－163 所示。

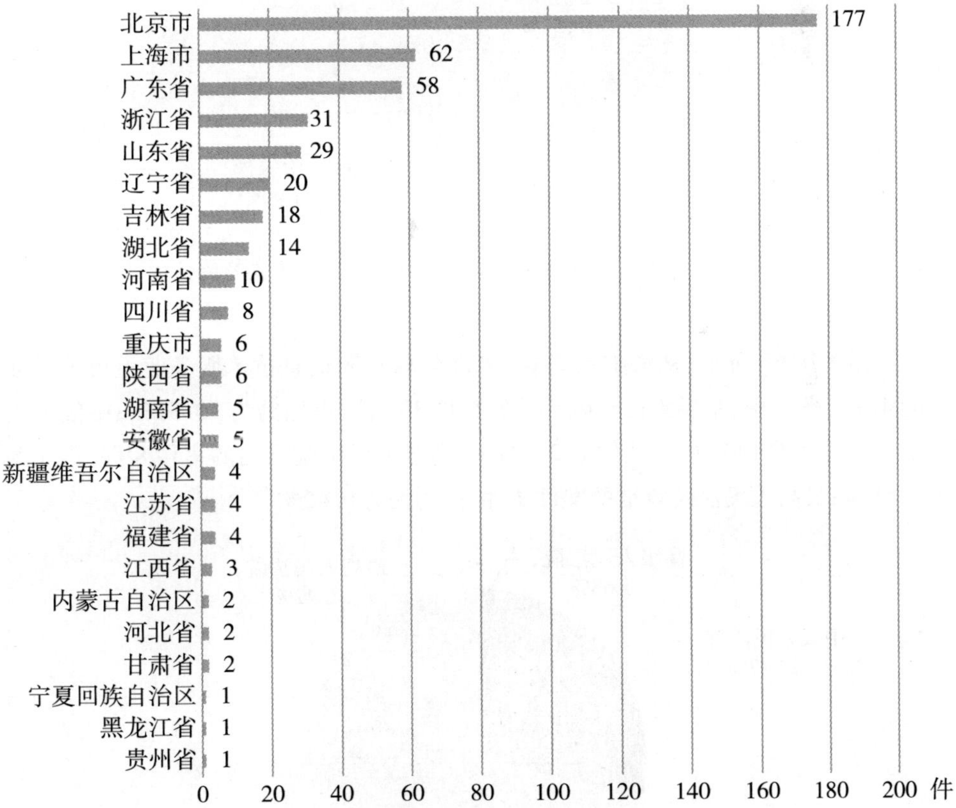

图 2－163 软件和信息技术服务业上市公司案件地域分布情况

（二）案件审理程序

1. 诉讼阶段

如图 2－164 所示，从诉讼阶段看，2022 年软件和信息技术服务业上市公司涉及的 475 件案件中，一审案件 389 件，占比约为 81.89%；二审案件 81 件，占比约为 17.05%；再审案件 5 件，占比约为 1.06%。

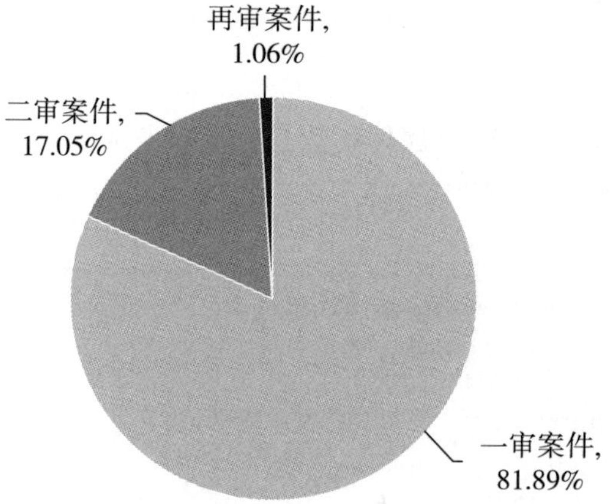

图 2－164　软件和信息技术服务业上市公司案件诉讼阶段分布

2. 法院层级

如图 2－165 所示，从法院层级看，2022 年软件和信息技术服务业上市公司涉及的 475 件案件中，基层人民法院审结的案件 335 件，占比约为 70.53%；中级人民法院审结的案件 130 件，占比约为 27.37%；高级人民法院审结的案件 8 件，占比约为 1.68%；最高人民法院审结的案件 2 件，占比约为 0.42%。

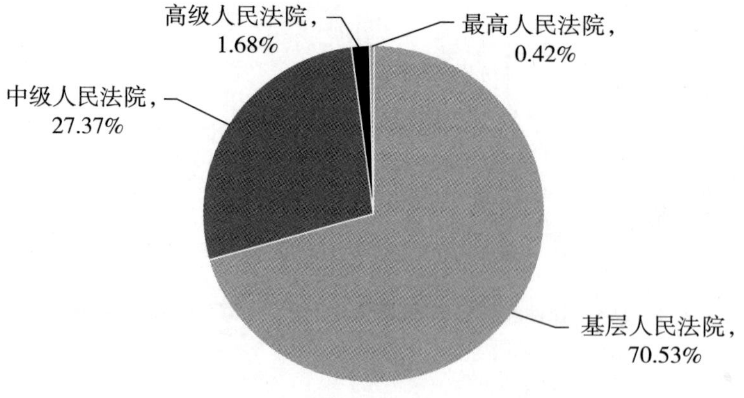

图 2－165　软件和信息技术服务业上市公司案件审理法院层级分布

(三)上市公司诉讼地位

如图 2－166 所示,从上市公司的诉讼地位看,2022 年软件和信息技术服务业上市公司涉及的 475 件案件中,上市公司作为原告的案件有 215 件,占比约为 45.26%;上市公司作为被告的案件有 241 件,占比约为 50.74%;上市公司作为第三人的案件有 19 件,占比约为 4.00%。由此可见,2022 年软件和信息技术服务业上市公司诉讼中,上市公司主要处于应诉方的角色,被动地参与诉讼。

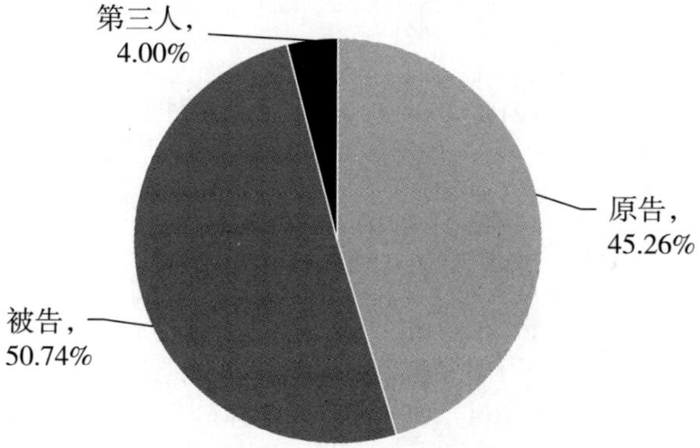

图 2－166　软件和信息技术服务业上市公司诉讼地位分布

(四)诉讼标的额

从诉讼案件的标的额看,2022 年软件和信息技术服务业上市公司涉及的有标的额可查的案件中,诉讼标的额数量分布情况如图 2－167 所示。总体来看,本行业诉讼标的额总额为 166,311,466.59 元,诉讼标的额最大为 27,499,000.00 元,行业平均诉讼标的额为 875,323.51 元。

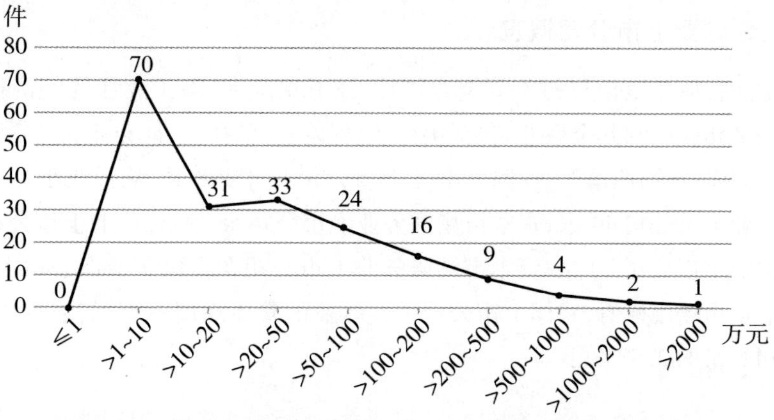

图 2－167　软件和信息技术服务业上市公司诉讼标的额分布

（五）诉讼结果和胜诉率

从总体上看，如图2－168所示，2022年软件和信息技术服务业上市公司涉及的所有案件中，上市公司胜诉的案件有255件，败诉的案件有209件，撤回起诉的案件有2件，撤回上诉的案件有1件，驳回起诉的案件有4件，驳回上诉的案件有4件。该行业上市公司胜诉的案件数量在全部案件中占比约为53.68%，如果排除撤诉等特殊情形，则该行业上市公司的总体胜诉率约为54.96%。

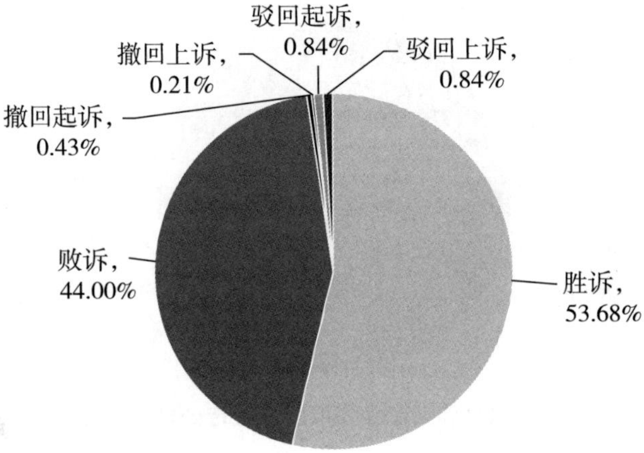

图2－168　软件和信息技术服务业上市公司诉讼结果占比

第二十五节　金　融　业

一、金融业上市公司概况

金融业指的是银行与相关资金合作社，还有保险业，除工业性的经济行为外，其他与经济相关的都是金融业，包括银行业、保险业、信托业、证券业和租赁业。

截至2022年第四季度，我国金融业上市公司共计128家，从行业小类看，货币金融服务业上市公司44家、资本市场服务业上市公司58家、保险业上市公司6家、其他金融业上市公司20家；资本市场服务业上市公司在金融业上市公司中占据较大比重。从市场规模看，我国上市公司中金融业的整体规模不大，其数量约占全部上市公司数量的2.52%。

二、金融业上市公司诉讼情况统计

本书以金融业的 128 家上市公司为当事人检索案件，共收集 2022 年度全国法院公布的各类裁判文书 3586 份，作为统计分析的样本。

（一）案件类型分布

1. 案件诉讼类型

从案件诉讼类型看，2022 年金融业上市公司涉及的 3586 件案件绝大多数为民事诉讼，仅有 1 件行政诉讼。

2. 案件案由种类

首先，从诉讼案件案由的基本类型看，2022 年金融业上市公司涉及的 3586 件案件主要集中在合同类纠纷中，具体分布情况如表 2－49 所示。

表 2－49　金融业上市公司案件案由基本类型分布

案由基本类型	案件数量/件
合同类纠纷	2717
金融法纠纷	330
侵权责任纠纷	277
其他民事纠纷	78
物权纠纷	67
劳动法纠纷	54
公司法纠纷	32
知识产权纠纷	28
竞争法纠纷	2
行政诉讼	1
刑事诉讼	0
合计	3586

其中，在民事案件中，合同类纠纷案件共有 2717 件，约占全部民事案件总量的 75.79%。具体案件数量分布情况如图 2－169 所示。

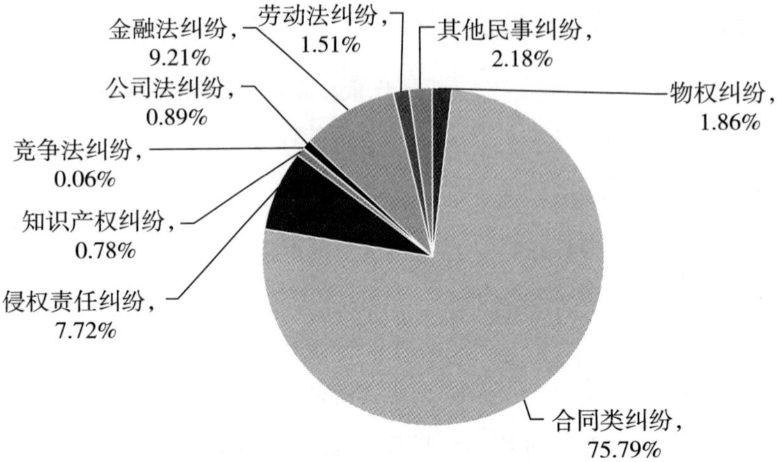

图 2－169　金融业上市公司民事案由基本类型分布

其次，从案件的具体案由看，2022 年金融业上市公司涉及的 3586 件案件的案由分布也较为集中，以借款合同纠纷、房屋买卖合同纠纷数量最多，具体分布情况如表 2－50 所示。

表 2－50　金融业上市公司案件具体案由分布

具体案由	案件数量/件
借款合同纠纷	1608
房屋买卖合同纠纷	400
银行卡纠纷	250
人身保险合同纠纷	176
追偿权纠纷	120
机动车交通事故责任纠纷	118
提供劳务者受害责任纠纷	85
证券欺诈责任纠纷	60
劳动合同纠纷	53
储蓄存款合同纠纷	48
保证合同纠纷	47
其他侵权责任纠纷	41
生命权、身体权、健康权纠纷	37

续表

具体案由	案件数量/件
买卖合同纠纷	31
确认合同效力纠纷	30
著作权权属、侵权纠纷	27
不当得利纠纷	27
委托理财合同纠纷	27
租赁合同纠纷	25
物权确认纠纷	22
财产损害赔偿纠纷	19
财产保险合同纠纷	19
教育机构责任纠纷	19
债权人撤销权纠纷	18
被继承人债务清偿纠纷	17
证券回购合同纠纷	17
委托合同纠纷	16
证券交易合同纠纷	14
建设工程合同纠纷	12
票据追索权纠纷	12
融资融券交易纠纷	11
股权转让纠纷	9
返还原物纠纷	9
服务合同纠纷	9
抵押合同纠纷	8
违反安全保障义务责任纠纷	7
离婚后财产纠纷	7
营业信托纠纷	7
债权转让合同纠纷	6
公司决议纠纷	6
名誉权纠纷	6

续表

具体案由	案件数量/件
共有纠纷	5
债权人代位权纠纷	4
物权保护纠纷	4
融资租赁合同纠纷	4
拍卖合同纠纷	4
隐私权、个人信息保护纠纷	4
其他物权纠纷	4
民事主体间房屋拆迁补偿合同纠纷	3
破产债权确认纠纷	3
票据利益返还请求权纠纷	3
保理合同纠纷	3
质押合同纠纷	3
其他不正当竞争纠纷	2
承揽合同纠纷	2
排除妨害纠纷	2
损害公司债权人利益责任纠纷	2
非机动车交通事故责任纠纷	2
清算责任纠纷	2
其他与公司有关的纠纷	2
一般人格权纠纷	2
票据付款请求权纠纷	2
证券交易代理合同纠纷	2
准合同纠纷	2
物业服务合同纠纷	2
中介合同纠纷	2
合伙合同纠纷	2
提供劳务者致害责任纠纷	2
保险代理合同纠纷	2

续表

具体案由	案件数量/件
劳务合同纠纷	1
土地承包经营权纠纷	1
运输合同纠纷	1
产品责任纠纷	1
商标权权属、侵权纠纷	1
票据纠纷	1
社会保险纠纷	1
对外追收债权纠纷	1
损害股东利益责任纠纷	1
网络侵权责任纠纷	1
其他与破产有关的纠纷	1
医疗损害责任纠纷	1
其他与合伙企业有关的纠纷	1
股东知情权纠纷	1
姓名权纠纷	1
抵押权纠纷	1
继承纠纷	1
法定继承纠纷	1
政府信息公开	1
船员劳务合同纠纷	1
别除权纠纷	1
请求撤销个别清偿行为纠纷	1
金融衍生品种交易纠纷	1
保管合同纠纷	1
夫妻财产约定纠纷	1
赠与合同纠纷	1
请求确认债务人行为无效纠纷	1
证券承销合同纠纷	1
其他期货交易纠纷	1
客户交易结算资金纠纷	1

3. 案件地域分布

从案件地域分布看,2022 年金融业上市公司涉及的 3586 件案件主要分布在山东省、江苏省、陕西省、北京市等地。具体分布情况如图 2－170 所示。

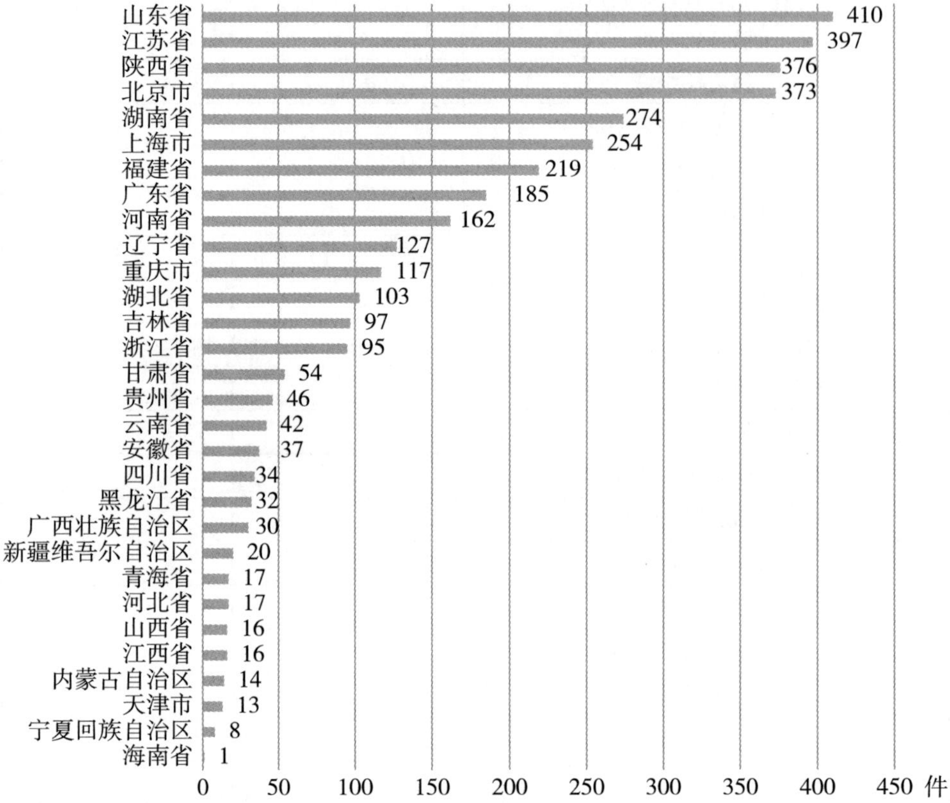

图 2－170　金融业上市公司案件地域分布情况

(二)案件审理程序

1. 诉讼阶段

如图 2－171 所示,从诉讼阶段看,2022 年金融业上市公司涉及的 3586 件案件中,一审案件 3029 件,占比约为 84.47%;二审案件 485 件,占比约为 13.52%;再审案件 72 件,占比约为 2.01%。

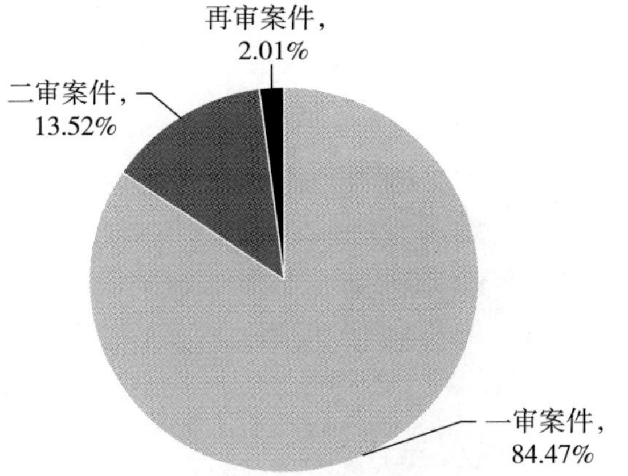

图 2－171　金融业上市公司案件诉讼阶段分布

2. 法院层级

如图 2－172 所示，从法院层级看，2022 年金融业上市公司涉及的 3586 件案件中，基层人民法院审结的案件 2936 件，占比约为 81.87%；中级人民法院审结的案件 594 件，占比约为 16.57%；高级人民法院审结的案件 56 件，占比约为 1.56%。

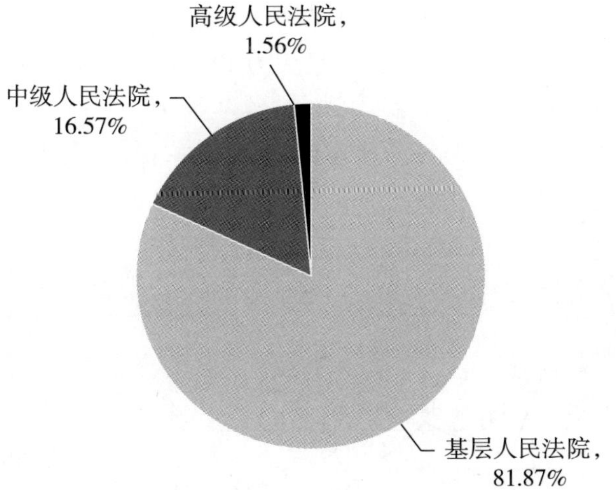

图 2－172　金融业上市公司案件审理法院层级分布

（三）上市公司诉讼地位

如图 2－173 所示，从上市公司的诉讼地位看，2022 年金融业上市公司涉及的 3586 件案件中，上市公司作为原告的案件有 1583 件，占比约为 44.14%；上市公司作为被告的案件有 1310 件，占比约为 36.53%；上市公司作为第三人的案件有 693 件，占比约为 19.33%。可见，2022 年金融业上市公司诉讼中，上市公司主要处于起诉方的角色，主动地参与诉讼。

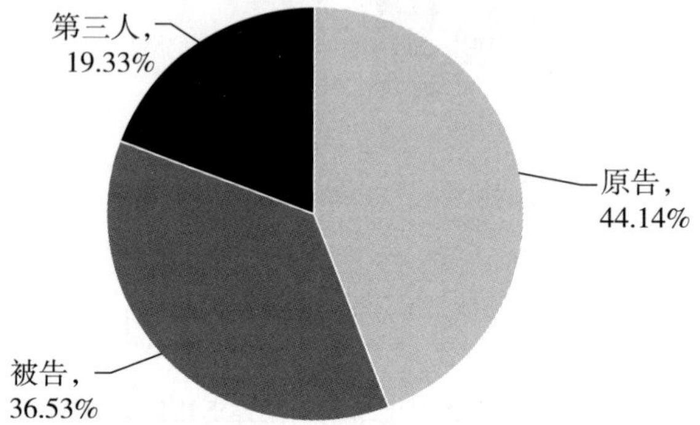

图 2－173　金融业上市公司诉讼地位分布

（四）诉讼标的额

从诉讼案件的标的额看，2022 年金融业上市公司涉及的有标的额可查的案件中，诉讼标的额数量分布情况如图 2－174 所示。总体来看，本行业诉讼标的额总额为 105, 825, 392, 271. 40 元，诉讼标的额最大为 19, 308, 370, 000. 00 元，行业平均诉讼标的额为 46, 950, 040. 94 元。

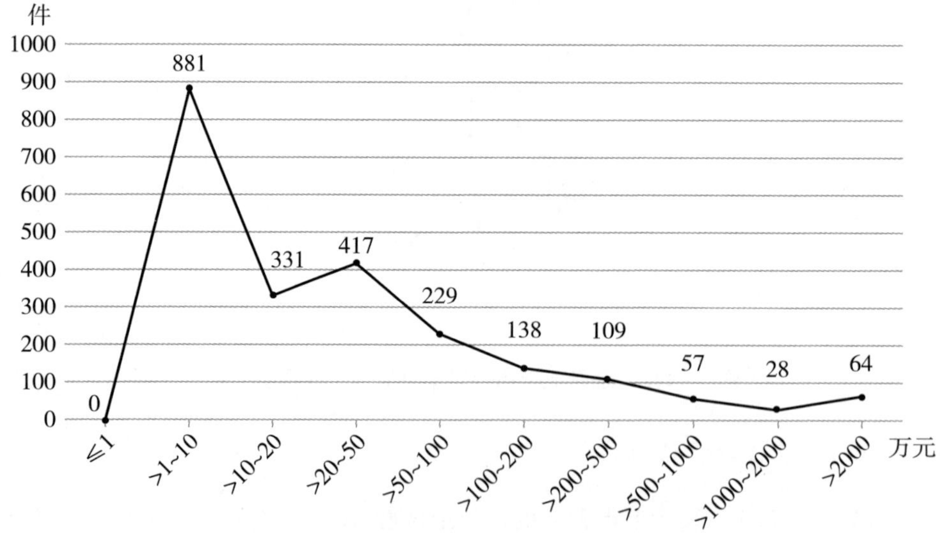

图 2－174　金融业上市公司诉讼标的额分布

(五)诉讼结果和胜诉率

从总体上看,如图 2 - 175 所示,2022 年金融业上市公司涉及的所有案件中,上市公司胜诉的案件有 1800 件,败诉的案件有 1382 件,撤回起诉的案件有 238 件,撤回上诉的案件有 55 件,撤回再审申请的案件有 4 件,驳回起诉的案件有 53 件,驳回上诉的案件有 47 件,再审的案件有 7 件。该行业上市公司胜诉的案件数量在全部案件中占比约为 50.20%,如果排除撤诉等特殊情形,则该行业上市公司的总体胜诉率约为 56.57%。

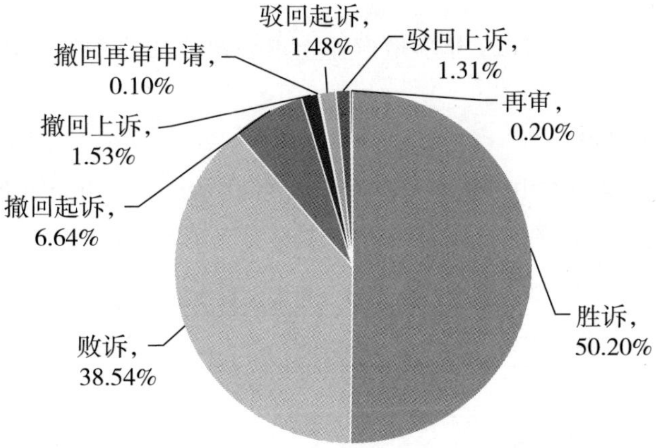

图 2 - 175　金融业上市公司诉讼结果占比

第二十六节　房 地 产 业

一、房地产业上市公司概况

房地产业,是指以土地和建筑物为经营对象,从事房地产开发、建设、经营、管理以及维修、装饰和服务的,集多种经济活动于一体的综合性产业,是具有先导性、基础性、带动性和风险性的产业。房地产业主要包括土地开发,房屋的建设、维修、管理,土地使用权的有偿划拨、转让,房屋所有权的买卖、租赁,房地产的抵押贷款以及由此形成的房地产市场。在实际生活中,人们习惯于将从事房地产开发和经营的行业称为房地产业。

截至 2022 年第四季度,我国房地产业上市公司共计 113 家。从市场规模看,我国房地产业上市公司数量约占全部上市公司数量的 2.22%,可见,房地产业在全国范围内具有较大市场影响力的企业数量相对较少，且是2022年度上市公司数量下降最多的行业。

二、房地产业上市公司诉讼情况统计

本书以房地产业的113家上市公司为当事人检索案件，共收集2022年度全国法院公布的各类裁判文书947份，作为统计分析的样本。

（一）案件类型分布

1. 案件诉讼类型

从案件诉讼类型看，2022年房地产业上市公司涉及的947件案件绝大多数为民事诉讼，仅有3件行政诉讼。

2. 案件案由种类

首先，从诉讼案件案由的基本类型看，2022年房地产业上市公司涉及的947件案件主要集中在金融法纠纷和合同类纠纷中，具体分布情况如表2－51所示。

表2－51　房地产业上市公司案件案由基本类型分布

案由基本类型	案件数量/件
金融法纠纷	633
合同类纠纷	273
侵权责任纠纷	13
公司法纠纷	13
劳动法纠纷	5
知识产权纠纷	3
行政诉讼	3
物权纠纷	2
其他民事纠纷	2
竞争法纠纷	0
刑事诉讼	0
合计	947

其中，在民事案件中，金融法纠纷案件共有633件，约占全部民事案件总量的67.06%。具体案件数量分布情况如图2－176所示。

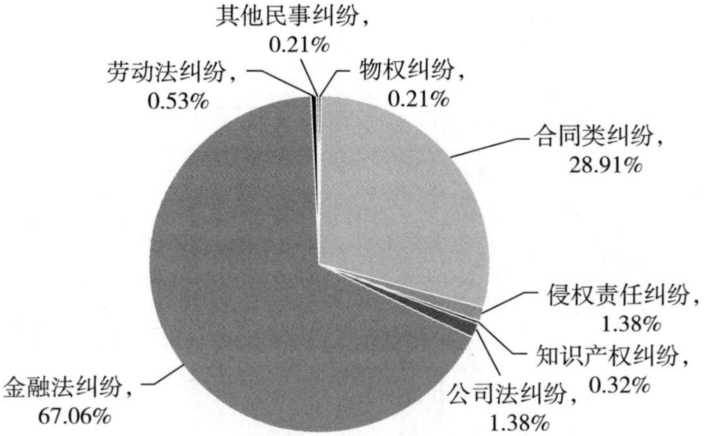

图 2－176　房地产业上市公司民事案由基本类型分布

其次，从案件的具体案由看，2022 年房地产业上市公司涉及的 947 件案件的案由分布也较为集中，以票据追索权纠纷数量最多，具体分布情况如表 2－52 所示。

表 2－52　房地产业上市公司案件具体案由分布

具体案由	案件数量/件
票据追索权纠纷	552
房屋买卖合同纠纷	83
票据纠纷	59
物业服务合同纠纷	57
买卖合同纠纷	40
建设工程合同纠纷	20
借款合同纠纷	16
票据付款请求权纠纷	15
租赁合同纠纷	12
机动车交通事故责任纠纷	9
服务合同纠纷	7
损害公司债权人利益责任纠纷	6
劳动合同纠纷	5
承揽合同纠纷	5
民事主体间房屋拆迁补偿合同纠纷	4
供用热力合同纠纷	4

续表

具体案由	案件数量/件
确认合同效力纠纷	3
保理合同纠纷	3
中介合同纠纷	3
劳务合同纠纷	2
生命权、身体权、健康权纠纷	2
证券欺诈责任纠纷	2
商标行政管理	2
财产损害赔偿纠纷	2
著作权权属、侵权纠纷	2
对外追收债权纠纷	2
追偿权纠纷	2
不当得利纠纷	2
债权人代位权纠纷	2
财产保险合同纠纷	2
网络侵权责任纠纷	2
广告合同纠纷	2
证券交易合同纠纷	2
损害债务人利益赔偿纠纷	1
运输合同纠纷	1
债权转让合同纠纷	1
其他侵权责任纠纷	1
委托合同纠纷	1
公司解散纠纷	1
损害公司利益责任纠纷	1
行政复议	1
破产债权确认纠纷	1
其他与公司有关的纠纷	1
融资租赁合同纠纷	1
著作权合同纠纷	1
房地产开发经营合同纠纷	1
人身保险合同纠纷	1

续表

具体案由	案件数量/件
违反安全保障义务责任纠纷	1
银行卡纠纷	1

3. 案件地域分布

从案件地域分布看,2022 年房地产业上市公司涉及的 947 件案件主要分布在山东省、湖南省、重庆市等地。具体分布情况如图 2－177 所示。

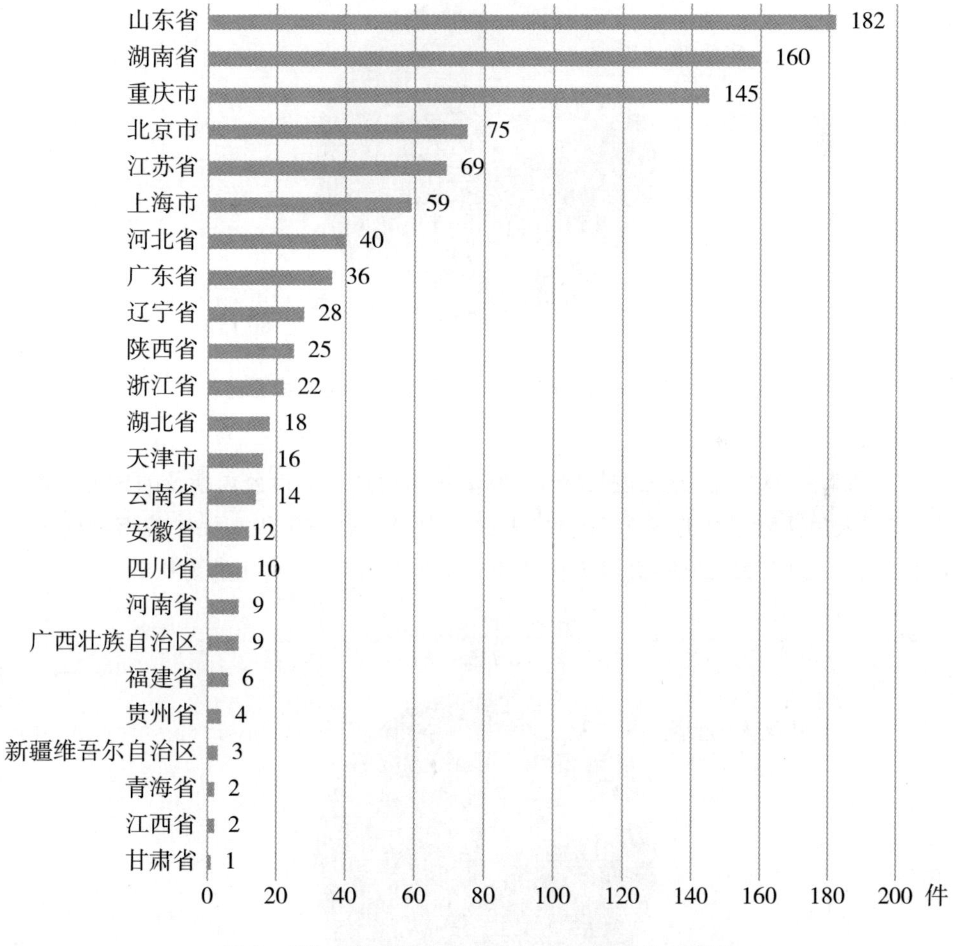

图 2－177　房地产业上市公司案件地域分布情况

（二）案件审理程序

1. 诉讼阶段

如图 2－178 所示，从诉讼阶段上看，2022 年房地产业上市公司涉及的 947 件案件中，一审案件 759 件，占比约为 80.15%；二审案件 185 件，占比约为 19.53%；再审案件 3 件，占比约为 0.32%。

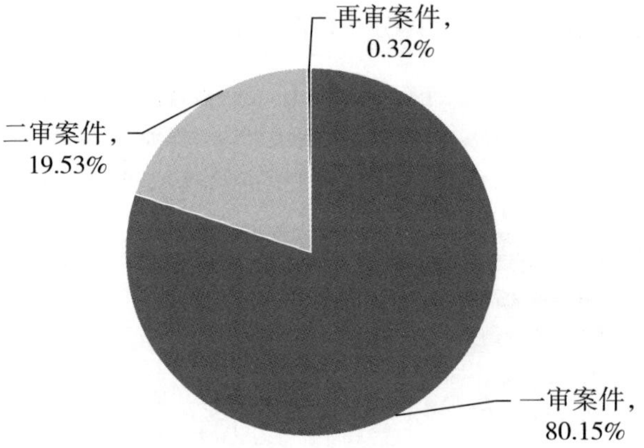

图 2－178　房地产业上市公司案件诉讼阶段分布

2. 法院层级

如图 2－179 所示，从法院层级看，2022 年房地产业上市公司涉及的 947 件案件中，基层人民法院审结的案件 748 件，占比约为 78.99%；中级人民法院审结的案件 192 件，占比约为 20.27%；高级人民法院审结的案件 7 件，占比约为 0.74%。

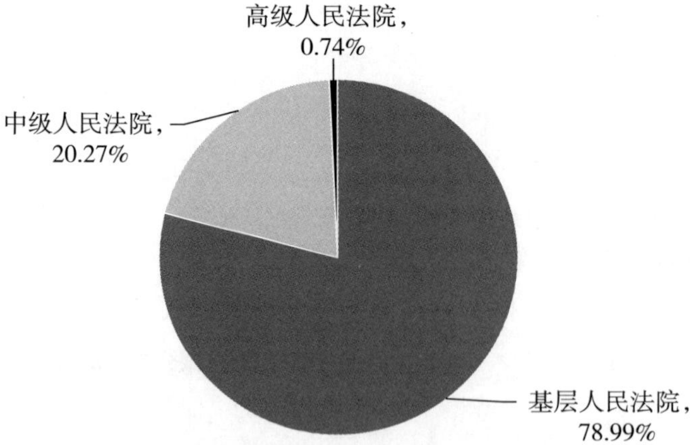

图 2－179　房地产业上市公司案件审理法院层级分布

（三）上市公司诉讼地位

如图 2－180 所示，从上市公司的诉讼地位看，2022 年房地产业上市公司涉及的 947 件案件中，上市公司作为原告的案件有 239 件，占比约为 25.23%；上市公司作为被告的案件有 698 件，占比约为 73.71%；上市公司作为第三人的案件有 10 件，占比约为 1.06%。可见，2022 年房地产业上市公司诉讼中，上市公司主要处于应诉方的角色，被动地参与诉讼。

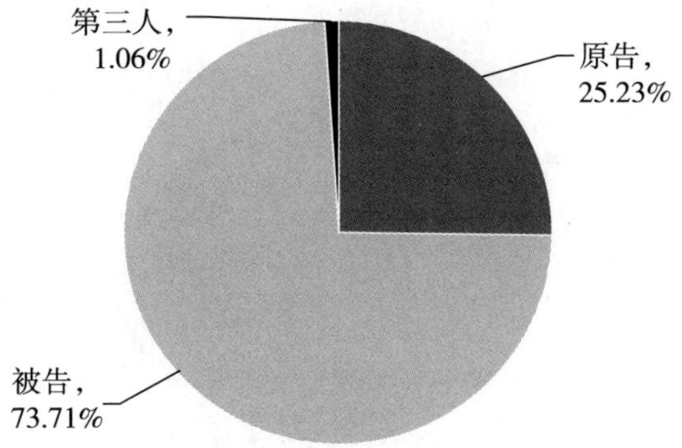

图 2－180　房地产业上市公司诉讼地位分布

（四）诉讼标的额

从诉讼案件的标的额看，2022 年房地产业上市公司涉及的有标的额可查的案件中，诉讼标的额数量分布情况如图 2－181 所示。总体来看，本行业诉讼标的额总额为 4,591,275,857.60 元，诉讼标的额最大为 2,776,204,000.00 元，行业平均诉讼标的额为 9,852,523.30 元。

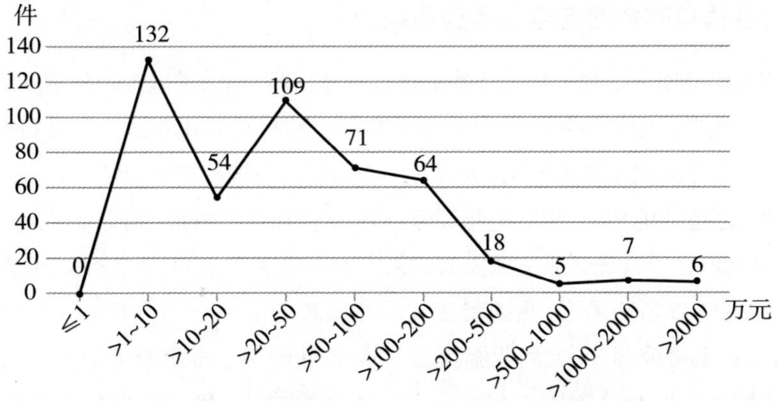

图 2－181　房地产业上市公司诉讼标的额分布

(五)诉讼结果和胜诉率

从总体上看,如图 2－182 所示,2022 年房地产业上市公司涉及的所有案件中,上市公司胜诉的案件有 559 件,败诉的案件有 359 件,撤回起诉的案件有 3 件,撤回上诉的案件有 11 件,驳回起诉的案件有 3 件,驳回上诉的案件有 12 件。该行业上市公司胜诉的案件数量在全部案件中占比约为 59.02%,如果排除撤诉等特殊情形,则该行业上市公司的总体胜诉率约为 60.89%。

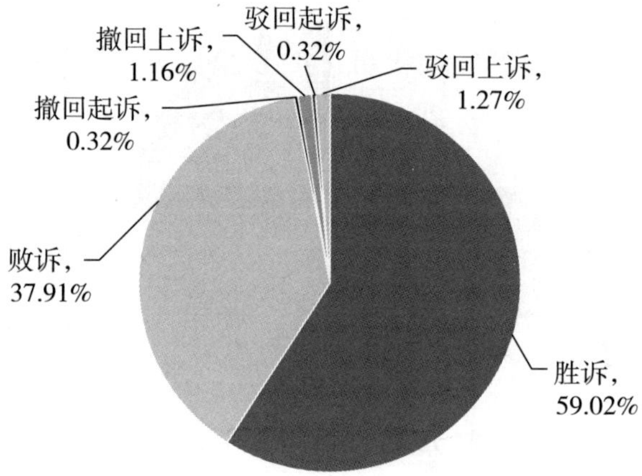

图 2－182　房地产业上市公司诉讼结果占比

第二十七节　租赁和商务服务业

一、租赁和商务服务业上市公司概况

租赁和商务服务业包括租赁业和商业服务业。租赁业,是以金融信贷和物资信贷相结合的方式提供信贷服务的经营业。一般的租赁活动,是出租人将自己拥有的物质资料按一定条件出租给他人使用,承租人在使用过程中按照规定交纳租金。商业服务业属于现代服务业的范畴,包括企业管理服务、法律服务、咨询与调查、广告业、职业中介服务等行业,是符合现代服务业要求的人力资本密集行业,也是高附加值行业。

截至 2022 年第四季度,我国租赁和商务服务业上市公司共计 67 家,从行业小类看,租赁业上市公司 3 家、商业服务业上市公司 64 家;商业服务业上市公司在租赁和商务服务业上市公司中占据主流。从市场规模看,我国上市公司中租赁和商务服务业的整体规模很小，其数量仅占全部上市公司数量的约 1.32%。

二、租赁和商务服务业上市公司诉讼情况统计

本书以租赁和商务服务业的 67 家上市公司为当事人检索案件，共收集 2022 年度全国法院公布的各类裁判文书 114 份，作为统计分析的样本。

（一）案件类型分布

1. 案件诉讼类型

从案件诉讼类型看，2022 年租赁和商务服务业上市公司涉及的 114 件案件均为民事诉讼。

2. 案件案由种类

首先，从诉讼案件案由的基本类型看，2022 年租赁和商务服务业上市公司涉及的 114 件案件主要集中在合同类纠纷中，具体分布情况如表 2－53 所示。

表 2－53 租赁和商务服务业上市公司案件案由基本类型分布

案由基本类型	案件数量/件
合同类纠纷	74
知识产权纠纷	10
金融法纠纷	10
劳动法纠纷	6
侵权责任纠纷	5
公司法纠纷	5
竞争法纠纷	4
物权纠纷	0
其他民事纠纷	0
行政诉讼	0
刑事诉讼	0
合计	114

其中，在民事案件中，合同类纠纷案件共有 74 件，约占全部民事案件总量的 64.91%，具体案件数量分布情况如图 2－183 所示。

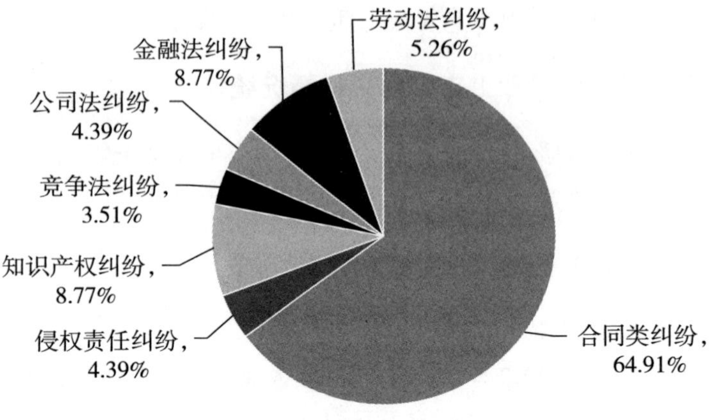

图 2－183　租赁和商务服务业上市公司民事案由基本类型分布

其次，从案件的具体案由看，2022 年租赁和商务服务业上市公司涉及的 114 件案件的案由分布也较为集中，以买卖合同纠纷、租赁合同纠纷、借款合同纠纷、证券欺诈责任纠纷数量最多，具体分布情况如表 2－54 所示。

表 2－54　租赁和商务服务业上市公司案件具体案由分布

具体案由	案件数量/件
买卖合同纠纷	22
租赁合同纠纷	12
借款合同纠纷	11
证券欺诈责任纠纷	10
服务合同纠纷	7
劳动合同纠纷	6
其他不正当竞争纠纷	4
建设工程合同纠纷	4
著作权权属、侵权纠纷	4
专利权权属、侵权纠纷	4
房屋买卖合同纠纷	3
追偿权纠纷	3
委托合同纠纷	3

续表

具体案由	案件数量/件
展览合同纠纷	3
机动车交通事故责任纠纷	2
损害公司利益责任纠纷	2
商标合同纠纷	2
股权转让纠纷	1
劳务合同纠纷	1
承揽合同纠纷	1
运输合同纠纷	1
产品责任纠纷	1
提供劳务者受害责任纠纷	1
环境污染责任纠纷	1
不当得利纠纷	1
广告合同纠纷	1
股东资格确认纠纷	1
股东知情权纠纷	1
中介合同纠纷	1

3. 案件地域分布

从案件地域分布看,2022年租赁和商务服务业上市公司涉及的114件案件主要分布在北京市、浙江省、广东省等地。具体分布情况如图2-184所示。

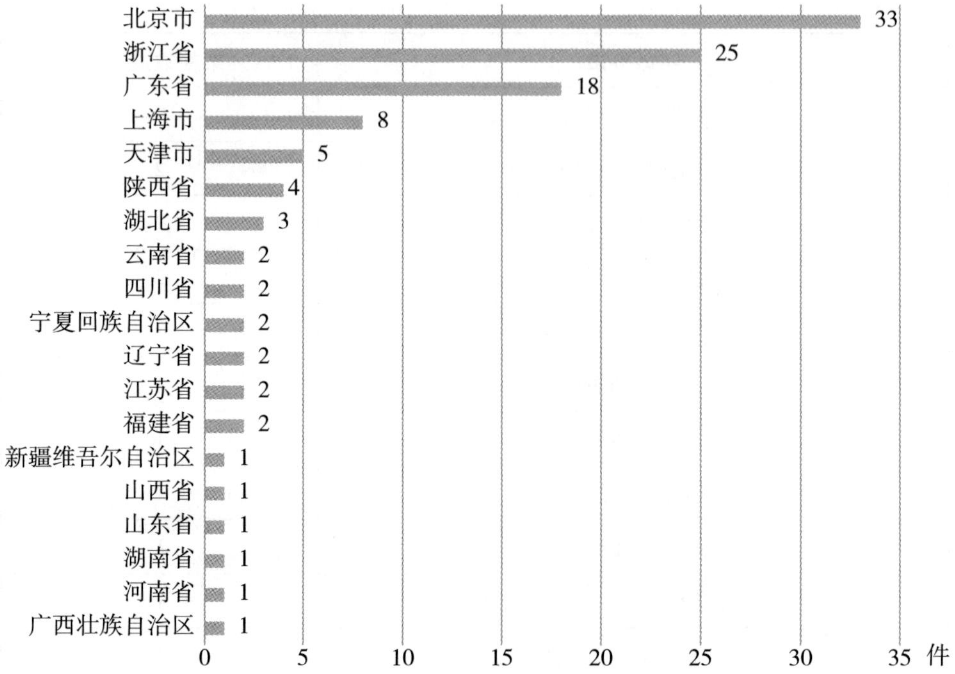

图 2－184　租赁和商务服务业上市公司案件地域分布情况

(二)案件审理程序

1. 诉讼阶段

如图 2－185 所示,从诉讼阶段看,2022 年租赁和商务服务业上市公司涉及的 114 件案件中,一审案件 93 件,占比约为 81.58%;二审案件 20 件,占比约为 17.54%;再审案件 1 件,占比约为 0.88%。

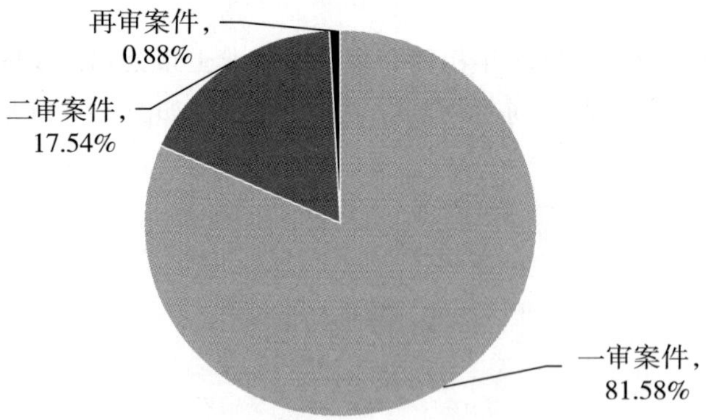

图 2－185　租赁和商务服务业上市公司案件诉讼阶段分布

2. 法院层级

如图 2－186 所示，从法院层级看，2022 年租赁和商务服务业上市公司涉及的 114 件案件中，基层人民法院审结的案件 77 件，占比约为 67.55%；中级人民法院审结的案件 35 件，占比约为 30.70%；高级人民法院审结的案件 2 件，占比约为 1.75%。

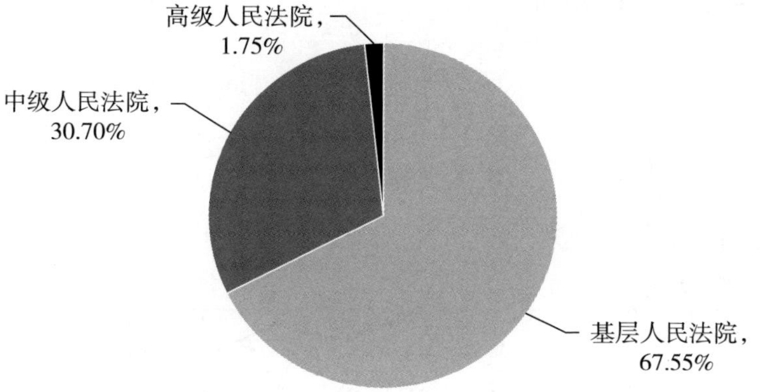

图 2－186　租赁和商务服务业上市公司案件审理法院层级分布

（三）上市公司诉讼地位

如图 2－187 所示，从上市公司的诉讼地位看，2022 年租赁和商务服务业上市公司涉及的 114 件案件中，上市公司作为原告的案件有 47 件，占比约为 41.23%；上市公司作为被告的案件有 61 件，占比约为 53.51%；上市公司作为第三人的案件有 6 件，占比约为 5.26%。可见，2022 年租赁和商务服务业上市公司诉讼中，上市公司主要处于应诉方的角色，被动地参与诉讼。

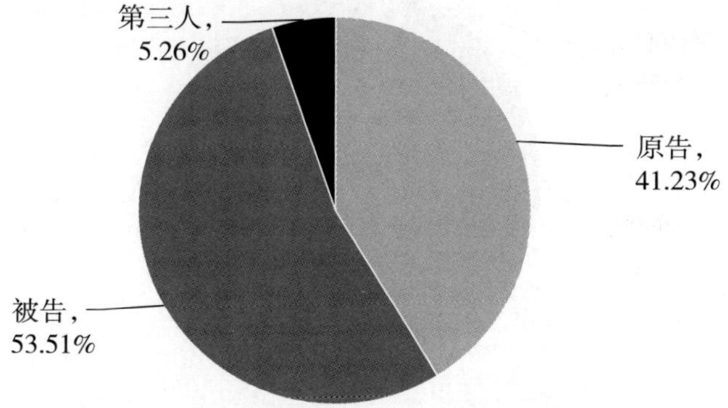

图 2－187　租赁和商务服务业上市公司诉讼地位分布

(四)诉讼标的额

从诉讼案件的标的额看,2022 年租赁和商务服务业上市公司涉及的有标的额可查的案件中,诉讼标的额数量分布情况如图 2－188 所示。总体来看,本行业诉讼标的额总额为 44,208,420.87 元,诉讼标的额最大为 14,836,000.00 元,行业平均诉讼标的额为 902,212.67 元。

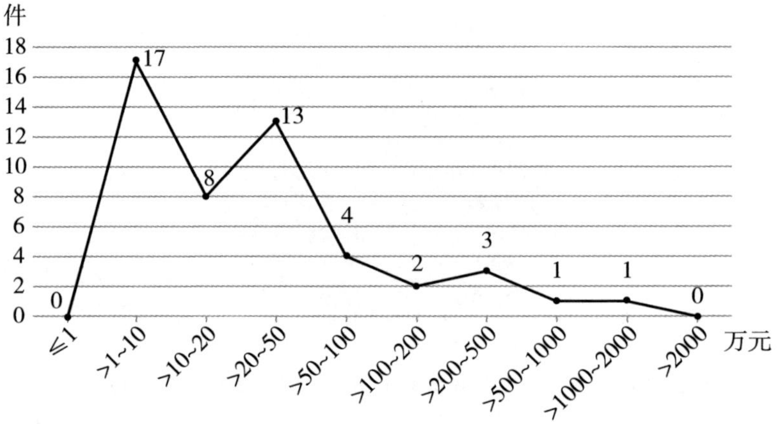

图 2－188　租赁和商务服务业上市公司诉讼标的额分布

(五)诉讼结果和胜诉率

从总体上看,如图 2－189 所示,2022 年租赁和商务服务业上市公司涉及的所有案件中,上市公司胜诉的案件有 63 件,败诉的案件有 44 件,撤回起诉的案件有 1

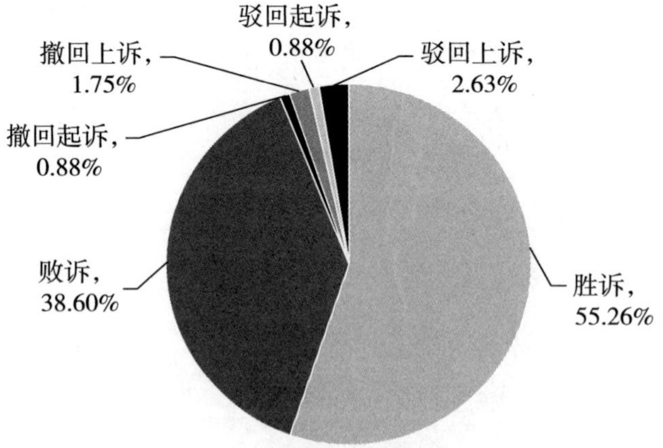

图 2－189　租赁和商务服务业上市公司诉讼结果占比

件,撤回上诉的案件有 2 件,驳回起诉的案件有 1 件,驳回上诉的案件有 3 件。该行业上市公司胜诉的案件数量在全部案件中占比约为 55.26%,如果排除撤诉等特殊情形,则该行业上市公司的总体胜诉率约为 58.88%。

第二十八节 科学研究和技术服务业

一、科学研究和技术服务业上市公司概况

科学研究和技术服务业包括研究和试验发展业、专业技术服务业及科学推广和应用服务业。研究和试验发展,是指为了增加知识(包括有关自然、工程、人类、文化和社会的知识),以及运用这些知识创造新的应用所进行的系统的、创造性的活动;该活动仅限于对新发现、新理论的研究,新技术、新产品、新工艺的研制研究与试验发展,包括基础研究、应用研究和试验发展。专业技术服务业,是指由专门为客户或社会提供职业化和科技服务活动的机构所组成的现代服务行业,这些活动要求有高度的专业技能和培训。

从市场准入的角度看,专业技术服务业可以分为两类:第一类是需要由政府授予执业资格的;第二类则无须政府批准即可执业。在我国,专业技术服务业包括气象服务、地震服务、海洋服务、测绘服务、技术检测、环境监测、工程技术与规划管理、工程管理服务、工程勘察设计、规划管理、其他专业技术服务等。科学推广和应用服务业,是指将新技术、新产品、新工艺等运用现代科技知识和技术方法向社会提供治理服务的新兴产业。

截至 2022 年第四季度,我国科学研究和技术服务业上市公司共计 110 家,从行业小类看,研究和试验发展业上市公司 27 家、专业技术服务业上市公司 80 家、科技推广和应用服务业上市公司 3 家;专业技术服务业上市公司在科学研究和技术服务业上市公司中占据主流。从市场规模看,我国上市公司中科学研究和技术服务业的整体规模并不大,其数量约占全部上市公司数量的 2.17%,但 2022 年度增长较快。

二、科学研究和技术服务业上市公司诉讼情况统计

本书以科学研究和技术服务业的 110 家上市公司为当事人检索案件,共收集 2022 年度全国法院公布的各类裁判文书 128 份,作为统计分析的样本。

（一）案件类型分布

1. 案件诉讼类型

从案件诉讼类型看，2022 年科学研究和技术服务业上市公司涉及的 128 件案件均为民事诉讼。

2. 案件案由种类

首先，从诉讼案件案由的基本类型看，2022 年科学研究和技术服务业上市公司涉及的 128 件案件主要集中在合同类纠纷和劳动法纠纷中，具体分布情况如表 2－55 所示。

表 2－55　科学研究和技术服务业上市公司案件案由基本类型分布

案由基本类型	案件数量/件
合同类纠纷	95
劳动法纠纷	29
侵权责任纠纷	2
知识产权纠纷	1
金融法纠纷	1
物权纠纷	0
竞争法纠纷	0
公司法纠纷	0
其他民事纠纷	0
行政诉讼	0
刑事诉讼	0
合计	128

其中，在民事案件中，合同类纠纷案件共有 95 件，约占全部民事案件总量的 74.22%。具体案件数量分布情况如图 2－190 所示。

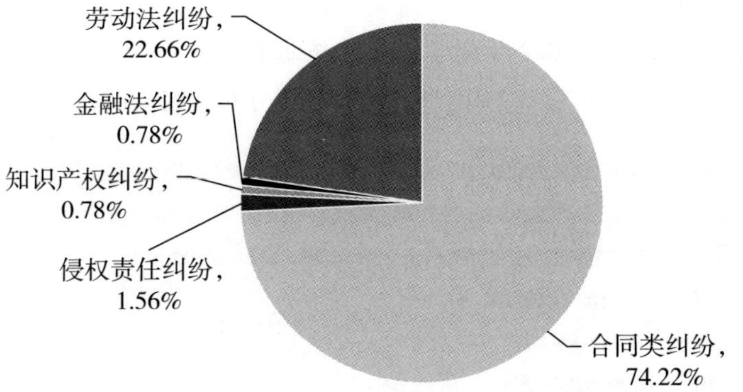

图 2－190　科学研究和技术服务业上市公司民事案由基本类型分布

其次，从案件的具体案由看，2022 年科学研究和技术服务业上市公司涉及的 128 件案件的案由分布也较为集中，以建设工程合同纠纷数量最多，具体分布情况如表 2－56 所示。

表 2－56　科学研究和技术服务业上市公司案件具体案由分布

具体案由	案件数量/件
建设工程合同纠纷	52
劳动合同纠纷	27
买卖合同纠纷	16
承揽合同纠纷	15
服务合同纠纷	7
委托合同纠纷	3
其他劳动争议、人事争议	2
提供劳务者受害责任纠纷	1
债权转让合同纠纷	1
房屋买卖合同纠纷	1
建筑物和物件损害责任纠纷	1
专利权权属、侵权纠纷	1
票据追索权纠纷	1
合计	128

3. 案件地域分布

从案件地域分布看,2022 年科学研究和技术服务业上市公司涉及的 128 件案件主要分布在广东省、北京市、湖南省等地。具体分布情况如图 2－191 所示。

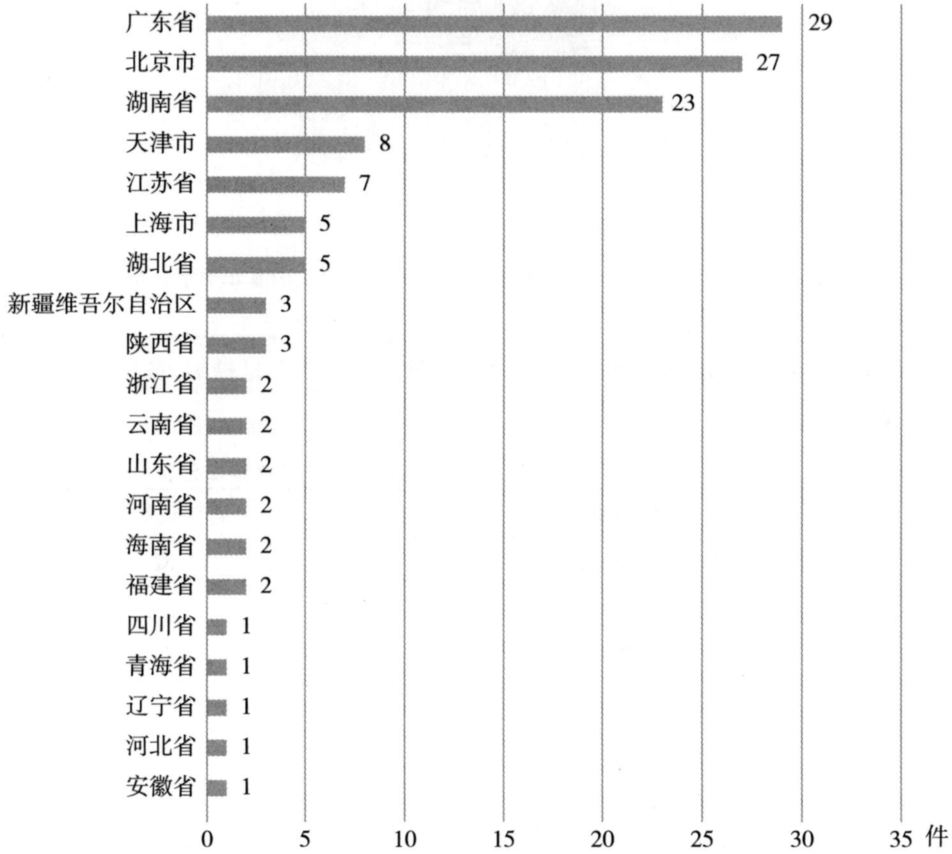

图 2－191　科学研究和技术服务业上市公司案件地域分布情况

(二)案件审理程序

1. 诉讼阶段

如图 2－192 所示,从诉讼阶段看,2022 年科学研究和技术服务业上市公司涉及的 128 件案件中,一审案件 114 件,占比约为 89.06%;二审案件 13 件,占比约为 10.16%;再审案件 1 件,占比约为 0.78%。

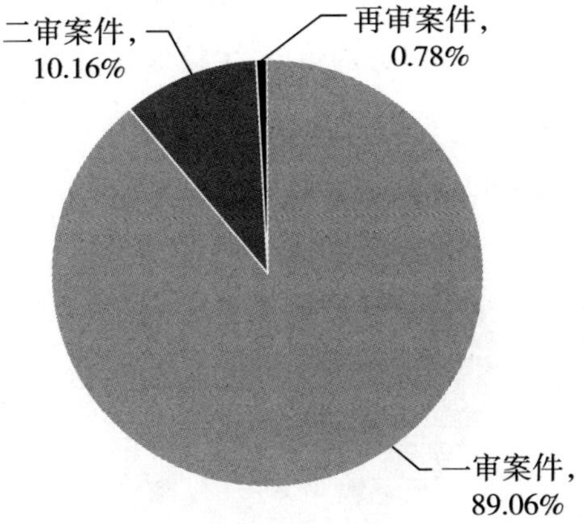

图 2－192　科学研究和技术服务业上市公司案件诉讼阶段分布

2. 法院层级

如图 2－193 所示，从法院层级看，2022 年科学研究和技术服务业上市公司涉及的 128 件案件中，基层人民法院审结的案件 114 件，占比约为 89.06%；中级人民法院审结的案件 13 件，占比约为 10.16%；最高人民法院审结的案件 1 件，占比约为 0.78%。

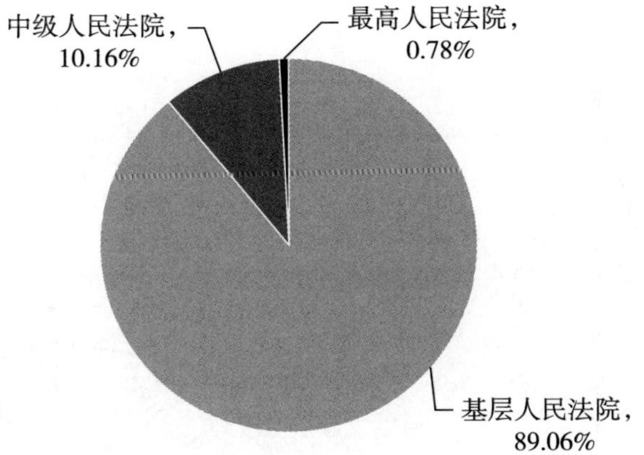

图 2－193　科学研究和技术服务业上市公司案件审理法院层级分布

（三）上市公司诉讼地位

如图 2－194 所示，从上市公司的诉讼地位看，2022 年科学研究和技术服务业上市公司涉及的 128 件案件中，上市公司作为原告的案件有 72 件，占比约为 56.25%；上市公司作为被告的案件有 40 件，占比约为 31.25%；上市公司作为第三人的案件有 16 件，占比约为 12.50%。可见，2022 年科学研究和技术服务业上市公司诉讼中，上市公司主要处于起诉方的角色，主动地参与诉讼。

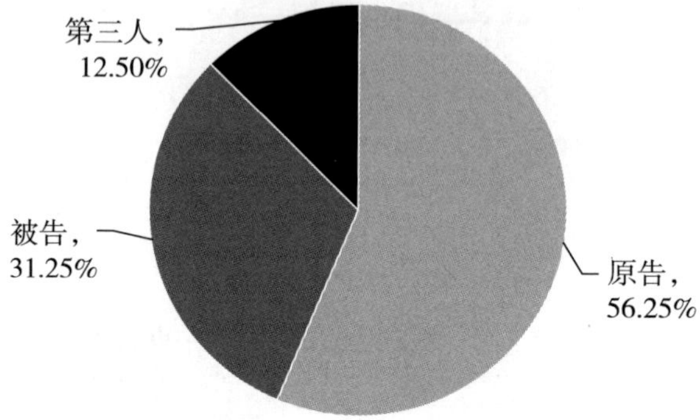

图 2 - 194　科学研究和技术服务业上市公司诉讼地位分布

(四)诉讼标的额

从诉讼案件的标的额看，2022 年科学研究和技术服务业上市公司涉及的有标的额可查的案件中，诉讼标的额数量分布情况如图 2 - 195 所示。总体来看，本行业诉讼标的额总额为 82, 279, 930. 21 元，诉讼标的额最大为 19, 593, 166. 67 元，行业平均诉讼标的额为 1, 127, 122. 33 元。

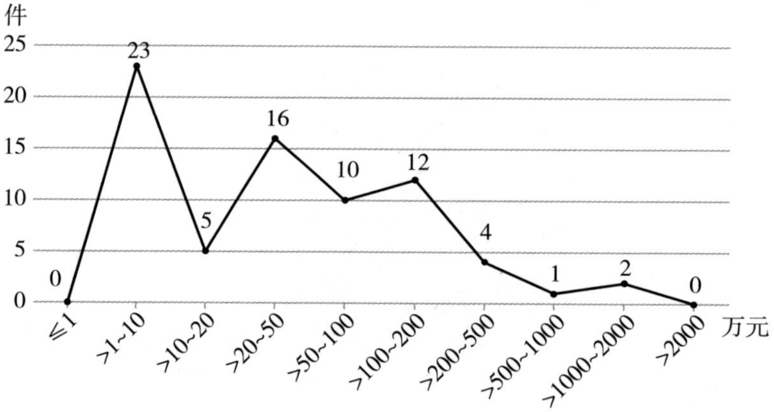

图 2 - 195　科学研究和技术服务业上市公司诉讼标的额分布

(五)诉讼结果和胜诉率

从总体上看，如图 2 - 196 所示，2022 年科学研究和技术服务业上市公司涉及的所有案件中，上市公司胜诉的案件有 75 件，败诉的案件有 51 件，撤回起诉的案件有 1 件,驳回上诉的案件有 1 件。该行业上市公司胜诉的案件数量在全部案件中占比约为 58.59% ,如果排除撤诉等特殊情形,则该行业上市公司的总体胜诉率约为 59.52% 。

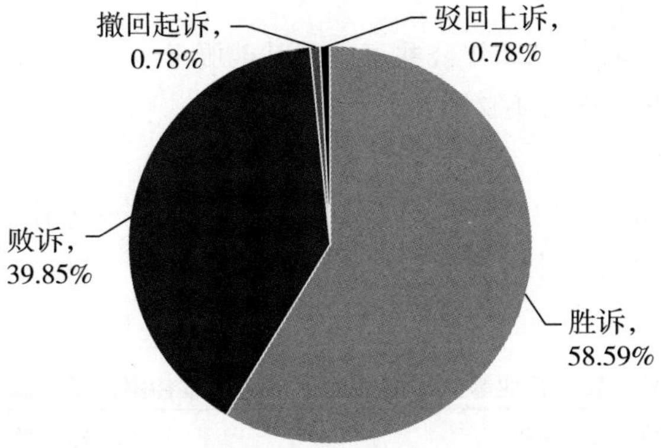

图 2 – 196 科学研究和技术服务业上市公司诉讼结果占比

第二十九节 公共事业等其他服务业

一、公共事业等其他服务业上市公司概况

公共事业,是指具有各企业、事业单位和居民共享的基本特征的,服务于城市生产、流通和居民生活的负责维持公共服务基础设施的各类事业的总称。公共事业等其他服务业包括水利、环境和公共设施管理业,居民服务、修理和其他服务业,教育,卫生和社会工作。

截至 2022 年第四季度,我国公共事业等其他服务业上市公司共计 126 家,从行业小类看,生态保护和环境治理业上市公司 76 家,公共设施管理业上市公司 21 家,机动车、电子产品和日用产品修理业 1 家,教育业上市公司 12 家,卫生和社会工作业上市公司 16 家;生态保护和环境治理业上市公司在公共事业等其他服务业上市公司中占据的比重较大。从市场规模看,我国上市公司中公共事业等其他服务业的整体规模较小,其数量约占全部上市公司数量的 2.48% 。

二、公共事业等其他服务业上市公司诉讼情况统计

本书以公共事业等其他服务业的 126 家上市公司为当事人检索案件,共收集

2022 年度全国法院公布的各类裁判文书 855 份，作为统计分析的样本。

（一）案件类型分布

1. 案件诉讼类型

从案件诉讼类型看，2022 年公共事业等其他服务业上市公司涉及的 855 件案件绝大多数为民事诉讼，仅有 2 件行政诉讼。

2. 案件案由种类

首先，从诉讼案件案由的基本类型看，2022 年公共事业等其他服务业上市公司涉及的 855 件案件主要集中在合同类纠纷、劳动法纠纷中，具体分布情况如表 2－57 所示。

表 2－57　公共事业等其他服务业上市公司案件案由基本类型分布

案由基本类型	案件数量/件
合同类纠纷	517
劳动法纠纷	213
金融法纠纷	49
知识产权纠纷	26
侵权责任纠纷	22
公司法纠纷	16
物权纠纷	5
其他民事纠纷	5
行政诉讼	2
竞争法纠纷	0
刑事诉讼	0
合计	855

其中，在民事案件中，合同类纠纷案件共有 517 件，约占全部民事案件总量的 60.61%。具体案件数量分布情况如图 2－197 所示。

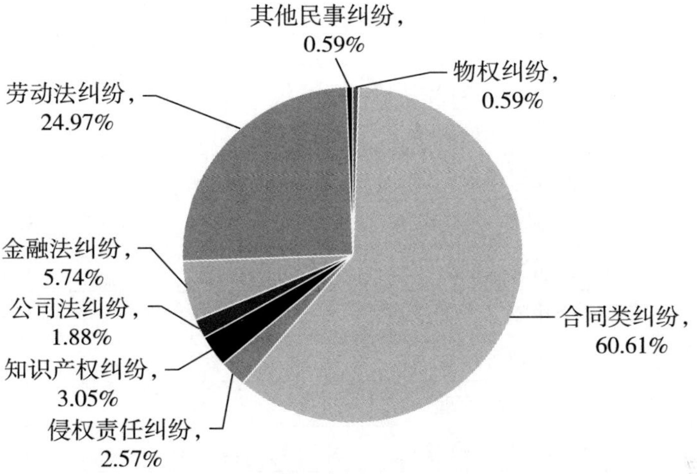

图 2－197　公共事业等其他服务业上市公司民事案由基本类型分布

其次，从案件的具体案由看，2022 年公共事业等其他服务业上市公司涉及的 855 件案件的案由分布也较为集中，以买卖合同纠纷、劳动合同纠纷、建设工程合同纠纷数量最多，具体分布情况如表 2－58 所示。

表 2－58　公共事业等其他服务业上市公司案件具体案由分布

具体案由	案件数量/件
买卖合同纠纷	224
劳动合同纠纷	212
建设工程合同纠纷	169
承揽合同纠纷	32
租赁合同纠纷	26
票据追索权纠纷	25
服务合同纠纷	23
著作权权属、侵权纠纷	22
借款合同纠纷	20
机动车交通事故责任纠纷	13
证券欺诈责任纠纷	12
劳务合同纠纷	8
票据付款请求权纠纷	8
股权转让纠纷	5

续表

具体案由	案件数量/件
生命权、身体权、健康权纠纷	5
债权转让合同纠纷	4
其他侵权责任纠纷	4
商标权权属、侵权纠纷	3
公司决议纠纷	3
违反安全保障义务责任纠纷	3
排除妨害纠纷	2
商标行政管理	2
债权人代位权纠纷	2
损害股东利益责任纠纷	2
财产保险合同纠纷	2
中介合同纠纷	2
返还原物纠纷	1
提供劳务者受害责任纠纷	1
确认合同效力纠纷	1
票据纠纷	1
社会保险纠纷	1
财产损害赔偿纠纷	1
房屋买卖合同纠纷	1
专利权权属、侵权纠纷	1
破产债权确认纠纷	1
清算责任纠纷	1
其他与公司有关的纠纷	1
网络侵权责任纠纷	1
广告合同纠纷	1
融资租赁合同纠纷	1
票据利益返还请求权纠纷	1
保理合同纠纷	1
新增资本认购纠纷	1

续表

具体案由	案件数量/件
准合同纠纷	1
请求变更公司登记纠纷	1
公司盈余分配纠纷	1
合伙合同纠纷	1
相邻关系纠纷	1

3. 案件地域分布

从案件地域分布看,2022 年公共事业等其他服务业上市公司涉及的 855 件案件主要集中在北京市等地。具体分布情况如图 2－198 所示。

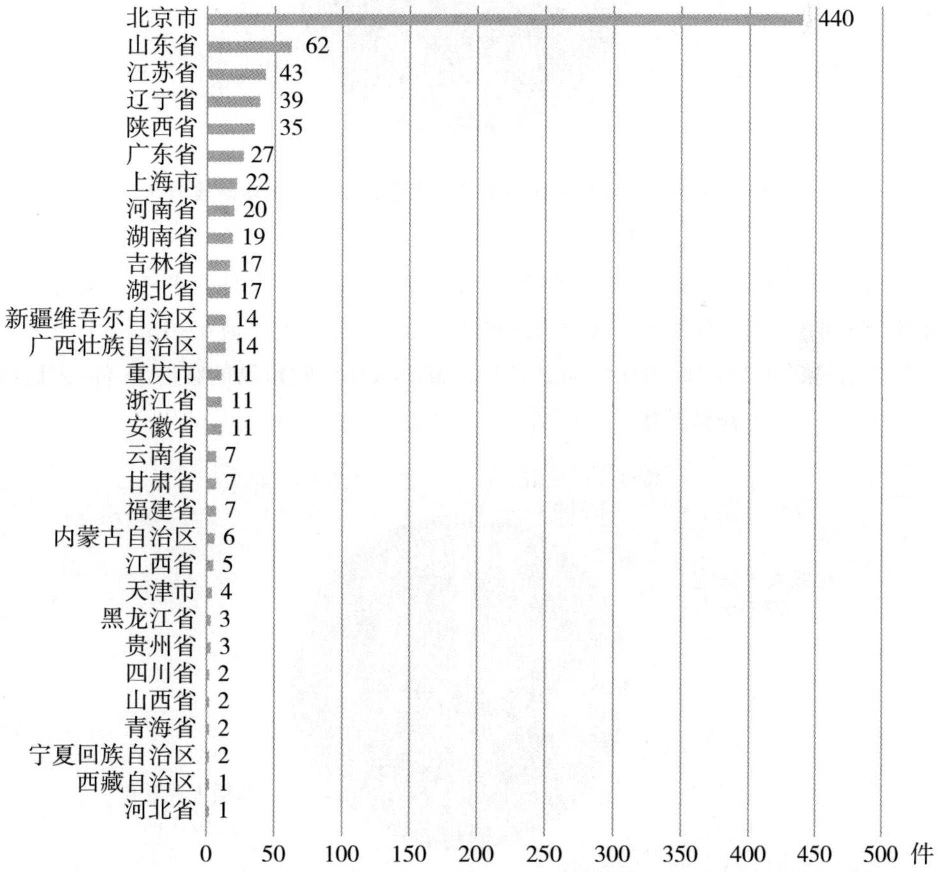

图 2－198　公共事业等其他服务业上市公司案件地域分布情况

（二）案件审理程序

1. 诉讼阶段

如图 2－199 所示，从诉讼阶段看，2022 年公共事业等其他服务业上市公司涉及的 855 件案件中，一审案件 589 件，占比约为 68.89%；二审案件 250 件，占比约为 29.24%；再审案件 16 件，占比约为 1.87%。

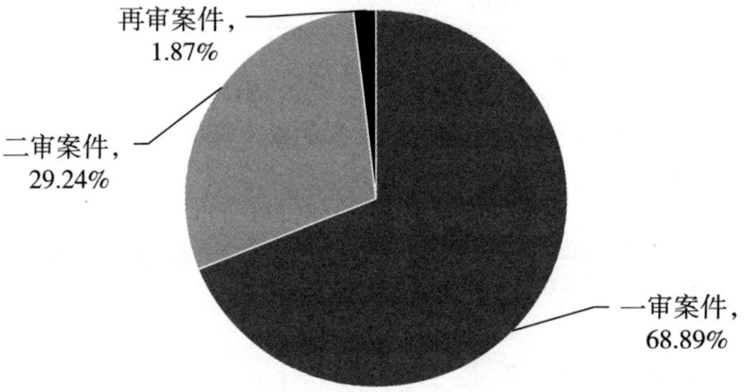

图 2－199　公共事业等其他服务业上市公司案件诉讼阶段分布

2. 法院层级

如图 2－200 所示，从法院层级看，2022 年公共事业等其他服务业上市公司涉及的 855 件案件中，基层人民法院审结的案件 574 件，占比约为 67.13%；中级人民法院审结的案件 254 件，占比约为 29.71%；高级人民法院审结的案件 26 件，占比约为 3.04%；最高人民法院审结的案件 1 件，占比约为 0.12%。

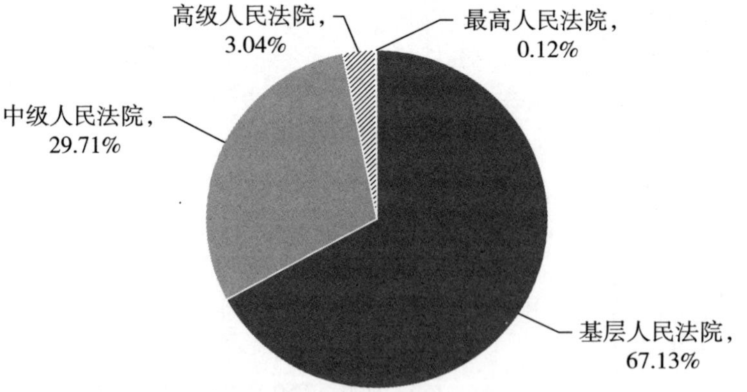

图 2－200　公共事业等其他服务业上市公司案件审理法院层级分布

(三)上市公司诉讼地位

如图 2 - 201 所示,从上市公司的诉讼地位看,2022 年公共事业等其他服务业上市公司涉及的 855 件案件中,上市公司作为原告的案件有 213 件,占比约为 24.91%;上市公司作为被告的案件有 629 件,占比约为 73.57%;上市公司作为第三人的案件有 13 件,占比约为 1.52%。可见,2022 年公共事业等其他服务业上市公司诉讼中,上市公司主要处于应诉方的角色,被动地参与诉讼。

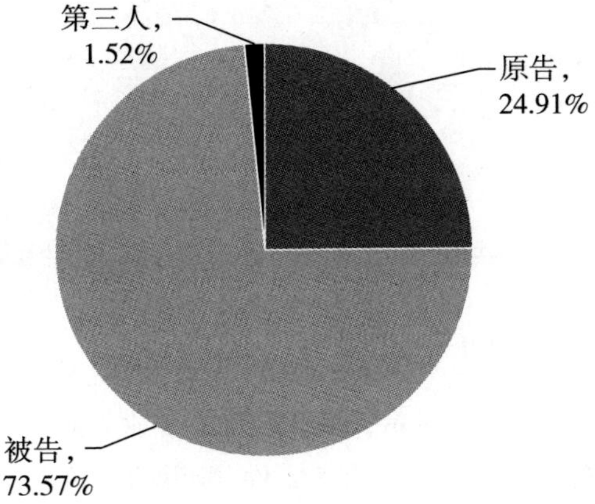

图 2 - 201　公共事业等其他服务业上市公司诉讼地位分布

(四)诉讼标的额

从诉讼案件的标的额看,2022 年公共事业等其他服务业上市公司涉及的有标的额可查的案件中,诉讼标的额数量分布情况如图 2 - 201 所示。总体来看,本行业诉讼标的额总额为 2,283,814,574.50 元,诉讼标的额最大为 638,599,500.00 元,行业平均诉讼标的额为 5,424,737.71 元。

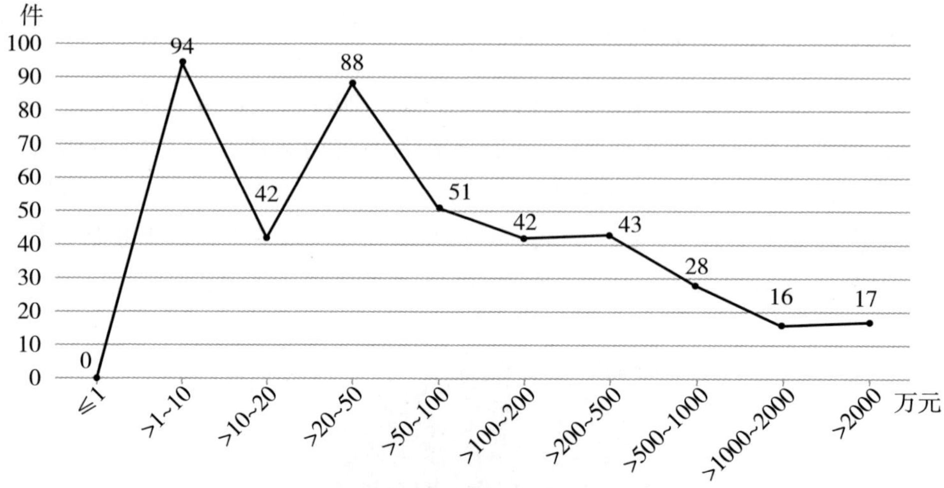

图 2－202　公共事业等其他服务业上市公司诉讼标的额分布

（五）诉讼结果和胜诉率

从总体上看，如图 2－203 所示，2022 年公共事业等其他服务业上市公司涉及的所有案件中，上市公司胜诉的案件有 533 件，败诉的案件有 305 件，撤回起诉的案件有 5 件，撤回上诉的案件有 1 件，驳回起诉的案件有 2 件，驳回上诉的案件有 7 件，再审的案件有 2 件。该行业上市公司胜诉的案件数量在全部案件中占比约为 62.34%，如果排除撤诉等特殊情形，则该行业上市公司的总体胜诉率约为 63.60%。

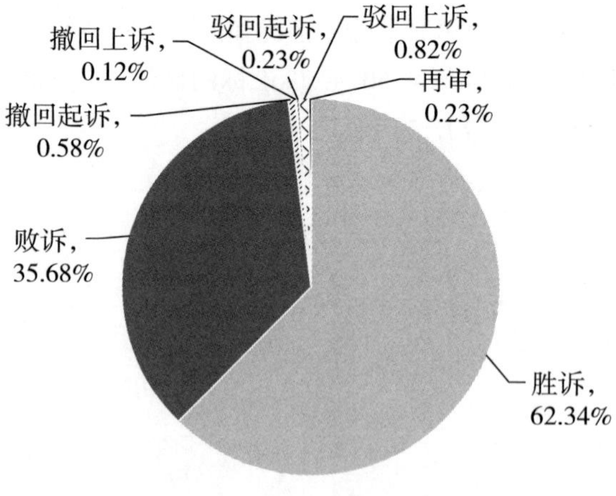

图 2－203　公共事业等其他服务业上市公司诉讼结果占比

第三十节　文化、体育和娱乐业

一、文化、体育和娱乐业上市公司概况

文化、体育和娱乐业某些项目是存在交叉的。文化业，是指经营文化活动的行业。体育业，是指举办各种体育比赛和为体育比赛或活动提供场所的行业。娱乐业，是指为娱乐活动提供场所和服务的行业。

截至 2022 年第四季度，我国文化、体育和娱乐业上市公司共计 63 家，从行业小类看，新闻和出版业上市公司 29 家，广播、电视、电影和影视录音制作业上市公司 25 家，文化艺术业上市公司 7 家，体育业上市公司 2 家；广播、电视、电影和影视录音制作业上市公司在文化、体育和娱乐业上市公司中占据主流。从市场规模看，我国上市公司中文化、体育和娱乐业的整体规模较小，其数量仅占全部上市公司数量的 1.24%。

二、文化、体育和娱乐业上市公司诉讼情况统计

本书以文化、体育和娱乐业的 63 家上市公司为当事人检索案件，共收集 2022 年度全国法院公布的各类裁判文书 1192 份，作为统计分析的样本。

（一）案件类型分布

1. 案件诉讼类型

从案件诉讼类型看，2022 年文化、体育和娱乐业上市公司涉及的 1192 件案件绝大多数为民事诉讼，仅有 1 件行政诉讼。

2. 案件案由种类

首先，从诉讼案件案由的基本类型看，2022 年文化、体育和娱乐业上市公司涉及的 1192 件案件主要集中在知识产权纠纷中，具体分布情况如表 2－59 所示。

表 2－59　文化、体育和娱乐业上市公司案件案由基本类型分布

案由基本类型	案件数量/件
知识产权纠纷	983
竞争法纠纷	90
合同类纠纷	87

续表

案由基本类型	案件数量/件
劳动法纠纷	15
公司法纠纷	6
侵权责任纠纷	6
物权纠纷	2
金融法纠纷	1
其他民事纠纷	1
行政诉讼	1
刑事诉讼	0
合计	1192

其中，在民事案件中，知识产权纠纷案件共有 983 件，约占全部民事案件总量的 82.54%。具体案件数量分布情况如图 2－204 所示。

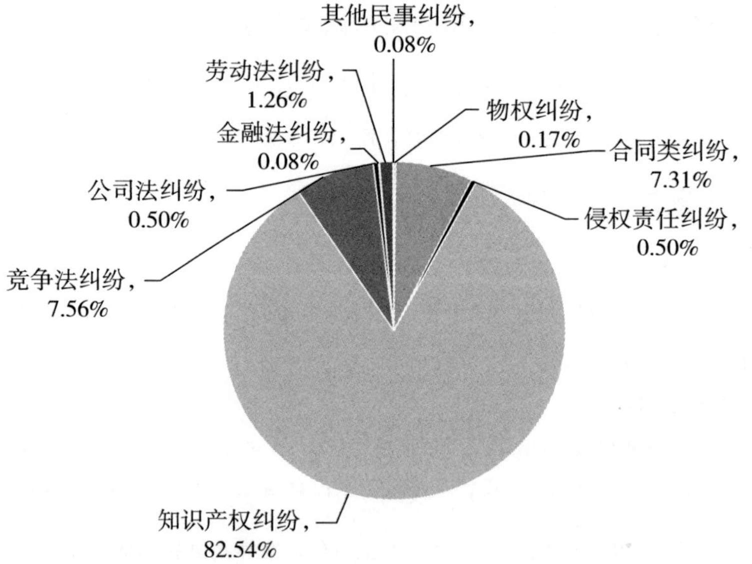

图 2－204　文化、体育和娱乐业上市公司民事案由基本类型分布

其次，从案件的具体案由看，2022 年文化、体育和娱乐业上市公司涉及的 1192 件案件的案由分布也较为集中，以著作权权属、侵权纠纷及商标权权属、侵权纠纷数量最多，具体分布情况如表 2－60 所示。

表2-60 文化、体育和娱乐业上市公司案件具体案由分布

具体案由	案件数量/件
著作权权属、侵权纠纷	741
商标权权属、侵权纠纷	231
其他不正当竞争纠纷	45
仿冒纠纷	45
借款合同纠纷	34
租赁合同纠纷	17
买卖合同纠纷	15
劳动合同纠纷	15
债权人代位权纠纷	5
著作权合同纠纷	5
委托合同纠纷	4
其他知识产权纠纷	4
建设工程合同纠纷	3
股权转让纠纷	2
提供劳务者受害责任纠纷	2
其他侵权责任纠纷	2
服务合同纠纷	2
物权保护纠纷	2
债权人撤销权纠纷	2
商标合同纠纷	2
劳务合同纠纷	1
机动车交通事故责任纠纷	1
生命权、身体权、健康权纠纷	1
证券欺诈责任纠纷	1
商标行政管理	1
建筑物和物件损害责任纠纷	1
追偿权纠纷	1
不当得利纠纷	1
委托理财合同纠纷	1

续表

具体案由	案件数量/件
损害公司利益责任纠纷	1
新增资本认购纠纷	1
其他与破产有关的纠纷	1
其他与合伙企业有关的纠纷	1
物业服务合同纠纷	1

3. 案件地域分布

从案件地域分布看,2022 年文化、体育和娱乐业上市公司涉及的 1192 件案件主要分布在山东省、上海市、北京市等地。具体分布情况如图 2－205 所示。

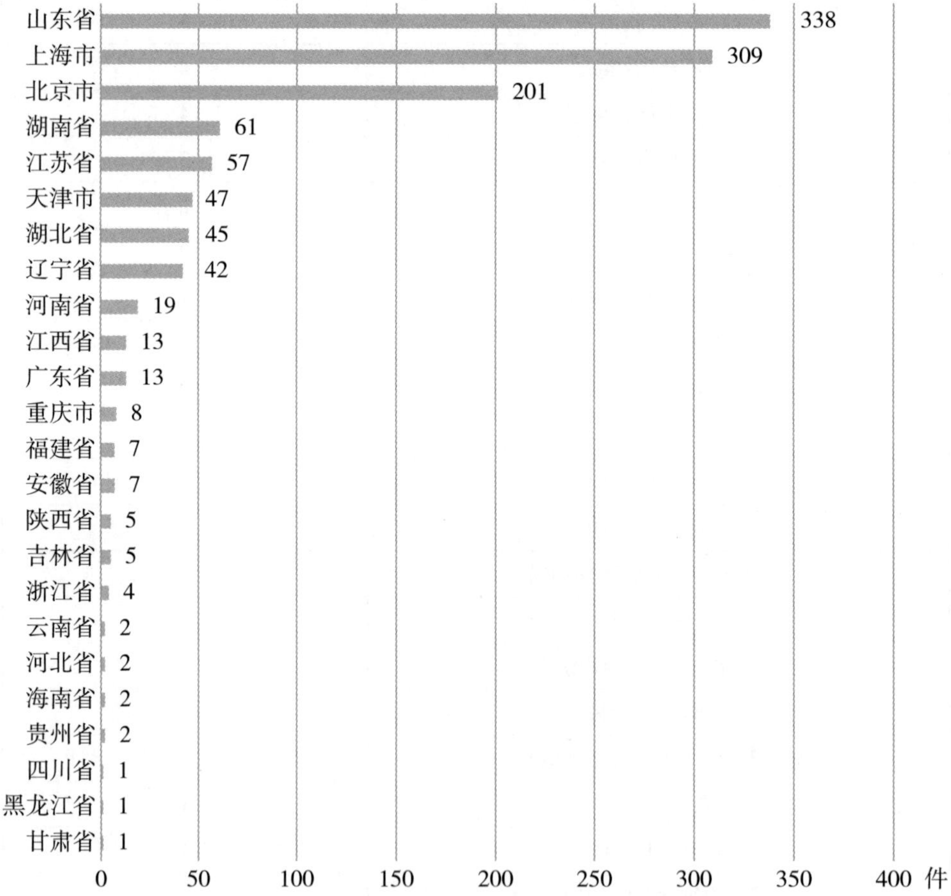

图 2－205　文化、体育和娱乐业上市公司案件地域分布情况

(二)案件审理程序

1. 诉讼阶段

如图 2－206 所示,从诉讼阶段看,2022 年文化、体育和娱乐业上市公司涉及的 1192 件案件中,一审案件 1097 件,占比约为 92.03%;二审案件 94 件,占比约为 7.89%;再审案件 1 件,占比约为 0.08%。

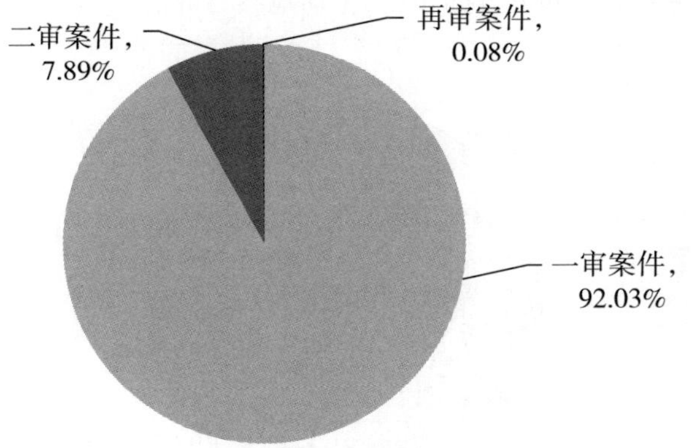

图 2－206　文化、体育和娱乐业上市公司案件诉讼阶段分布

2. 法院层级

如图 2－207 所示,从法院层级上看,2022 年文化、体育和娱乐业上市公司涉及的 1192 件案件中,基层人民法院审结的案件 920 件,占比约为 77.18%;中级人民法院审结的案件 248 件,占比约为 20.81%;高级人民法院审结的案件 24 件,占比约为 2.01%。

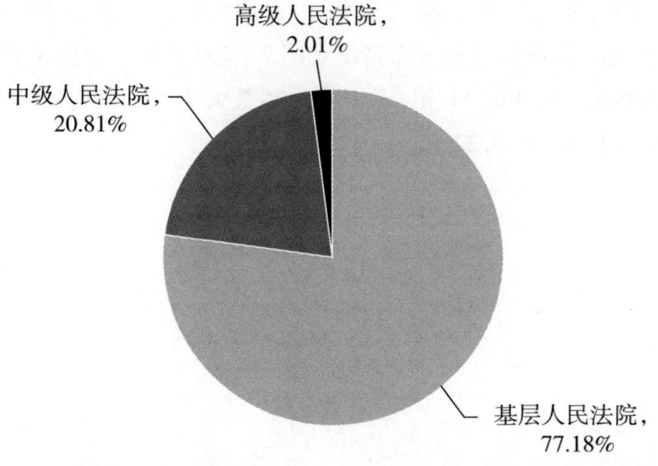

图 2－207　文化、体育和娱乐业上市公司案件审理法院层级分布

（三）上市公司诉讼地位

如图 2－208 所示，从上市公司的诉讼地位看，2022 年文化、体育和娱乐业上市公司涉及的 1192 件案件中，上市公司作为原告的案件有 1058 件，占比约为 88.76%；上市公司作为被告的案件有 132 件，占比约为 11.07%；上市公司作为第三人的案件有 2 件，占比约为 0.17%。可见，2022 年文化、体育和娱乐业上市公司诉讼中，上市公司主要处于起诉方的角色，主动地参与诉讼。

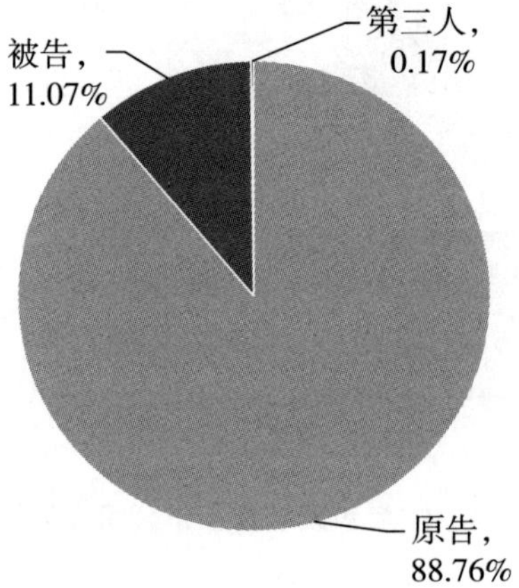

图 2－208　文化、体育和娱乐业上市公司诉讼地位分布

（四）诉讼标的额

从诉讼案件的标的额看，2022 年文化、体育和娱乐业上市公司涉及的有标的额可查的案件中，诉讼标的额数量分布情况如图 2－209 所示。总体来看，本行业诉讼标的额总额为 607,494,302.51 元，诉讼标的额最大为 477,134,000.00 元，行业平均诉讼标的额为 1,598,669.22 元。

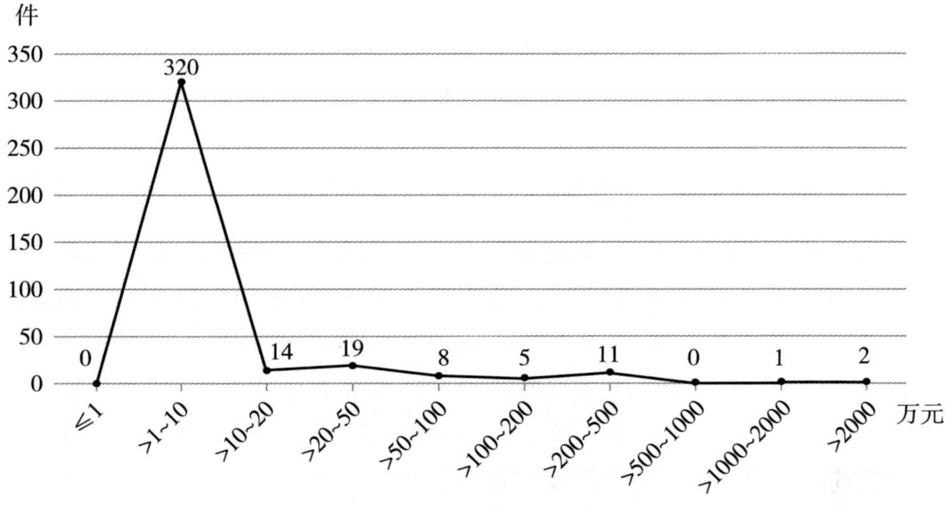

图 2 – 209　文化、体育和娱乐业上市公司诉讼标的额分布

(五)诉讼结果和胜诉率

从总体看,如图 2 – 210 所示,2022 年文化、体育和娱乐业上市公司涉及的所有案件中,上市公司胜诉的案件有 270 件,败诉的案件有 914 件,撤回起诉的案件有 1 件,撤回上诉的案件有 4 件,驳回上诉的案件有 3 件。该行业上市公司胜诉的案件数量在全部案件中占比约为 22.65%,如果排除撤诉等特殊情形,则该行业上市公司的总体胜诉率约为 22.80%。

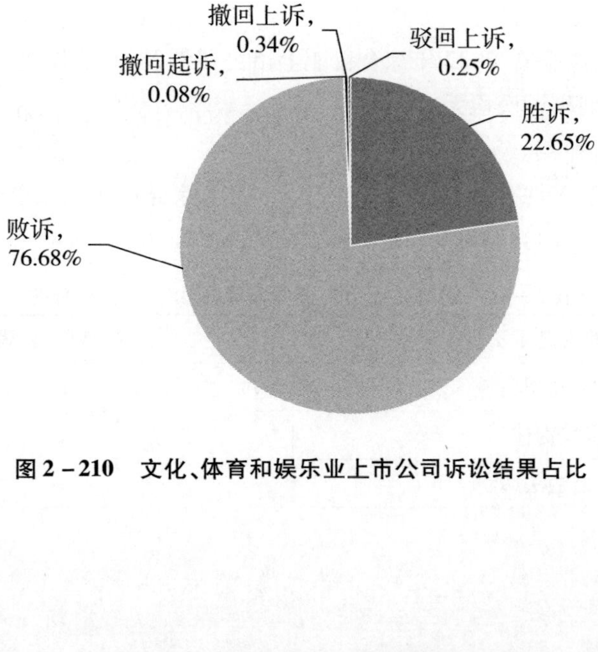

图 2 – 210　文化、体育和娱乐业上市公司诉讼结果占比

第三十一节 综合行业

一、综合行业上市公司概况

根据《上市公司分类指引》的规定，当上市公司没有一类业务的营业收入比重大于或等于50%，但某些业务的收入和利润均在所有业务中最高，而且均占到公司总收入和总利润的30%以上（包含本数），则该公司归属该业务对应的行业类别。不能按照上述分类方法确定行业归属的，由上市公司行业分类专家委员会根据公司实际经营状况判断公司行业归属；归属不明的，划为综合类。可见，综合行业中上市公司的构成存在一定复杂性，不能一概而论。

截至2022年第四季度，我国综合行业上市公司共计13家。从市场规模看，我国上市公司中综合行业的整体规模相当小，其数量约占全部上市公司数量的0.26%。

二、综合行业上市公司诉讼情况统计

本书以综合行业的13家上市公司为当事人检索案件，共收集2022年度全国法院公布的各类裁判文书15份，作为统计分析的样本。

（一）案件类型分布

1. 案件诉讼类型

从案件诉讼类型看，2022年综合行业上市公司涉及的15件案件全部为民事诉讼，行政诉讼和刑事诉讼均无。

2. 案件案由种类

首先，从诉讼案件案由的基本类型看，2022年综合行业上市公司涉及的15件案件主要集中在合同类纠纷中，具体分布情况如表2－61所示。

表2－61 综合行业上市公司案件案由基本类型分布

案由基本类型	案件数量/件
合同类纠纷	11
侵权责任纠纷	2
金融法纠纷	1

续表

案由基本类型	案件数量/件
劳动法纠纷	1
物权纠纷	0
知识产权纠纷	0
竞争法纠纷	0
公司法纠纷	0
其他民事纠纷	0
行政诉讼	0
刑事诉讼	0
合计	15

其中,在民事案件中,合同类法纠纷案件共有 11 件,约占全部案例总量的 73.33%。具体案件数量分布情况如图 2－211 所示。

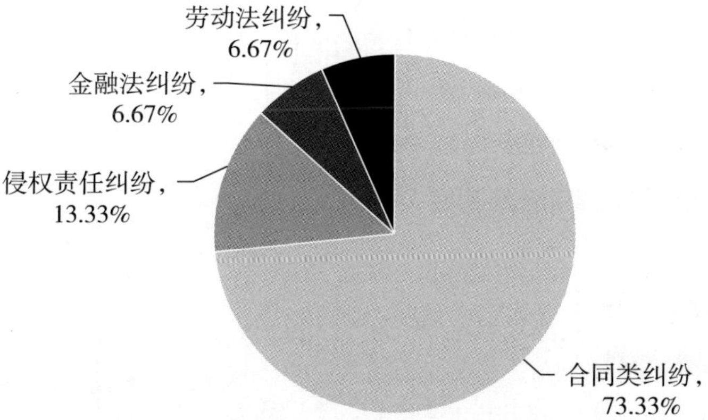

图 2－211　综合行业上市公司民事案由基本类型分布

其次,从案件的具体案由看,2022 年综合行业上市公司涉及的 15 件案件的案由分布也较为集中,以买卖合同纠纷数量最多,其他类型的案件数量具体分布情况如表 2－62 所示。

表 2－62　综合行业上市公司案件具体案由分布

具体案由	案件数量/件
买卖合同纠纷	7

续表

具体案由	案件数量/件
建设工程合同纠纷	2
劳动合同纠纷	1
不当得利纠纷	1
机动车交通事故责任纠纷	1
财产保险合同纠纷	1
运输合同纠纷	1
其他侵权责任纠纷	1

3. 案件地域分布

从案件地域分布看，2022 年综合行业上市公司涉及的 15 件案件主要分布在山东省、天津市、辽宁省、湖北省、广东省等地。具体分布情况如图 2－212 所示。

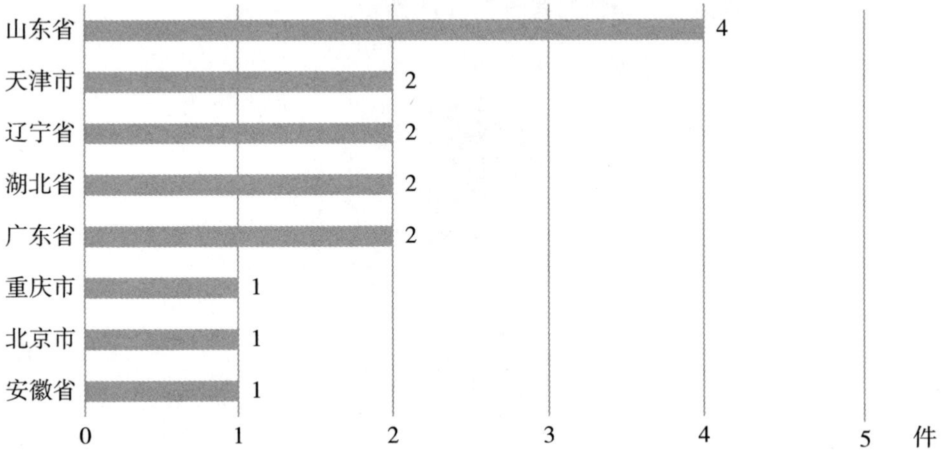

图 2－212　综合行业上市公司案件地域分布情况

（二）案件审理程序

1. 诉讼阶段

如图 2－213 所示，从诉讼阶段看，2022 年综合行业上市公司涉及的 15 件案件中，一审案件 12 件，占比为 80.00%；二审案件 2 件，占比约为 13.33%；再审案件 1 件，占比约为 6.67%。

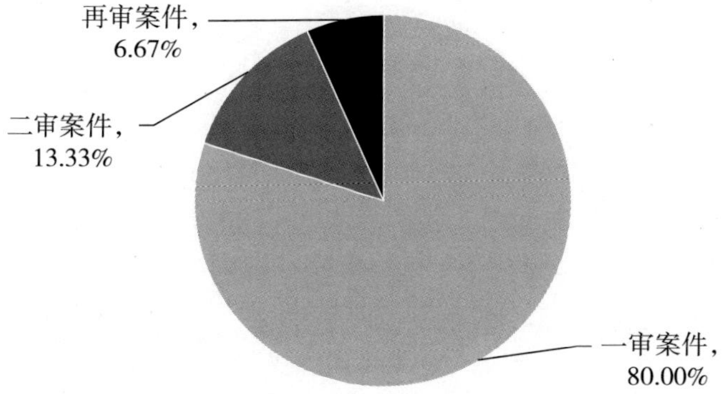

图 2 -213　综合行业上市公司案件诉讼阶段分布

2. 法院层级

如图 2 -214 所示，从法院层级看，2022 年综合行业上市公司涉及的 15 件案件中，基层人民法院审结的案件 12 件，占比为 80.00%；中级人民法院审结的案件 3 件，占比为 20.00%；无高级人民法院或最高人民法院审结的案件。

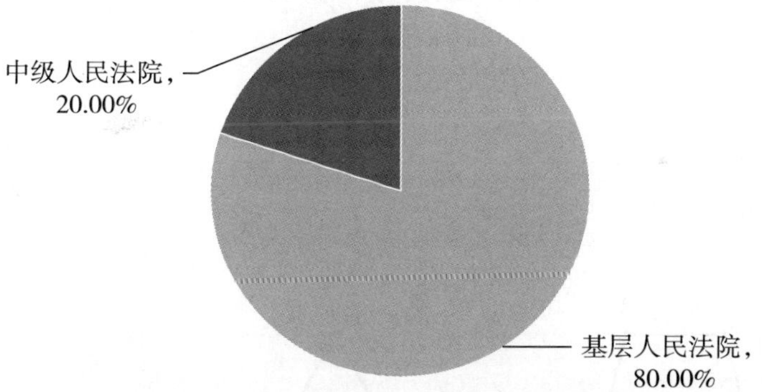

图 2 -214　综合行业上市公司案件审理法院层级分布

（三）上市公司诉讼地位

如图 2 -215 所示，从上市公司的诉讼地位看，2022 年综合行业上市公司涉及的 15 件案件中，上市公司作为原告的案件有 4 件，占比约为 26.67%；上市公司作为被告的案件有 11 件，占比约为 73.33%。可见，2022 年综合行业上市公司诉讼中，上市公司主要处于应诉方的角色，被动地参与诉讼。

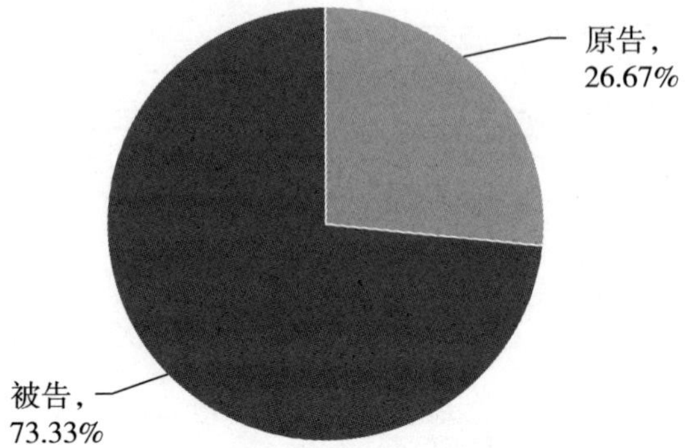

图 2－215　综合行业上市公司诉讼地位分布

（四）诉讼标的额

从诉讼案件的标的额看，2022 年综合行业上市公司涉及的有标的额可查的案件中，诉讼标的额数量分布情况如图 2－216 所示。总体来看，本行业诉讼标的额总额为 8, 251, 195. 29 元，诉讼标的额最大为 4, 279, 500. 00 元，行业平均诉讼标的额为 1, 031, 399. 41 元。

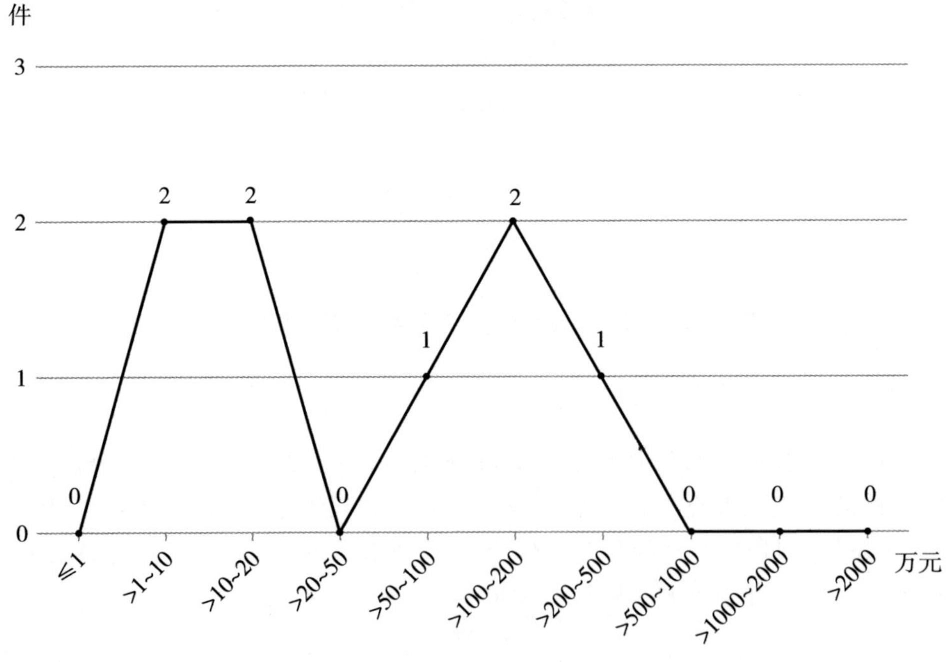

图 2－216　综合行业上市公司诉讼标的额分布

（五）诉讼结果和胜诉率

从总体上看，如图 2－217 所示，2022 年综合行业上市公司涉及的所有案件中，上市公司胜诉的案件有 9 件，败诉的案件有 5 件，驳回上诉的案件有 1 件。该行业上市公司胜诉的案件数量在全部案件中占比为 60.00%，如果排除撤诉等特殊情形，则该行业上市公司的总体胜诉率约为 64.29%。

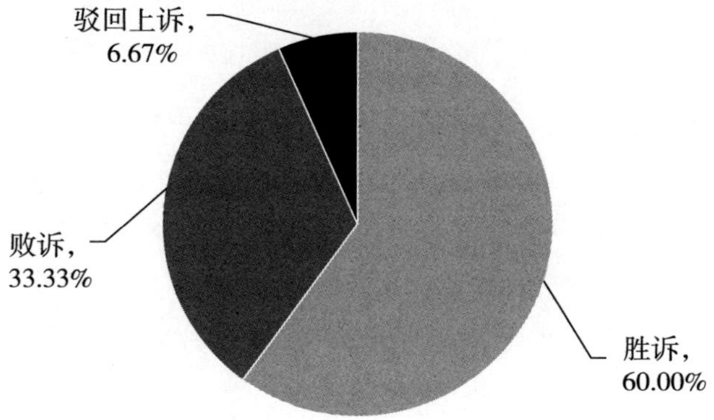

图 2－217　综合行业上市公司诉讼结果占比

第三章

2022年上市公司典型诉讼案例分析

在对 2022～2023 年度上市公司诉讼案例进行全景式分析之后，本书将调整镜头，进入典型案例分析的篇章，把视角拉近到微观层面的具体案例之中。

在本年度的案例分析部分，除在体量上大幅扩展了典型案例的数量和范围之外，笔者还继续调整了案例选取的标准，优化了案例评述的重点和案例编排的体例结构。具体而言：

首先，在典型案例的选取思路上，本书主要采取重大诉讼标准进行案例筛选。即依据《上海证券交易所股票上市规则》（2022 年 1 月修订）和《深圳证券交易所股票上市规则》（2022 年 1 月修订）①中关于上市公司重大诉讼披露的规定，重点关注符合如下条件的案例：（1）涉案金额超过 1000 万元，并且占公司最近一期经审计净资产绝对值 10% 以上的；（2）涉及公司股东大会、董事会决议被申请撤销或者宣告无效的；（3）关于证券纠纷代表人的；（4）其他可能对公司股票及其衍生品种交易价格产生较大影响的。

由于该类诉讼均会由上市公司进行公告，笔者依托中国证监会指定信息披露网站"巨潮资讯网"，共检索到年度内此类公告 400 余例。之后，结合案件是否终审、主流媒体是否对案件关注、案件是否新颖、同类案件中何者更具代表性等标准综合考量，进行进一步筛选。从最终结果来看，通过该路径的案例选取不仅囊括了上市公司常见的民间借贷纠纷，控股股东、实际控制人股权质押纠纷，公司控制权争夺，股权转让纠纷，股东出资瑕疵纠纷，业绩对赌纠纷，虚假陈述责任纠纷以及非公开发行中的股权认购纠纷，还从中发掘了一些涉上市公司的刑事案件，具体类型包括合同诈骗罪、非法采矿罪、内幕交易罪等，较好地呈现了上市公司年度诉讼的整体图景与代表案例。

其次，在案例分析的关注焦点上，本书高度聚焦与上市公司诉讼相关的司法前沿动态和资本市场重大疑难事件，直击上市公司关注的核心法律问题。2022～2023 年，最高人民法院 2022 年度全国法院十大商事案例、北京金融法院 2022 年度十大典型案例、上海金融法院 2022 年度十大典型案例、最高人民检察院涉案企业合规典型案例（第三批）等重要案例先后发布。鉴于上述内容的重要性，本书将其中以上市公司为主要诉讼主体的案件也一并纳入典型案例，主要包括：东方证券股份有限公司诉皇氏集团股份有限公司损害股东利益责任纠纷案，广东兴艺数字印刷股份有限公司诉张某标等股东瑕疵出资纠纷

① 本书未援引最新的沪深交易所 2023 年 2 月修订的股票上市规则，主要是因为本书聚焦的是 2022 年 1 月 1 日至 2023 年 1 月 1 日发生的以上市公司为诉讼主体并已审结的民事案件。

案,南京高科新浚成长一期股权投资合伙企业(有限合伙)诉房某某、梁某某等上市公司股份回购合同纠纷案,于某等13名投资者诉鲜某操纵证券交易市场责任纠纷案,杨某兴诉中国证监会没收违法所得、罚款、限制从业及行政复议纠纷案,厦门华侨电子股份有限公司诉上海证券交易所行政处理行政诉讼案,李某国诉中国证监会警告、罚款案,四川宏达股份有限公司诉中国银保监会、中国银保监会四川监管局行政强制措施及行政复议案等。从内容上看,基于该路径的典型案例选取不仅极大丰富了上市公司民事案件的纠纷类型,而且纳入了4例与上市公司有关的行政诉讼和行政处罚案件,充分反映了行政领域的上市公司法律风险动向,克服了行政诉讼案件难以通过"重大"标准选取的不足。

最后,在案例编排的体例结构上,本书摒弃了往年按照法律部门划分的传统分类方法,而是按照案件要旨之间的共性,创造性地将30个典型案例分为"上市公司治理""上市公司投融资""证券欺诈""资本市场监管"四大专题。具体而言,这种分类方式不仅是基于对以往案例分析编撰经验的总结做出的尝试性调整,也是围绕本年度资本市场热点话题,吸取学界、实务界深度剖析资本市场案件的理论成果而进行的优化设计。笔者希望通过这种编排方式,使读者能够更集中地了解上市公司诉讼活动的目的和成效,进而对典型案例的系统性把握和对比性分析有所助益。

此外,根据新思路确定2022～2023年度上市公司典型案例的入选名录后,本书编委会还收到了部分典型案例当事人及其代理律师提供的大量文字素材和第一手资料,这些材料极大地丰富了案例评述的角度和内容。在此特向供稿的上市公司和法律界同行表示衷心的感谢!希望本年度蓝皮书的案例分析能在大家的帮助下,收集思广益之效,得海纳百川之益,为不同从业背景的读者提供不同的价值。

第一节　证券欺诈专题

一、于某等 13 名投资者诉鲜某操纵证券交易市场责任纠纷案[①]

导读：操纵证券交易市场类型的案件，不但涉及行政处罚，严重的可能涉及刑事犯罪，操纵证券市场的行为人还应当向操纵期间买入股票的投资者承担民事赔偿责任。而在违法行为人同时承担上述责任的情形下，《证券法》规定的民事赔偿责任优先原则如何有效落实？本案给出了答案。同时，本案作为全国首例主板市场交易型和信息型操纵混同的复杂手法证券操纵侵权案件，争议焦点涉及操纵行为及影响起止日期的认定、投资者交易损失与操纵行为因果关系的判断、投资损失计算方法的确定、信息型操纵与虚假陈述混同的处理等诸多新颖的法律问题，对于今后的司法实践具有较强的参考借鉴意义。

（一）当事人信息

原告：于某、李某兰等 13 名投资者
被告：鲜某

（二）基本案情

上海多伦实业股份有限公司（以下简称标的公司）于 1993 年 12 月在上海证券交易所上市，其公开发行的股票代码为 600696（A 股）（以下简称标的股票）。2015 年 6 月 17 日，标的公司更名为匹凸匹金融信息服务（上海）股份有限公司，2017 年 8 月 22 日更名为上海岩石企业发展股份有限公司，2019 年 12 月 3 日更名为上海贵酒股份有限公司，现挂牌股票名称为岩石股份。鲜某时任标的公司实际控制人、董事长、法定代表人、董事会秘书（代）及第一大股东多伦投资（香港）有限公司［后更名为匹凸匹（中国）有限公司］的实际控制人、法定代表人。

2017 年 3 月 30 日，中国证监会作出〔2017〕29 号《行政处罚决定书》，认定鲜某通过采用集中资金优势、持股优势、信息优势连续买卖，在自己实际控制的证券账户之间交易，以虚假申报等方式操纵标的股票价格，操纵期间为 2014 年 1 月 17 日至 2015 年 6 月 12 日，违法所得共计 578,330,753.74 元。在操纵期间，标的公司股

---

① 参见上海金融法院民事判决书，（2021）沪 74 民初 2599 号。

价涨幅为260.00%，同期上证指数涨幅为155.29%。该《行政处罚决定书》认为，鲜某违反了《证券法》(2014年修正)第77条第1款第1项、第3项、第4项规定，构成了《证券法》(2014年修正)第203条所述违法行为。对鲜某操纵标的股票的行为，责令依法处理非法持有的证券，没收违法所得578,330,753.74元，并处以2,891,653,768.70元罚款。

上海市人民检察院第一分院于2018年2月向上海市第一中级人民法院提起公诉，指控鲜某犯背信损害上市公司利益罪、操纵证券市场罪。2020年12月21日，上海市高级人民法院作出(2019)沪刑终110号刑事判决书，认定鲜某通过控制上市公司信息披露节奏及内容，误导投资者作出投资决策，影响证券交易价格与交易量，并进行相关交易，构成背信损害上市公司利益罪、操纵证券市场罪，判处两罪并罚，合并执行有期徒刑4年3个月，并处罚金1000万元并追缴违法所得。

本案原告投资者之一周某于2018年向上海金融法院提起了证券虚假陈述责任纠纷诉讼，后在法院主持下与标的公司达成调解协议，由标的公司向其赔偿37,063.38元，标的公司已全额支付上述金额。

在本案中，原告投资者诉称其在鲜某操纵证券市场期间买卖了标的公司的股票而遭受损失，投资决策受到了操纵行为的影响，投资损失与操纵行为之间具有因果关系，请求判令被告鲜某赔偿包含投资差额损失、佣金、印花税等在内的全部经济损失。被告鲜某认可实施了证券操纵行为，但认为其操纵行为于2015年6月12日结束，此后投资者的交易行为与其无因果关系；标的股票价格波动主要受到2015年股市大幅波动等系统性风险的影响；投资者存在非理性投资行为，应当对投资损失自担相应责任；信息型操纵同时构成证券虚假陈述，应由标的公司承担主要赔偿责任等。

由于被告鲜某已因操纵证券市场行为被追究行政责任和刑事责任，原告如果胜诉可能面临被告无财产可供执行的风险。为此，上海金融法院依据《证券法》(2014年修正)第232条所确立的民事赔偿责任优先原则，对鲜某操纵证券市场刑事案件中相应款项进行了保全。

2022年9月29日，上海金融法院就本案作出了一审判决，判令被告鲜某赔偿原告损失共计470万余元；判决同时明确，若鲜某的财产不足以履行民事判决所确定的赔偿责任，则可以执行已依法保全的刑事案件罚没款，最大限度实现中小投资者权利救济。一审判决后，双方当事人均未提出上诉。在此后的执行过程中，通过对保全财产采取执行措施，最终实现了对中小投资者的权利救济。

（三）争议焦点及法院裁判说理

上海金融法院认为，本案的争议焦点为：（1）操纵证券市场行为的认定；（2）原告遭受损失和操纵行为之间的因果关系；（3）投资者损失计算方式；（4）本案与投资者诉标的公司证券虚假陈述责任纠纷案应如何衔接。

1. 如何认定被告鲜某操纵证券市场行为的方式、类型，以及操纵行为的开始日、结束日、影响消除日

关于操纵行为认定，法院认为，鲜某采用了连续买卖、洗售或对倒交易、虚假申报和利用信息优势操纵四种操纵手法，其中，前三种手法属于交易型操纵，后一种手法属于信息型操纵。上述四种操纵手法皆服务于同一目的，在时间上相互交织，在作用上彼此叠加，共同影响了标的股票的交易价格和交易量，彼此之间难以区分，应当在本案中整体视为一个操纵证券市场行为。

结合鲜某操纵的具体方式、标的股票的价格波动情况，可认定其操纵行为属于拉高型操纵。要界定其操纵行为侵权赔偿责任的范围，必须准确界定标的股票价格受操纵行为影响的起止时间，包含三个关键时点：操纵行为开始日、操纵行为结束日和操纵行为影响消除日。涉案《行政处罚决定书》关于操纵行为起止时间的认定符合证券操纵行为的要件特征，应予确认，故操纵行为开始日为2014年1月17日，结束日为2015年6月12日。

而操纵行为影响消除日，是指因操纵行为而产生的人为价格回归至真实市场价格所需的合理时间。交易型操纵与信息型操纵制造人为价格的方式不同，其影响消除所需要的时间也不同，交易型操纵影响何时消除取决于操纵力量、操纵时长等多种因素，信息型操纵影响何时消除取决于其发布之信息的影响何时消除。鲜某控制标的公司信息披露的节奏与内容，同时构成证券虚假陈述。为衔接操纵和虚假陈述民事责任，考虑最高人民法院《关于审理证券市场虚假陈述侵权民事赔偿案件的若干规定》（以下简称《虚假陈述侵权民事赔偿规定》）已经对虚假信息的影响消除时间作出明确规定，故可在本案中予以参考。确认2016年11月14日作为信息型操纵影响消除之日，该日距整个操纵行为结束长达一年多的时间，其间标的股票多次累计换手率超过100%，应当能够涵盖交易型操纵的影响消除合理期间，可以作为整个操纵行为影响消除之日。

2. 原告买卖标的股票遭受的损失是否与被告鲜某操纵证券市场行为具有因果关系

关于损失因果关系，法院认为，证券操纵行为在因果关系上应遵循交易因果关

系与损失因果关系双重判断，在公开交易的证券市场中，应适用欺诈市场理论和推定信赖原则，来判断投资者的投资决策与操纵行为之间是否存在交易因果关系。从鲜某操纵行为开始日到信息型操纵之虚假信息揭露日，原告买入标的股票的行为与操纵行为具有交易因果关系，此后原告再买入标的股票则与操纵行为无交易因果关系。证券价格会受到各种因素的影响，如大盘、行业以及发行人自身风格等，该等因素导致的损失是投资者交易标的证券理应承担的投资风险，与操纵证券市场行为之间不具有损失因果关系，不属于操纵者的赔偿范围。要准确认定损失因果关系，就须合理剥离与操纵行为无关之因素对股价的影响，这涉及金融资产定价问题，也与投资者损失核定紧密相关，此问题宜由法院依职权委托专业第三方机构在投资者损失核定中加以解决。

3. 原告因被告鲜某操纵证券市场行为所导致的损失应如何计算

关于投资者损失计算，是证券欺诈侵权责任案件审理的重点和难点，侵权人仅应对其不法行为造成的损害承担赔偿责任，然而证券价格的波动受多重因素影响，要较为准确地界定证券欺诈行为对投资者造成的损害，须排除其他因素对证券价格的影响，客观上需要借助专业人员的知识与技能。因此，委托专业第三方核定投资者损失具有必要性。净损差额法揭示了证券操纵的侵权本质，证券价格天然具有波动性，采用净损差额法和价格同步对比法，以投资者的实际成交价格与同时期股票的真实价格之差来计算损失金额具有合理性。本案中，上海金融法院引入了上海 B 大学中国××研究院作为第三方损失核定机构，出具了《证券投资者损失核定意见书》，并委派专家出庭接受询问。

4. 本案与投资者诉标的公司证券虚假陈述责任纠纷案应如何衔接

法院认为，按照目的吸收手段的原理，信息型操纵吸收虚假陈述行为，既可以主张证券操纵赔偿责任，也可以主张虚假陈述赔偿责任。对投资者已在证券虚假陈述责任纠纷案件中获偿的部分，在本案中予以相应扣除。

（四）诉讼启示

当前资本市场上的各类赔偿案件，主要以上市公司发布虚假信息引发的赔偿案为主。涉及交易型操纵市场被追究民事赔偿责任的案件，本案为第一起，可谓开风气之先，因此本案的审理判决引发了广泛的媒体关注并获得了良好的社会评价。本案被评为上海金融法院 2022 年度十个典型案例之一，也是中国证监会发布的 2022 年投资者保护十大典型案例之一，并入选了最高人民法院与中央广播电视总台共同主办的“新时代推动法治进程 2022 年度十大案件”。该案主要带给我们以下诉讼启示：

1. 采用“目的吸收手段”原理厘清多个违法行为的民事赔偿责任

该案判决书在认定鲜某实施证券操纵和虚假陈述的同时，特别采用“目的吸收手段”的原理，提出鲜某实施的信息型操纵可以吸收虚假陈述，从而划清了鲜某与上市公司之间的责任关系，避免了部分投资者重复获得赔偿的结果，使判决合乎法理、合乎法律。尤其是在涉及违法行为人实施多项违法行为的场合，采用目的吸收手段的做法，有助于澄清纷繁复杂的案件事实，体现民事赔偿责任的填补功能，也避免了各方在枝节问题上的无意义争议。

2. 引入专业第三方机构计算损失

在操纵市场和虚假陈述案件中，如何计算损失向来是实务中的难点问题之一。股票价格时时变动，影响股票价格的原因众多，既包括市场本身的原因，还会涉及相关违法行为，损失数额的确定往往需要借助复杂的计算，加之损失核定牵涉给定期限内的股票价格波动，具有极强的技术性，仅由当事人举证或者法院自己计算，不仅容易出现差错，也缺少较强的证明力和说服力。引入第三方机构能够提高事实判断的准确性，也有助于提高法院的裁判效率。

3. 民事赔偿责任优先原则的落实机制

本案作为全国首例落实民事赔偿责任优先的证券侵权案件，填补了民事赔偿责任优先原则法律适用的空白，使《证券法》的相关原则首次在行政、刑事、民事立体追责中获得实现。本案中，法院通过探索保全措施与民事赔偿责任优先原则相结合的方式，落实了民事赔偿责任优先原则，提高了投资者获得实际赔偿的概率，打通了民事赔偿责任优先原则落地的“最后一公里”，是强化投资者权益保护的“标杆式”案件，在民事赔偿责任优先原则的实现机制上，是一个制度性进步。

中国证监会针对此案表示，本案成功实践了《证券法》有关民事赔偿优先的规定，是全国首例落实民事赔偿责任优先的证券侵权案件，与上海证监局行政监管、司法机关刑事判决共同组成了对资本市场犯罪分子的立体化追责，对于构建“大投保”“全链条”投资者保护格局，进一步保护投资者合法权益、提振投资者信心具有重要的标杆作用。

二、彭某与中安科股份有限公司等证券虚假陈述责任纠纷案[①]

导读：“康美药业案”中独立董事承担上亿元连带责任引发对于独立董事履职

---

① 参见上海市高级人民法院民事判决书，(2021)沪民终870号。

及责任认定的思考，独立董事履职条件和客观情况与内部董事存在差异，二者的勤勉尽责义务是否应当相同？在“康美药业案”尚未判决时，本案一审判决已经给出了答案，其合理正确的审理思路得到监管认可，对正确认定独立董事虚假陈述民事责任具有典型借鉴意义。

（一）当事人信息

原告：彭某

被告1～7：中安科股份有限公司（以下简称中安科公司）及黄某等6名董事

被告8：中安消技术有限公司（以下简称中安消技术公司）

被告9：深圳市中恒汇志投资有限公司（以下简称中恒汇志公司）

被告10：银信资产评估有限公司（以下简称银信评估公司）

被告11～15：涂某身、周某、吴某民、梅某民、杨某平

（二）基本案情

被告中安科公司系在上海证券交易所上市的公司，其公开发行的A股股票代码：600654。

2013年4月，中安科公司启动重大资产重组项目，拟以非公开发行股份的方式向中恒汇志公司购买中恒汇志公司持有的中安消技术公司100%股权。

2013年11月15日、2014年3月12日，中安科公司就涉案重大资产重组置入资产评估项目召开了两次专家评审会议。

2014年4月25日，银信评估公司出具《评估报告》。

2014年6月10日，中安科公司第八届第十四次董事会审议通过重大重组议案，董事邱某、朱某、蒋某、殷某、常某表决同意，关联董事黄某等回避表决。6名董事中，黄某、邱某、朱某是中安科公司内部董事，分别担任董事长、总经理、财务总监一职，殷某、常某、蒋某是中安科公司的独立董事。

2014年6月11日，中安科公司发布《关联交易报告书（草案）》，披露了中安科公司通过向中恒汇志公司非公开发行股份的方式购买中恒汇志公司持有的中安消技术公司的100%股权。当日，中安科公司公告了包括资产评估报告在内的重大资产重组文件。

2015年1月23日，本次配套募集资金新增股份完成登记。至此，中安科公司本次重大资产重组实施完成。

2014年4月25日，被告银信评估公司出具银信评报字〔2014〕沪第0081号《评

估报告》,评估结论为:在评估基准日2013年12月31日,在本报告所列假设和限定条件下,中安消技术公司母公司口径下的账面净资产16,845.42万元,评估后中安消技术公司股东全部权益价值为28.59亿元,评估增值269,054.58万元,增值率1597.19%;中安消技术公司合并报表口径下的账面净资产33,752.58万元,评估后中安消技术公司股东全部权益价值为28.59亿元,评估增值252,147.42万元,增值率747.05%。

2016年12月24日,中安科公司发布《关于收到中国证券监督管理委员会调查通知书暨风险提示公告》,载明:因公司涉嫌违反证券法律法规,中国证监会决定对公司立案调查。2019年5月31日,中安科公司发布关于收到中国证监会行政处罚决定书的公告。中国证监会认定中安科公司在其2014年6月11日发布的关联交易报告书中所披露的置入资产评估值及2013年度营业收入存在严重虚增,构成证券市场虚假陈述。同时受到处罚的还有本案其余被告,包括多家中介机构等。

原告彭某向上海金融法院提出诉请:(1)判令中安科公司赔偿彭某投资差额损失、佣金及印花税损失合计1,248,012元;(2)被告中安消技术公司、中恒汇志公司、银信评估公司、6名董事、涂某身、周某、吴某民、梅某民、杨某平承担连带赔偿责任。

上海金融法院于2021年7月30日作出(2019)沪74民初2509号民事判决:(1)被告中安科公司向原告彭某赔偿投资差额损失259,718.28元及相应佣金、印花税损失;(2)中安消技术公司、中恒汇志公司、涂某身、银信评估公司对中安科公司的付款义务承担相应连带责任;(3)黄某、邱某、朱某对被告中安科公司的赔偿义务在2%的范围内承担连带责任;(4)驳回彭某的其余诉讼请求。

判决后,中安科公司不服向上海市高级人民法院提起上诉了,6名董事均服判息诉。上海市高级人民法院于2022年1月21日作出(2021)沪民终870号民事判决,判决驳回上诉,维持原判。

(三)争议焦点及法院裁判说理

上海金融法院认为,本案的争议焦点为:(1)虚假陈述揭露日的认定;(2)被告中安科公司的虚假陈述行为与原告投资中安科股票是否存在交易上的因果关系;(3)除被告中安科公司的虚假陈述行为外,原告投资者的损失是否系由证券市场系统风险等其他因素导致;(4)如果存在证券市场系统风险等其他因素,原告投资者投资差额损失的赔偿金额应当如何确定;(5)其他被告人责任的认定。

1. 虚假陈述揭露日的认定

法院认为，虚假陈述的揭露，是指虚假陈述被市场所知悉、了解，并不要求达到全面、完整、准确的程度，只要由于披露行为虚假陈述被市场所知悉、了解，市场亦存在明显的反应，该披露日即可作为揭露日。本案中虽被告中安科公司发布的收到立案调查通知的公告中未对被立案调查的事由作出全面、完整的披露，且该时间正好处于中安科股票停牌期间，但从中安科股票复牌后连续跌停的情况来看，市场对该公告有明显的反应，中安科公司被立案调查这一信息的披露对市场存在警示作用，故应认定本案虚假陈述揭露日为 2016 年 12 月 24 日被告中安科公司公告其收到中国证监会立案调查通知的时间。

2. 虚假陈述与投资者交易的因果关系问题

法院指出，最高人民法院《关于审理证券市场因虚假陈述引发的民事赔偿案件的若干规定》（以下简称《虚假陈述民事赔偿若干规定》）①第 18 条确定了以“推定信赖”判断交易因果关系存在与否的认定原则，即推定在虚假陈述实施日至揭露日期间进行相关股票交易的投资者，是基于对虚假陈述的信赖而进行的交易。虚假陈述行为对市场产生的诱导投资者买入的影响始于虚假陈述实施日，终于虚假陈述揭露日。本案中，被告中安科公司虚增置入资产评估值、虚增营业收入的行为自 2014 年持续至 2016 年，可以推定在此期间原告投资者基于对被告中安科公司发布的相关重大资产重组文件的信赖而买入中安科股票。被告中安科公司主张原告投资者买入中安科股票系受被告中安科公司发布利好信息公告的影响，对此法院认为，虚假陈述所产生的诱导投资者买入股票的影响区间为虚假陈述实施日至虚假陈述揭露日，至于投资者在该期间内买入的股票于揭露日后何时卖出以及基于何种原因卖出，均不影响交易因果关系的认定。原告投资者买入被告中安科公司股票可能出于多种原因，客观上无法区分原告投资者买入股票的具体动机是基于对虚假陈述的信赖，还是基于对市场行情的判断，抑或是对公司其他经营情况的综合考量。但无论如何，被告中安科公司已于 2015 年 1 月完成本次资产重组，故案涉资产重组文件中对置入资产评估值及营业收入的披露始终是影响投资者投资决策的重要因素。即使投资者可能是因为市场行情而购入股票，但在众多股票中选择中安科股票，被告中安科公司对外披露的公司信息仍是投资者信赖的因素。因此，本案中仍应适用《虚假陈述民事赔偿若干规定》所确立的推定因果关系，认定原告在实施日至揭露日期间买入并一直持有中安科股票的投资行为与虚假陈述行为之间

---

① 此解释已于 2022 年 1 月 21 日因《虚假陈述侵权赔偿规定》的施行而失效。

存在交易因果关系。

3. 证券市场系统性风险对原告损失的影响

法院认为,《虚假陈述民事赔偿若干规定》第 19 条规定,损失或部分损失是由证券市场系统风险等其他因素导致,应当认定虚假陈述与损害结果之间不存在因果关系。根据该条文的规定,如果被告中安科公司有证据证明投资者损失的形成存在其他致损因素,这些因素对股价的波动具有相当的影响程度,且与虚假陈述行为无关,则应当认定这些因素所导致的损失不属于虚假陈述行为人的赔偿责任范围。本案中,首先,中安科股票股价因受到 A 股市场出现整体剧烈波动影响的情况,中安科股票和大盘指数呈现同步下跌的走势,原告投资者因此影响所造成的损失部分,应认定与虚假陈述行为没有因果关系,不应由被告中安科公司予以赔偿。其次,中安科股票受到退市风险警示(* ST)的影响,中安科股票在此期间虽处于停牌期,但复牌后,股价出现连续跌停,原告投资者因此而遭受的损失部分,也应认定与虚假陈述行为不具有因果关系。最后,公司的重大投资行为、订立重要合同均属于可能对股票交易价格产生较大影响的重大事件,是《证券法》明确列举的法定披露事由。被告中安科公司于虚假陈述实施日至揭露日期间多次发布的签订重要合同、重大资产购买等利好信息,于揭露日后发布重大资产购买终止等利空信息,均会对中安科股价产生影响。中安科股价在上述重大事件公告期间发生较大波动,不能完全归因于虚假陈述行为,原告投资者由此所受损失与被告中安科公司虚假陈述之间没有因果关系,故这些重大事件应作为造成原告投资者损失的其他因素予以考虑。

4. 系统性风险损失扣除的计算方式

法院依据上海 B 大学中国 × × 研究院出具的《损失核定意见书》确定,投资者因虚假陈述导致的投资差额损失 = 名义买入成本 ×(名义损益比例 - 模拟损益比例),该计算公式可以理解为投资者因虚假陈述导致的投资差额损失 = 原告投资者全部投资差额损失(名义买入成本 × 名义损益比例) - 虚假陈述外其他因素导致的损失(名义买入成本 × 模拟损益比例)。其中,原告投资者全部投资差额损失 = 名义买入成本(买入均价 × 实施日至揭露日期间的净买入股数) - 名义回收成本(揭露日后每笔卖出股数 × 实际卖出股票价格 + 基准日后仍持有股数 × 基准价),该计算方式符合《虚假陈述民事赔偿若干规定》第 31 条、第 32 条所确定的投资差额损失计算方式。对于虚假陈述实施日至揭露日期间买入均价的计算,《损失核定意见书》系采用第一笔有效买入后的移动加权平均法进行计算,该方式是司法实践中常用的买入均价计算方式,其结果也相对客观合理。对于证券市场系统风险等其他因素导致的损失,《损失核定意见书》对于虚假陈述外其他因素导致的损失计算公式为:名义买入成本×模拟损益比例。《损失核定意见书》运用多因子模型法、事件分析法核定虚假陈述外其他因素引发的中安科股票模拟日收益率,据此模拟出中安科股票模拟价格并进而计算若不存在虚假陈述投资中安科股票的模拟损益比例。计算方式较为科学合理。

5. 其他被告人责任的确定

法院认为,独立董事的作用主要在于确保战略决策的妥当性、合理性和强化公司的经营监督。内部董事则主要承担企业具体运营职责。鉴于独立董事与内部董事的职责并不相同,故对于二者所应承担的责任也应有所区分:(1)被告殷某良、常某、蒋某伟这三名外部董事非专业人士,要求其持续关注"班班通"项目的履行进程,并对与标的公司经营状况相关的资料进行审核,已超出独立董事的职责范围,故在本案中免责;(2)被告黄某、邱某成、朱某东系内部董事,注意义务高于外部董事,应对交易对方及标的公司提供的相关资料尽到谨慎审核义务,现因中安科公司在重大资产重组中存在虚假陈述行为致使原告投资者遭受损失,其三人对此应承担民事责任,责任范围应结合过错程度确定;(3)被告中安消技术公司提供的盈利预测和营业收入信息存在误导性陈述、虚假记载,应就其虚假陈述行为向原告投资者承担连带赔偿责任;(4)被告周某、吴某民作为在被告中安消技术公司任职的工作人员,其在所涉重大资产重组中履行的是职务行为,由此造成投资者的损失应由被告中安消技术公司承担赔偿责任;(5)中恒汇志公司作为交易相对方,理应保证其提供的标的公司的相关信息具有真实性、准确性、完整性,故其应对虚假陈述承担连带赔偿责任;(6)被告涂某身系被告中恒汇志公司的控股股东,也是被告中安消技术公司的实际控制人,对虚假陈述未予以纠正或向被告中安科公司如实告知,构成共同侵权,承担连带赔偿责任;(7)被告银信评估公司的过错主要体现在对于相关重要事项未予充分关注和审核,但其作为评估机构过错程度相对较轻,故在25%的范围内承担连带责任;(8)被告梅某民、杨某平系所涉评估项目的首席评估师和注册评估师,在评估过程中履行的是职务行为,应由银信评估公司对外承担赔偿责任,故对原告要求其承担赔偿责任的请求,法院不予支持。

(四)诉讼启示

1. 细化独立董事勤勉尽责义务的典型意义

自"康美药业案"中独立董事被判承担上亿元连带责任以来,独立董事履职困境与责任承担问题引起了广泛讨论,上市公司独立董事更是人人自危。独立董事签字担责逻辑是否具有合理性，要求作为外部董事的独立董事与内部董事承担相同勤勉责任是否符合公司治理的现实？独立董事对于不属于专业范围的虚假陈述是否应当承担责任？以上问题是“康美药业案”以来理论和实践中广泛热议的话题，也反映出独立董事对现行司法实践中过高义务和不合理期待的不满。

本案一审、二审判决时间横跨“康美药业案”，但两审法官均有勇气打破独立董事“签字即担责”的刻板信条，坚持考虑履职实际对本案 3 名独立董事责任进行合理判断并最终作出免责判决。其中，一审法院对独立董事作为外部董事与内部董事的勤勉义务标准作出了详细说理，认为内、外部董事承担责任应有所区别，内部董事所负有的勤勉尽责义务标准应当高于作为外部董事的独立董事，要求作为非专业人士的外部董事持续关注标的公司项目履行进程并对标的公司经营状况相关资料进行审核已经超出独立董事的职责范围。该案区分内部董事与外部董事勤勉尽责标准的审理思路，已经得到监管肯定。

2023 年 4 月 7 日，国务院办公厅发布了《关于上市公司独立董事制度改革的意见》(国办发〔2023〕9 号)，要求明确独立董事在上市公司治理中的法定地位和职责界限，“按照责权利匹配的原则，兼顾独立董事的董事地位和外部身份特点，明确独立董事与非独立董事承担共同而有区别的法律责任……结合独立董事的主观过错、在决策过程中所起的作用、了解信息的途径、为核验信息采取的措施等情况综合判断，合理认定独立董事承担民事赔偿责任的形式、比例和金额，实现法律效果和社会效果的有机统一”。此外，中国证监会 2023 年 4 月 14 日发布的《上市公司独立董事管理办法(征求意见稿)》第 44 条进一步明确了应兼顾独立董事的董事地位和外部身份特点，综合其在信息形成和决策中所起作用、了解信息来源、知情前后态度、对异常情况注意程度、专业背景或行业背景判断其在上市公司中的履职尽责情况及其行政责任。

本案所彰显对独立董事的细化责任、精准问责、内外有别的审理思路与最新监管思路不谋而合，在明确独立董事职责定位，推动独立董事权责匹配、职责优化，推动资本健康市场健康稳定发展方面具有领先性典型示范意义。

2. 明确系统性风险因素扣除计算方式

2022 年最高人民法院发布的《虚假陈述侵权民事赔偿规定》首次明确区分了交易因果关系和损失因果关系，第 31 条规定：“人民法院应当查明虚假陈述与原告损失之间的因果关系，以及导致原告损失的其他原因等案件基本事实，确定赔偿责任范围。被告能够举证证明原告的损失部分或者全部是由他人操纵市场、证券市场的风险、证券市场对特定事件的过度反应、上市公司内外部经营环境等其他因素所导致的，对其关于相应减轻或者免除责任的抗辩，人民法院应当予以支持。”即明确了证券市场系统性风险与虚假陈述不具有损失上的因果关系，计算损失范围时应予以扣除。

但相关规定并未明确系统性风险损失扣除的计算方式，实践中采用的方式亦是五花八门。例如，有法院根据个股涨跌幅与大盘/行业指数的涨跌幅的对应关系，不通过精密地计算而酌情认定扣除系统性风险因素的比例①；也有法院以大盘指数或行业指数的涨跌幅比例，与上市公司股价涨跌幅比例相除，以相对比例作为扣减比例②；但以上两种计算方式都相对粗放。

本案采取的是委托第三方专业机构出具《损失核定意见书》，并对《损失核定意见书》中系统性风险损失扣除计算方式进行详细说理，肯定《损失核定意见书》中多因子模型法、事件分析法核定虚假陈述外其他因素引发的中安科股票模拟日收益率，据此模拟出中安科股票模拟价格并进而计算若不存在虚假陈述投资中安科股票的模拟损益比例，具有科学性，对于精细化认定虚假陈述案件系统性风险损失具有示范意义。

三、欢瑞世纪联合股份有限公司与邱某某证券虚假陈述责任纠纷案③

导读：非系统性风险又称特有风险、非市场风险或可分散风险，是由个别公司特有事件引起的风险，如企业经营管理环节出现问题、竞争落败等，会引起股价变化从而造成个股收益率的不确定性。在证券虚假陈述纠纷中负有信息披露义务的企业，应积极针对案件信息进行个案分析，尝试运用系统性和非系统性风险抗辩手段来争取减免责任。

（一）当事人信息

原告：邱某某

被告：欢瑞世纪联合股份有限公司（以下简称欢瑞公司）

（二）基本案情

星美联合股份有限公司（以下简称星美公司）系在深圳证券交易所上市的公

---

① 参见江苏省高级人民法院民事判决书，（2021）苏民终434号。

② 参见四川省高级人民法院民事判决书，（2021）川民终176号；广东省高级人民法院民事判决书，（2015）粤高法民二终字第13－967号。

③ 参见重庆市高级人民法院民事判决书，（2021）渝民终429号。

司,其公开发行的 A 股股票代码为 000892。2017 年 2 月 13 日,星美公司更名为欢瑞公司。

2016 年 1 月 29 日,星美公司董事会和监事会审议通过了重大资产重组报告书草案及摘要。2016 年 2 月 1 日,星美公司公告《重组报告(草案)》,以非公开发行股份的方式购买陈某、钟某艳等 60 人所持有的欢瑞影视有限公司(以下简称欢瑞影视)100%股权,并募集配套资金。本次交易标的资产作价 30 亿元。2016 年 5 月 16 日,星美公司公告《重组报告(草案)》修订稿。2016 年 10 月 10 日,星美公司公告《2016 年 6 月 30 日财务报告审计报告》《重组报告(草案)》。

2016 年 11 月 9 日,星美公司公告其重大资产重组获得中国证监会核准的信息。2016 年 11 月 11 日,该次重组标的资产完成股权过户手续及相关工商变更登记,欢瑞影视成为星美公司的全资子公司。

2017 年 4 月 7 日,欢瑞公司发布《2016 年年度报告》。

2017 年 7 月 17 日,欢瑞公司收到中国证监会重庆监管局作出的《调查通知书(渝证调查字 2017031 号)》。

2017 年 7 月 18 日,欢瑞公司在巨潮网上发布《关于收到中国证监会立案调查通知的公告》。

2019 年 11 月 4 日,欢瑞公司收到中国证监会重庆监管局作出的〔2019〕4 号《行政处罚决定书》(以下简称《4 号决定书》)和〔2019〕5 号《行政处罚决定书》(以下简称《5 号决定书》)。

《4 号决定书》主要内容为:(1)欢瑞影视提前确认收入致虚增营业收入,造成 2013 年虚增营业收入 69,396,226.42 元,2014 年虚增营业收入 27,894,339.63 元。(2)欢瑞影视虚构收回应收款项 25,500,000 元,造成 2015 年年报少计提坏账准备 4,250,000 元,2016 年半年报少计提坏账准备 4,675,000 元。(3)欢瑞影视推迟计提应收款项坏账准备,造成 2013 年少计提坏账准备 52,000 元,2014 年少计提坏账准备 208,000 元,2015 年少计提坏账准备 2,340,000 元。(4)欢瑞影视控股股东及其关联方占用欢瑞影视资金,造成欢瑞影视 2013 年年报未披露关联方占用资金 700 万元的关联交易,2014 年年报未披露关联方占用资金余额 700 万元的关联交易,2015 年年报未披露关联方占用资金余额 3000 万元的关联交易,2016 年半年报未披露关联方占用资金余额 3000 万元的关联交易。综上所述,欢瑞影视作为涉案重大资产重组的有关方,因未能提供真实、准确、完整的财务数据,导致欢瑞公司公开披露的重大资产重组文件存在虚假记载及重大遗漏。中国证监会重庆监管局决定:责令欢瑞公司改正,给予警告,并处以 60 万元罚款;对钟某艳给予警告,并处以

30 万元罚款;对赵某程、张某怡等给予警告,并分别处以 5 万元罚款。

《5 号处罚决定书》主要内容为:(1)欢瑞影视 2015 年虚构收回应收账款 850,0000 元,2016 年虚构收回应收账 17,000,000 元,2016 年虚构收回其他应收款 26,000,000 元,造成欢瑞公司 2016 年年报少计提坏账准备 28,350,000 元,虚增利润总额 28,350,000 元。(2)未充分披露关联方资金占用的关联交易情况。欢瑞影视控股股东及其关联方通过利用项目等方式占用欢瑞影视资金,造成欢瑞公司 2016 年年报未披露关联方占用资金 800 万元和占用资金余额 3800 万元的关联交易。综上,欢瑞公司披露的 2016 年年度报告存在虚假记载及重大遗漏的行为,中国证监会重庆监管局决定:责令欢瑞公司改正,给予警告,并处以 30 万元罚款;对钟某艳给予警告,并处以 10 万元罚款;对赵某程、张某怡等给予警告,并分别处以 3 万元罚款。

邱某某多次买入欢瑞公司股票,后卖出部分欢瑞公司股票。具体交易明细以一审法院向深圳证券交易所调取为准。

本案揭露日为 2017 年 7 月 18 日、基准日为 2017 年 11 月 15 日、基准价为 8.143 元。双方对此无异议。

邱某某向重庆市第三中级人民法院起诉请求:判令欢瑞公司赔偿因虚假陈述行为给邱某某造成的投资差额损失 28,705 元,印花税损失 57.41 元,以上损失的利息 33.10 元,合计 28,795.51 元。重庆市第三中级人民法院作出一审判决:欢瑞公司应于判决生效之日起 10 日内赔偿邱某某投资差额损失17,835.1元、印花税损失 17.84 元、利息 33.1 元,共计 17,886.04 元;驳回邱某某其他诉讼请求。

欢瑞公司对一审判决不服,向重庆市高级人民法院提出上诉,请求:撤销原审判决,改判驳回邱某某全部诉讼请求。

重庆市高级人民法院作出二审判决:撤销重庆市第三中级人民法院(2020)渝 03 民初 13 号民事判决第二项;变更重庆市第三中级人民法院(2020)渝 03 民初 13 号民事判决第一项为欢瑞公司应于本判决生效之日起 10 日内赔偿邱某某投资差额损失 14,268.08 元、印花税损失 14.27 元、利息 33.1 元,共计 14,315.45 元;驳回邱某某其他诉讼请求。

(三)争议焦点及法院裁判说理

经梳理,本案的争议焦点为:可获赔偿的投资损失如何计算。

一审法院商请中证法律服务中心对邱某某的投资差额损失、是否存在证券市场系统风险及相应的扣除比例进行了核算。中证法律服务中心是经中国证监会批准设立的跨区域、跨市场、全国性证券期货纠纷公益调解机构，由中国证监会直属公益机构中证中小投资者服务中心有限公司全额出资，于2020年1月17日在上海设立，注册资本为5亿元。中证法律服务中心以2016年2月1日为实施日，2017年7月18日为揭露日，采用“移动加权平均法”计算平均买入价，以“同步指数对比法”扣除系统风险，按国家规定1‰计算印花税。计算过程如下：(1)确定投资者可索赔股票范围。逐日考察投资者在实施日至揭露日期间交易记录的证券余额情况，若收盘后证券余额为0的，依法推定该日前买进的股票全部卖出，该日前的交易记录不参与损失计算，该日后的首笔买入交易为“第一笔有效买入”参与损失计算。(2)计算投资差额损失。以移动加权平均法计算投资者买入均价，投资者每次买入股票后，以新买入的股票成本加上前次的持仓成本，除以本次买入的股票数量加上前次的持仓数。以该方法，投资者每次买入股票时核算一次买入成本，卖出股票的成本以前一次计算所得买入均价为计价依据。买入均价＝(本次购入股票金额＋本次购入前持股总成本)÷(本次购入股票数量＋本次购入前持股数量)。投资差额损失＝(买入均价－卖出均价)×揭露日有效持股余额在揭露日至基准日期间卖出股数＋(买入均价－基准价)×揭露日有效持股余额在揭露日至基准日期间未卖出股数。(3)扣除证券市场系统风险。以“同步指数对比法”核算证券市场系统风险扣除比例，从投资者第一笔有效买入日起，以与个股买入均价、卖出均价及基准价格相同的计算方式，同步计算相应买入期间的指数均值、卖出期间的指数均值和揭露日到基准日期间的指数均值。指数均值的计算对应投资者交易记录，取投资者每笔交易当天的收盘指数和交易数量，以个股均价计算方式进行移动加权。通过各交易期间的指数均值可以得出指数跌幅，将深证综合指数、申万传媒行业指数、申万营销行业指数和申万文化传媒概念指数的跌幅一一计算后，获取指数平均跌幅。再将指数平均跌幅与个股跌幅进行对比。具体计算方法：个股跌幅＝(个股买入均价－个股卖出均价或个股基准价)÷个股买入均价。指数跌幅＝(指数买入均价－指数卖出均价或指数基准价)÷指数买入均价。系统性风险比例＝(深证综合指数涨跌幅＋传媒行业指数涨跌幅＋营销服务行业指数涨跌幅＋文化传媒概念指数涨跌幅)÷股票涨跌幅÷指数数量。考察期间应获赔投资差额损失＝考察期间投资差额损失×(1－考察期间系统性风险扣除比例)。

中证法律服务中心于2021年2月25日出具《证券投资者损失核定意见书[20212号]》。经该中心核算，邱某某第一笔有效买入日为2016年12月9日，最后一笔卖出日为2017年10月12日。第一笔有效买入至最后一笔卖出日期间，深证综合指数跌幅3.902%、传媒行业指数跌幅12.876%、营销服务行业跌幅18.336%、文化传媒概念指数跌幅 17.758%、个股跌幅 30.749%，系统性风险扣除比例为 42.987%。第一笔有效买入至基准日期间，深证综合指数跌幅 2.479%、传媒行业指数跌幅 13.260%、营销服务行业跌幅 16.864%、文化传媒概念指数跌幅 17.983%、个股跌幅 36.497%，系统性风险扣除比例为 34.651%。扣除系统风险后，邱某某投资差额损失 17,835.10 元，损失印花税 17.84 元，损失合计 17,852.94 元。

审理中，欢瑞公司单方委托上海高金金融研究院采用“收益率曲线同步对比法”对投资者的损失进行核算，上海高金金融研究院在《证券投资者损失核定专家意见书》中称，“收益率曲线同步对比法”是对影响股价的各种主要因素加以定量分析，在不考虑虚假陈述因素的前提下，以其他各主要因素模拟出欢瑞收益率曲线，计算出投资者的模拟损益比例，将其与含虚假陈述因素在内的各因素共同影响下形成的投资者损益比例进行对比，从而得出投资者因受虚假陈述影响而产生的投资差额损失。上海高金金融研究院认为，影响股价走势的事件分别为重大重组等相关重大事项停牌、撤回中止审查本次行政许可申请、2016 年年报业绩预增预告、公司控股股东和实际控制人及其一致行动人股票质押情况。具体计算过程如下：(1)计算名义损益比例。自投资者“第一笔有效买入”开始，根据加权成本法计算买入均价（买入均价 = Σ购入股票金额 ÷ Σ购入股票数量），进而计算名义买入成本 = 买入均价 × 实施日至揭露日期间的净买入股数，名义回收成本 = 揭露日后每笔卖出股数 × 实际卖出股票价格 + 基准日后仍持有股数 × 基准价，名义损益比例 =（名义买入成本 - 名义回收成本）÷ 名义买入成本 × 100%。(2)计算模拟损益比例。基于上述运算逻辑，分别计算模拟买入成本、模拟回收成本以及除虚假陈述外其他因素影响下所产生的模拟损益比例。(3)计算投资差额损失。投资差额损失金额 = 名义买入成本 ×（名义损益比例 - 模拟损益比例）。经核算，名义损失金额为 28,759.8 元，邱某某因受虚假陈述影响而产生的投资差额损失为 5382.39 元。

二审法院的裁判理由如下：

首先，关于如何确定名义损失金额的问题。针对平均买价的计算方法，欢瑞公司主张采用先进先出加权平均法，邱某某主张采用移动加权平均法。针对投资差额损失，上海高金金融研究院在《证券投资者损失核定专家意见书》中核定名义损益金额为28,759.8元，中证法律服务中心在《证券投资者损失核定意见书》中核定名义投资差额损失为 28,750.7 元。尽管双方当事人主张的计算方法不同，但两种方法核算的结果基本一致。欢瑞公司关于应当采用先进先出加权平均法核定名义损失金额的主张，不能成立。

其次，关于系统性风险扣除的问题，中证法律服务中心与上海高金金融研究院所采用的核算扣除方法不同：上海高金金融研究院采用的“收益率曲线同步对比法”的逻辑是先模拟出没有虚假陈述影响的投资损失（模拟投资损失），再与有虚假陈述影响的投资损失（名义投资损失）相比较，进而得出仅因虚假陈述造成的投资损失；中证法律服务中心采用的“同步指数对比法”的逻辑是在名义投资损失的基础上直接扣除系统风险比例，并以投资持股期间的大盘指数、行业指数的平均跌幅与个股跌幅对比，计算系统风险比例。虽然法律、司法解释对系统风险致损的计算标准未具体明确，司法实践中也不乏采用各自核算方法的实例，但对于两种计算方法中哪一种方法更能准确、客观扣除因系统风险造成的损失尚无定论。一审法院采用中证法律服务中心的核算结果并无不当。

最后，关于非系统风险扣除的问题。非系统风险，是指除证券市场系统风险以外的其他风险，其主要表现为上市公司自身经营问题导致应由投资者自行承担的商业风险。中证法律服务中心所采用的“同步指数对比法”并未扣除非系统风险。是否扣除非系统风险，需要结合具体案情认定。从本案查明的事实来看，影响股价走势的事件分别为重大重组等相关重大事项停牌、撤回中止审查本次行政许可申请、2016 年年报业绩预增预告、公司控股股东和实际控制人及其一致行动人股票质押情况。前三个事件均属于利多信息，并不会导致股票下跌，不属于非系统风险；而大股东质押股份触及平仓线的信息属于影响公司股权结构的重大利空消息，可能导致股票下跌，应属于非系统风险。虽然该消息因案涉股票停牌而未能及时作用于股票二级市场，但案涉股票复盘后的 2017 年 8 月 8 ~ 11 日的股价下跌，除受欢瑞公司于 2017 年 7 月 18 日发布《关于收到中国证监会立案调查通知的公告》的信息影响外，也可能受到“大股东质押股份触及平仓线”信息披露的影响，属于“多因一果”，且因虚假陈述行为所造成投资者的损失无法被精确区分并计算。故综合考虑欢瑞公司虚假陈述的恶意程度、公司股价整体表现、多因一果的股价变动情况，酌定扣除非系统风险致损部分，即在一审法院确定的投资差额损失 17,835.1 元上扣减 20%，金额为 14,268.08 元。印花税相应调整为 14.27 元，邱某某请求的利息 33.1 元仍低于以扣减后的投资差额损失计算的利息，依法予以确认。

（四）诉讼启示

1. 本案是虚假陈述纠纷案件中剔除非系统风险因素所致损失的典型案例

法院在证券市场虚假陈述侵权民事赔偿纠纷案件中认定投资者损失赔偿范围时，应当将系统性风险因素以及因公司自身原因导致的非系统性风险因素予以排除,全面、客观地认定投资者损失。

系统性风险因素的存在与否,可以依据相关指数进行认定,但是应当选择与涉案证券关联性最密切的指数作为比较基础。非系统性风险因素,可以结合公告信息的一般属性、股价反应程度、作用时间等进行综合判断。

2. 对于非系统性风险的主张应当积极进行个案分析

非系统性风险与经济或商业周期、竞争对手、企业自身的管理水平和决策等有关,因此,取证难度主要集中在企业对自身经营数据、利好利空公告等的调取上,尤其要注意企业在对利空利好消息的日常管理、披露等方面的举证,避免因构成重大遗漏等情形构成新规下明令禁止的虚假陈述行为,即非系统性风险的主张也需要排除信息披露本身的违法性。

因此,在证券虚假陈述纠纷案件中承担信息披露义务的企业,需积极对案件信息进行个案分析,尽量应用系统性和非系统性风险的抗辩手段来获取减免责任。通过收集类似重大资产重组、重大诉讼、重大担保等每一类重大事件的相关证据,计算并证明系统性风险的存在,并从关联性角度论证除虚假陈述行为本身之外的其他非系统性风险对投资者损失所造成的实际影响,通过科学的时间节点选择、充分的说理性论证和具体的金额计算等主张对相关部分责任的减免。

四、杜某诉新疆汇嘉时代百货股份有限公司证券虚假陈述责任纠纷案[①]

导读:2022 年 1 月 22 日,《虚假陈述侵权民事赔偿规定》开始实施,本案是依据最新司法解释判决涉案企业不需要赔偿投资者损失。对于虚假陈述揭露日(更正日)如何准确认定? 认定时是否必须考虑公开交易市场对相关信息的反应? 如何认定虚假陈述的内容具有重大性? 最新司法解释的规定,在司法实践中如何准确理解,值得我们深思。

(一)当事人信息

原告:杜某

被告:新疆汇嘉时代百货股份有限公司(以下简称汇嘉时代公司)

(二)基本案情

杜某出于对汇嘉时代公司披露公告的信任,投资了汇嘉时代股票。

---

① 参见新疆维吾尔自治区高级人民法院民事判决书,(2022)新民终 1 号。

2019年3月15日，汇嘉时代公司发布《关于新疆汇嘉时代小额贷款有限公司资金转贷给关联方情况说明的公告》（以下简称《3.15公告》）称："近期在公司内部控制自查过程中，发现公司全资子公司——新疆汇嘉时代小额贷款有限公司存在客户贷款转贷给公司实际控制人潘锦海及其关联方使用的情形，截止2019年3月13日，公司控股股东及其关联方已偿还全部资金本金及相应利息"。

2019年3月15日，汇嘉时代股价上涨1.21%，第2个交易日股价上涨2.53%；揭露日（2019年3月15日）至基准日（2019年4月8日），汇嘉时代股价上涨3.24%。

2019年4月30日，汇嘉时代公司发布公告称："因公司涉嫌信息披露违法违规，中国证监会决定对公司进行立案调查。"

2019年4月30日，汇嘉时代股价下跌2.27%；第2个交易日股价下跌6.69%。2019年4月30日至10月29日，汇嘉时代股价下跌28.15%。

二审期间，新疆维吾尔自治区高级人民法院（以下简称新疆高院）向中国证监会新疆监管局发出《调查函》，中国证监会新疆监管局复函附表《汇嘉时代未按规定披露的关联交易明细表》显示，2019年3月21日，关联方向汇嘉时代归还了最后一笔关联交易资金1100万元。

2019年7月25日，汇嘉时代公司公告收到中国证监会新疆监管局《行政处罚决定书》（〔2019〕3号），认定汇嘉时代公司未按规定披露关联交易，因此受到了行政处罚。

杜某因汇嘉时代证券虚假陈述遭受投资实际损失18,167.68元，因此诉诸法院，乌鲁木齐市中级人民法院作出（2021）新01民初101号民事判决书，判决驳回杜某的诉讼请求。杜某提起上诉，新疆高院终审判决驳回上诉，维持原判。

（三）争议焦点及法院裁判说理

新疆高院根据本案事实及双方的诉辩意见，确定本案的争议焦点为：（1）虚假陈述的实施日、揭露日以及基准日应如何认定；（2）该虚假陈述是否具有重大性，杜某的诉讼请求能否成立。

1.虚假陈述的实施日、揭露日以及基准日应如何认定

（1）关于虚假陈述的实施日。2018年1月10日，汇嘉时代公司向关联公司诚尚德商贸提供借款1700万元，该关联交易金额已经超过汇嘉时代公司最近一期经审计净资产绝对值的0.5%，应当进行披露。依据《上市公司信息披露管理办法》（2007年）第71条第2项规定对于"及时"的法律定义，最晚应于2018年1月12日

前进行披露才符合“及时”披露的要求。按照《虚假陈述侵权民事赔偿规定》第 7 条第 3 款的规定:“因未及时披露相关更正、确认信息构成误导性陈述,或者未及时披露重大事件或者重要事项等构成重大遗漏的,以应当披露相关信息期限届满后的第一个交易日为实施日。”本案中,应当披露相关信息届满日为 2018 年 1 月 12 日,则虚假陈述实施日应为 2018 年 1 月 12 日后的第一个交易日即 2018 年 1 月 15 日。

(2)关于虚假陈述揭露日。本案中,汇嘉时代公司应披露而未披露的关联交易连续发生,《3.15 公告》首次公开披露相关关联交易情况,并在上市公司发布公告的网络平台公布,所确认关联交易内容基本与《行政处罚决定书》确认的内容相当,故《3.15 公告》符合首次、全国范围的标准。因本案为上市公司自行更正,且在更正时危险因素已经消除,故本案中无须考虑更正对证券市场实质性影响的要件。杜某称《3.15 公告》存在主体不全、金额差异、还款延迟的问题与统计标准有关,均不能推翻该日股民应当知道公司存在未披露关联交易的违法违规行为的事实,故杜某主张《3.15 公告》不属于虚假陈述揭露日的意见,新疆高院不予采纳。

2. 该虚假陈述是否具有重大性,杜某的诉讼请求能否成立

本案中,根据查明的事实,至 2019 年 3 月 21 日(中国证监会新疆监管局认定的收回全部款项时间),关联交易款项均已收回并取得利润。汇嘉时代公司的股票价格在揭露日至基准日期间并未下跌,反而呈上升趋势。即使在杜某主张的 2019 年 4 月 30 日至 10 月 29 日,交易量即换手率亦未超出正常区间,最高值为 5.27%(仅一天),大多数时间均为 1% 以下。该虚假陈述未导致证券交易价格、交易量的明显变化,故该虚假陈述不具有重大性。杜某主张汇嘉时代公司赔偿其因虚假陈述而造成损失的诉讼请求不能得到支持。

鉴于汇嘉时代公司的证券虚假陈述不具有重大性不应当承担民事责任,故本案中不再审查虚假陈述行为与投资者的损失之间是否存在因果关系的问题。

(四)诉讼启示

1. 更正日的认定及标准

更正,顾名思义即用正确的内容改正以前的错误。《3.15 公告》的内容为虚假记载,本身就含有虚假陈述的内容。中国证监会新疆监管局的复函显示,2019 年 3 月 21 日,关联方向汇嘉时代公司归还了最后一笔关联交易资金 1100 万元。也就是说,《3.15 公告》中所称“截止 2019 年 3 月 13 日,公司控股股东及其关联方已偿还全部资金本金及相应利息”,系虚假记载。截至 2019 年 3 月 13 日,公司控股股东及其关联方并未偿还全部资金本金及相应利息,仍有 1100 万元本金及利息未偿还给

汇嘉时代公司。可见,《3.15 公告》发布日不是更正日。

更正日的确定应当考虑对证券市场的实质性影响。根据《虚假陈述侵权民事赔偿规定》第 8 条的规定,虚假陈述揭露日,是指虚假陈述首次被公开揭露并为证券市场知悉之日。法院应当根据公开交易市场对相关信息的反应等证据,判断投资者是否知悉了虚假陈述。监管部门以涉嫌信息披露违法为由对信息披露义务人立案调查的信息公开之日,应当认定为揭露日,除当事人有相反证据足以反驳外。《全国法院民商事审判工作会议纪要》也规定要根据交易市场对相关信息存在明显的反应,来认定揭露日和更正日。

汇嘉时代公司发布《3.15 公告》后,股价不跌反涨。2019 年 4 月 30 日,汇嘉时代公司发布公司涉嫌信息披露违法违规,被中国证监会立案调查后,股价存在明显下跌。依据上述判断标准,本案虚假陈述揭露日应为 2019 年 4 月 30 日。

2. 虚假陈述具有重大性的判断标准

《虚假陈述侵权民事赔偿规定》第 10 条第 2 款规定,应依据股票价格和成交量是否有明显变化,来判断虚假陈述的内容是否具有重大性。具体在本案中:

首先,2019 年 4 月 30 日至 10 月 29 日(换手率达到 100%),汇嘉时代股价大幅下跌 28.15%,虚假陈述揭露后导致了股价明显下跌。

其次,虚假陈述导致成交量明显变化,应当比对虚假陈述揭露日前后成交量的变化情况。本案中,汇嘉时代股票在 2019 年 4 月 30 日至 10 月 29 日(121 个交易日),总换手率 100.13%,平均每天换手率 0.83%;2018 年 10 月 31 日至 2019 年 4 月 29 日(121 个交易日),总换手率 747.58%,平均每天换手率 6.18%。虚假陈述揭露后也导致了交易量出现明显变化。

因本案是《虚假陈述侵权民事赔偿规定》实施后较早判决的证券虚假陈述责任纠纷案件,对于最新司法解释的理解与适用提供了指引。

五、投资人诉长圆科技集团股份有限公司证券虚假陈述责任纠纷案①

导读:本案系一起上市公司并购标的财务造假的典型案件。长圆科技集团股份有限公司(以下简称长圆集团)作为一家上市公司,其 2021 年归母净利润亏损高达 10.27 亿元。长圆集团旗下子公司长圆和鹰为完成业绩承诺,通过虚构海外销售、提前确认收入、重复确认收入、签订“阴阳合同”、项目核算不符合会计准则等多种方式虚增利润,导致长圆集团陷入投资者诉讼的泥潭中,赔偿金超 1 亿元,市值缩

① 参见广东省深圳市中级人民法院民事判决书,(2021)粤 03 民初 5339、5584 号等。

水超6亿元。目前，它已成为签订业绩承诺协议的负面教材。

（一）当事人信息

原告1：王某莲、翁某雄等投资人

原告2：上海凯瓴投资管理合伙企业（有限合伙）

被告：上海中路（集团）有限公司

（二）基本案情

2016年，长圆集团通过评估，认为长园和鹰的增值率高达652%，以18.8亿元的收购价收购长圆和鹰80%股权，同时签订业绩承诺协议。为使长圆和鹰完成业绩承诺，由时任董事长组织虚构海外销售，提前、重复确认收入，累计虚增利润3亿元。长圆集团的股价从2015年开始下跌，但是在2016年的时候，其营业收入却呈现逐年增长的趋势——实际上，长园集团账面上早已处于亏损的状态，为了使自己虚假的账目不被发现，长园集团更换了多家审计机构，也正是它的这一行为引起了中国证监会深圳监管局的关注。通过中国证监会深圳监管局的调查发现，长圆集团虚构海外收入，提前确认收入等手段虚增利润。中国证监会深圳监管局于2020年10月23日针对长圆集团在2016年和2017年年度报告中披露的财务数据存在虚假记载情况作出了《行政处罚决定书》。该集团在被曝光财务造假之前，迅速将手中持有的股票大量卖出，当投资者们发现这一违法行径时，已经为时已晚，大量财产已经流失，股民的利益严重受损。原告作为投资者，因长园集团的前述信息披露违法违规行为受到巨大损失，依据《证券法》等法律法规的规定，向法院申请判令公司承担相应损失。双方当事人向深圳市中级人民法院提交了《关于对本案以不开庭方式审理的申请书》，明确已收到深圳市中级人民法院的前述告知书，本系列案与示范案件基于同一侵权事实，请求按照示范案件对本系列案以不开庭方式审理。

一审判决后，双方当事人均未提起上诉，本案前述判决均已发生法律效力。

（三）争议焦点及法院裁判说理

本案件及先前共通事实和争议焦点的认定主要存在于以下五点：（1）侵权行为及重大性；（2）“三日一价”；（3）行为和损失之间存在因果关系；（4）损失核算机构；（5）投资者损失确认及责任承担。针对以上的争议焦点，法院作出如下解释和认定：

1. 被告长园集团在2016年、2017年年度报告中披露的财务数据存在虚假记载，构成证券虚假陈述侵权行为并具备重大性。

2. 最高人民法院于2022年1月21日发布了《虚假陈述侵权民事赔偿规定》，对虚假陈述认定、交易因果关系、过错认定、损失认定、诉讼时效等进行了细化明确，本文主要针对虚假陈述的实施日、揭露日、基准日和基准价（俗称“三日一价”）进行分析，对投资者损失的计算有实际的保护意义。根据《虚假陈述侵权民事赔偿规定》，长园集团虚假陈述实施日为2017年3月14日，更正日为2018年12月25日，基准日为2019年1月21日，基准价为4.56元/股。

3. 投资者在前述实施日到更正日期间买入长园集团股票并最终受有损失的，在扣除系统性风险后，推定该损失与虚假陈述行为存在交易因果关系和损失因果关系。

4. 中证资本市场法律服务中心有限公司作为损失核算机构。在扣除系统性风险后，长园集团应当对投资者损失的50%承担赔偿责任。

5. 投资者的损失包括因虚假陈述导致的投资差额损失、投资差额损失部分的佣金和印花税。佣金和印花税的标准分别为投资差额损失的0.3‰、1‰。长园集团对投资者损失的50%承担赔偿责任。《虚假陈述侵权民事赔偿规定》第35条第2款规定：“本规定施行后尚未终审的案件，适用本规定。本规定施行前已经终审，当事人申请再审或者按照审判监督程序决定再审的案件，不适用本规定。”故本案应当适用《虚假陈述侵权民事赔偿规定》。《虚假陈述侵权民事赔偿规定》第25条规定：“信息披露义务人在证券交易市场承担民事赔偿责任的范围，以原告因虚假陈述而实际发生的损失为限。原告实际损失包括投资差额损失、投资差额损失部分的佣金和印花税。”因利息损失不属于直接损失，故原告主张利息损失没有法律依据，法院不予支持。根据示范判决（2021）粤03民初2601号之一、（2021）粤03民初2601号之二民事判决书认定的事实和裁判理由，被告长园集团应当对原告损失的50%承担赔偿责任。

（四）诉讼启示

根据《21世纪经济报》的相关报道，2020年5月16日下午，中国证监会深圳监管局公布了对大华会计师事务所（以下简称大华所）的行政处罚决定书。早前，长圆集团2016年、2017年分别虚增利润总额1.23亿元和1.8亿元，占到当期利润总和的15%左右。但大华所却对长圆集团2016年、2017年财务报表作出了标准无保留意见的审计报告。依据《证券法》（2005年修订）的相关规定，中国证监会深圳监管局责令大华所改正,没收其业务收入 386.79 万元,并处以 773.58 万元罚款;对 4 名涉事注册会计师给予警告,并分别处以 6 万元罚款。

大华所系“八大所”之一,此次处罚决定付出的罚款金额虽然数额并非巨大,但是其商业能力将受到市场的质疑。然而,在此次财务造假事件中,相较于长园集团,大华所受到的“创伤”不值一提。上市公司通过并购、投资扩大企业竞争优势,增强企业影响是常规操作,但是此案作为上市公司并购标的财务造假的典型案件,仍旧给我们提供了不少经验和启示。

1. 被收购企业造成长园集团巨额财产损失,长园集团还要为被收购方的财务造假行为承担赔偿责任,苦不堪言

长园和鹰的财务造假情形被披露后,长园集团先后被近千位投资人提起了虚假陈述诉讼,赔偿金额过亿元。根据中国证监会深圳监管局的行政处罚决定书所示,长园和鹰不但虚增利润导致长园集团的实际账面损失,并且直接引发了长园集团股价的大幅跳水。当长园集团 2016～2018 年年度报表显示公司营收逐年增长时,大股东趁机大量减持手中股票,至 2020 年事发前恶意套现 28 亿元财产,进一步损害了众多股东利益。

长园集团在庭审中抗辩认为自己并未实施财务造假,也对被收购企业的财务造假行为并不知情。但是根据《虚假陈述侵权民事赔偿规定》第 21 条“公司重大资产重组的交易对方所提供的信息不符合真实、准确、完整的要求,导致公司披露的相关信息存在虚假陈述,原告起诉请求判令该交易对方与发行人等责任主体赔偿由此导致的损失的,人民法院应当予以支持”的规定,法院依法判决长园集团对股民的损失承担赔偿责任。

2. 财务造假导致公司被其大股东提起诉讼,严重损害上市公司形象,商誉减值

不但股民、投资者相继对长园集团提起了诉讼,长园集团股东山东至博信息科技有限公司(以下简称山东至博)亦以证券虚假陈述责任纠纷为由对长园集团提起民事诉讼,涉案金额合计约为 57,216.93 万元。山东至博表示,根据《处罚决定书》认定的虚假记载行为,长园集团已经构成证券虚假陈述行为,且给山东至博造成了巨大的经济损失,长园集团依法应承担相应的赔偿责任。山东至博案涉及的股票投资差额损失、佣金、印花税损失及相关利息合计为 1,144,338,569.28 元。

法院判决长园集团赔偿股民们所遭受的损失,为此,长园集团承担了高额的民事赔偿,企业的形象也严重受损。法院借此也指派了专业的审计机关对长园集团进行了财务审查。长园集团实际的财务报告显示,其账面上已经亏损了近 10 亿元,企业账目将呈现持续亏损的趋势。如果按照这种趋势发展下去,长园集团将会面

临着严重的财务危机。长园集团以前都是依靠贷款偿还企业的债务,现在企业的形象大幅受损,其在银行的信誉也深受影响,所能获得的银行贷款与以前相比也有所减少。

财务报告显示,长园集团的负债额将会越来越高,公司的净资产数值也有所减少,这也意味着股民的利益会因此受到影响。此前长园集团的股票在金融市场上销售得很好,有很多股民看重长园集团股票的发展。但是经过这次财务造假和恶意套现事件之后,很多股民开始不信任长园集团的股票了,纷纷选择出售。长园集团的股票持续走低,虽然集团的管理者想要采取手段挽救公司的商誉,但是长园集团已经在金融市场上失去了信誉,良好的企业形象很难恢复到从前。

长园集团之所以财务造假,是想通过账面的盈利获得更多股民的支持,再借机出售手中的股票以获得巨额利润。他们本以为这样的操作不会被人发现,但法网恢恢,疏而不漏,最终被曝光出来,多年营造的企业形象也损于一旦。

3. 上市公司财务造假,暴露出其严重内控问题

上市公司财务造假屡禁不止,从根本上反映出公司内部控制存在严重问题。在本案中,公司内部管理人员与外部审计师相互勾结,通过虚增业绩、财务数据篡改等手段来欺骗投资者和市场,从而获得非法利益,由此所暴露的内控问题涉及以下几个方面:

(1)内部控制制度薄弱。上市公司的内部控制制度是保证财务报告真实可靠的重要前提。公司内控制度不够完备或者存在漏洞,容易造成财务管理混乱、审计程序不严,使得财务造假行为能够得以发生。

(2)内部人员素质不高。完善的内控制动需要专业素质高、诚信可靠的内部人员来落实执行。然而,本案中的长圆和鹰原董事长缺乏职业道德心和责任心,参与、计划、领导并实施了公司的财务造假行为,严重损害了公司的形象和利益。

(3)审计业务能力不足。审计师是保证公司财务报告真实可靠的重要保障,然而,本案中的审计师可能是因为主观判断和客观能力不足,导致无法发现漏洞。甚至,审计师发现了财务漏洞或错误却没有及时披露,使公司财务失去了监督和约束。

(4)监管部门执法力度不够。财务造假也与监督部门的执法力度不足有关。上市公司财务造假行为被发现后,监管部门应及时调查和处理,公开相关信息,保障市场投资者的利益。但是,一些监管部门的执法能力不足,或者与被监管对象存在利益勾结,导致处理结果不公正,市场信心受到严重损害。

4.并购需谨慎,不能盲目相信业绩承诺,应当全面考量并购公司的各项财务数据

实际上,长圆和鹰的危机早有端倪。早在2016年长圆集团收购长圆和鹰时,长圆和鹰已经造假。当时的评估机构立信评估认为收购前长圆和鹰的账面股东权益为3.14亿元,全部股东权益为23.63亿元,增值率为652.02%,后长圆集团现金收购长圆和鹰80%的股权,增值率为652.02%,形成商誉16.07亿元。长圆集团早在2017年中期就关注到长圆和鹰应收账款回收严重滞后的问题,一再督促其加快汇款进度。但直至2018年上半年长圆和鹰出现业绩严重下滑,长圆集团才于2018年8月更换了尹某勇及相关经营管理层。上述案件发生后,长圆和鹰已经资不抵债,长园和鹰原董事长尹某勇因挪用资金、职务侵占被刑事立案,由该事件引发的后续影响仍在继续扩散。

据长圆集团董事长吴某权介绍,长圆集团已聘请律师团队调查处理。根据长圆集团收购长圆和鹰的相关约定,业绩承诺人未完成业绩指标需对上市公司进行赔偿,公司将根据调查结果及协议约定追究其赔偿责任。收购来的长圆和鹰身陷业绩造假风波,也让业内开始重新打量长圆集团的并购路径。

由于长园集团盲目相信业绩承诺,没有充分认识到并购的风险,对风险的应对不足。其在并购之前未能清晰地确定双方的发展战略,明确合适的并购标的,全面调查基础资产的情况,并不能作出一个合理的标的资产估值。长园集团在并购时未充分考虑自身情况,选择了不恰当的支付方式,同时设定了偏离实际的业绩目标,从而可能促使被并购方进行业绩造假。在并购后,长园集团未能切实做好整合工作,在长园和鹰业绩失诺时才后知后觉,这导致了并购的最终失败,成为一颗"业绩雷"。

业绩承诺的概念较宽泛,盈利预测补偿协议、业绩补偿协议及绩效协议等相似概念也在其概念范畴之内。在我国并购市场中,业绩承诺,是指被并购方承诺未来在一定期限内会有何种经营绩效,这种承诺既显示了企业对自身业绩的信心,也保障了并购方的利益,从而有利于并购方实现预期利润。在签订业绩承诺协议时,并购双方也会签订相应补偿条款,就业绩承诺未兑现后该如何补偿并购方的损失等事项进行商议,从而在一定限度内保护中小股东的利益。

5.示范案例的判决结果保持一致,做到"同案同判"

本案件的公示判决书中并未明确罗列双方的证据或辩论内容,但是在法院说理和法院判决部分,深圳市中级人民法院明确了其根据同一法院先前就相同法律事实作出的生效判决[于2021年11月19日作出的(2021)粤03民初2601号之一

民事判决以及于2021年12月10日作出的(2021)粤03民初2601号之二民事判决]认定本案中的被告长园集团构成证券虚假陈述侵权行为,向原告支付相应的赔偿款,同时驳回原告的其他诉讼请求。

金融市场变化莫测,只有努力维护金融市场的良好秩序,才能最大限度地保障每一个参与者的利益。恶意扰乱金融市场的行为最终会受到法律的制裁,长园集团就是一个这样的例子:严重扰乱了金融市场的秩序,被处以巨额的民事赔偿,也损害了企业的信誉,败坏了企业的形象。

金融市场上已经有多家公司的财务造假行为被曝光,引发了市场的波动。上市公司想要赢得股民的信任,打造良好的企业形象,最重要的一点就是不能在账目上造假,以一个真实的企业形象出现在公众面前,才能赢得公众的信任。

六、金正大生态工程集团股份有限公司、冯某证券虚假陈述责任纠纷案①

导读:在全面实行股票发行注册制后,证券市场更强调以信息披露为中心,更加重视对中小投资者合法权益的保护力度。上市公司作为信息披露义务人的信息披露义务更为严格,对其违法行为的责任追究强度也逐步加大,证券虚假陈述依然会是证券市场最为重点规制的违法行为之一。本案反映了司法实践中对证券虚假陈述责任纠纷案件的审判思路、态度的变化。

(一)当事人信息

原告:投资者冯某

被告:金正大生态工程集团股份有限公司(以下简称金正大公司)

(二)基本案情

金正大公司系在深圳证券交易所上市的上市公司,其公开发行的A股股票,证券简称"ST金正",证券代码:002470。

1. 金正大公司发布公告的具体情况

2016年3月29日,金正大公司发布《2015年年度报告》,此后年度相继发布了《2016年年度报告》《2017年年度报告》。上述年度报告,大信会计师事务所(特殊普通合伙)(以下简称大信会计师事务所)均出具了标准无保留审计意见。

2019年4月30日,金正大公司发布《2018年年度报告》《2018年年度审计报

---

① 参见山东省高级人民法院民事判决书,(2022)鲁民终2368号。

告》《2018 年度内部控制鉴证报告》《控股股东及其他关联方占用资金情况审核报告》等多份报告。具体内容如下：

《2018 年年度报告》第九节“公司治理”第十部分“内部控制审计报告或鉴证报告”披露了大信会计师事务所出具的《2018 年度内部控制鉴证报告》，该报告意见类型为否定意见，载明，“我们发现金正大公司财务报告内部控制存在如下缺陷：1. 报告期内，贵公司以预付购货款的名义，与关联方诺贝丰（中国）农业有限公司（以下简称诺贝丰公司）发生大额资金往来，截至 2018 年 12 月 31 日预付款项余额为 371380.27 万元，截止审计报告日尚未收到货物。贵公司与日照昊农贸易有限公司、临沂绿力商贸有限公司等单位发生较大金额资金往来，截至 2018 年 12 月 31 日预付该等单位款项约 60794.61 万元，该等预付款项多数并无实际货物采购入库。资产负债表日至财务报告批准报出日期间，贵公司仍在与上述单位发生资金往来情况。管理层没有对上述单位的背景情况、财务状况、信用情况进行必要的调查以评估其信用风险，也未对上述资金支付的恰当性实施必要的内部控制，且截至本报告日，上述情况尚未消除。金正大公司在协议签订以及款项支付管理上未能实施有效的控制。2. 公司 2018 年季度报告和半年度报告未将诺贝丰公司识别为关联方并披露与该公司的相关交易，年度报告中根据我们的意见将诺贝丰公司识别为关联方并披露了相关交易。公司未对关联方及关联方交易披露的准确性和完整性实施有效的内部控制。3. 在审计过程中，我们发现贵公司以前年度存在无实物流转的贸易性收入，并提请公司进行自查并根据自查结果调整相应期间会计报表。但截至本报告日，贵公司尚在自查中，相关影响尚未纠正。有效的内部控制能够为企业及时防止或发现财务报表中的重大错报提供合理保证，而上述重大缺陷使金正大公司内部控制失去这一功能”。

《2018 年年度报告》第十一节“财务报告”披露了大信会计师事务所出具的审计报告，该报告的意见类型为保留意见，载明，“形成保留意见的基础（一）报告期内，贵公司以预付购货款的名义，与关联方诺贝丰公司发生大额资金往来，截至 2018 年 12 月 31 日预付款项余额为 371380.27 万元，截止审计报告日尚未收到货物。因审计范围受到限制，我们无法判断预付款项的性质及可收回性，以及对贵公司财务报表的影响。贵公司与日照昊农贸易有限公司、临沂绿力商贸有限公司等单位发生较大金额资金往来，并通过预付款项核算，截至 2018 年 12 月 31 日预付该等单位款项约 60794.61 万元，且资产负债表日后仍发生往来。该等预付款项多数并无实际货物采购入库，我们实施了函证、检查及访谈等审计程序，但仍无法判断该等单位是否与贵公司存在关联关系，以及预付款项的可收回性和财务报表列报的恰当性。我们通过实施查阅相关工商登记信息、访谈等审计程序,以期识别除上述提及的其他可能未披露的关联方,但未能获取贵公司是否提供了全部关联方的审计证据,因此未能判断贵公司是否有必要对财务报告附注‘九、关联方关系及其交易’披露的信息进行调整;(二)在审计过程中,我们发现贵公司以前年度存在无实物流转的贸易性收入。我们提请贵公司对以前年度相关业务进行自查,并根据自查结果调整账务。截止审计报告日,贵公司尚未提供自查结果,我们无法判断该事项对相应会计期间财务报表的影响”。

大信会计师事务所出具的《控股股东及其他关联方占用资金情况审核报告》的意见类型为无法表示意见。该报告载明,因对金正大公司出具了保留表示意见的审计报告,基于形成保留意见基础可能产生的影响,注册会计师无法判断金正大公司编制的《控股股东及其他关联方占用资金情况表》是否真实、完整地披露了与控股股东及其他关联方资金往来情况。

2020年6月30日,金正大公司发布《2019年年度报告》《2019年年度审计报告》《2019年度内部控制鉴证报告》《关于对金正大公司年度财务报表审计出具非标准审议意见报告的专项说明》等系列公告。在《2019年年度报告》第一节“重要提示、目录及释义”中披露,“公司董事中除董事陈某福、王某、李某利、秦某及高级管理人员白某之外的其他董事、监事会监事、高级管理人员保证年度报告内容的真实、准确、完整,不存在虚假记载、误导性陈述或重大遗漏,并承担个别和连带的法律责任。董事陈某福、王某、李某利、秦某及高级管理人员白某无法保证本报告内容的真实、准确、完整的理由如下:鉴于公司业绩大幅下滑,内部控制制度存在重大缺陷,2018年度审计报告保留事项尚未清除,结合大信会计师事务所出具无法表示意见的2019年度审计报告,本人无法确认2019年度公司财务数据的真实性、完整性和准确性,因此无法保证公司2019年年度报告内容真实、完整、准确、不存在任何虚假记载、误导性陈述或重大遗漏”“大信会计师事务所为公司出具了无法表示意见的审计报告,本公司董事会、监事会对相关事项已有详细说明,请投资者注意阅读”“公司2019年度内部控制自我评价报告中涉及内部控制重大缺陷,详细情况详见《2019年度内部控制自我评价报告》”。

《2019年年度报告》第十节“公司治理”第十部分“内部控制审计报告或鉴证报告”披露了大信会计师事务所出具的《2019年度内部控制鉴证报告》,该报告意见类型为否定意见,载明,“我们发现金正大公司财务报告内部控制存在如下重大缺陷:1.报告期内,金正大公司以预付购货款的名义与关联方诺贝丰公司发生大额资金往来,截至2019年12月31日预付款项余额为28.45亿元,上述预付货款大部分未收到货物，形成了资金占用。2. 报告期内，金正大公司作为出票人，向临沂维纶商贸有限公司、临沂凡高农资销售有限公司等公司开具商业承兑汇票，截至 2019 年 12 月 31 日该等商业承兑汇票尚有 10.02 亿元未承付，其中财务报告批准报出日已逾期 3.48 亿元；另外金正大公司仅作为承兑人的商业承兑汇票余额为 5.45 亿元，可能存在相应的担保责任。3. 截至 2019 年 12 月 31 日，金正大公司存货余额中发出商品 31.97 亿元。发出商品作为公司重要的资产，管理层未定期进行盘点。4. 金正大公司 2018 年以前存在无实物流转的贸易性收入，截止本报告出具日，金正大公司仍未能完成对以前年度相关业务的自查，并根据自查结果及时调整账务"。

《2019 年年度报告》第十二节"财务报告"披露了大信会计师事务所出具的审计报告，该报告的意见类型为无法表示意见，载明，"形成无法表示意见的基础（一）报告期内，贵公司以预付购货款的名义与关联方诺贝丰公司发生大额资金往来，账面记载采购货物 13.86 亿元；截至 2019 年 12 月 31 日预付款项余额为 28.45 亿元。我们无法判断上述预付款项性质及可收回性，向诺贝丰公司采购货物交易价格是否公允和存货账面价值的恰当性。（二）报告期内，贵公司作为出票人向临沂维纶商贸有限公司、临沂凡高农资销售有限公司等公司开具商业承兑汇票，截至 2019 年 12 月 31 日该等商业承兑汇票尚有 10.02 亿元未承付，其中财务报告批准报出日已逾期 3.48 亿元；另外截至 2019 年 12 月 31 日贵公司仅作为承兑人的商业承兑汇票余额为 5.45 亿元，可能存在相应的担保责任。因审计范围受到限制，我们无法判断该等单位与贵公司是否存在关联联系，也无法判断贵公司作为出票人开出的商业承兑汇票入账的完整性及贵公司仅作为承兑人的担保责任披露的完整性，以及款项的最终流向与实际用途和可收回性。此外我们无法判断贵公司财务报表附注'九、关联方关系及其交易'披露的完整性。（三）截至 2019 年 12 月 31 日，贵公司存货余额中发出商品 31.97 亿元，因审计范围受到限制，我们无法判断贵公司资产负债表日存货账面记录与实际数量及金额是否一致。（四）2018 年以前存在无实物流转的贸易性收入，截至财务报告报出日，贵公司仍未对以前年度财务报表作出相应调整"。

2. 金正大公司因信息披露违规受到监管机关调查

2019 年 5 月 8 日，金正大公司发布《关于收到行政监管措施决定书的公告》（2019－029），披露其于 2019 年 5 月 7 日收到了中国证监会山东监管局对公司下发的《关于对金正大生态工程集团股份有限公司采取出具警示函措施的决定》的行政监管措施决定书，公司董事长万某步、财务负责人李某国、董事会秘书崔某收到了《关于对金正大生态工程集团股份有限公司董事长万某步等 3 人采取监管谈话措

施的决定》的行政监管措施决定书，进一步披露了2018年度该公司与诺贝丰公司等关联方发生大额资金往来以及审计机构发现该公司以前年度存在无实物流转的贸易性收入。

2020年9月15日，金正大公司发布《关于收到中国证券监督管理委员会调查通知书的公告》，披露其于2020年9月14日收到《中国证券监督管理委员会调查通知书》（鲁证调查字〔2020〕18号），因公司涉嫌存在信息披露违法违规行为，中国证监会决定对公司立案调查。

2022年1月4日，中国证监会作出《行政处罚决定书》（〔2022〕1号），对金正大公司及万某步、李某国等作出行政处罚。该决定书查明金正大公司存在以下违法事实：

（1）金正大公司通过虚构贸易业务虚增收入利润：2015年至2018年上半年，金正大公司及其合并报表范围内的部分子公司通过与其供应商、客户和其他外部单位虚构合同，空转资金，开展无实物流转的虚构贸易业务，累计虚增收入2,307,345.06万元，虚增成本2,108,384.88万元，虚增利润总额198,960.18万元，其中，2015年虚增营业收入246,484.44万元，虚增成本230,507.99万元，相应虚增利润总额15,976.45万元，占当期披露利润总额的12.20%；2016年虚增营业收入847,299.36万元，虚增成本742,780.23万元，相应虚增利润总额104,519.13万元，占当期披露利润总额的99.22%；2017年虚增营业收入613,125.67万元，虚增成本568,077.60万元，相应虚增利润总额45,048.07万元，占当期披露利润总额的48.33%；2018年上半年虚增营业收入600,435.59万元，虚增成本567,019.06万元，相应虚增利润总额33,416.53万元，占当期披露利润总额的28.81%。上述情况导致金正大公司披露的《2015年年度报告》、《2016年年度报告》、《2017年年度报告》和《2018年半年度报告》存在虚假记载。

（2）金正大公司未按规定披露关联方及关联交易：①金正大公司未按规定披露其与诺贝丰公司的关联关系及关联交易，包括金正大公司与诺贝丰公司之间的关联关系披露不准确、金正大公司对其与诺贝丰公司之间的关联资金往来披露不准确等问题；②金正大公司未按规定披露其与富朗（中国）生物科技有限公司（以下简称富朗公司）、诺泰尔（中国）化学有限公司（以下简称诺泰尔公司）的关联关系及关联交易。

（3）金正大公司部分资产、负债科目存在虚假记载：①金正大公司虚减应付票据；②金正大公司虚增发出商品。为解决大额预付账款余额和虚假暂估存货余额，消化存货盘亏问题，金正大公司通过领用虚假暂估入库的原材料和实际已盘亏的

存货、虚构电费和人工费等方式虚构生产过程，虚增产成品。

(4)冯某提供的账户对账单显示，其于 2016 年 3 月 29 日至 2019 年 6 月 25 日多次买入、卖出金正大公司股票。

(三)争议焦点及法院裁判说理

一审法院认为，本案的争议焦点为：(1)涉案虚假陈述行为的认定；(2)冯某投资损失与涉案虚假陈述行为之间有无因果关系。

关于争议焦点一，一审法院认为，本案中，根据《虚假陈述侵权民事赔偿规定》第 4 条的规定，与中国证监会作出的《行政处罚决定书》(〔2022〕1 号)，认定金正大公司披露的《2015 年年度报告》《2016 年年度报告》《2017 年年度报告》《2018 年年度报告》《2019 年半年度报告》《2019 年年度报告》存在证券虚假陈述行为。

(1)关于涉案虚假陈述行为的实施日。因金正大公司自《2015 年年度报告》开始存在虚假陈述，双方对于《2015 年年度报告》公布之日即 2016 年 3 月 29 日为实施日无异议，一审法院认定涉案虚假陈述行为的实施日系 2016 年 3 月 29 日。

(2)关于涉案虚假陈述行为的揭露日。根据《虚假陈述侵权民事赔偿规定》第 8 条的规定，一审法院认为，金正大公司实施的虚假陈述行为自 2016 年 3 月 29 日起呈连续状态，虽然金正大公司在 2020 年发布的系列公告亦涉及虚假陈述行为的揭露，但应以 2019 年 4 月 30 日的首次公开揭露之日认定为本案虚假陈述行为的揭露日。故本案权利人范围系 2016 年 3 月 29 日(含)之后至 2019 年 4 月 29 日(含)之前以公开竞价方式买入，并于 2019 年 4 月 29 日闭市后当日仍持有金正大公司股票的投资者，冯某对符合上述期间的股票有权主张赔偿。

(3)关于基准日和基准价问题。根据《虚假陈述侵权民事赔偿规定》第 26 条的规定，本案投资差额损失的基准日为自揭露日起第 30 个交易日即 2019 年 6 月 14 日，基准价为 4.268 元。

关于争议焦点二，一审法院认为，冯某投资损失与涉案虚假陈述行为是否有因果关系，主要考量的方面为交易因果关系与损失因果关系。关于交易因果关系，根据《虚假陈述侵权民事赔偿规定》第 11 条的规定，本案中，冯某在虚假陈述实施日之后、揭露日之前实施了相应的交易行为，冯某在此期间的投资决定与虚假陈述之间的交易因果关系成立；关于损失因果关系，一审法院委托中证服务中心进行了鉴定，采取买入均价时使用的是移动加权平均法的计算方法，考虑了从实施日到揭露日整个期间投资者每次买入股票的价格和数量，也剔除了因为卖出证券导致的盈亏。同时，中证服务中心以深证综合指数、行业板块等指数的波动情况作为判断系

统风险因素是否存在以及影响大小的参考依据具有合理性，而其采用的测算方法能够合理计算买入金正大公司股票的投资者因市场系统风险受到的损失。金正大公司于 2019 年 2 月 26 日发布《关于北京京东世纪贸易有限公司前述战略合作框架协议的公告》，2019 年 4 月 1 日发布《关于控股股东部分股权解除质押的公告》，2019 年 4 月 23 日发布《关于实际控制人部分股权质押及解除质押的公告》等利好消息使股价相对较高，但在 2019 年 4 月 30 日至 6 月 14 日，金正大公司被大信会计师事务所出具保留意见的审计报告，金正大公司发布重大收购未能完成业绩承诺、为子公司提供担保、股权补充质押等公告，在此期间的股价下跌系证券虚假陈述、系统风险和公司自身经营等非系统风险叠加造成。基于以上考量，一审法院酌定计算冯某的投资损失时应扣除 5% 的非系统风险因素，并计算出了冯某的损失金额。

杜某二审上诉请求撤销一审判决，改判驳回冯某一审的全部诉讼请求，或将本案发回重审。

二审法院认为，本案的争议焦点为关于交易因果关系的认定是否正确。依据《虚假陈述侵权民事赔偿规定》第 11 条的规定，证券虚假陈述责任纠纷案件中，如原告能够证明信息披露义务人实施了虚假陈述、原告交易的是与虚假陈述直接关联的证券且原告在虚假陈述实施日之后、揭露日或更正日之前实施了相应的交易行为，法院即可推定原告的投资决定与虚假陈述之间的交易因果关系成立。被告如抗辩主张交易因果关系不成立，须依据《虚假陈述侵权民事赔偿规定》第 12 条的规定，就其主张所依据的相关情形承担举证证明责任。本案中，金正大公司主张其在虚假陈述实施日至揭露日期间实施了一系列收购和重大资产重组行为、应当认定冯某的全部或者部分交易行为与虚假陈述之间不存在交易因果关系，但其并未提交充分证据证明冯某在实施日之后的全部或者部分交易行为是受到其主张的收购、重大资产重组等事件的影响才实施。一审结合虚假陈述、交易行为等客观事实，认定冯某的投资决定与虚假陈述之间的交易因果关系成立，具有事实和法律依据，并无不当。

对于投资差额损失计算方法及赔付比例，二审法院认为，一审法院系在合理裁量范围内作出的认定，具有事实和法律依据，且公平合理，予以维持。综上所述，金正大公司的上诉请求不能成立，应予驳回。

（四）诉讼启示

证券虚假陈述责任纠纷作为一种特殊类型的侵权责任，其仍应满足侵权责任的四个构成要件，在法律、司法解释中对该四种构成要件进行了特别规定：(1)信息披露义务人披露的信息存在虚假陈述行为；(2)信息披露义务人主观存在过错；(3)虚假陈述行为给投资者造成了损失；(4)虚假陈述行为与损失之间具备交易因果关系和损失因果关系。因此，在此类案件中可从该四个构成要件的角度出发，为上市公司的抗辩提供相关参考。

其中，侵权行为与损害结果之间的因果关系，系侵权责任的核心要件。证券虚假陈述责任纠纷案件作为特殊类型的侵权案件，对因果关系要件的论证尤为重要。《虚假陈述侵权民事赔偿规定》在原有规定的基础上，对认定被告实施的虚假陈述行为与原告之间的因果关系、因果关系程度及不同交易情形下的原告损失的不同等方面进行了更加明确的规定，将因果关系进一步区分成两层因果关系，即交易因果关系和损失因果关系。所谓交易因果关系，即信息披露义务人的虚假陈述行为与投资者进行证券交易(包括诱多型虚假陈述中买入相关证券的行为，以及在诱空型虚假陈述中卖出相关证券的行为)之间的因果关系；损失因果关系，则是指信息披露义务人的虚假陈述行为与投资者的损失之间的因果关系。二者是一个递进的关系，即交易因果关系是损失因果关系的前提，并且仅在两类因果关系都成立的情形下，方可认定证券虚假陈述侵权的因果关系成立。

对于交易因果关系，《虚假陈述侵权民事赔偿规定》第 11 条规定了推定原告的投资决定与虚假陈述之间的交易因果关系成立的三个条件：(1)有虚假陈述行为；(2)与交易标的证券的关联性；(3)投资者在虚假陈述影响期间(实施日之后至揭露日之前)实施了相应交易行为。可以看出，因果关系的成立即是特定投资者基于对上市公司虚假陈述的信赖而产生的交易行为。《虚假陈述侵权民事赔偿规定》的第 12 条列举了针对交易因果关系抗辩的四种情形，也成为上市公司就因果关系抗辩的重要依据：(1)原告的交易行为发生在虚假陈述实施前，或者是在揭露或更正之后；(2)原告在交易时知道或者应当知道存在虚假陈述，或者虚假陈述已经被证券市场广泛知悉；(3)原告的交易行为受到虚假陈述实施后发生的上市公司的收购、重大资产重组等其他重大事件的影响；(4)原告的交易行为构成内幕交易、操纵证券市场等证券违法行为。

对于损失因果关系，《虚假陈述侵权民事赔偿规定》在第 31 条第 1 款规定了损失因果关系的认定规则，以确定被告的赔偿范围。第 31 条第 2 款则规定相应的抗辩情形，具体包括由他人操纵市场、证券市场的风险、证券市场对特定事件的过度反应、上市公司内外部经营环境等因素所导致的损失等。在司法审判中，上述可抗辩情形通常会被分为系统因素和非系统因素，其中，系统因素一般是由虚假陈述期间的市场指数、板块指数等来衡量，而非系统因素则既包括公司本身经营业绩下滑、退市风险等因素，又包括其他行为对市场造成的影响等。

因此，在诉讼中上市公司应当尽可能地搜集证据，在具体案例中针对因果关系这一要件可以逐步递进进行抗辩。第一步，否认与特定投资者存在交易因果关系，对交易因果关系的抗辩情形进行举证，请求法院免除其责任。第二步，举证证明存在系统因素和非系统因素，抗辩要求剔除这类系统性风险和非系统性风险所导致的损失，从而减轻或免除其责任。

七、杨某兴诉中国证监会没收违法所得、罚款、限制从业及行政复议案

导读：2023 年 2 月 17 日，资本市场全局迎来重大改革，中国证监会发布全面实行股票发行注册制相关制度规则。在注册制下，监管的力量相对谦抑和后撤，给予中介机构和发行人更大的空间，赋予投资者更大的权利。因此，各方也需要更明确法律规则与监管框架。本案对信息型操纵以及违法所得的认定提供了重要参考，为此类案件的办理创设了规则，也对各方主体予以警示——切勿心怀侥幸，勿要行操纵市场之险为个人谋利。

（一）当事人信息

原告：杨某兴

被告：中国证监会

（二）基本案情

2013 年，梅花生物科技集团股份有限公司（以下简称梅花生物）非公开发行股票，由于每股定价高于梅花生物的股价，为确保非公开发行成功、不亏钱，2012 年年底至 2013 年年初，梅花生物实际控制人孟某山、时任董事会秘书杨某兴与浙大九智（杭州）投资管理有限公司（以下简称浙大九智，实际控制人韩某龙）以及华鑫国际信托有限公司（以下简称华鑫信托）商定，由华鑫信托成立结构化集合信托计划参与梅花生物的股票非公开发行，并由孟某山为信托计划本金和收益提供担保。

2013 年 3 月 25 日，华鑫信托成立华鑫信托－慧智投资 8 号信托计划（以下简称慧智 8 号信托），孟某山借用廊坊市通江建筑工程有限公司（以下简称通江建筑）的名义认购慧智 8 号信托 B 类劣后级份额 5378 万元。同时，孟某山与华鑫信托签订《股票质押合同》，以 11，200 万股梅花生物股票为慧智 8 号信托提供收益保底承诺，保证本金和 12.5% 的年化收益。

慧智8号信托作为单一委托人，委托建信基金管理有限责任公司（以下简称建信基金）设立建信基金公司－慧智投资8号资产管理计划（以下简称建信基金－慧智8号）作为参与梅花生物非公开发行股票的主体，认购11,164万股，认购资金69,998.28万元。慧智8号信托和建信基金－慧智8号的实际下单交易由韩某龙控制的浙大九智负责。

2014年12月，慧智8号信托即将到期，梅花生物的股价无法满足信托约定收益，孟某山为避免信托亏损以及承担担保责任，由杨某兴联络韩某龙和中国对外经济贸易信托有限公司（以下简称外贸信托）发起设立外贸信托－九智9号集合资金信托计划（以下简称九智9号信托），以83,000万元受让慧智8号信托的受益权，从而九智9号信托间接持有梅花生物股票11,164万股。韩某龙控制的浙大九智具有九智9号信托的投资建议权，下达交易指令。孟某山以通江建筑名义认购九智9号信托劣后级份额11,000万元，并对九智9号信托本金和收益进行担保，同时享有11%的固定收益和20%的超额收益，变相延长信托计划到期期限。

孟某山作为梅花生物实际控制人、时任董事长，具有公司重大事项的决策权；杨某兴时任梅花生物董事会秘书，参与公司涉及资本市场的重大事项，为孟某山提供建议，负责梅花生物与中介机构的协调沟通，以及各类重大信息的准备和发布，两人均具有信息优势地位。

2014年11月5日，梅花生物发布公告称公司拟通过发行股份并支付现金方式收购宁夏伊品生物科技股份有限公司（以下简称伊品生物）股权，并向不超过10名特定投资者非公开发行股份募集配套资金。后来，收购标的伊品生物发生了大股东股权质押导致相关审计报告需要重做、产生诉讼纠纷等影响收购的情况。在梅花生物采取重做审计报告、督促伊品生物协商解决诉讼等行动后，2015年7月初，杨某兴要求中德证券的金某宁准备梅花生物与伊品生物终止重组的材料。伊品生物董事长、总裁闫某平称，2015年7月9日，时任梅花生物总经理王某军电话通知其梅花生物拟终止与伊品生物的重组。综上所述，“拟终止重组伊品生物”的信息在2015年7月9日即具备公告条件。但是，梅花生物方面并未及时公告前述信息，直到2015年8月12日，梅花生物收到商务部同意梅花生物收购伊品生物的批文并必须及时披露，杨某兴向孟某山汇报后，梅花生物在2015年8月12日收市后，同时披露了商务部的审批信息和前述拟终止重组信息，并公告公司股票自次一交易日起停牌。此后，在履行公司内部审议程序后，梅花生物于2015年9月1日公告终止本次重组，公司股票也于下一交易日复牌。

2015年7月8日，中国证监会发布《关于上市公司大股东及董事、监事、高级管理人员增持本公司股票相关事项的通知》，在此背景下，孟某山电话联系在 2015 年 4～6 月减持过梅花生物股票的二股东胡某军，说服胡某军出资增持公司股票，具体增持安排由孟某山、杨某兴负责，胡某军只负责在相关文件签字。此后，杨某兴经广发证券股份有限公司新开路证券营业部介绍，联络广发证券资产管理（广东）有限公司设立增稳 2 号，增稳 2 号由胡某军作为单一委托人并以自有资金出资设立，相关交易指令由杨某兴通过其下属刘某芳下达，实际交易决策人为杨某兴。

2015 年 7 月 9 日，梅花生物召开董事会、监事会和职工代表大会，审议通过了关于《梅花生物科技集团股份有限公司员工持股计划（草案）》的议案。

2015 年 7 月初，梅花生物半年业绩数据形成，公司上半年实现归属于上市公司股东的净利润约 3.3 亿元，较去年同期增长 150% 左右。

在孟某山、杨某兴推动下，梅花生物陆续在 2015 年 7 月 9 日、10 日向市场公告前述 3 项信息。

2015 年 7 月 18 日，在增稳 2 号的增持数量未达到强制披露标准的情况下，杨某兴推动梅花生物自愿性披露了胡某军增持进展情况的公告。

2015 年 7 月 30 日，在增稳 2 号的增持数量同样未达到强制披露标准的情况下，杨某兴推动梅花生物第二次自愿性披露了胡某军的增持进展。

此外，在梅花生物已计划终止重组伊品生物的情况下，杨某兴仍于 2015 年 8 月 5 日向前来调研的长城证券股份有限公司（以下简称长城证券）研究员传达了重组项目仍在进行中并且完成后将对行业格局和产品价格产生重大影响的正面信息，长城证券随后发布了推荐买入梅花生物股票的研究报告。

此外，孟某山、杨某兴还操控减持梅花生物股票时点。2015 年 6 月至 7 月初，梅花生物的股价基本维持在孟某山信托计划退出成本之上，杨某兴多次催促韩某龙卖出九智 9 号信托持有的梅花生物股票，以便解除孟某山的补偿和担保责任。2015 年 7 月上旬股市异常波动期间，梅花生物的股价最低降至 6 元/股左右，九智 9 号信托产生大额浮亏，杨某兴再次电话联系韩某龙，对韩某龙在 2015 年 6 月的股价高点没有卖出表达不满，并表示要解除担保。韩某龙回复说浙大九智卖出梅花生物股票的目标价格调整到了 10 元/股。经沟通，杨某兴和韩某龙共同将卖出目标价确定为 10 元/股，即在梅花生物的股价达到 10 元/股时，九智 9 号信托就将梅花生物股票卖出。

随着前述业绩预增、二股东胡某军增持以及设立员工持股计划三项利好信息的发布，梅花生物的股价连续 4 个交易日涨停，但自 2015 年 7 月 16 日开始，杨某兴操控增稳 2 号连续 3 个交易日在二级市场增持梅花生物股票，合计买入 13,073,560

股，并推动梅花生物于2015年7月18日自愿性披露了胡某军增持进展情况的公告。自2015年7月24日起，梅花生物的股价再次下挫。杨某兴操控增稳2号自2015年7月27日起连续3个交易日增持梅花生物股票，买入股数合计15,289,230股，杨某兴推动梅花生物于2015年7月30日第二次自愿性披露了胡某军的增持进展。2015年7月31日梅花生物股票最高股价超过10元/股目标价格，九智9号于2015年7月31日通过连续竞价减持11,146,500股梅花生物股票，卖出均价10元/股。

2015年8月3日，梅花生物的股价大幅下跌，杨某兴操控增稳2号分别于2015年8月3日和5日在二级市场增持梅花生物股票共计12,019,400股，梅花生物于2015年8月6日发布了股东胡某军增持完成的公告。

自2015年8月6日至13日停牌前，梅花生物的股价企稳回升并且大部分时间稳定在10元/股目标价格附近，九智9号信托于2015年8月7日、11日和12日分别减持100万股、3001万股和27,122,838股，其中，除8月7日通过连续竞价减持的100万股和8月11日通过大宗交易减持的2000万股均价略低于10元/股外，减持均价均超过10元/股。

截至2015年8月12日，九智9号信托将间接持有的11,164万股梅花生物股票全部清空。其中，2015年7月至8月的减持均价为10.10元/股（包含3000万股大宗减持的折扣价格），与杨某兴和韩某龙在2015年7月初的约定价格基本一致。

中国证监会认为，孟某山与杨某兴合谋，一边利用信息发布的优势地位操控上市公司信息发布节奏，选择性地披露利好信息，拖延对梅花生物不利信息的发布；一边借拥有增稳2号交易决策权之便，控制增稳2号的股票交易。孟某山、杨某兴的行为影响投资者预期，推高股价，成功将梅花生物的股价维持在孟某山的信托退出成本之上。与此同时，孟某山、杨某兴利用拖延发布拟终止重组利空信息、自愿性发布相关股东增持利好信息以及增稳2号不断增持梅花生物股票的"时间窗口"，精准、集中、高位减持梅花生物股票，从而实现对相关信托计划的顺利退出。孟某山、杨某兴具有共同主观故意，共同操纵梅花生物股票价格。孟某山、杨某兴的上述行为违反了2005年修订的《证券法》第77条第1款第4项的规定，构成第203条所述操纵证券市场的行为，对相关人员作出行政处罚。

杨某兴不服被诉禁入决定中对其作出的行政处罚，向中国证监会申请行政复议。2021年3月31日，中国证监会作出〔2021〕44号《行政复议决定书》（以下简称被诉复议决定），决定维持被诉禁入决定中对杨某兴作出的市场禁入决定。杨某兴仍不服，诉至北京金融法院（以下简称一审法院），请求撤销被诉禁入决定中对其作出的行政处罚和被诉复议决定。

一审法院根据合法有效的证据以及当事人的有关陈述，对被诉禁入决定中认定的事实予以确认，并查明浙大九智总经理韩某龙与杨某兴 2015 年 7 月前后达成“梅花生物股票的目标价格调整为 10 元/股”的合意。2015 年 7 月 8 日，梅花生物盘后发布《2015 年半年度业绩预增的公告》，主要内容为：预计 2015 年上半年实现归属于上市公司股东的净利润约 3.3 亿元，与上年同期相比增加 150% 左右。当天，梅花生物又发布了《关于股东拟增持公司股票的公告》，主要内容为：为维护公司股价稳定，胡某军先生计划未来 6 个月之内（自 2015 年 7 月 9 日起）通过证券公司、基金管理公司定向资产管理计划等方式增持 3.6 亿元的梅花生物普通股股票。

一审法院判决认为，中国证监会在被诉禁入决定中对杨某兴作出的行政处罚认定事实清楚，适用法律正确，程序合法，处罚幅度适当，一审法院依法应予支持。被诉复议决定认定事实清楚，适用法律正确，程序合法，亦依法应予支持。杨某兴要求撤销被诉禁入决定中对其作出的行政处罚和被诉复议决定的诉讼请求缺乏事实根据和法律依据，最终驳回杨某兴诉讼请求。

杨某兴不服一审判决，上诉至北京市高级人民法院（以下简称二审法院），二审法院对一审法院查明的事实予以确认。

二审法院认为，鉴于对中国证监会具有作出被诉禁入决定、被诉复议决定的法定职权及被诉禁入决定、被诉复议决定的程序合法性双方均未提出异议；对于一审法院选择适用 2005 年修订的《证券法》审查本案，双方亦未提出异议。经审查，一审法院的相关认定正确，二审法院予以确认。

（三）争议焦点及法院裁判说理

根据前述法律规定，结合双方当事人的诉辩主张，一审法院总结本案的争议焦点为：（1）杨某兴是否具有操纵涉案股票的故意；（2）杨某兴是否存在操纵信息发布时点及控制相关账户交易的行为；（3）涉案违法所得金额的计算是否正确。一审法院围绕争议焦点问题论述如下：

1. 杨某兴是否具有操纵涉案股票的故意

法院认为，首先，本案证据可以证明，孟某山和杨某兴共同具有确保孟某山不因九智 9 号信托产品亏损承担担保责任的目的。孟某山在事前曾向杨某兴承诺，只要九智 9 号信托产品不亏损，就会给杨某兴奖励。孟某山在事后也履行了承诺，实际向杨某兴支付了 2599 万元作为奖励。其次，杨某兴与韩某龙达成了在梅花生物的股价为 10 元/股时就卖出的目标价格，九智 9 号在该价位卖出梅花生物股票可以实现孟某山不因九智9号信托产品亏损承担担保责任的目的。最后，杨某兴通过控制信息发布节奏、操控增稳2号连续大量买入梅花生物股票等行为，配合九智9号连续、集中、高位减持梅花生物股票。综上所述，结合杨某兴的行为，可以认定杨某兴具有操纵梅花生物股价的故意。

2. 杨某兴是否存在操纵信息发布时点及控制相关账户交易的行为

法院认为，本争议焦点的实质是认定杨某兴是否通过控制利好和利空信息的发布节奏实现操纵梅花生物股价的问题。杨某兴具体实施了如下行为：

（1）杨某兴延迟发布"拟终止重组伊品生物"的利空信息。中德证券并购重组部董事金某宁的询问笔录及其邮箱显示，伊品生物董事长、总裁闫某平的询问笔录足以认定"拟终止重组伊品生物"的信息在2015年7月9日已具备公告条件，但梅花生物未及时公告上述信息，至2015年8月12日收市后才予以公告。杨某兴作为梅花生物董事会秘书，实际控制了信息发布的节奏，拖延了利空信息的发布。

（2）在杨某兴的推动下，梅花生物积极披露"业绩预增""二股东胡某军增持""员工持股计划"等利好信息。2015年7月8日，梅花生物发布了《2015年半年度业绩预增的公告》和《关于股东拟增持公司股票的公告》两项利好信息。同月10日，梅花生物发布了《梅花生物员工持股计划（草案）》的议案。上述三项利好信息的发布，导致梅花生物的股价连续4个交易日涨停，推高了梅花生物的股价。同时，2015年7月18日和30日，在增稳2号持股数量未达到强制披露标准的情况下，梅花生物自愿性披露胡某军增持进展情况的公告拉抬股价。

对比前述利空信息和利好信息的发布节奏，可以明显看出，杨某兴对于利好信息采取的是"当天发布""未达到披露标准即自愿性披露"等方式，而对于利空信息则采取推迟发布的方式，对于两类信息选择了截然不同的方式。与此同时，杨某兴的信息披露行为还与如下行为相配合：

首先，杨某兴控制了二股东胡某军增稳2号的股票增持。增稳2号的增持计划由杨某兴具体安排价格区间和执行区间，实际交易决策人为杨某兴。杨某兴通过实际控制增稳2号的增持行为来配合九智9号信托的减持。其次，杨某兴通过与韩某龙达成协议，控制九智9号信托卖出梅花生物股票。杨某兴主张其对九智9号的卖出不具有决策权，但在案证据可以证明韩某龙与杨某兴2015年7月前后达成"梅花生物股票的目标价格调整为10元/股"的合意。所谓控制，是指使其按控制者的意愿活动。本案中，九智9号账户的交易指令虽由韩某龙下达，但其在10元/股卖出梅花生物股票的决策是按照杨某兴的意愿进行的，故可以认定在该事项上，韩某龙受到了杨某兴的控制。

3. 涉案违法所得金额的计算是否正确

法院认为,2005年修订的《证券法》第203条规定:“违反本法规定,操纵证券市场的,责令依法处理非法持有的证券,没收违法所得,并处以违法所得一倍以上五倍以下的罚款;没有违法所得或者违法所得不足三十万元的,处以三十万元以上三百万元以下的罚款。单位操纵证券市场的,还应当对直接负责的主管人员和其他直接责任人员给予警告,并处以十万元以上六十万元以下的罚款。”本案中,中国证监会以2015年7月8日为基准日,以该日梅花生物股票二级市场收盘价格为基准价格计算杨某兴的违法所得。杨某兴则认为,即使梅花生物于2015年7月9日确定终止重组,该终止公告最早也只能在7月9日当天收市后报送交易所系统,因此2015年7月9日梅花生物股票收盘价并不受当天才确定的利空公告的影响,中国证监会在计算违法所得时应以2015年7月9日作为基准日。

但根据前述认定可知,杨某兴操纵市场的违法行为,不仅包括迟延发布利空信息,发布相关利好信息亦属于整个操纵行为的组成部分。根据本案查明的事实,2015年7月8日盘后,梅花生物即发布了《2015年半年度业绩预增的公告》和《关于股东拟增持公司股票的公告》两项利好信息。两项利好信息作为杨某兴操纵证券市场行为的一部分,应当作为违法所得计算时考量的因素。该两项利好信息的发布对2015年7月9日梅花生物股票价格产生了影响。故中国证监会以2015年7月8日作为违法所得计算的基准日并无不当。

(四)诉讼启示

本案是北京金融法院成立后受理的首例一审行政案件,也是中国证券监督管理委员会查处的首例因兜底定增引发的大股东通过控制信息披露节奏操纵上市公司股价的案例。案件涉及信息型操纵与传统交易型操纵相结合的操纵市场方式,涉案金额巨大,具有较大的社会影响。信息型操纵的违法手段往往较为隐秘,需要对合法的信息发布行为与利用信息发布操纵市场的违法行为进行区分,这是本案审查的核心问题之一。本案中,在案证据能够证明行为人具有保证信托计划顺利减持涉案股票的目的,并对股票卖出价格达成一致意见,亦能够证明行为人通过及时发布利好信息、延迟发布利空信息控制信息发布节奏并与股票买卖相互配合,法院据此认定行为人具有操纵股票价格的故意并实施了操纵市场的违法行为,具有充分的事实根据和法律依据。此外,对违法所得的认定一直是证券行政处罚领域的一个难点问题。本案中,证券监管机构在计算行为人的违法所得时,以尚未被影响的最后一个交易日的价格作为认定股票成本价格的基准,该认定标准得到法院支持,这对同类案件行政执法和行政审判具有借鉴意义。

信息型操纵属于新型的操纵市场手段。2005 年修订的《证券法》第 77 条第 1 款明确列举的几种操纵证券市场的手段中并不包括该种手段,故利用信息发布操纵证券市场的违法行为只能归入该款第 4 项所规定的“以其他手段操纵证券市场”的情形。2019 年修订的《证券法》第 55 条列举了更多类型的操纵证券市场的手段。在办理该案的过程中,由于 2005 年修订的《证券法》的相关规定不够明确具体,能够参考的既往案例也很少,如何区分合法的上市公司信息披露行为和通过控制信息发布节奏达到操纵市场目的违法行为,是本案审理的重点,也是难点。审理法院通过梳理案件背景,分析信息发布时点与涉案股票价格的关系,结合违法行为人杨某兴对某一确定股票交易价格的追求等因素,在查明事实的基础上依法认定杨某兴具有操纵市场的主观故意,并实施了操纵市场的违法行为,依法支持证券监管机构作出的处罚决定和市场禁入决定,为依法打击违法行为、维护资本市场良好秩序提供了司法保障。

另外,违法所得的认定是行政处罚的一个重要问题,也是证券行政执法中的一个复杂问题。我国现有立法对违法所得计算方式的指引相当笼统,具体规则有待于执法和司法实践的探索和总结。本案涉及证券法规定的对操纵证券市场行为的处罚,其中没收金额和罚款金额都取决于对“违法所得”数额的计算。中国证监会以 2015 年 7 月 8 日为基准日,以该日梅花生物股票二级市场收盘价格为基准价格计算杨某兴的违法所得。杨某兴则认为,即使梅花生物于 7 月 9 日确定终止重组,终止重组的公告最早也只能在 7 月 9 日当天收盘后报送交易所系统,梅花生物股票当天的收盘价并不受该利空信息的影响。据此,中国证监会在计算违法所得时,应以 7 月 9 日作为基准日。北京金融法院判决认为,杨某兴操纵市场的违法行为,不仅包括迟延发布利空信息,也包括发布相关利好信息。根据庭审查明的事实,2015 年 7 月 8 日收盘后,梅花生物即发布了《2015 年半年度业绩预增的公告》和《关于股东拟增持公司股票的公告》两项利好信息。这两项利好信息的发布,对梅花生物第二天(2015 年 7 月 9 日)的股票价格产生了影响。因此,该利好信息作为杨某兴操纵证券市场行为的一部分,应当作为违法所得计算时的考量因素。中国证监会以 2015 年 7 月 8 日作为违法所得计算的基准日,并无不当。因此,本案为证券市场违法所得的计算提供了一个可资借鉴的案例,对于统一行政执法和司法裁判标准、规范金融市场秩序具有指导意义。

八、李某等与中国证监会内幕交易行政处罚行政诉讼案①

导读：一起违法所得高达2000万元的内幕交易案件，甚至可能将上市公司的高管拖入“牢狱之灾”的敏感事件，引发了无数资本市场“弄潮儿”的警惕。从资本市场法治规范的视角来看，内幕交易严重违反证券市场“公平、公正、公开”原则，其打击投资者信心、扭曲证券价格的负面效果更甚于常见的虚假陈述。对于整个资本市场而言，内幕交易使违法者得利，侵蚀证券交易的平等性和及时性，绝对不容姑息。本案中，从地方监管局到中国证监会，从一审的基层法院到专门的金融法院，对内幕交易行为都明显采取了审慎严格的态度，值得资本市场的参与者深思。

（一）当事人信息

行政相对人：李某、马某海

行政处罚机关：中国证监会山西监管局

原告：李某

被告 1：中国证监会山西监管局

被告 2：中国证监会

（二）基本案情

1. 马某海、李某的主要违法事实

本案中，新开普电子股份有限公司（以下简称新开普）董事长杨某国为法定的内幕信息知情人，马某海、李某为获知内幕信息并进行内幕交易的违法行为人。二人的具体违法情况如下：

（1）内幕信息的形成过程

2018 年 8 月 10 日，新开普董事长杨某国带队赴杭州浙江蚂蚁小微金融服务集团股份有限公司（支付宝的母公司，以下简称蚂蚁金服），与蚂蚁金服副总裁、支付宝总裁倪某军等会面，主要讨论双方的业务合作以及下一步的投资合作。30 日，蚂蚁金服副总裁纪某带队对新开普进行了考察，与杨某国等进行会谈，会议内容涉及“完美校园”的业务推进及拓展汇报；业务合作方向和投资方案；蚂蚁金服投资新开普和完美数联（北京）科技有限公司（以下简称完美数联）等事项。

2018 年 9 月 6 日，蚂蚁金服向新开普发送投资完美数联的保密协议。当月 19

---

① 参见北京金融法院行政判决书，(2022) 京 74 行终 4 号；北京市西城区人民法院行政判决书，(2021) 京 0102 行初 498 号；山西证监局行政处罚决定书〔2020〕6 号。

日,蚂蚁金服投资经理孔某仁带队赴郑州与新开普杨某国等会谈合作事宜。两天后,蚂蚁金服将核心条款清单、投资评估资料清单等发送给新开普。随后持续推进上述合作事宜。

2018 年 10 月 30 日,杨某国带队赴杭州与蚂蚁金服副总裁纪某、投资经理孔某仁等会谈合作事宜。11 月 6 日～15 日,双方确定上市公司股份交割定价原则、比例等范围,讨论蚂蚁金服对完美数联的投资金额和占股比例,并确认通过协议转让方式受让上市公司股东部分股份的具体事项及完美数联估值范围。

2018 年 12 月 12 日至 2019 年 1 月 5 日,由蚂蚁金服确定的中介机构对新开普等目标公司开展尽职调查,对相关协议进行讨论。最终双方于 1 月 6 日正式签署了《增资协议》《股份转让协议》《业务合作框架协议》等。

(2)内幕信息的公开情况

2019 年 1 月 8 日,新开普通过《关于公司股东签署股份转让协议的提示性公告》(公告编号:2019－003)公开披露了有关股权转让的以下信息:公司实际控制人杨某国等共 8 名股东拟转让 6.28% 的股份给蚂蚁金服的全资子公司上海云鑫创业投资有限公司(以下简称上海云鑫)。本次转让完成后,公司控股股东、实际控制人仍为杨某国。

同时,新开普通过《关于上海云鑫创业投资有限公司增资完美数联(北京)科技有限公司暨关联交易的公告》(公告编号:2019－004)披露了上海云鑫的增资信息:上海云鑫拟出资 25,000 万元对新开普持股 85.71% 的子公司完美数联增资,增资完成后,新开普持有 60% 股权,上海云鑫持有 30% 股权,天维恒瑞持有 10% 股权;并通过《关于公司、公司控股子公司与上海云鑫创业投资有限公司签署业务合作框架协议的公告》(公告编号:2019－005)披露了上海云鑫与新开普、完美数联签署业务合作框架协议、共同打造基于"教育信息化 2.0"为核心的校园服务和教育服务的信息。

中国证监会山西监管局认定,新开普披露的上述事项,在信息公开前属于 2005 年修订的《证券法》第 75 条第 2 款第 3 项、第 1 项及第 8 项规定的内幕信息,其中,第 75 条第 2 款第 1 项所涉事项为第 67 条第 2 款第 3 项规定的情形。内幕信息敏感期为 2018 年 8 月 10 日至 2019 年 1 月 7 日。

(3)马某海、李某获知内幕信息的情况

据中国证监会山西监管局调查,马某海与内幕信息知情人杨某国相识多年,且在内幕信息敏感期内有联络接触。马某海与杨某国是 2012 年清华 EMBA 的同学,合作密切。两人有共同投资的公司,且有大额债权债务关系。在内幕信息敏感期内,马某海与杨某国有见面和电话联络。2018 年 10 月 2 日,马某海与杨某国在郑州光华酒店见面;2018 年 11 月 6 日,马某海与杨某国在郑州新开普公司见面。内幕信息敏感期间,杨某国尾号为 9898 的手机号与马某海尾号为 3688 的手机号有过 2 次联系,与马某海使用的尾号为 2978 的台湾手机号有过 31 次通话。

而李某则与马某海关系密切,两人在询问笔录中的经常居住地一致,在同一公司任职。同时,二人电话联系频繁,资金往来金额较大,且马某海的证券账户由李某管理、操作,马某海中银国际证券开户资料其他联系人为李某。从证券账户上看,马某海三个证券账户分别于 2015 年 6 月 8 日开立于中银国际证券股份有限公司青岛香港中路证券营业部、2016 年 3 月 14 日开立于招商证券股份有限公司潍坊北海路证券营业部、1998 年 2 月 11 日开立于天同证券有限责任公司潍坊东风西街证券营业部(现改名为中泰证券股份有限公司潍坊东风西街证券营业部)。还有一个于 1997 年 8 月 4 日在天同证券有限责任公司潍坊东风西街证券营业部开立的证券账户。从线上交易的电子数据上看,马某海三个账户交易新开普股票下单电脑 MAC 地址、李某账户交易新开普股票下单电脑 MAC 地址与李某提供的电脑设备中的 MAC 地址一致,以上交易均由李某在其提供的电脑下单操作。

(4)马某海、李某进行内幕交易的具体情况

2018 年 10 月 22 日至 2018 年 12 月 27 日,马某海中银国际账户共转入 7950 万元,其中来自马某海银行账户的 4600 万元,李某银行账户的 2700 万元。马某海的招商证券、中泰证券账户均为自有资金;2018 年 10 月 8 日,李某中泰证券的账户转入理财赎回资金 20 万元,其余资金来自该证券账户卖出其他股票的资金。

马某海、李某账户在内幕信息敏感期内合计买入新开普股票 11, 266, 749 股,买入金额 6442. 29 万元。截至 2019 年 9 月 18 日(中国证监会山西监管局调查发函日)卖出新开普股票 818, 148 股,金额 520. 42 万元。经计算,上述账户违法所得为 21, 590, 259. 50 元。

2. 行政处罚机关及两级法院的处理情况

(1)中国证监会山西监管局的处罚决定

中国证监会山西监管局在行政处罚决定书中指出,马某海、李某二人在内幕信息敏感期内交易新开普股票的行为与内幕信息形成及内幕信息知情人联络接触时点高度吻合,与新开普公开披露的信息明显背离,交易行为存在明显异常,且其未能作出合理说明或者提供证据排除其存在利用内幕信息从事相关证券交易活动。

中国证监会山西监管局最终认定,马某海、李某的上述行为违反了 2005 年修订的《证券法》第 73 条、第 76 条第 1 款的规定,构成 2005 年修订的《证券法》第 202 条

所述内幕交易行为。做出了责令马某海、李某依法处理非法持有的证券、没收马某海、李某违法所得 21,590,259.50 元(其中马某海承担 21,155,088.16 元,李某承担 435,171.34 元),并处以 43,180,519.00 元罚款的决定(其中马某海承担 42,310,176.32 元,李某承担 870,342.68 元)。

(2)北京市西城区人民法院的一审判决情况

前述行政处罚决定下达后,被处罚的相对人之一李某不服处罚决定,向中国证监会提起了行政复议申请。2021 年 5 月 19 日,中国证监会作出了维持处罚决定的行政复议决定。针对中国证监会的行政复议决定,李某仍然不服,并向北京市西城区人民法院提出了行政诉讼。

一审中,西城区人民法院确认 2019 年 1 月 7 日新开普发布的 3 份公告中所披露的以下信息:新开普实际控制人杨某国等 8 名股东拟向上海云鑫转让 6.28% 股份、上海云鑫对新开普子公司完美数联增资、上海云鑫与新开普和完美数联签署业务合作框架协议等,属于 2005 年修订的《证券法》第 75 条第 2 款第 3 项、第 1 项及第 8 项规定的内幕信息。法院最终驳回了原告李某的诉讼请求,认为中国证监会山西监管局依据 2005 年修订的《证券法》第 202 条的规定,认定马某海、李某二人构成共同内幕交易行为并给予其行政处罚,并无不当。

(3)北京金融法院的二审判决情况

针对西城区人民法院的一审判决,原告李某继续提出了上诉,请求北京金融法院撤销一审判决,同时撤销中国证监会山西监管局的处罚决定及中国证监会的行政复议决定。二审中,北京金融法院继续确认了行政机关和一审法院的决定及裁判,认定马某海与李某均为新开普股票内幕交易行为的直接实施者,驳回了李某的上诉。

(三)争议焦点及法院裁判说理

综合一审法院和二审法院的判决内容,本案的争议焦点主要为:(1)中国证监会山西监管局处罚决定对内幕信息敏感期间的认定是否正确;(2)马某海、李某在内幕信息敏感期内交易新开普股票的行为是否构成内幕交易;(3)马某海和李某在本案中是否构成共同违法行为主体。法院针对上述争议问题的分析和说理如下:

1. 内幕信息敏感期间的认定是正确的

法院认为,从时间起点上看,2018 年 8 月 10 日,新开普董事长杨某国带队赴杭州与蚂蚁金服副总裁、支付宝总裁倪某军等会面,主要讨论双方的业务合作以及下一步的投资合作。该合作属于重大投资事项。对于引入蚂蚁金服投资新开普事宜，双方在商谈之初就表示了对该项目的积极推进和发展意图。中国证监会山西监管局以该日期作为内幕信息形成之日具有事实根据，符合认定内幕信息形成时点的一般逻辑。

2019 年 1 月 7 日，新开普通过 3 份公告披露了相关合作、投资等交易信息，这是内幕消息正式公开的时间。因此，将本案内幕信息敏感期的截止日期定位于 2019 年 1 月 7 日也是合理的。

2. 马某海、李某的交易活动构成内幕交易行为

法院认为，在本案中，中国证监会山西监管局已经完成“内幕信息公开前与知晓该内幕信息的人联络、接触，其证券交易活动与内幕信息高度吻合”这一基础事实的证明责任，具体理由在于：(1) 马某海在内幕信息敏感期内与内幕信息知情人杨某国进行过多次接触、联络；(2) 马某海与内幕信息知情人杨某国多次接触、联络后，李某具体操作开始重仓买入新开普股票，资金转入时点、交易时点与联络时点高度吻合；(3) 交易行为存在明显异常，李某证券账户亏损卖出其他股票后与马某海证券账户重仓买入新开普股票多达 6400 余万元，几乎全仓持有新开普股票，买入行为呈现突击性、集中性等特征，买入意愿坚决，资金额和交易量异常放大，持股高度集中。

根据我国《证券法》防范与打击内幕交易的立法宗旨，只要有证据证明其知悉的内幕信息是影响当事人交易行为的因素之一的，就可以认定该内幕交易行为成立。除非行为人有证据完全切断知悉内幕信息与其后的交易行为之间的联系，否则就不足以阻却该交易行为的违法性。也就是说，当事人应当提供证据证明自己是“完全清白”的。具体到本案而言，马某海提交的日记仅能证明其有交易新开普股票的意向，尚不能构成在内幕信息形成以前已经制订，并包含了交易时间、交易数量等具体交易内容的交易计划，不足以证明其实施的交易行为确与内幕信息无关，不足以作为不构成内幕交易的合理说明。

3. 马某海、李某构成共同违法行为

法院指出，认定是否构成共同内幕交易，可以从身份关系是否密切、是否存在高度的利益趋同、是否均实施了与内幕信息相关的交易行为三个方面予以考量。同时，在共同违法行为中，行为主体一方不以其知悉违法行为全貌、参与违法行为的全部环节为必要，只要其对行为整体性质、手段、目的存在共同违法之认知即可。

本案中，马某海与李某关系密切，二人资金往来频繁、混同无法区分。马某海与内幕信息知情人有接触、联络，李某调转资金、具体操作账户下单交易。且李某自

认,2018 年 10 月 22 日至 2019 年 1 月 7 日买卖新开普股票的交易决策是由其与马某海共同商量后做出,具体下单由其完成。本案中,没有证据证明李某是被动执行马某海的指令进行交易,故不能排除最高人民法院《关于审理证券行政处罚案件证据若干问题的座谈会纪要》第五部分“关于内幕交易行为的认定问题”相关规定的适用。综合上述情形,中国证监会山西监管局认定马某海与李某均为新开普内幕交易行为的直接实施者是正确的。

(四)诉讼启示

1. 准确、严格地理解内幕消息的范围和敏感期

总的来说,内幕信息从形成到公开是一个动态的发展过程,内幕信息敏感期是内幕信息自形成至公开的期间。《证券法》第 52 条第 1 款规定,证券交易活动中,涉及发行人的经营、财务或者对该发行人证券的市场价格有重大影响的尚未公开的信息,为内幕信息。《证券法》第 80 条第 2 款、第 81 条第 2 款所列重大事件也属于内幕信息。

具体来说,影响内幕信息形成的动议、筹划决策或者执行人员,其动议、筹划、决策或者执行的初始时间,都应当认定为内幕信息的形成之时。内幕信息的公开时间,是内幕信息在国务院证券、期货监督管理机构指定的报刊、网站等媒体披露的时间。因此,重大投资类内幕信息的形成不必然以确定具体投资方案、启动投资谈判或签订投资协议等为条件,只要开始动议、筹划投资事项,即可将动议、筹划的初始时间认定为内幕信息的形成之时。

结合本案的法院判决可以看出,内幕信息敏感期的“下界”有着明确的时间节点,一般就是以上市公司发布的正式公告为准,这在法律上基本没有争议;而相对地,内幕信息敏感期的“上界”则相对模糊,存在争议的空间,面对这种模糊的空间,由于内幕交易的恶劣影响,执法机关和司法机关显然更倾向于拓展“上界”,以满足扩大打击面的现实需求。

2. 内幕交易行为中的证明责任博弈不容轻视

对内幕交易行为的负面定性是铭刻于证券市场规范的基因中的。《证券法》第 191 条第 1 款规定:“证券交易内幕信息的知情人或者非法获取内幕信息的人违反本法第五十三条的规定从事内幕交易的,责令依法处理非法持有的证券,没收违法所得,并处以违法所得一倍以上十倍以下的罚款;没有违法所得或者违法所得不足五十万元的,处以五十万元以上五百万元以下的罚款。单位从事内幕交易的,还应当对直接负责的主管人员和其他直接责任人员给予警告,并处以二十万元以上二

百万元以下的罚款。国务院证券监督管理机构工作人员从事内幕交易的,从重处罚。"从该条规定的立法精神来看,法律之所以要禁止证券内幕交易行为,是因为这种交易行为内幕交易使违法者得利,违反了市场经济证券交易的公开竞争规则,是对上市公司以及其他投资者的一种欺诈行为,严重侵蚀证券交易的平等及时性。

正是由于内幕交易行为的特殊性和恶劣性,最高人民法院《关于审理证券行政处罚案件证据若干问题的座谈会纪要》对其举证责任分配和证明标准作出特别规定,确立了内幕交易行政案件特殊的证据规则,为此类案件的审理提供基本遵循。该纪要第一部分"关于证券行政处罚案件的举证问题"中规定:"人民法院在审理证券行政处罚案件时,也应当考虑到部分类型的证券违法行为的特殊性,由监管机构承担主要违法事实的证明责任,通过推定的方式适当向原告、第三人转移部分特定事实的证明责任。"该纪要第五部分"关于内幕交易行为的认定问题"中进一步规定:"监管机构提供的证据能够证明以下情形之一,且被处罚人不能作出合理说明或者提供证据排除其存在利用内幕信息从事相关证券交易活动的,人民法院可以确认被诉处罚决定认定的内幕交易行为成立:……(五)内幕信息公开前与内幕信息知情人或知晓该内幕信息的人联络、接触,其证券交易活动与内幕信息高度吻合。"

可见,即便实施交易的人并非内幕信息的直接知情人或直接获取人,只要证券监管机构能够认定行为人在内幕信息公开前与内幕信息知情人或知晓该内幕信息的人联络、接触,且其证券交易活动与内幕信息高度吻合,就足以证明内幕交易行为的存在。而被诉的行为人如要"洗脱罪名",则必须就其与内幕信息知情人员的联络、接触,以及在内幕信息敏感期内相关证券交易活动与内幕信息高度吻合等问题承担合理说明,并提供证据排除其存在利用内幕信息从事相关证券交易活动的责任。正如本案监管机关中国证监会山西监管局在处罚决定书中的论述:"马某海、李某不能对前述明显异常的交易行为作出合理说明,亦不能提供证据排除内幕交易,我局认定其构成内幕交易具有充分的事实和法律依据。"前述规则在一定程度上降低了行政机关的证明门槛,如能合理利用,将是对内幕交易行为人侥幸心理的沉重打击。

九、利德曼公司董事马某内幕交易案①

导读:上市公司董事犯内幕交易罪,被判处6年有期徒刑,本案向企图利用内幕信息抢占投资先机的投资者们敲响警钟。该案所涉内幕交易者,不仅遭受中国证

---

① 参见刘泽、边辑:《券声法谈|内幕交易难逃法律制裁!》,载"北京市第三中级人民法院"微信公众号2023年1月29日,https://mp.weixin.qq.com/s/c1OfM2C6CF-QeEVBoiq2ag。

监会的大额处罚，更是最终需承担刑事责任。

（一）当事人信息

公诉机关：北京市人民检察院第三分院

被告人：马某，北京利德曼生化股份有限公司（以下简称利德曼公司）董事

（二）基本案情

2014 年，上市公司利德曼公司计划并购德赛诊断系统（上海）有限公司。同年 8 月，利德曼公司称因筹备重大资产重组，公司股票停牌。9 月，利德曼公司召开董事会，审议通过《关于现金收购德赛诊断系统（上海）有限公司 25% 股权和德赛诊断产品（上海）有限公司 31% 股权的议案》并对外公告。

此次内幕信息形成时间不晚于 2014 年 6 月 18 日，公开时间为 2014 年 9 月 15 日。马某时任利德曼公司董事。

2014 年 6 月，马某参加了利德曼公司第二届董事会第十五次会议，此次会议的召开时间为本次重大资产重组敏感期开始日的第二天，参加人员包括沈某仟、牛某辉等内幕信息知情人。同年 7 月 17 日、24 日、28 日，马某和内幕信息知情人沈某仟有过多次通话、接触。

内幕信息敏感期内，马某实际控制并操作“张某艳”证券账户累计买入利德曼股票 158，956 股，买入金额 436.43 万元，实际收益 90.2 万元；实际控制并操作“马某花”证券账户累计买入利德曼股票 597，981 股，买入金额 1590.37 万元，账户收益 338.06 万元。

此外，马某担任利德曼公司董事期间，实际控制“马某花”证券账户、信用账户，在 2014 年 8 月 1 日至 2015 年 2 月 2 日，卖出利德曼股票 514，263 股，买入利德曼股票 165，300 股。

2016 年 12 月，中国证监会北京监管局发布行政处罚信息。中国证监会北京监管局认为，马某的上述行为构成内幕交易、短线交易行为，决定没收马某内幕交易违法所得 428.25 万元，并处 1284.76 万元罚款；同时对马某短线交易给予警告，并处 7 万元罚款。

（三）争议焦点及法院裁判说理

本案的争议焦点为马某的异常交易行为是否构成内幕交易、短线交易行为。为此，可参考中国证监会北京监管局作出行政处罚的依据：

(1)马某筹集资金主要用来买入利德曼的股票。“张某艳”证券账户资金主要源于马某及马某向他人的借款。2014年7月4日,马某筹集资金120万元后,当天即买入利德曼股票1,389,848元(含账户内其他资金),且全天仅集中买入利德曼一只股票。7月7日、8日,马某筹集资金358万元后,7月8日即买入利德曼股票2,723,446元。7月9日、10日,马某筹集资金65万元,7月11日即买入利德曼股票259,359元。7月30日,马某筹集资金1500万元转入“马某花”证券账户,即开始买入利德曼股票,其中7月30日买入3,436,895元,7月31日买入2,189,919元,8月1日买入542,610元,8月5日买入885,643元。

(2)交易行为明显异常。“张某艳”证券账户2014年4月18日后未交易任何股票,2014年6月30日由马某使用,并于2014年7月4日集中、单一、大量买入利德曼股票51,300股。“马某花”证券账户2013年11月19日后未交易任何股票,2014年3月开始由马某使用,6月26日买入利德曼股票335,836股,成交金额8,848,606元,内幕信息敏感期内大量交易利德曼股票。前述两个账户在内幕信息敏感期前均未交易过利德曼股票,在2014年6月26日至8月5日内大量买入利德曼股票,交易时点与利德曼公司内幕信息形成及公开过程基本一致,且交易量大,存在明显异常。

马某对上述异常交易行为均未作出合理解释。

一般而言,对于轻微的违反证券监管的行为,仅由中国证监会作出行政处罚,而不再追究相关主体的刑事责任。但对于严重的违法行为,中国证监会可能会先作出行政处罚,然后将案件移送司法机关。此外,中国证监会也可直接将案件移送司法机关,或由司法机关直接追究相关主体的刑事责任。

本案中,北京市第三中级人民法院经审理认为,马某作为非法获取证券交易内幕信息的人员,在对证券交易价格有重大影响的信息尚未公开前,利用该内幕信息进行证券交易,其行为已构成内幕交易罪,情节特别严重,依法应予惩处。

北京市第三中级人民法院判决马某犯内幕交易罪,判处有期徒刑6年,并处罚金1300万元,继续追缴违法所得。宣判后,被告人马某不服,提出上诉。北京市高级人民法院裁定驳回上诉,维持原判。

需额外说明的是,马某既被处以行政罚款,又被处以刑事罚金。如刑事罚金执行前其已缴纳一定数量的行政罚款,刑事罚金将予以相应抵扣,但并不影响行政处罚与刑事判决的单独作出。

(四)诉讼启示

内幕交易行为助长投机风气,破坏公平的市场环境,阻碍证券市场的健康发展，损害投资者的合法权益。当前监管部门已持续加大对于证券违法违规行为的打击力度。2023 年至今，江西、浙江、安徽、北京等地的证监系统已公布多起内幕交易的行政处罚案例。

该案为企图利用内幕信息抢占股市先机的投机者们敲响了警钟，北京市第三中级人民法院在作出刑事判决的同时提示相关上市公司：

一要增强公司董事、监事、高级管理人员的法律意识和职业道德观念，特别要加强对证券法等法律法规的宣传教育力度，使其从源头上认识到内幕交易行为的违法风险。

二要加强对内幕信息知情人的管理，控制内幕信息知情人范围，对内幕信息知情人名单进行登记报备，要求其签署责任书，做好保密义务提醒。

三要建立防范内幕交易的合规内控制度，规范董事会、监事会和股东大会的运作程序，对重大决策事项及时、准确、完整、真实地进行披露，避免因信息不对称导致内幕交易行为的发生。①

十、丹东欣泰电气股份有限公司、温某某等欺诈发行股票、违规披露重要信息案②

导读：《刑法修正案(十一)》对违规披露、不披露重要信息罪做了重大修改，尤其是对隐瞒和编造的理解，成为实践争议的焦点。本案主要探讨上市公司在申请上市前后连续财务造假的行为如何认定的问题，亦对隐瞒和编造理解进行了较为详尽说理，具有很强的示范效应。

(一)当事人信息

公诉机关：辽宁省丹东市人民检察院

被告单位：丹东欣泰电气股份有限公司(以下简称欣泰电气公司)

被告人：温某某，欣泰电气公司原董事长

被告人：刘某某，欣泰电气公司原财务总监

(二)基本案情

2011 年 3 月 30 日，被告单位欣泰电气公司提出在创业板上市的申请，因持续

---

① 参见北京市第三中级人民法院：《券声法谈丨内幕交易难逃法律制裁!》，载“北京市第三中级人民法院”微信公众号 2023 年 1 月 29 日，https://mp.weixin.qq.com/s/c1OfM2C6CF－QeEVBoiq2ag。

② 参见最高人民法院刑事审判第一、二、三、四、五庭编：《刑事审判参考·总第 129 辑》，2022 年版，第 9～16 页。

盈利能力不符合条件而被中国证监会驳回，被告人温某某、刘某某为达到上市目的，合谋决定组织单位工作人员通过外部接口、使用自有资金或伪造银行单据等方式，采取虚减应收账款，少计提坏账准备等手段，虚构2011年至2013年6月的收回应收款项情况，采用在报告期末冲减应收款项，下一会计期间期初冲回的方式，虚构有关财务数据，并在向中国证监会报送的首次公开发行股票并在创业板上市申请文件的定期财务报告中载入上述重大虚假内容。2014年1月3日，中国证监会核准欣泰电气公司在创业板上市，随后欣泰电气公司在《首次公开发行股票并在创业板上市招股说明书》中亦载入了具有重大虚假内容的财务报告。2014年1月27日，欣泰电气公司股票在深圳证券交易所创业板挂牌上市，首次以每股发行价16.31元的价格向社会公开发行1577.8万股，共募集资金2.57亿元。

被告单位欣泰电气公司上市后，被告人温某某、刘某某继续沿用前述手段进行财务造假，向公众披露了具有重大虚假内容的《2013年年度报告》《2014年半年度报告》《2014年年度报告》等重要信息。2017年7月，深圳证券交易所决定欣泰电气公司退市、摘牌，主承销商兴业证券股份有限公司设立先行赔付专项基金，先行赔付1万余名投资人的损失共计2.36亿余元。

丹东市中级人民法院经审理认为，被告单位欣泰电气公司为达到上市发行股票的目的，采取伪造，虚构财务事项等手段，在首次公开发行股票并在创业板上市的申请文件中和招股说明书中编造重大财务的虚假内容。发行股票数额巨大，其行为构成欺诈发行股票罪；被告人温某某作为欣泰电气公司董事长、被告人刘某某作为财务部门负责人，均系欣泰电气公司直接负责的主管人员，其行为均构成欺诈发行股票罪；欣泰电气公司作为负有信息披露义务的公司，多次向股东和社会公众提供虚假和隐瞒重要事实的财务报告，最终导致公司发行的股票被终止上市，严重损害股东利益，温某某与刘某某作为被告单位欣泰电气公司直接负责的主管人员，其行为均构成违规披露重要信息罪，均应予以惩处，应当数罪并罚。温某某到案后如实供述自己的罪行，依法可以从轻处罚，刘某某接到侦查人员电话后在原地等候侦查人员，并积极配合侦查人员前往办案地点接受询问，可视为主动到案，其到案后如实供述了犯罪事实，应认定为自首，依法可以从轻处罚。丹东市中级人民法院依法判决：(1)被告单位欣泰电气公司犯欺诈发行股票罪，判处罚金632万元(已缴纳)；(2)被告人温某某犯欺诈发行股票罪，判处有期徒刑2年6个月；犯违规披露重要信息罪，判处有期徒刑1年，并处罚金10万元，决定执行有期徒刑3年，并处罚金10万元；(3)被告人刘某某犯欺诈发行股票罪，判处有期徒刑2年；犯违规披露重要信息罪，判处有期徒刑6个月，并处罚金8万元，决定执行有期徒刑2年，并处罚金 8 万元。

宣判后,在法定期限内被告单位及被告人均没有上诉,检察机关未抗诉。判决已发生法律效力。

(三)争议焦点及裁判说理

本案的争议焦点为:(1)被告人温某某、刘某某是否应当判处从业禁止;(2)被告人温某某、刘某某的行为构成一罪还是数罪。

本案是上市公司在申请上市前后连续财务造假而受到刑事处罚并被依法强制退市的典型案例。目前,我国正在推进以信息披露为核心的证券发行注册制,而欺诈发行、财务造假等违法犯罪行为,严重挑战信息披露制度的严肃性,破坏市场诚信基础,损害投资者利益,本案的依法处理充分体现了对资本市场违法犯罪行为"零容忍"的态度和决心。

1. 被告人温某某、刘某某是否应当判处从业禁止

有意见认为,根据《刑法》第 37 条之一第 1 款的规定,因利用职业便利实施犯罪,或者实施违背职业要求的特定义务的犯罪被判处刑罚的,法院可以根据犯罪情况和预防再犯罪的需要,禁止其自刑罚执行完毕之日或者假释之日起从事相关职业,期限为 3～5 年,对于本案二被告人还应判处一定期限的从业禁止。

笔者认为,本案中,中国证监会已经依据《证券法》,于 2016 年 7 月 5 日以〔2016〕5 号《市场禁入决定书》对温某某和刘某某采取终身证券市场禁入措施,自中国证监会宣布决定之日起,终身不得从事证券业务或担任上市公司董事、监事、高级管理人员职务,是最严厉的从业禁止,为避免重复处罚,不宜再依据《刑法》第 37 条之一第 1 款另行判处从业禁止。

2. 被告人温某某、刘某某的行为构成一罪还是数罪

有观点认为,被告单位欣泰电气公司、被告人温某某和刘某某因本案已受到最严厉的行政处罚,应将上市之前的欺诈行为与上市后的违规披露行为按一个行为处理;即便构成两个犯罪,也不应以欺诈发行股票罪、违规披露重要信息罪数罪并罚,应择一重罪处罚。笔者认为,上述观点是不正确的。

首先,行政执法与刑事司法间应有效衔接,不能以罚代刑,已经作出的行政处罚决定不影响司法机关追究刑事责任。本案中,证券监督管理部门和司法机关各司其职,相互配合,各自根据执法、司法工作的需要,及时追究相关市场主体的法律责任,因此,证券监管部门作出行政处罚后,认为相关人员构成犯罪的,及时移送线索至公安机关立案侦查,司法机关依法追究刑事责任是正确的。其次,对二被告人

应当数罪并罚。具体而言,上市公司在发行、持续信息披露中的财务造假行为,严重蛀蚀了资本市场的诚信基础,损害投资者利益,应当予以惩治,资本市场财务造假行为主要通过信息违规披露的方式表现出来。对于不同阶段涉及财务造假信息的违规披露行为,《刑法》规定了不同的罪名和相应的刑罚。欺诈发行股票罪与违规披露重要信息罪是两个独立的罪名,侵犯的法益不同,二者也并非手段与目的的牵连关系,欺诈发行不意味着一定会违规披露,而违规披露也不一定是因为先有欺诈发行行为,如果同时符合两个犯罪构成,就应当数罪并罚。经过检索相关案例,笔者发现,"云南绿大地公司欺诈发行股票案"①和"万福生科财务舞弊案"②等类似案件也均作两罪处理,予以数罪并罚。最后,具体到本案中,被告欣泰电气公司欺诈发行股票行为与违规披露重要信息行为发生在公司上市前后两个阶段,前一阶段欣泰电气公司通过虚构财务数据,使公司成功上市并发行股票,股票数额巨大,其所侵犯的是国家关于股票发行的管理制度。后一阶段是欣泰电气公司上市后,多次违规披露虚假的财务会计报告,最终导致公司发行的股票被终止上市交易,严重损害股东和他人的利益,其所破坏的是上市公司关于信息披露的管理制度。前后两个阶段的犯罪行为所侵犯的法益和所造成的社会危害均不相同,只有认定两罪,才能全面、客观评价其所犯罪行,真正体现罪责刑相适应原则。

需要说明的是,违规披露重要信息罪是单位犯罪,但实行单罚制,只处罚直接负责的主管人员和其他直接责任人员,从保护股东和投资者利益的角度出发,对单位没有规定判处罚金。

(四)诉讼启示

本罪的罪名是欺诈发行证券罪(之前罪名为欺诈发行股票、债券罪),《刑法》第160条③采用列举的方式规定了本罪的行为类型是"隐瞒"和"编造",那么,如何理解"编造"和"隐瞒"呢?

1. 关于"编造"的理解

编造是一种作为的行为方式,在实践中的表现多种多样,包括虚构营业收入、

---

① 参见云南省高级人民法院民事判决书,(2015)云高民二终字第133号;云南省昆明市中级人民法院民事判决书,(2015)昆民五初字第38号等。

② 参见中国证券监督管理委员会〔2013〕50号行政处罚决定书等。

③ 《刑法》第160条第1款规定:"在招股说明书、认股书、公司、企业债券募集办法等发行文件中隐瞒重要事实或者编造重大虚假内容,发行股票或者公司、企业债券、存托凭证或者国务院依法认定的其他证券,数额巨大、后果严重或者有其他严重情节的,处五年以下有期徒刑或者拘役,并处或者单处罚金;数额特别巨大、后果特别严重或者有其他特别严重情节的,处五年以上有期徒刑,并处罚金。"

营业成本和利润，注册关联公司，虚构交易，更有发行人伪造公章、自制函证等方式。笔者认为，其实质都是在文件中对法定要求的记载的事实进行虚构。

本案中，欣泰电气公司主要采取的财务造假手段是通过多种方式虚构应收账款收回。对于该种方式是否属于编造的行为方式存在争议：欣泰电气公司没有增加营业收入，没有减少相关成本及费用，没有虚构利润，而是在有交易基础的前提下，只是改变了财务报告中的现金流，并无凭空捏造，表面上看起来不属于编造。

判断有交易基础的财务造假是否属于《刑法》第 160 条的“编造”，一是需要判断“编造”的含义，二是需要判断企业的流水是否发行文件中的法定记载项目。《现代汉语词典》中对编造的解释包括“捏造”。笔者认为，本罪中的编造应取捏造的意思，而在有交易基础的情况下篡改流水似乎有些偏离捏造的实质，因为捏造是凭空的，但篡改并不是毫无凭据，二者存在细微差别。具体到财务造假问题上，虚构应收账款会影响“坏账准备”科目，间接影响“资产减值损失”科目。“坏账准备”是一个根据企业的应收账款中可能无法收回的部分计提损失的科目。会计准则对该科目的规定只是应该计提，但其明确的计提比例由企业自己制定。而应收账款收回在会计意义上属于现金流量表的内容，而非企业资产负债表和利润表的内容，因此存在争议。但现金流量虽未在最高人民检察院、公安部《关于公安机关管辖的刑事案件立案追诉标准的规定（二）》中有规定，却依然是法定文件要求披露的内容，并且也是反映企业运行情况的重要指标。因此，欣泰电气公司对于企业“数据性的特定业绩预报”的虚假陈述，属于“编造”的含义范围之内。

2. 关于“隐瞒”特殊方式的理解

隐瞒属于一种不作为的方式，笔者认为，隐瞒的欺诈性特征意味着本罪的隐瞒对主观方面的要求一定是故意。如果是由过失而遗漏，则不能认定为隐瞒。

实践中，一些资质不好、信用评级不高的企业发行债券较困难，便和私募勾结在一起，通过私募找的银行委外配资，私募机构取代券商成为债券发行的实际承销商，私募债券与发行企业之间直接签订协议，买下债券，甚至承诺包销，然后再将项目转给小券商做表面的承销商。通常小券商与发行人在合同上签订的承销费用非常低，而私募机构除正常的管理费和超额业绩报酬外，会向企业额外收取一笔费用，这笔费用通常以财务费用或咨询费、投资顾问费的形式向债券发行人收取返费，这就是“返费”的由来，一些私募机构甚至会收取大额“返费”。返费行为让发行成本隐蔽化，使债券发行不能市场化定价。最后这些劣质债券出现了大量违约事件，危害了债券市场的信用。

那么，隐瞒返费行为是否属于隐瞒的行为方式？《公司债券发行与交易管理办法》第 45 条禁止了返费行为。笔者认为，当财务数据成为投资者准确评估证券价值的基本考量因素时，即应当披露。虽然上市公司公布失实的合同交易费用不属于重要信息的范畴，但是返费行为具有特殊性。隐瞒返费行为的实质是通过隐瞒发行成本，使投资者对债券价值量产生错误认识。由于信息披露不完全，投资者对证券内容识别困难，使证券市场的资金向资质不好的公司流动，造成反向选择的现象。因此，隐瞒返费行为属于隐瞒的行为方式。

欺诈发行证券被认为是资本市场的“造假之源”。证券欺诈发行后，必然伴随虚假披露等违法行为。根据 2021 年中国证监会案件办理情况通报可知：2021 年全年中国证监会共办理案件 609 件，其中，虚假陈述约占全年办理案件总量的 26.77%，移送涉嫌犯罪案件率约为 19.63%，同比增长 50%。资本市场是一个由信息信用支撑的市场，这些违法犯罪无一不是利用信息差、破坏资本市场的行为。

在立法层面，2019 年修订的《证券法》提高了对欺诈发行证券的罚款金额，强调控股股东、实际控制人责任。2020 年年末，全国人大常委会审议通过《刑法修正案（十一）》，将第 160 条中的“欺诈发行股票、债券罪”修改为“欺诈发行证券罪”。2022 年 4 月，最高人民检察院、公安部《关于公安机关管辖的刑事案件立案追诉标准的规定（二）》更新了欺诈发行证券罪等金融犯罪的追诉标准。

综上可以看出，无论是行政机关的执法情况，还是立法机关的立法变革，均反映了金融犯罪愈演愈烈的现象，要正确解读欺诈发行证券罪，须了解资本市场形成与运作的本质，把握证券法治的精神内涵，综合运用刑法原理来准确认定。

十一、邢某涉内幕交易案①

导读：短短一个月，信息披露公司控制人牟利 86 万余元，其原因竟是涉内幕交易！内幕交易犯罪对于证券市场的危害不言而喻，相关部门对之屡屡打击却屡禁不止，巨额利益的诱惑使当事人未能守住底线。然而，不法利益的攫取终究是短暂的，相关部门对内幕交易始终坚持“零容忍”，严厉打击各类证券期货违法犯罪行为，肃清证券从业市场生态。本案中，邢某最终被法院判处有期徒刑 5 年，并处罚金 100 万元，可谓是得不偿失！

---

① 参见上海市第三中级人民法院刑事判决书，（2022）沪 03 刑初 20 号。

（一）当事人信息

公诉机关：上海市人民检察院第三分院
被告人：邢某

（二）基本案情

2020 年 1 月，博瑞生物医药（苏州）股份有限公司（以下简称博瑞医药）为应对新冠肺炎疫情，开展抗病毒药物瑞德西韦的仿制工作。同年 2 月 1 日、11 日，博瑞医药先后完成仿制瑞德西韦的小试批生产、中试批生产。2 月 11 日晚，博瑞医药发布《关于抗病毒药物研制取得进展的公告》，宣布近日成功仿制开发了瑞德西韦原料药合成工艺技术和制剂技术，已经批量生产出瑞德西韦原料药。此后博瑞医药的股价连续 2 个交易日涨停，连续 3 个交易日累计涨幅最高达 66%。博瑞医药在新冠肺炎疫情期间发布抗病毒药物研制取得重大进展的信息，属于内幕信息。内幕信息敏感期为 2020 年 2 月 1～11 日。

2019 年，信息披露公司在博瑞医药筹备上市过程中，为其提供了材料审核、路演等服务。博瑞医药成功上市后，于 2020 年 1 月 3 日与信息披露公司签订《信披合规及资本品牌管理服务协议书》，约定由信息披露公司为博瑞医药提供信息披露合规等服务。同年 2 月 4 日，博瑞医药董事长袁某为寻求联系相关方面支持以及咨询涉案内幕信息公告事宜，将博瑞医药仿制瑞德西韦小试批生产成功以及即将实现扩大生产等研发进展告知信息披露公司实际控制人，即被告人邢某。

2020 年 2 月 6 日，被告人邢某实际控制 5 个证券账户，买入博瑞医药股票 31 万余股，交易金额达 1392 万余元。后于 2 月 10 日至 3 月 6 日陆续卖出，获利 86 万余元。

2021 年 4 月 13 日，被告人邢某于深圳北高铁站内被侦查人员抓获，到案后其对犯罪事实拒不供认，后在审查起诉阶段如实供认了犯罪事实。

为支持上述指控事实，公诉机关出示了证明上述指控事实的相关证据，认为被告人邢某作为内幕信息知情人，在对证券交易价格有重大影响的信息尚未公开前交易该证券，情节特别严重，其行为已触犯《刑法》第 180 条第 1 款、第 3 款的规定，应当以内幕交易罪追究其刑事责任。被告人邢某如实供述自己的罪行，可以从轻处罚；其认罪认罚，可以从宽处理。建议判处被告人邢某有期徒刑 5 年，并处罚金 100 万元。据此提请法院依法审判。

被告人邢某对指控事实、罪名及量刑建议均没有异议且签字具结，在开庭审理过程中亦无异议。

经上海市第三中级人民法院审理查明的事实与公诉机关起诉指控的事实相同。上述事实，有经庭审质证、确认的侦查机关出具的《受案登记表》《到案经过》《搜查证》《搜查笔录》《扣押决定书》《相关违法犯罪线索核查工作的情况说明》、电脑 MAC 地址截图、微信聊天记录截图，以及调取的工商登记资料、户籍信息、涉案证券账户和银行账户交易明细，博瑞医药《关于抗病毒药物研制取得进展的公告》、《信披合规及资本品牌管理服务协议书》，上海市浦东新区人民法院刑事判决书，博瑞医药出具的《博瑞医药和信披公司合作情况说明》，上海 × × 事务所有限公司出具的审计报告，证人黄某的证言及其提供的《博瑞医药实验记录本》，证人邹某、汪某、吴某、袁某、王某、章某、程某的证言等证据证实，被告人邢某亦供认不讳，足以认定。

邢某的辩护人对起诉指控的犯罪事实、证据及罪名无异议，同意公诉机关的量刑建议，认为本案与典型的内幕交易案有所区别，邢某的交易方式对资本市场的影响以及产生的危害较小，其在得知内幕信息前就已经长期关注博瑞医药的股票，与短期得到内幕信息后集中大量投入牟取暴利的情况不同，其在内幕信息公告前已抛售了部分股票，另有部分股票系在价格回落后才卖出，违法所得较少。邢某到案后认罪悔罪态度较好，具有坦白情节，积极退出违法所得并预缴罚金；邢某曾患有脑出血并做过脑部手术，需要定期服药治疗，所控制的信息披露公司已停止经营，其提供的检举揭发线索虽尚未查证属实，希望司法机关能够继续核查，恳请法庭充分考量上述因素，对邢某作出公正判决。

案件审理期间，被告人邢某退出违法所得 867,321.26 元并预缴罚金 100 万元。

2022 年 7 月 28 日，上海市第三中级人民法院作出一审判决，依照《刑法》第 180 条第 1 款、第 3 款，第 67 条第 3 款，第 52 条，第 64 条，最高人民法院、最高人民检察院《关于办理内幕交易、泄露内幕信息刑事案件具体应用法律若干问题的解释》（以下简称《内幕交易解释》）第 7 条，《刑事诉讼法》第 15 条、第 201 条第 1 款之规定，判决：（1）被告人邢某犯内幕交易罪，判处有期徒刑 5 年，并处罚金 100 万元（已缴纳）。（2）对邢某退出的违法所得及供犯罪使用的本人财物等予以没收。

本案案件经过如图 3－1 所示。

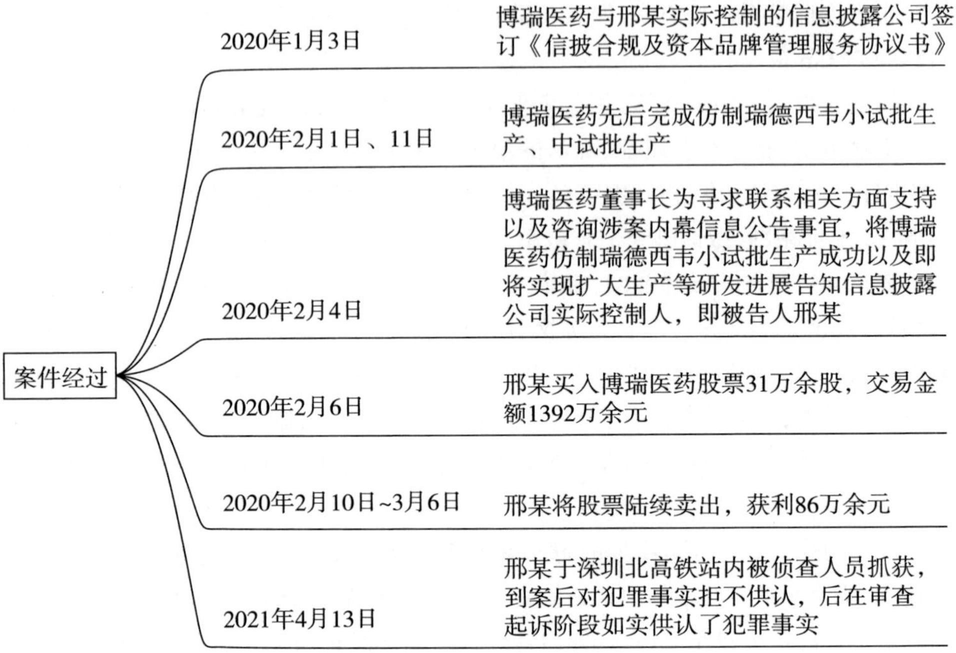

图3-1　本案案件经过示意

（三）争议焦点及法院裁判说理

本案的争议焦点为：(1)邢某的行为是否属于典型的内幕交易案；(2)交易方式对资本市场的影响以及产生的危害的大小。

对此，上海市第三中级人民法院认为，被告人邢某作为内幕信息知情人，在对证券交易价格有重大影响的信息尚未公开前交易该证券，情节特别严重，其行为已构成内幕交易罪，依法应予惩处。公诉机关的指控成立。被告人邢某如实供述自己的罪行，系坦白，可以从轻处罚；其自愿认罪认罚，于庭前退出违法所得并预缴罚金，可以从宽处理。公诉机关提出的量刑建议符合法律规定，被告人及辩护人均表示同意，法院予以支持。辩护人提出的相关合理意见，法院予以采纳。

（四）诉讼启示

1.《证券法》与《刑法》"握手"，明晰内幕交易罪的构成要件

《刑法》第180条规定了内幕交易罪的构成要件，也是认定本案中邢某罪责的关键条款之一。除此之外，《证券法》也对有关内幕信息的基础概念和范围作出了规定，《证券法》第219条同时规定："违反本法规定，构成犯罪的，依法追究刑事责

任。”将《证券法》与《刑法》的规定予以衔接。本案的判决书中并未就内幕交易罪的构成要件结合邢某的犯罪行为作出详细论述。为进一步理解法院的裁判思路和论证过程,笔者以内幕交易罪的构成要件为脉络,分析其罪名成立的具体表现。

(1)邢某属于证券、期货交易内幕信息的知情人员。《刑法》第180条规定:“证券、期货交易内幕信息的知情人员或者非法获取证券、期货交易内幕信息的人员,在涉及证券的发行,证券、期货交易或者其他对证券、期货交易价格有重大影响的信息尚未公开前,买入或者卖出该证券,或者从事与该内幕信息有关的期货交易,或者泄露该信息,或者明示、暗示他人从事上述交易活动,情节严重的……”本条中规定了内幕交易罪的两类主体,即“证券、期货交易内幕信息的知情人员”和“非法获取证券、期货交易内幕信息的人员”。《证券法》第51条以列举加兜底的方式规定了“证券交易内幕信息的知情人”的范围。本案中,邢某作为信息披露公司的实际控制人,属于法定的“由于所任公司职务或者因与公司业务往来可以获取公司有关内幕信息的人员”,在主体上符合内幕交易罪的要件。

对于“非法获取证券、期货交易内幕信息的人员”,依据《内幕交易解释》第2条的规定,应当包括三类:①利用窃取、骗取、套取、窃听、利诱、刺探或者私下交易等手段获取内幕信息的;②内幕信息知情人员的近亲属或者其他与内幕信息知情人员关系密切的人员获取内幕信息的;③在内幕信息敏感期内,与内幕信息知情人员联络、接触并获取内幕信息的。即便如此,由于该类主体的复杂性,对于非法获取内幕信息人员的认定依然是司法实践中的疑难问题。华东政法大学副教授李振林认为:“近二十年来,内幕交易主体有向非法获取内幕信息人扩散的趋势,并呈现出了裙带化、复杂化等特点,司法实践中也出现了多元化主体的疑难案件。以杭萧钢构内幕交易案为例,在与杭萧钢构公司高管罗某吃饭期间无意中获悉内幕信息的陈某,可否认定为非法获取内幕信息人?虽然法院判决陈某因属于非法获取内幕信息人而构成内幕交易罪,但实际上并未解答上述困惑。应当看到,司法实践困惑的根源在于立法问题以及对法条理解的偏差。而产生这些问题的首要原因是现行法对内幕人的分类不甚妥当,且未对两类人员的含义进行明确而周延的规定。”①

(2)邢某具有利用内幕信息买卖博瑞医药股票的行为。该要件在司法实践中的重点是对内幕信息的认定。关于内幕信息的定义,《证券法》第52条第1款规定:“证券交易活动中,涉及发行人的经营、财务或者对该发行人证券的市场价格有重大影响的尚未公开的信息,为内幕信息。”可见,内幕信息认定的核心要素是“有

① 李振林:《“非法获取内幕信息人”的理据辨正与司法廓清》,载《政治与法律》2022年第5期。

重大影响”及“尚未公开”。本案中，博瑞医药董事长袁某为寻求联系相关方面支持以及咨询涉案内幕信息公告事宜，于2月4日将博瑞医药仿制瑞德西韦小试批生产成功以及即将实现扩大生产等研发进展告知信息披露公司实际控制人，即被告人邢某。该信息是博瑞医药抗病毒药物研制取得重大进展的利好信息，符合对证券市场价格“有重大影响”“尚未公开”两个核心要素，为典型的内幕信息。内幕信息敏感期为2020年2月1日～11日。邢某在内幕信息敏感期内出于对利好消息的提前获取，买入博瑞医药股票31万余股，交易金额1392万余元。后于2月10日至3月6日陆续卖出，获利86万余元。

本案中，对内幕信息的判断较为明确，而司法实践中对内幕信息的认定是不少案件的争议焦点。中国证监会黑龙江监管局调研员王宏宇基于中国证监会行政处罚决定书和高级法院司法判决书对内幕信息的认定，总结出了内幕信息认定的执法建议：“首先，内幕信息的认定采取‘概念＋列举’的并行方式。建议稽查执法的内幕交易认定中，按照内幕信息的概念（2005年《证券法》第七十五条第一款和2019年《证券法》第五十二条第一款）和内幕信息的列举（2005年《证券法》第七十五条第二款和2019年《证券法》第五十二条第二款）两者结合的方式共同阐释，概念部分要结合调查情况详细描述信息的重大性和非公开性。其次，内幕信息重大性的认定建议在认定信息重大性标准上，运用‘定量＋定性’标准，定量标准以理性投资者具有重要性作为基础判断标准，按照2005年《证券法》第六十七条和2009年《证券法》第八十条中列举事项为重大性信息，辅之以证券交易的价格波动的客观证据为附证，交易价格波动要以排除大盘波动和行业指数波动影响后的数据为标准。定性标准以2005年《证券法》第六十七条和2009年《证券法》第八十条中列举事项为描述对象，根据调查情况从财务影响、经营影响、对象影响等角度描述信息可能对上市公司股票交易价格产生较大影响的列举事件。最后，内幕信息认定中对证券市场价格有重大影响应理解为主观敏感性标准。《证券法》对内幕信息定义中‘证券的市场价格有重大影响’应理解内幕信息的主观标准。”①

（3）邢某具有利用内幕信息买卖博瑞医药股票的主观故意。本案中，邢某的意图非常明确，利用其获取的内幕信息低价买入高价卖出博瑞医药的股票，从而获取巨额利益。而在部分案件中，内幕信息的知情人员或者非法获取证券、期货交易内幕信息的人员的主观意图很难通过直接证据加以证明。对于内幕交易罪的主观要件方面上海市人民检察院第一检察部副主任王涛提出：“我国知悉要件证成的实践

① 王宏宇：《内幕信息的认定标准探讨——基于内幕交易行政处罚的经验数据》，载《清华金融评论》2022年第11期。

进路，即在不能提供直接证据时，应当运用间接证据予以证明，尤其是对特定身份型和积极联系型非法获取内幕信息人员的知悉要件，在证明时要立足于敏感身份、敏感时期、敏感行为等间接性事实，并允许行为人就其行为有无正当理由或者正当信息来源提出抗辩。围绕利用要件的取舍之争，论证行为人利用内幕信息是其承担内幕交易刑事责任的充分条件，而且，只要内幕信息的知情人员或者非法获取内幕信息的人员在内幕信息尚未公开前，从事与该内幕信息有关的证券交易，就可以推定其'利用了内幕信息'，并允许行为人提出抗辩事由，证明其证券交易与内幕信息无关。"①

综上所述，邢某作为信息披露公司的实际控制人，在为博瑞医药提供服务过程中，利用获取的内幕信息通过实际控制 5 个证券账户，大量买卖博瑞医药股票，谋取巨额非法利益，其行为不仅侵犯了证券市场的信息披露制度，而且侵害了其他投资者的合法权益，情节严重，依法应以内幕交易罪追究其刑事责任。

2. 从类案层面看内幕交易罪的审理难点与裁判要点

内幕交易类犯罪在司法实践中呈现不同的样貌和特点。本文通过对三件典型内幕交易案例的分析，提取内幕交易罪的几项审理难点，并针对这些难点，总结了案例裁判中对应的裁判要点，具体内容如表 3－1 所示。

表 3－1　内幕交易罪审理难点与裁判要点分析

案件名称	审理难点	裁判要点
林某等内幕交易、泄露内幕信息案［（2017）闽刑终 43 号］	内幕信息形成之时的认定	《内幕交易解释》第 5 条第 3 款明确规定，影响内幕信息形成的动议、筹划、决策或执行人员，其动议、策划、决策或者执行初始时间，应当认定为内幕信息的形成之时
	交易行为明显异常的认定	《内幕交易解释》第 3 条规定，相关交易行为明显异常要从时间吻合程度、交易背离程度和利益关联程度等方面予以认定。时间吻合程度，即从行为人开户、相关交易、资金变化等时间与内幕信息形成、变化、公开的时间吻合程度上把握；交易背离程度，即从交易行为与正常交易的背离程度上把握，正常交易主要体现为基于平时交易实践而采取的交易行为，基于证券、期货公开信息反映的基本面而理应采取的交易行为；利益关联程度，即从账户交易资金进出与该内幕信息的知情人员或者非法获取人员有无关联或者利害关系把握

① 参见王涛：《证券内幕交易犯罪构成研究》，载"上海检察"微信公众号 2023 年 5 月 28 日，https://mp.weixin.qq.com/s/Wd1ZURwXipBRT8TAcD7enw。

续表

案件名称	审理难点	裁判要点
王某、李某内幕交易案（最高人民法院、最高人民检察院、公安部、中国证券监督管理委员会联合发布依法从严打击证券犯罪典型案例之四）	被告人不供述犯罪，是否可以认定有罪	被告人不供述犯罪，间接证据形成完整证明体系的，可以认定被告人有罪和判处刑罚。内幕交易犯罪隐蔽性强，经常出现内幕信息知情人与内幕交易行为人订立攻守同盟、否认信息传递，企图以拒不供认来逃避惩罚的现象。对此，应通过收集行为人职务职责、参与涉内幕信息相关工作等证据证明其系内幕信息知情人；通过收集内幕信息知情人与内幕交易行为人之间的联络信息证明双方传递内幕信息的动机和条件；通过收集交易数据、资金往来、历史交易、大盘基本面等证据，证明相关交易行为是否存在明显异常等。对于间接证据均查证属实且相互印证，形成完整的证明体系，能够得出唯一结论的，应当依法定案
	未获利型内幕交易罪的认定	在内幕信息敏感期反复交易的，对交易成交额累计计算；实施内幕交易并亏损，交易成交额符合追诉标准的，也要依法追究刑事责任。内幕交易犯罪以谋利为意图，破坏证券市场公平交易秩序，司法解释、立案追诉标准均规定，证券交易成交额、获利或者避免损失数额等其中之一达到相关标准的，即应当认定为《刑法》第 180 条第 1 款规定的“情节严重”。内幕交易成交额达到“情节严重”标准的，严重破坏了证券市场公平交易秩序，无论获利或者亏损，均应当依法追究刑事责任，且数次交易的交易数额应当依法累计计算。本案中，李某从王某处获悉内幕信息后两次实施内幕交易，虽然亏损 9 万元，但两次交易累计成交额为 412 万元，属于情节特别严重，依法判处其有期徒刑 5 年，体现了司法机关依法从严惩处证券犯罪、维护资本市场公平交易秩序的决心和力度
顾某内幕交易案［（2018）沪刑终 86 号］	特定身份型获取内幕信息的人员的认定	与证券交易内幕信息知情人员关系密切的人员，无论是主动还是被动获取内幕信息，均属于非法获取证券交易内幕信息的人员。从他人处非法获取证券交易内幕信息后，在涉及证券的发行或其他对证券交易价格有重大影响的信息尚未公开前买入该证券，相关交易行为明显异常，且无正当理由或者正当信息来源，其行为构成内幕交易罪

3. 贯彻落实了宽严相济刑事政策，当宽则宽、该严则严

宽严相济刑事政策，是党中央在构建社会主义和谐社会新形势下提出的一项重要政策，是我国的基本刑事政策，对于最大限度地预防和减少犯罪、化解社会矛盾、维护社会和谐稳定，具有特别重要的意义。《关于贯彻宽严相济刑事政策的若

干意见》规定："贯彻宽严相济刑事政策，要根据犯罪的具体情况实行区别对待，做到该宽则宽，当严则严，宽严相济，罚当其罪，打击和孤立极少数，教育、感化和挽救大多数，最大限度地减少社会对立面，促进社会和谐稳定，维护国家长治久安。"本案中，被告人邢某如实供述自己的罪行并自愿认罪认罚，于庭前退出违法所得并预缴罚金，法院充分考虑了被告人邢某的实际情况，落实了宽严相济的刑事政策。同时，由于邢某犯罪情节特别严重，法院依法予以判决，惩治了内幕交易违法犯罪，有利于督促内幕交易信息知情人严格依法履职，维护证券从业市场生态。

第二节　上市公司公司治理专题

一、东方证券股份有限公司与皇氏集团股份有限公司损害股东利益责任纠纷案①

导读：本案为 2022 年上海金融法院十大典型案件之一，是一起较为罕见的限售股受让人起诉上市公司办理解禁手续并赔偿损失的案件，也是上海金融法院受理的首起此类案件。法院最终判决上市公司办理解禁手续并赔偿损失，有效地维护了诚信原则，初步探索了此类限售股解禁难题的解决之道。

（一）当事人信息

原告：东方证券股份有限公司（以下简称东方证券）

被告：皇氏集团股份有限公司（以下简称皇氏集团）

（二）基本案情

2014 年 11 月 25 日，皇氏集团以"发行新股 + 现金"方式，购买案外人李某某持有的御嘉影视 100% 股权，李某某因此获得 35,520,446 股皇氏集团股份。2017 年 10 月 12 日，法院裁定东方证券有权将涉案 58,410,000 股优先受偿，抵偿李某某所欠的债务。上述股票存在限售业绩承诺，李某某承诺 2014 ~ 2017 年不转让上述股票，同时在业绩承诺完成前不转让。

2018 年 1 月，法院要求皇氏集团协助法院查明上述质押股份是否达到解除限售条件。皇氏集团答复称，李某某所持有的皇氏集团股票全部处在限售状态，其余

---

① 参见上海市高级人民法院民事判决书，(2021) 沪民终 514 号。

条件同前。上述股份流拍后于 2018 年 9 月过户至东方证券名下以抵债，法院随后要求皇氏集团协助办理解除限售手续，但皇氏集团未予办理。

针对御嘉影视盈利与业绩承诺情况，皇氏集团 2015～2018 年发布多份情况说明，确认御嘉影视 2014～2017 年业绩承诺完成率均超 100%。2018 年 7 月，涉案股票被拍卖时，皇氏集团发布公告告知上述法院准备拍卖股票的情况，但并未提及股票限售情况。2020 年 3 月起，东方证券工作人员王某通过微信向皇氏集团了解解禁流程及所需材料，皇氏集团工作人员回复告知了办理解禁需要的相关材料，但在收到东方证券相关材料后，未予办理。东方证券沟通未果，遂于 2020 年 12 月 2 日向上海金融法院起诉，诉请：(1) 皇氏集团停止对东方证券股东权利的侵害，并立即为上述限售股办理解除限售手续；(2) 皇氏集团赔偿因延迟解除限售而给东方证券造成的损失 50,000,000 元。

皇氏集团辩称，2018 年 3 月 20 日，李某某向皇氏集团出具了《解除股份限售之自律承诺函》(以下简称《承诺函》)，该《承诺函》在 2014 年 11 月 25 日业绩承诺基础上作出了额外追加承诺，根据该《承诺函》的内容，解除限售条件尚未满足，因此应驳回原告的诉讼请求。为了追认该《承诺函》的效力，皇氏集团先后作出了追加涉案股票限售条件的董事会以及股东会决议，要求由东方证券先行缴纳李某某应承担的税费，否则不予配合解除限售。

(三) 争议焦点及法院裁判说理

本案争议焦点为：(1) 李某向皇氏集团出具的《承诺函》的真实性以及该函对东方证券要求皇氏集团解除限售是否具有约束力；(2) 皇氏集团通过的股东大会决议是否可以限制东方证券请求解除限售条件；(3) 若皇氏集团应配合而不配合东方证券解除限售，皇氏集团应赔偿的东方证券损失如何确定。

1.《承诺函》的真实性以及该函对东方证券要求皇氏集团解除限售是否具有约束力

一审法院认为，皇氏集团直至 2020 年 8 月才向东方证券以及深圳证券交易所提及该份《承诺函》，但此前皇氏集团发布的多个公告中，不仅未曾提及该《承诺函》，而且明确记载御嘉影视业绩承诺完成率超过 100% 且符合相关的解禁条件。皇氏集团为此出具的书面《承诺书》内容未正面回复其何时收到《承诺函》。上述现象不合逻辑与常理，但皇氏集团无法给予一个合理的解释，因此存在较大的倒签日期的可能。

即便《承诺函》未倒签，法院认为，亦不能约束东方证券。《承诺函》对市场、投资者、东方证券均有重大影响,但皇氏集团于 2020 年 10 月才将此承诺予以公告,不符合重大信息及时披露的要求。就合同法义务而言,李某并未在相关质押回购合同中把《承诺函》的内容作为合同条款。在司法执行过程中,皇氏集团亦未把《承诺函》内容及时告知东方证券。因此法院认为,李某的单方承诺仅对李某有约束力,对东方证券并无约束力。东方证券作为司法执行程序的当事人,对执行过程中的公告信息有充分的信赖。如存在《承诺函》,会对抵债价格产生重大影响。基于对东方证券信赖利益的保护,股票抵债过户之后方才披露的《承诺函》对东方证券并无约束力。

2. 皇氏集团通过的股东大会决议是否可以限制东方证券请求解除限售条件

法院认为,股东有权转让自己所持有的股票,这是股东基本的权利之一。除非事先存在特别的约定,否则股东大会并不能通过事后的决议程序来限制某位股东转让自己所持有的股票。皇氏集团事后通过的股东大会决议,不能约束东方证券。

3. 皇氏集团应赔偿的东方证券的损失如何确定

关于损失的认定,2020 年 4 月至本案起诉之时即 2020 年 12 月,皇氏集团股价经历了先涨后跌的过程。起诉后,股价先跌后涨。根据一审中这一股价波动情况,法院酌定皇氏集团先行赔偿东方证券的损失 500 万元,其余损失待配合解禁后由东方证券卖出相关股票后可视情主张。

二审法院对一审法院的事实认定及判决结果予以肯定,但不再保留被上诉人诉权。

(四)诉讼启示

股票限售,是指某类股东在其持有股份公司的股票达到一定期限后方可在二级市场交易流通,股票限售制度是我国资本市场中涉及上市公司的一项独特制度。本案是一起上市公司以限售股原股东未完成业绩承诺为由拒绝配合第三人办理解禁手续的损害股东利益责任纠纷,亦是上海金融法院受理的首起此类案件,被选为上海金融法院 2022 年度典型案例。

本案涉案股票为皇氏集团向李某某新增定向发行的限售条件流通股。限售条件为业绩承诺。东方证券通过以物抵债获得限售股票,但因限售股的解禁依赖于上市公司的配合,股东无法直接向证券交易所申请股票解禁,而皇氏集团拒绝配合,东方证券遂提起诉讼。

本案探讨了通过未经合法公告的原股东追加承诺的效力,同时探讨了上市公司能否通过内部决议形式对股票施加限售条件限制股东行使其合法权利。上市公司作为信息的提供方,应审慎地、按法定期限履行信息披露义务,同时在限售股满足限售条件的情况下积极配合股东行使权利,避免追加承诺无法被承继以及侵权等不利法律后果。具体来看,皇氏集团的操作存在以下问题,值得上市公司反思:首先,本案《承诺函》的披露时间晚于法定披露时限,与同期披露的多项公告内容相抵触,并且皇氏集团无法就其真实性作出明确承诺,因此,一审法院认可了东方证券认为其存在倒签可能的观点。其次,即使该承诺函真实性不存在问题,在其披露前,其效力仅及于合同双方,对善意第三方不发生效力,上市公司无权要求第三方承继《承诺函》当事方相关权利义务。司法执行程序的当事人对执行过程中的公告信息有充分的信赖,东方证券基于对司法公告以及对系争股票满足自由流通条件这一上市公司公开信息的信赖,接受了以股抵债的安排。然而,该承诺函直到司法执行程序完结、股票抵债过户之后才被披露。如果认定该类信息效力及于第三人,等于视上市公司信息披露制度、司法公信力于无物。此外,承诺函的性质为原股东李某某与皇氏集团签订的合同,合同具有相对性,因《承诺函》未按时披露,其效力仅约束合同双方,对善意第三人东方证券没有约束力。最后,股东所持限售股符合限售条件的,解除限售条件是股东对合法财产行使占有、使用、收益的合法权利,相关义务人应依法履行相应义务,若怠于履行则构成侵权。① 本案中,法院明确指出在股票满足解除限售条件的情况下,上市公司有义务配合股东解除相关股票的限售,且上市公司非审批主体,无权通过内部决议自行对相关股票施加其他限制。

上市公司业绩承诺限售股被拍卖或抵债并不鲜见,本案中皇氏集团中途闪现的原股东追加承诺未被认可,试图以内部决议形式自行给股票施加限制亦是枉然,法院最终判决上市公司办理解禁手续并赔偿损失,有效地维护了公平及诚信原则,维护了股东对上市公告及司法公告的信赖利益,初步探索了此类限售股解禁难题的解决之道。

二、欧浦智网股份有限公司等与金山金水投资(北京)有限公司保证合同纠纷案②

导读:上市公司违规担保问题是阻碍证券市场健康发展的顽疾。如果上市公司法定代表人或实际控制人越权担保又无力偿还,应怎样评价保证合同的效力以及上市公司的责任承担?法院裁判时如何平衡债权人、上市公司和广大中小投资

① 参见天津市第一中级人民法院民事判决书,(2017)津01民终8582号。

② 参见北京市第三中级人民法院民事判决书,(2021)京03民终4329号。

人之间的利益？本案判决认为，对于《民法典》及最高人民法院《关于适用〈中华人民共和国民法典〉有关担保制度的解释》（以下简称《民法典担保司法解释》）实施前签订保证合同引起的纠纷，保证合同无效后，上市公司应承担部分赔偿责任以保护债权人在交易时的合理预期利益。今后，面对上市公司对外担保问题时，债权人应当加强对上市公司公开披露信息的全面审查，上市公司按照公司章程由公司决策机构作出决议并公开披露，广大投资者要密切关注上市公司公告并了解相关法律。

（一）当事人信息

原告：金山金水投资（北京）有限公司（以下简称金山公司）

被告1：黑轴（上海）投资管理有限公司（以下简称黑轴公司）

被告2：陈某豪

被告3：田某贞

被告4：佛山市中基投资有限公司（以下简称中基公司）

被告5：欧浦智网股份有限公司（以下简称欧浦公司）

被告6：陈某盈

（二）基本案情

本案中，欧浦公司曾是深圳证券交易所上市公司，中基公司为其控股股东，陈某豪是两公司的实际控制人和法定代表人，田某贞为陈某豪之妻，陈某盈为陈某豪之女。2018 年，金山公司与黑轴公司签订了《最高额借款合同》，金山公司向黑轴公司支付了出借款 2500 余万元。陈某豪、田某贞、陈某盈为借款提供担保；欧浦公司、中基公司提供无限连带保证责任并各自向金山公司出具了《无限连带责任保证书》。担保的债权范围包括借款本金，借款利息，借款本金及利息逾期罚息、违约金、损害赔偿金以及实现债权的费用（包括但不限于诉讼费、仲裁费、财产保全费、证据保全费、强制执行费、评估费、拍卖费、鉴定费、律师费、差旅费、调查取证费等）。

欧浦公司出具了一份《欧浦公司股东会决议》，载明：与会股东英顺公司、中基公司（持股 1/2 以上）一致同意欧浦公司为《最高额借款合同》项下的全部债务提供连带保证责任担保，决议经股权占 1/2 以上股东签字（盖章）后生效。《欧浦公司股东会决议》落款处盖有欧浦公司以及英顺公司、中基公司印章。但是欧浦公司公司章程中规定，对外担保须经董事会审议，审议后还应提交股东大会审议。

还款日到期后黑轴公司未依约还款，金山公司遂起诉要求黑轴公司偿还借款及利息并承担诉讼费等费用，陈某豪、陈某盈、田某贞、中基公司、欧浦公司承担连带清偿责任。

欧浦公司主张，涉案《无限连带责任保证书》系实际控制人越权出具，应属无效，其不应承担担保责任，同时根据《民法典担保司法解释》的规定，其亦不承担合同无效后的赔偿责任。

一审宣判后，欧浦公司不服，提起上诉。北京市第三中级人民法院审理后认为，《民法典》及《民法典担保司法解释》实施前，债权人未根据上市公司对外公开披露的信息与上市公司签订的担保合同引起的纠纷，仍应适用最高人民法院《关于适用〈中华人民共和国担保法〉若干问题的解释》（以下简称《担保法司法解释》）的相关规定，即担保合同在被法院认定无效后，债权人仍有权向上市公司主张赔偿责任，其进行交易时的合理预期应予保护。

欧浦公司依据《民事诉讼法》第207条第2项、第6项之规定申请再审。2022年7月，北京市高级人民法院审查认为，一审、二审法院认定欧浦公司应对黑轴公司不能清偿部分的债务承担50%的责任，该责任比例的认定合理，应予维持。一审、二审法院的判决事实清楚，适用法律正确，处理结果并无不当。

（三）争议焦点及法院裁判说理

本案的争议焦点是法律适用问题和上市公司责任承担问题。

1. 关于本案的法律适用问题

《民法典担保司法解释》自2021年1月1日起施行，其第9条第2款规定："相对人未根据上市公司公开披露的关于担保事项已经董事会或者股东大会决议通过的信息，与上市公司订立担保合同，上市公司主张担保合同对其不发生效力，且不承担担保责任或者赔偿责任的，人民法院应予支持。"欧浦公司主张，在《民法典》施行之前，法律、司法解释并无此方面的特别规定，根据最高人民法院《关于适用〈中华人民共和国民法典〉时间效力的若干规定》第3条的规定："民法典施行前的法律事实引起的民事纠纷案件，当时的法律、司法解释没有规定而民法典有规定的，可以适用民法典的规定，但是明显减损当事人合法权益、增加当事人法定义务或者背离当事人合理预期的除外。"本案应适用上述《民法典担保司法解释》。

对此，法院认为，《公司法》第16条规定："公司向其他企业投资或者为他人提供担保，依照公司章程的规定，由董事会或者股东会、股东大会决议；公司章程对投资或者担保的总额及单项投资或者担保的数额有限额规定的，不得超过规定的限额。公司为公司股东或者实际控制人提供担保的，必须经股东会或者股东大会决议。前款规定的股东或者受前款规定的实际控制人支配的股东,不得参加前款规定事项的表决。该项表决由出席会议的其他股东所持表决权的过半数通过。"该规定并未特别区分上市公司和非上市公司对外担保的情形。前述《民法典担保司法解释》的规定是针对我国《公司法》第 16 条及有关担保相应规定作出的解释,在一定程度上填补了关于上市公司对外担保制度的空白,但正因如此,如果适用于该解释实施之前的担保行为,则可能背离当事人交易时的合理预期,不利于债权人利益的保护。故法院认为,本案不适用上述《民法典担保司法解释》的规定。

2. 关于欧浦公司的责任承担问题

《担保法司法解释》第 7 条规定:"主合同有效而担保合同无效,债权人无过错的,担保人与债务人对主合同债权人的经济损失,承担连带赔偿责任;债权人、担保人有过错的,担保人承担民事责任的部分,不应超过债务人不能清偿部分的二分之一。"因此,认定欧浦公司是否应承担连带赔偿责任就应以其对合同无效是否存在过错这一事实为依据。

根据本案查明的事实,尽管金山公司并未根据欧浦公司公开披露的关于担保事项已经董事会决议通过的信息与其订立担保合同,涉案合同因此应被认定为无效合同,但这不影响法院对于欧浦公司过错问题的审查。就过错而言,欧浦公司作为上市公司,其在未经决议的情形下,向债权人出具《无限连带责任保证书》并加盖公章,其合计持股 50% 以上的股东向债权人出具了所谓的股东会决议。据此,法院认为,欧浦公司及其股东对于对外担保应经过的决议程序更应知悉并遵守,该公司在未经决议并披露的情形下擅自对外提供担保具有过错。关于责任比例,法院认定欧浦公司应对黑轴公司不能清偿部分的债务承担 50% 的责任。

(四)诉讼启示

近年来,违规担保已成为上市公司"披星戴帽"的重要原因之一,影响资本市场秩序。据不完全统计,2023 年以来,截至 4 月 5 日,中国证监会和地方监管局针对上市公司共开出 29 张信息披露违法罚单,其中涉及违规担保的就有 16 张。在《〈全国法院民商事审判工作会议纪要〉理解与适用》中,最高人民法院民事审判第二庭表示,"上市公司违规担保问题是资本市场的'顽疾'和'毒瘤',多年来屡禁不止、影响恶劣。我们希望本纪要规定的裁判思路,能够倡导债权人看到上市公司公开披露的信息才与上市公司签订担保合同,对上市公司违规担保明确持否定态度,为资本市场持续健康发展提供巨大支持和制度保障"。正因为违规担保屡见不鲜,又会严重侵害上市公司、债权人、公众投资者的权益,很有必要从法律角度对此问题展开细致研究。

过去,对于上市公司违规担保问题主要依靠以中国证监会为代表的行政监管力量进行规制,出台了《关于规范上市公司与关联方资金往来及上市公司对外担保若干问题的通知》、《关于规范上市公司对外担保行为的通知》(已失效)、《上市公司治理准则》等文件。此后,国家司法实践进一步完善。2018 年,最高人民法院发布《关于审理为他人提供担保纠纷案件适用法律问题的解释(征求意见稿)》,明确违规担保原则上对公司无效。2019 年,《九民纪要》第 22 条规定:“【上市公司为他人提供担保】债权人根据上市公司公开披露的关于担保事项已经董事会或者股东大会决议通过的信息订立的担保合同,人民法院应当认定有效。”这条规定意味着上市公司对外担保必须经过法定决议和公告程序,否则实际控制人或法定代表人越权签订的担保合同无效。关于担保合同无效后的赔偿责任问题,2021 年,《民法典担保司法解释》第 9 条第 2 款作出规定:“相对人未根据上市公司公开披露的关于担保事项已经董事会或者股东大会决议通过的信息,与上市公司订立担保合同,上市公司主张担保合同对其不发生效力,且不承担担保责任或者赔偿责任的,人民法院应予支持。”可以看出,在平衡债权人、上市公司、公众投资者三方利益时,最高人民法院的倾向是要求债权人接受上市公司担保时尽到严格审查义务,督促上市公司提升内部治理及合规水平,保障中小投资者权益。

在本案诉讼中,欧浦公司以《民法典担保司法解释》第 9 条第 2 款为由主张保证合同无效且不承担赔偿责任,但是并没有被法院支持,原因何在? 这也是本案的重要意义,即明确了对于《民法典担保司法解释》不溯及既往。对于《民法典》及《民法典担保司法解释》实施前,因债权人未根据上市公司对外公开披露的信息与上市公司签订担保合同引起的纠纷,担保合同无效后,上市公司应承担部分赔偿责任以保护债权人在交易时的合理预期利益。

今后,面对上市公司对外担保问题时,债权人应该对“公开披露的关于担保事项已经董事会或者股东大会决议通过的信息”进行全面审查,而不能仅以公司实际控制人或法定代表人单方面提供的决议作为依据。上市公司对外提供担保时要切实加强内控工作,不仅要按照公司章程由公司决策机构作出决议和公开披露,而且不适用《民法典担保司法解释》第 8 条第 1 款第 2 项、第 3 项[①]的规定。广大中小投

---

① 《民法典担保司法解释》第 8 条第 1 款规定:“有下列情形之一,公司以其未依照公司法关于公司对外担保的规定作出决议为由主张不承担担保责任的,人民法院不予支持:(一)金融机构开立保函或者担保公司提供担保;(二)公司为其全资子公司开展经营活动提供担保;(三)担保合同系由单独或者共同持有公司三分之二以上对担保事项有表决权的股东签字同意。”

资者也要密切关注上市公司公告，遭遇上市公司违规担保行为给自身造成利益损失时，可以依靠法律武器提起索赔诉讼。

三、摩登大道时尚集团股份有限公司、广州连卡福名品管理有限公司、翁某强与澳门国际银行股份有限公司广州分行、第三人广州花园里发展有限公司质押合同纠纷案①

导读：上市公司及其控股股东等关联方应当充分认识通过资金占用等方式侵占公司利益的违法性。为防范法律风险，上市公司可以通过股权制衡防止大股东的操纵和掠夺，同时，应当提高内控水平，制定关联交易等舞弊风险识别机制，通过增强董事会的独立性、独立董事话语权等方式防范大股东等关联方的利益侵占行为。

（一）当事人信息

原告 1：摩登大道时尚集团股份有限公司（以下简称摩登集团）

原告 2：广州连卡福名品管理有限公司（以下简称广州连卡福）

原告 3：翁某强

被告：澳门国际银行股份有限公司广州分行（以下简称澳门国际银行广州分行）

（二）基本案情

1. 案件起诉缘由

摩登集团于 2019 年 10 月 16 日在《证券时报》、《中国证券报》、《上海证券报》、《证券日报》和巨潮资讯网披露《关于公司提起诉讼的公告》（公告编号：2019 - 094）。披露摩登集团（原告一）、广州连卡福（原告二）及翁某强（原告三）因澳门国际银行广州分行擅自划扣广州连卡福大额存单，向广州市中级人民法院提起诉讼，申请判决：（1）合同编号为 GRGZ18307 的《存单质押合同》未生效或无效；（2）被告向原告一、原告二连带支付 100,641,666.67 元；（3）被告向原告一、原告二连带赔偿资金占用损失；（4）由被告承担本案全部诉讼费用。广州市中级人民法院于 2020 年 10 月 14 日受理了该案件。

---

① 参见广东省高级人民法院民事判决书，（2021）粤民终 498 号。笔者写作时检索了三年来摩登大道时尚集团股份有限公司的多个公告，最新关于本案的 2023 年 6 月 27 日公告，显示案件被广东省高级人民法院裁定驳回再审申请。本案一审（2019）粤 01 民初 1246 号民事判决书、二审（2021）粤民终 498 号民事判决书未能检索到。只能以摩登集团的多个公告为写作基础，梳理本案的基本情况和诉讼进展。

2018 年 12 月 20 日，摩登集团控股股东广州瑞丰集团股份有限公司（以下简称瑞丰集团）的关联方主体广州花园里发展有限公司（以下简称花园里公司）与澳门国际银行广州分行签订《综合授信合同》一份，澳门国际银行广州分行向花园里公司授予 10,000 万元的授信额度，期限为 2018 年 12 月 20 日～2019 年 12 月 20 日。同日，控股股东瑞丰集团以广州连卡福名义与澳门国际银行广州分行签订《存单质押合同》一份，约定以广州连卡福存于澳门国际银行佛山支行金额为 10,310 万元的定期存款（存款期限为 2018 年 12 月 20 日～2019 年 3 月 20 日）为上述《综合授信合同》项下的相关债务提供担保。2019 年 8 月 21 日，摩登集团办理业务过程中发现广州连卡福所持大额存单已被澳门国际银行佛山支行划扣，划扣金额为 103,863,933.17 元。经摩登集团自查，上述担保事项未经公司董事会或股东大会审议，也未履行公司用章审批程序，摩登集团坚决维护自身的合法权益。鉴于澳门国际银行广州分行在无权、未通知以及未征得广州连卡福同意的情况下擅自扣划款项，严重侵犯了摩登集团利益，摩登集团遂向广州市中级人民法院提起本案诉讼。

摩登集团 2020 年 11 月 16 日披露《关于重大诉讼的进展公告》（公告编号：2020－139）：收到广州市中级人民法院（2019）粤民初 1246 号民事判决书，就质押合同纠纷一案作出一审判决，判决内容如下：（1）被告澳门国际银行广州分行于本判决生效之日起 15 日内向摩登集团、广州连卡福返还 50,320,833.33 元；（2）被告澳门国际银行广州分行于本判决生效之日起 15 日内向摩登集团、广州连卡福返还 50,320,833.33 元的利息（以50,320,833.33 元为基数，按照全国银行间同业拆借中心公布的贷款市场报价利率，自 2019 年 8 月 21 日起计算至实际清偿日止）；（3）驳回原告摩登集团、广州连卡福的其他诉讼请求；（4）驳回原告翁某强的全部诉讼请求。

摩登集团 2020 年 12 月 2 日披露《关于重大诉讼的进展公告》（公告编号：2020－147）：摩登集团依法向广东省高级人民法院就质押合同纠纷一案提起上诉，同时收到广东省高级人民法院送达的澳门国际银行广州分行就质押合同纠纷一案提起上诉的民事上诉状。

摩登集团 2022 年 4 月 26 披露《关于重大诉讼的进展公告》（公告编号：2022－027）：收到广东省高级人民法院（2021）粤民终 498 号民事判决书，就质押合同纠纷一案作出二审判决，判决内容如下：（1）撤销广东省广州市中级人民法院（2019）粤 01 民初 1246 号民事判决；（2）澳门国际银行广州分行于本判决生效之日起 15 日内向广州连卡福返还70,449,166.67元并支付资金占用费；（3）驳回广州连卡福其他诉讼请求。本判决为终审判决。

值得关注的是本次公告的第四项“本次公告的诉讼、仲裁对公司本期利润或期后利润的可能影响”载明：公司违规担保累计发生额为 435,709,528 元，截至本公告日，公司已解除担保 269,285,000 元，违规担保本金余额为 166,424,528 元。

摩登集团于 2022 年 8 月 5 日披露《关于重大诉讼的进展公告》（公告编号：2022 – 072）：摩登集团收到澳门国际银行广州分行向广东省高级人民法院发送的《再审申请书》，澳门国际银行广州分行不服广东省高级人民法院（2021）粤民终 498 号民事判决，提起再审申请，广东省高级人民法院已立案审查。

摩登集团于 2023 年 6 月 27 日披露《关于重大诉讼的进展公告》（公告编号：2023 – 049）：收到广东省高级人民法院（2022）粤民申 10334 号民事裁定书，就澳门国际银行广州分行的再审申请作出裁定，驳回澳门国际银行广州分行的再审申请。

2. 案涉摩登集团的被监管和被报道情况

2022 年 4 月 1 日，中国证监会发布 2021 年证监稽查典型违法案例，共 20 起，其中有关信息披露违法的案件达 9 起。在中国证监会公布的 9 起信息披露违法案例中，有 5 起关涉财务造假，1 起为股东侵占上市公司利益案件，即本案，3 起为债券市场信息披露违法案件。从本案可以看出，摩登集团向控股股东瑞丰集团提供非经营性资金 2000 余万元，用于归还贷款、借款或投资给其子公司、其他股权投资、支付瑞丰集团日常费用或工资等方面，摩登集团对上述行为未予披露，最终因此受到中国证监会处罚。

2020 年年初，新浪财经、华夏时报、北京报道等媒体对本案件予以报道，与上文提及的摩登集团 2022 年 4 月 26 日《关于重大诉讼的进展公告》（公告编号：2022 – 027）的第四项相印证。

无论从质押合同纠纷案件所涉及的违规担保，还是从中国证监会发布的证监稽查典型违法案例所提及的摩登集团向控股股东瑞丰集团提供非经营性资金 2000 余万元，都可以看出摩登集团之所以在 2020 年年初就被“戴帽”，皆因控股股东违规操控，摩登集团作为上市公司，不止一次发生与控股股东的资金往来、资金占用和违规担保等违法违规行为，可见其公司治理出现了严重问题。

（三）诉讼启示

本部分将结合摩登集团、广州连卡福与澳门国际银行广州分行质押合同纠纷案，进一步分析公司担保的效力问题及公司治理。

1. 公司担保的效力问题

虽然没有检索到本案的一审、二审判决书，但从摩登集团诉讼进展公告可知，广州市中级人民法院一审判决被告澳门国际银行广州分行向摩登集团、广州连卡福返还 50,320,833.33 元及利息，广东省高级人民法院二审判决澳门国际银行广州分行向广州连卡福返还 70,449,166.67 元并支付资金占用费。这一定是在认定《存单质押合同》未生效或无效的基础上进行的责任划分。下面结合案件所涉及的公司担保效力问题作分析。

(1)公司对外担保的法律法规及政策规定

《公司法》第 16 条是对公司担保的规定，该条规定："公司向其他企业投资或者为他人提供担保，依照公司章程的规定，由董事会或者股东会、股东大会决议；公司章程对投资或者担保的总额及单项投资或者担保的数额有限额规定的，不得超过规定的限额。公司为公司股东或者实际控制人提供担保的，必须经股东会或者股东大会决议。前款规定的股东或者受前款规定的实际控制人支配的股东，不得参加前款规定事项的表决。该项表决由出席会议的其他股东所持表决权的过半数通过。"

摩登集团因为帮控股股东违规担保，成为 2020 年第一家"戴帽"股，俨然成为其大股东瑞丰集团的融资工具。此事及因此而产生的监管和诉讼，引发市场和法律界人士高度关注，也推动了《上市公司监管指引第 8 号——上市公司资金往来、对外担保的监管要求》(中国证监会公告〔2022〕26 号，以下简称《8 号指引》)的形成；中国证监会结合近年监管实践，将《关于规范上市公司与关联方资金往来及上市公司对外担保若干问题的通知》(中国证监会公告〔2017〕16 号)、《关于规范上市公司对外担保行为的通知》(证监发〔2005〕120 号)和《关于集中解决上市公司资金被占用和违规担保问题的通知》(证监公司字〔2005〕37 号)三份规范性文件内容梳理归并，整合形成《8 号指引》，于 2022 年 1 月 28 日由中国证监会、公安部、国务院国资委和原中国银保监会四部委联合发布实施，尤其针对上市公司与控股股东、实际控制人和其他关联方的资金往来行为予以规制，严厉查处资金占用和违规担保的问题。《8 号指引》强调上市公司控股股东、实际控制人及其他关联方不得占用经营性资金，亦不得为控股股东等关联方垫支工资福利、广告等费用、承担成本和其他支出，不得拆借资金、代为偿还债务、委托控股股东等关联方进行投资等。针对违规占用资金及违规担保的行为，《8 号指引》进一步明确中国证监会与公安部、国务院国资委、原中国银保监会(现为国家金融监管总局)等部门的信息共享和合作机制，强调了案件移送、行刑衔接问题。

(2)《九民纪要》对公司对外担保的规定

最高人民法院于 2019 年 11 月 8 日发布《九民纪要》，其中，"(六)关于公司为他人提供担保”对公司为他人提供担保的合同效力问题进行规范。为统一裁判尺度,《九民纪要》通过第17~22条,对《公司法》第16条“公司对外担保”问题予以阐释,具体而言,第17条规定了违反《公司法》第16条构成越权代表、第18条规定了债权人善意的认定、第19条规定了无须机关决议的四种例外情况、第20条规定了越权担保的民事责任、第21条规定了权利救济、第22条规定了上市公司为他人提供担保的效力。

法定代表人违反《公司法》第16条,重点审查“债权人是否善意”。若债权人是善意,担保合同有效;若债权人被证明不是善意,则担保合同无效。《九民纪要》第17条对该观点进行了明确阐述。第18条则强调债权人对决议仅负有形式审查义务,但标准不宜太过严格。即使股东会或董事会决议系伪造,存在瑕疵或决议将来被法院认定无效,并不影响担保合同的效力,担保人仍应向债权人承担担保责任。同时,最高人民法院认为,《公司法》第16条属于强制性法律规定,债权人应当知晓。债务人在签订担保合同时,如未要求提供担保人依法出具相关决议的,则推断债权人并非善意第三人,判定担保合同无效。前述案例中,摩登集团关于本案的提起诉讼的公告显示,担保事项未经公司董事会或股东大会审议,也未履行公司用章审批程序,澳门国际银行广州分行应没有要求担保人出具相关决议,广州市中级人民法院与广东省高级人民法院均没有支持澳门国际银行广州分行,也可以看出《九民纪要》的指导裁判的倾向。

要重点关注的是,《九民纪要》第19条列举了四种即使债权人明知不存在公司的相关机关决议的,也应当认定担保合同有效的例外情况:(1)公司是以为他人提供担保为主营业务的担保公司,或者是开展保函业务的银行或者非银行金融机构;(2)公司为其直接或者间接控制的公司开展经营活动向债权人提供担保;(3)公司与主债务人之前存在相互担保等商业合作关系;(4)担保合同系由单独或者共同持有公司2/3以上有表决权的股东签字同意。《九民纪要》第22条,债权人根据上市公司公开披露的关于担保事项已经董事会或者股东大会决议通过的信息订立的担保合同,法院应当认定有效。

《九民纪要》第18条将公司对外担保的行为区分为两类:(1)公司为股东或者实际控制人提供的关联担保;(2)公司为股东或者实际控制人以外其他人提供的非关联担保。《公司法》第16条对关联担保与非关联担保的公司决议要求不同,关联担保须经公司股东(大)决议,且关联股东须回避表决;非关联担保则按照章程规定经股东(大)会或董事会决议。解决公司担保问题,首先要对担保加以区分,对关联担保的认定则是区分的关键。实务中对公司股东身份的认定较少存在疑问,关联担保认定的主要问题在于:实际控制人如何认定? 为股东、实际控制人控制的其他企业担保是否构成特殊的关联担保?

现行《公司法》第 216 条第 3 项规定:“实际控制人,是指虽不是公司的股东,但通过投资关系、协议或者其他安排,能够实际支配公司行为的人。”公司股东与实际控制人在身份上是否可具有兼容性,从司法裁判的实践来看,答案是肯定的。在最高人民法院的多则判例中,均可见对股东与实际控制人身份兼容性的表述。同时,《上市公司收购管理办法》第 5 条规定,收购人可以通过取得股份的方式成为一个上市公司的控股股东,可以通过投资关系、协议、其他安排的途径成为一个上市公司的实际控制人,也可以同时采取上述方式和途径取得上市公司控制权。上市公司收购规则也体现了投资人可以通过同时成为控股股东、实际控制人的方式来获取公司的控制权。而在 2022 年年底发布的《中华人民共和国公司法(修订草案二次审议稿)》第 261 条第 3 项规定:“实际控制人,是指通过投资关系、协议或者其他安排,能够实际支配公司行为的人。”上述释义中已去掉“虽不是公司的股东”表述。由此可见,公司股东与实际控制人在身份上兼容已无争议。

(3)特殊关联担保的认定

实务中,虽不是为股东或实际控制人提供担保,但基于利益衡量,应被认定为“关联担保”的特殊情形,如本案为股东、实际控制人控制的其他企业提供担保。本案的起因是摩登集团的控股股东瑞丰集团为关联方花园里公司与澳门国际银行广州分行签订的《综合授信合同》,以广州连卡福名义与澳门国际银行广州分行签订《存单质押合同》一份,约定以广州连卡福存于澳门国际银行佛山支行金额为 10,310 万元的定期存款为上述《综合授信合同》项下的相关债务提供担保。此情形如为“非关联担保”,则只需经公司董事会决议,可能有损公司及中小股东的利益。

当债权人利益与为他人提供担保的公司中小股东利益发生冲突时,法院需在两种法益之间作出选择,这就涉及法律适用中的利益衡量,要保护更优先的利益。至于具体如何进行利益衡量和价值取舍,则需结合个案中担保人、债权人双方实际情况具体分析。本案中,从摩登集团的公告可知,摩登集团经公司自查,担保事项未经公司董事会或股东大会审议,也未履行公司用章审批程序,澳门国际银行广州分行在无权、未通知以及未征得广州连卡福同意的情况下,擅自扣划款项,严重侵犯了公司利益,遂提起本案诉讼。所以本案并不涉及该方面的利益衡量,因为连《公司法》第 16 条非关联担保所要求的董事会决议都没有。

抛开本案,一旦发生公司担保纠纷,担保行为的效力认定就不仅是“关联担保”认定的问题了,而应是一个“内部意思表示 + 外部意思表示”相结合的判断过程。

根据担保类型先判定公司内部决议规则，进而判定公司“有无内部意思表示”“意思表示有无瑕疵”。“外部意思表示”要审查担保双方是否具有行为瑕疵，一看对外作出意思表示的表意人是否越权，二看债权人接受表意人作出的担保意思表示时是否善意。与《民法典》同时实施的《民法典担保司法解释》第 7 条对公司对外担保行为效力的认定亦作出这样的规定和阐释。

2. 公司担保的公司治理

以上的案例分析和对法律及司法解释的解读亦涉及公司治理，本部分再次简单梳理公司对外担保的公司治理，主要是对外担保决议规则的具体内容及实务中的常见问题。该决议规则具体包括决议机关、表决方式、表决权比例三个方面。

（1）公司担保的决议规则

根据《公司法》第 16 条及《九民纪要》第 18 条的阐释，非关联担保需根据公司章程规定，由公司的股东会或董事会作出决议，且章程对担保金额有限制的不得超过该金额限制。关联担保必须经公司股东（大）会决议，且关联股东（被担保的股东本人或受被担保的股东、实际控制人控制的其他股东）应当回避表决，该决议应当由出席会议的其他股东所持表决权过半数通过。

（2）关联担保中股东会可否授权董事会

尽管《公司法》第 16 条第 2 款规定关联担保“必须”经股东（大）会表决，没有“除外”或“例外”的表述。但《九民纪要》第 19 条与《民法典担保司法解释》第 8 条却又列出了公司对外担保无须公司机关决议的“例外”情形。

对于股东会是否可授权董事会决议审批对外担保的问题，除上市公司因受到《证券法》及其他相关规则的严格规制而不得任意授权外，针对非上市公司，笔者目前尚未检索发现有不得授权或授权无效观点的判例。

商事领域应突出“法无禁止即可为”的特征，以促进市场经济发展；对于商事主体内部的管理及授权行为，在授权未明显损害中小股东利益的前提下，司法应保持适当的谦抑性，尊重公司内部的意思自治，以提升商主体运营决策效率。基于以上，非上市公司可以通过公司章程或股东会决议的方式，授权董事会就关联担保事项进行决议审批。

担保是公司融资过程中常见的商事行为，公司融资时需要他人为之提供担保，同理，公司也存有为他人担保的可能性。作为债权人对担保人所提供担保进行相应的授权审查，又或者是作为担保人公司的股东积极利用和维护自身的权利，都需要对《公司法》第 16 条的适用予以充分的了解和把握。

四、江苏辉丰生物农业股份有限公司与河北佰事达商贸有限公司、郭某辉等公司关联交易损害责任纠纷案[①]

导读：随着公司商业活动的进行，关联关系带来的交易也产生了规制的必要。如果这种关联交易损害了公司利益，就进入了法律调整的范围。我国现行法律对因关联交易损害公司利益的行为进行了规制，但制度尚不完善。司法实践中，对于如何判定关联交易，责任主体、损害范围、关联交易损害责任如何确定等问题规制不明确，尚存在举证困难、法院认定严格等诉讼困境。上市公司应当关注、防控此类风险。

（一）当事人信息

原告：江苏辉丰生物农业股份有限公司（曾用名：江苏辉丰农化股份有限公司，以下简称辉丰公司）

被告：郭某辉

被告：河北佰事达商贸有限公司（以下简称佰事达公司，由郭某辉控股99%）

第三人：石家庄瑞凯化工有限公司（以下简称瑞凯公司）

（二）基本案情

辉丰公司系从事化学农药产品的研发、生产及销售的企业，为扩大生产规模，2015年6月26日，辉丰公司与郭某辉、被告瑞凯公司、龙某毅就增资扩股事宜达成一致，并签署了相关的投资协议及补充协议，辉丰公司随后按照相关协议的要求如期支付了全额增资款项26,900万元，取得了瑞凯公司51%的股权、郭某辉取得14.7%的股权、龙某毅取得34.3%的股权。2016年5月23日，龙某毅将其全部股权转让给郭某辉。2017年11月10日，郭某辉又将其全部股权转让给佰事达公司，郭某辉亦系佰事达公司的实际控股人，拥有佰事达公司股份的99%。

上述投资协议5.5.1条款约定：丙方股东会按照《公司法》和公司章程的有关规定运行。同时下列事项须经新股东会2/3以上同意票的特别决议通过方可实施：关联交易单项300万元以上，或连续12个月内累计1000万元以上。协议5.6.2条款约定丙方与甲方、乙方、丁方实际控制的公司发生关联交易，需遵循市场原则进行，如交易存在损害丙方利益的行为，甲方、乙方、丁方各自有权代表丙方向对方实

---

① 参见江苏省盐城市大丰区人民法院民事判决书，(2021)苏0982民初3918；江苏省盐城市中级人民法院民事判决书，(2022)苏09民终4568号。

际控制的公司予以追偿。但从 EAS 金蝶销售系统查询得知，自 2021 年 3 月24 日起至6 月 16 日止，被告实际经营的瑞凯公司以低于市场价格大量向被告佰事达公司出售草铵膦原药，出售数量达 541.901 吨，给瑞凯公司造成了 39,738,500 元的损失，原告多次以各种方式制止被告进行关联交易未果。

原告辉丰公司认为，诚实守信是《民法典》合同编的基本原则，两被告利用实际经营瑞凯公司的便利，低价向佰事达公司出售草铵膦原药，损害了瑞凯公司的合法权益，构成关联交易。被告违背自己的承诺，刻意违约的行为严重破坏了商业交易的规则，给瑞凯公司造成严重的损失，也给自身带来重大的法律风险。依据投资协议第 5 条的约定，原告有权代表瑞凯公司向被告予以追偿。

(三)争议焦点及法院裁判说理

原告向江苏省盐城市大丰区人民法院提起诉讼，请求：(1)依法判令两被告连带赔偿第三人瑞凯公司因关联交易导致的损失 39,738,500 元；(2)依法判令两被告连带赔偿第三人瑞凯公司资金被占用期间的利息损失(以 3,973,850 元为计算本金，自起诉之日至实际清偿之日止，按照全国银行间同业拆借中心公布的贷款市场报价利率计算的利息)；(3)案诉讼费用由被告承担。

一审判决：(1)被告郭某辉于本判决生效之日起 30 日内赔偿第三人瑞凯公司损失 4,468,310 元，并承付该款自 2021 年 7 月 15 日起至实际给付之日止按全国银行间同业拆借中心公布的贷款市场报价利率计算的利息；(2)保全申请费 5000 元，由被告郭某辉承担；(3)被告佰事达公司对被告郭某辉上述义务承担连带赔偿责任；(4)驳回原告辉丰公司的其他诉讼请求。

一审判决作出后，原告、被告均提出了上诉。二审法院驳回上诉，维持原判。

(四)诉讼启示

本案系公司关联交易损害责任纠纷，“关联交易”在公司运营过程中时有发生。从有利的方面讲，关联交易双方因存在关联关系，可以节约交易成本，提高交易效率，所以我国法律并不禁止所有的关联交易。《公司法》第 21 条规定：“公司的控股股东、实际控制人、董事、监事、高级管理人员不得利用其关联关系损害公司利益。违反前款规定，给公司造成损失的，应当承担赔偿责任。”《民法典》第 84 条规定：“营利法人的控股出资人、实际控制人、董事、监事、高级管理人员不得利用其关联关系损害法人的利益；利用关联关系造成法人损失的，应当承担赔偿责任。”

可见，我国法律并不禁止关联交易，而只是对“利用其关联关系损害公司利益”

的行为进行规范，明确其应承担赔偿责任。而合法有效关联交易的实质要件是交易对价公允，应依照正常市场规律进行。最高人民法院《关于适用〈中华人民共和国公司法〉若干问题的规定（五）》第 1 条第 1 款规定："关联交易损害公司利益，原告公司依据民法典第八十四条、公司法第二十一条规定请求控股股东、实际控制人、董事、监事、高级管理人员赔偿所造成的损失，被告仅以该交易已经履行了信息披露、经股东会或者股东大会同意等法律、行政法规或者公司章程规定的程序为由抗辩的，人民法院不予支持。"可见，合法有效的关联交易应当从交易的实质内容即合同约定、合同履行是否符合正常的商业交易规则以及交易价格是否合理等多方面进行审查。

公司关联交易损害责任纠纷依据最高人民法院《民事案件案由规定》，归类为"与公司有关的纠纷"项下的案由之一。然而，《公司法》第 21 条的规定、第 148 条"董事、高级管理人员不得有下列行为"中关于"违反公司章程的规定或者未经股东会、股东大会同意，与本公司订立合同或者进行交易"的规定、第 216 条"关联关系，是指公司控股股东、实际控制人、董事、监事、高级管理人员与其直接或者间接控制的企业之间的关系，以及可能导致公司利益转移的其他关系"的规定，以及最高人民法院《关于适用〈公司法〉若干问题的规定（五）》第 1 条、《民法典》第 84 条的规定中均使用了"关联关系""关联交易"等用语，却都没有解决如何对该行为进行判定的问题。在具体诉讼中对于如何判定存在关联交易，如何确定责任主体、损害范围、关联交易损害责任等，往往成为焦点争议问题。

对于上市公司而言，需要在运营的过程中防控因关联交易损害公司利益的风险，具体建议如下：第一，良好的内部治理制度是风险防控的基础。对于有关购买或销售商品，提供或接受劳务，担保，贷款或股权投资等经营、投资、合同领域重大事项，应实行决议审批制。第二，重视公司章程的制度设计。上市公司尤其要重视公司章程的制度设计，很多上市公司，往往在诉讼中涉及需要以公司章程为依据时，才发现公司章程设计过于简单或者语焉不详，失去了在诉讼中的有利地位，陷于被动。从责任主体角度考虑，在公司章程中可以对董事、高管在经营中的职责、权限予以细化规范；对相关董事、高管的任命和管理注意规范化、职位明确化。从行为构成角度考虑，可以对股东会审议、决议事项，普通决议、特别决议事项加以细化；注意股东大会审议关联交易事项时，关联股东不应当参加投票表决，其所代表的有表决权的股份数不计入有效表决总数等制度设计。

五、茂名石化实华股份有限公司与罗某鸣与公司有关的纠纷案①

导读：上市公司控制权争夺广受市场瞩目，也充分考验着各方的智慧与规则运用能力。本案例涉及上市公司控制权争夺多项因素，包含表决权委托变动、敌意收购、公司股东内部分歧等。争议各方本身是关系密切的亲人，最终因上市公司控制权争夺事项相互较量，形成攻守双方，“攻方”使用了对上市公司控股股东公司进行增资的方式达到实际控制上市公司的目的，“守方”则最终以“攻方”的代理行为为自己代理撤销了“攻方”的一系列公司决议。本案属于比较典型的上市公司控制权争夺案例，值得深入探讨、剖析。

（一）当事人信息

原告：茂名石化实华股份有限公司（以下简称实华公司）

被告：罗某鸣

（二）基本案情

实华公司提出诉讼请求：判令罗某鸣赔偿因其违法、虚假收购上市公司行为给实华公司造成的经济损失 2000 万元。

一审法院判决驳回了原告实华公司的诉讼请求。

本书对法院查明的事实梳理如下：

1. 基本持股关系

实华公司系深圳证券交易所主板上市的企业（股票代码：000637），其控股股东为北京泰跃房地产开发有限责任公司（以下简称泰跃公司）。泰跃公司原股东为北京神州永丰科技发展有限责任公司（以下简称神州永丰公司）、北京东方永兴科技发展有限责任公司（以下简称东方永兴公司），其中神州永丰公司持有泰跃公司 80% 的股权，东方永兴公司持有泰跃公司 20% 的股权。刘某持有神州永丰公司 80% 的股权和东方永兴公司 82% 的股权，为实华公司的实际控制人。

2. 基本人物关系

刘某，2006 年 7 月被有关部门带走调查，随后被指控涉嫌行贿等多项罪名，判处入狱服刑 14 年，2020 年 6 月 6 日刑满释放。

罗某鸣，与刘某曾为男女朋友关系，与刘某育有两个非婚生子女。

---

① 参见北京市海淀区人民法院民事判决书，(2021) 京 0108 民初 66971 号；北京市第一中级人民法院民事判决书，(2022) 京 01 民终 2875 号等。

范某岩,刘某妻子,刘某在委托罗某鸣之前委托范某岩行使其在神州永丰公司及东方永兴公司的股东权利,后撤销该委托。

3. 神州永丰公司表决权委托及相关情况

2018 年 12 月 27 日,刘某(委托方)与罗某鸣(受托方)签署《委托协议》约定:委托方持有神州永丰公司 80% 的股权。委托方将提议、召集、主持股东会的相关权利全权委托给受托方代为实施。委托方将其持有的公司 80% 的股权所对应表决权不可撤销地委托给受托方行使。受托方根据此授权可以就《公司法》及公司章程赋予股东的各项权利进行表决,且无须再在具体行使该等表决权时另行取得委托方的单项授权。该表决权所涉及内容包括但不限于:提议、召集、主持股东会,修改公司章程,增加或减少注册资本,选任和变更公司董事会成员、执行董事、监事、经理、法定代表人等。本授权自各方签署之日起生效,委托方未经受托方同意,不得擅自解除该委托。

2019 年 8 月 2 日,神州永丰公司在工商行政部门办理了注册资本、股东的变更登记及新章程的备案。变更登记材料中包括两份股东会决议及新的章程。其中一份决议记载:2019 年 8 月 2 日在公司会议室召开了神州永丰公司第 3 届第 5 次股东会会议,会议应到 2 人,实到 1 人,会议在召集和表决程序上符合《公司法》及公司章程的有关规定,会议形成决议如下:(1)同意公司增加新股东罗某鸣。(2)同意修改公司章程。股东签名处为手写"刘某(罗某鸣代)"字样。另一份决议记载:2019 年 8 月 2 日在公司会议室召开了神州永丰公司第 4 届第 1 次股东会会议,会议应到 3 人,实到 2 人,会议在召集和表决程序上符合公司法及公司章程的有关规定,会议形成决议如下:(1)同意注册资本变更为 1.2 亿元,变更后的出资情况为股东罗某鸣出资 7000 万元,股东刘某出资 4000 万元,股东刘某元出资 1000 万元。(2)同意变更后的公司由罗某鸣、刘某、刘某元组成新的股东会。(3)同意修改公司章程。

2020 年 11 月 20 日,北京市海淀区人民法院作出(2020)京 0108 民初 2495 号民事判决,认定罗某鸣的行为构成"自己代理",从而确认神州永丰公司 2019 年 8 月 2 日第 3 届第 5 次股东会决议及第 4 届第 1 次股东会决议无效;神州永丰公司向登记机关申请撤销依据上述第一项决议作出的工商变更登记。

罗某鸣不服该判决,提起诉讼。北京市第一中级人民法院于 2021 年 2 月 24 日作出(2021)京 01 民终 2417 号民事判决书,驳回上诉,维持原判。

4. 东方永兴公司表决权委托及相关情况

2018 年 12 月 27 日,刘某(委托方)与罗某鸣(受托方)签署《委托协议》约定:委托方持有东方永兴公司 82% 的股权。委托方将提议、召集、主持股东会的相关权利全权委托给受托方代为实施。委托方将其持有的公司 82% 的股权所对应表决权不可撤销地委托给受托方行使。受托方根据此授权可以就《公司法》及公司章程赋予股东的各项权利进行表决，且无须在具体行使该等表决权时另行取得委托方的单项授权。该表决权所涉及内容包括但不限于:提议、召集、主持股东会，修改公司章程，增加或减少注册资本，选任和变更公司董事会成员、执行董事、监事、经理、法定代表人等。本授权自各方签署之日起生效，委托方未经受托方同意，不得擅自解除该委托。同日，刘某于南宁监狱会见室召开了东方永兴公司 2018 年第一次股东会，并作出了股东会决议，决议的主要内容为东方永兴公司的董事由刘某、刘某元、李某变更为刘某、罗某鸣、罗某丽，监事由杜某变更为姚某芳，同意就上述变更事项修改公司章程。

2019 年 5 月 13 日，东方永兴公司在工商行政部门完成了法定代表人、董事、经理、监事的变更登记，法定代表人由刘某元变更为罗某鸣，董事成员由刘某元、刘某、李某变更为罗某鸣、刘某、罗某丽，监事成员由杜某变更为姚某芳，经理由刘某元变更为罗某鸣。

2019 年 8 月 5 日，东方永兴公司在工商行政部门完成了注册资本、投资人(股东)、营业期限的变更登记及新章程的备案，注册资本由 5000 万元变更为 12,000 万元，股东由刘某、刘某元变更为罗某鸣、刘某、刘某元，营业期限由 20 年变更为永久。变更登记材料中包括两份股东会决议、新的公司章程及前述 2018 年 12 月 27 日由刘某向罗某鸣出具的委托协议。其中一份股东会决议记载:2019 年 8 月 1 日在公司会议室召开了东方永兴公司第一次股东会会议，会议在召集和表决程序上符合《公司法》及公司章程的有关规定，会议形成决议如下:(1)同意公司增加新股东罗某鸣。(2)同意修改公司章程。股东签名处为手写“刘某(罗某鸣代)”字样。另一份股东会决议记载:2019 年 8 月 1 日在公司会议室召开了东方永兴公司第二次股东会会议，会议在召集和表决程序上符合《公司法》及公司章程的有关规定，会议形成决议如下:(1)同意注册资本变更为 12,000 万元，变更后的出资情况为股东罗某鸣出资 7000 万元，股东刘某出资 4100 万元，股东刘某元出资 900 万元。(2)同意公司经营期限变更为长期。(3)同意变更后的公司由罗某鸣、刘某、刘某元组成新的股东会。(4)同意修改公司章程。

2021 年 4 月 21 日，北京市平谷区人民法院作出(2020)京 0117 民初 633 号民事判决，认定罗某鸣的行为构成“自己代理”，从而确认东方永兴公司 2019 年 8 月 1 日第一次股东会决议无效;东方永兴公司 2019 年 8 月 1 日第二次股东会决议中除“同意公司经营期限变更为长期”以外的其他内容无效;东方永兴公司向公司登记机关申请撤销依据上述两次股东会决议中的无效内容作出的工商变更登记。

5. 实华公司因控制权争议纠纷受到证券监管机构关注情况

深圳证券交易所公司管理部分别于 2020 年 1 月 22 日、2 月 20 日向实华公司发出关注函，要求实华公司及时进行信息披露。

2020 年 2 月 20 日，中国证监会向实华公司发出关注函，要求实华公司积极争取地方政府及相关部门的支持和指导，进一步加强与控股股东泰跃公司、第二大股东中国石化集团茂名石油化工有限公司等相关方的沟通协商，推动化解控制权争议纠纷，尽快落实年报审计机构的聘任事宜，抓紧启动 2019 年年报审计和编制工作，确保公司 2019 年年报在法定期限内如期披露。监管机关关注函中的内容，无疑引起了实华公司的重视。

（三）争议焦点及法院裁判说理

综合全案，本案的争议焦点在于上市公司控制权争夺战的“攻方”是否应对上市公司的损失承担赔偿责任。

法院认为，罗某鸣代表刘某召开神州永丰公司、东方永兴公司股东会，并对神州永丰公司、东方永兴公司登记事项进行变更等行为，系基于实华公司实际控制人刘某的委托，且没有约定报酬，表明上述委托属于无偿委托。依照相关法律规定，罗某鸣只有在执行委托事项中存在故意、重大过失，或超越权限给委托方造成损失，才应当对委托方承担赔偿损失。罗某鸣的行为后果如果给他人造成损失，其后果理应由委托方刘某承担。鉴于以上因素，无论罗某鸣的上述行为最终是否给实华公司造成损失，实华公司要求罗某鸣承担赔偿责任均缺乏充足的事实及法律依据。对实华公司提出的诉讼请求，法院不予支持。

（四）诉讼启示

本案争议各方本身是关系密切的亲人，归根到底是因原上市公司实际控制人入狱，导致其与其妻子及婚外第三方关于该上市公司实际控制权的争夺，通过一系列较量（公司决议效力纠纷、行政诉讼、上市公司损失赔偿诉讼等程序），形成攻守双方，“攻方”使用了对上市公司控股股东公司进行增资的方式达到实际控制上市公司的目的，“守方”则最终以“攻方”的代理行为为自己代理撤销了“攻方”的一系列公司决议。表面上看“守方”似乎夺回了上市公司的控制权，但是在这一过程中也不可避免地给上市公司造成了一定的负面影响。在这种情况下，上市公司起诉“攻方”承担赔偿责任，从民事代理的相关法律规定来看：首先，需要由委托方主张损失的赔偿责任；其次，因该委托事项为无偿委托，需要由委托方举证证明受托方在执行委托事项中存在故意、重大过失，或超越权限给委托方造成损失。所以上市公司直接要求受托方对上市公司的损失承担赔偿责任的难度较大。

从上市公司原实际控制人的角度看，如果出现实际控制人不能对上市公司进行管理并实际控制的情况，可以通过本案这种委托的方式委托信任的人行使相应的权利，但是为了避免受托方滥用权利对委托方的控制权造成威胁，可以对其代理权限加以限制。本案中，由于当事人家庭关系较为复杂，在选择受托人时需要综合考虑各方关系及人性特点，把握利益的均衡点，慎重选择受托人。

六、远东智慧能源股份有限公司、三普药业有限公司等民事纠纷案①

导读：公司股权转让的双方，在约定股权转让价格的同时，还对标的公司转让前的有关债务进行了确认，并约定由受让方公司借款给标的公司并按协议约定的时间支付给转让方。该约定是属于为标的公司额外设定借款，还是属于股权转让的价格的一部分？在法院支持受让方应当按合同约定付款给转让方的判决生效后，标的公司是否有权提起第三人撤销之诉？青海省高级人民法院和最高人民法院的判决给出了两种截然不同的观点，值得深思。

（一）当事人信息

原告：三普药业有限公司（以下简称三普公司）

被告：远东智慧能源股份有限公司（以下简称远东智慧公司）

被告：西藏荣恩科技有限公司（以下简称西藏荣恩公司）

（二）基本案情

远东智慧公司是上市公司。远东智慧公司与西藏荣恩公司股权转让纠纷案，经青海省西宁市中级人民法院、青海省高级人民法院审理后，分别作出了（2017）青01民初52号一审民事判决、（2020）青民终291号二审民事判决。三普公司因不服（2020）青民终291号生效判决，向青海高院提起（2021）青民撤1号第三人撤销之诉。远东智慧公司因不服（2021）青民撤1号判决，向最高人民法院提起上诉，最高人民法院作出（2022）最高法民终50号终审判决，撤销了（2021）青民撤1号民事判决，并驳回三普公司的诉请。纠纷发生的经过如下：

① 参见最高人民法院民事判决书，（2022）最高法民终50号。

(2017)青01民初52号远东智慧公司诉西藏荣恩公司股权转让纠纷案，远东智慧公司向西宁市中级人民法院提出如下诉讼请求：(1)西藏荣恩公司依约向远东智慧公司支付5000万元；(2)西藏荣恩公司按协议约定支付违约金3615万元(按照应付未付金额的3‰每日计算至付清款项之日，暂计算至2016年7月31日)，并承担本案诉讼费、律师费125万元；(3)西藏荣恩公司支付其他损失10,282,448.78元。

西宁市中级人民法院认定事实如下：甲方远东智慧公司与乙方西藏荣恩公司于2015年10月21日签订《股权收购协议》，协议约定：甲方按照本协议的约定向乙方转让收购标的，乙方按照本协议的约定向甲方购买收购标的；本协议项下的收购标的为甲方持有的三普公司100%的股权；标的公司截至股权过户日的净资产不低于2.4亿元，否则甲方按差异金额向乙方承担补足义务，截至股权过户日的总负债不高于1.2亿元，否则差异金额由甲方代为清偿。截至股权过户日，标的公司需偿还的对甲方及其关联方的应付款项不超过1亿元，甲方及其关联方对标的公司的应付款项预计不超过5000万元，此两项相抵后的净值应当按5000万元取值，由乙方借款给标的公司按照本协议第6条支付，按此规定支付完成后，如尚有标的公司欠付甲方款项，由甲方自行处理，标的公司不再承担偿还义务；收购标的的价格为3.2亿元，由乙方根据本协议第6条的约定方式支付；自本协议签署之日次日，乙方将3亿元作为收购标的的预付款支付给甲方；甲乙方按照本协议第8条所述的公章证照交接手续完成后2个工作日内，乙方向甲方支付剩余的收购标的价款2000万元；本次交易完成股权转让工商变更登记后2个工作日内，乙方通过标的公司向甲方支付3000万元现金，用于偿还标的公司所欠的甲方及其关联方的金额；甲方保证其注入三普公司但仍未办理完毕权属登记的土地使用权及原GSP大楼房产(见披露清单)完成权属变更登记后2个工作日内，乙方通过标的公司向甲方支付2000万元现金，用于偿还标的公司所欠的甲方及其关联方的金额；标的公司的财务会计报表均已经按照中国现行有效的会计制度……真实、准确、完整……不存在任何虚假记载；甲方未能向乙方提供资产已注入标的公司的有关证明文件、交易文件、数据、信息、证据等资料，而致使标的公司或者乙方发生损失时，则该损失应当由甲方全额承担；同时，对违约进行了明确的约定。双方约定的股权收购价款3.2亿元，西藏荣恩公司已向远东智慧公司支付完毕，协议中约定的工商变更登记已于2015年11月17日办理，房产权属于2015年12月17日、土地权属于2015年12月22日变更。

西宁市中级人民法院判决：(1)西藏荣恩公司于判决生效后30日内给付远东智慧公司股权收购协议中约定的应付款项5000万元。(2)西藏荣恩公司应支付的

3000 万元，自 2015 年 11 月 20 日至 2016 年 7 月 31 日，按照中国人民银行授权全国银行间同业拆借中心 2020 年 8 月 20 日公布的一年期贷款市场报价利率 3.85 的标准上浮 50% 后再上浮 30% 计算，违约金为 1,501,500 元（3000 万元 × 年利率 3.85% ×8 个月 ÷12 个月 ×1.5 ×1.3 =1,501,500 元），自 2016 年 8 月 1 日至 3000 万元款项付清之日止的利息按上述标准计算；西藏荣恩公司应支付的 2000 万元，自 2015 年 12 月 25 日至 2016 年 7 月 31 日，按照中国人民银行授权全国银行间同业拆借中心 2020 年 8 月 20 日公布的一年期贷款市场报价利率 3.85 的标准上浮 50% 后再上浮 30% 计算，违约金为 875,875 元（2000 万元 × 年利率 3.85% ×7 个月 ÷12 个月 ×1.5 ×1.3），自 2016 年 8 月 1 日至 2000 万元款项付清之日止的利息按上述标准计算。（3）西藏荣恩公司于判决生效后 30 日内给付远东智慧公司其他损失及诉讼费损失共计 10,282,448.78 元。（4）驳回远东智慧公司主张西藏荣恩公司承担律师费 1,250,000 元的诉讼请求。一审案件受理费 530,212.24 元，由远东智慧公司负担 106,042.45 元，西藏荣恩公司负担 424,169.79 元。

西宁市中级人民法院的一审判决作出后，远东智慧公司和西藏荣恩公司均不服，上诉至青海省高级人民法院。青海省高级人民法院作出（2020）青民终 291 号民事判决，驳回上诉，维持原判。

前述（2020）青民终 291 号民事判决生效后，三普公司向青海省高级人民法院提起第三人撤销之诉，其诉讼请求为：请求依法撤销西宁市中级人民法院（2017）青 01 民初 52 号民事判决第 1 项、第 2 项及青海省高级人民法院（2020）青民终 291 号民事判决中维持（2017）青 01 民初 52 号民事判决第 1 项、第 2 项之判项。

在本案中，青海省高级人民法院查明的事实，与西宁市中级人民法院、青海省高级人民法院在（2017）青 01 民初 52 号、（2020）青民终 291 号判决中查明的事实基本一致。青海省高级人民法院审理后，作出（2021）青民撤 1 号民事判决，判决：（1）撤销西宁市中级人民法院（2017）青 01 民初 52 号民事判决的第 1 项、第 2 项。（2）撤销青海省高级人民法院（2020）青民终 291 号民事判决中维持（2017）青 01 民初 52 号民事判决第 1 项、第 2 项的部分。一审案件受理费 291,800 元，由远东智慧公司负担 145,900 元，西藏荣恩公司负担 145,900 元。

远东智慧公司不服青海省高级人民法院的判决，向最高人民法院上诉，请求：（1）撤销一审法院（2021）青民撤 1 号民事判决第 1 项、第 2 项，依法改判驳回三普公司的全部诉讼请求；（2）一审、二审诉讼费用由三普公司承担。最高人民法院审理后，作出（2022）最高法民终 50 号民事判决，判决：（1）撤销青海省高级人民法院（2021）青民撤 1 号民事判决；（2）驳回三普药业有限公司的诉讼请求。

（三）争议焦点及法院裁判说理

本案最重要的三个争议焦点是：（1）三普公司是否为原诉生效判决案中的无独立请求权第三人；（2）三普公司未参加原诉生效判决案件审理过程是否属于不能归责于本人的事由；（3）原诉生效判决是否损害三普公司权益，应否撤销。

1. 三普公司是否为原诉生效判决案中的无独立请求权第三人

青海省高级人民法院、最高人民法院均认为三普公司依法可以作为原诉生效判决案件的无独立请求权第三人，其具体意见如下：

青海省高级人民法院认为：（2017）青01民初52号及（2020）青民终291号案件系远东智慧公司与西藏荣恩公司之间的股权转让纠纷，三普公司没有独立的请求权，但上述案件的处理结果与三普公司具有法律上的利害关系，三普公司属于无独立请求权第三人。

最高人民法院认为：首先，虽然案涉《股权收购协议》的合同当事人为远东智慧公司和西藏荣恩公司，但双方交易标的为远东智慧公司持有的三普公司100%股权，三普公司系股权转让交易的标的公司，该次交易必然对三普公司的经营和管理产生影响，案涉股权转让纠纷的审理结果和三普公司存在利害关系。三普公司依法可以作为无独立请求权第三人参加诉讼。其次，从案涉《股权收购协议》约定内容来看，第4.1条约定的5000万元债务系三普公司新老股东对三普公司与远东智慧公司以及其关联公司之间的债权债务核算后确定的数额，约定由受让股东西藏荣恩公司支付，该约定构成西藏荣恩公司对三普公司的债务加入。同时，该协议也约定，该5000万元由西藏荣恩公司借款给三普公司，由三普公司向远东智慧公司支付。按照协议约定，远东智慧公司有权要求西藏荣恩公司和三普公司按照此方式履行，因此，该履行方式实际给三普公司设定了义务。原诉股权转让纠纷中，远东智慧公司是否起诉请求或法院是否判决各方按照协议约定的方式履行该5000万元债务，和三普公司具有法律上的利害关系，三普公司依法可以作为无独立请求权的第三人参加远东智慧公司与西藏荣恩公司的股权转让诉讼。

2. 三普公司未参加原诉生效判决案件审理过程是否属于不能归责于本人的事由

对此问题，青海省高级人民法院和最高人民法院则持不同观点。

青海省高级人民法院认为：不能归责于本人的事由未参加诉讼，一般是指第三人未参加原诉讼无明显过错的情形，即第三人未参加原诉讼不属于故意、重大过失的情形。无独立请求权的第三人对诉讼标的没有独立的请求权，案件的处理结果同他有法律上的利害关系,因此在诉讼进行过程中、处理结果出来之前,通常难以判断。无独立请求权人即使知道诉讼已经存在,法院未通知其参加诉讼,当事人也未申请其参加诉讼,其未申请参加诉讼的,一般不能认定其有明显的过错。考虑我国当前诉讼当事人法律知识和诉讼能力还不够高,如果要求第三人无过错,则不利于保护案外第三人的合法权益。故认为三普公司不构成不能归责于本人的事由未参加诉讼的情形。

最高人民法院则认为:三普公司虽然主张在原诉生效判决作出前,对案件处理结果是否与其有法律上的利害关系难以判断,不能认定为有明显过错,但三普公司对于案涉《股权收购协议》的签订过程以及内容明知,其在签约以及履约过程中均未提出异议,且原诉案件审理中,西藏荣恩公司已经提出该笔债务不真实、数额错误的抗辩,该抗辩与三普公司在本案中的抗辩本质并无不同,三普公司如果认为其权利可能受到侵害,其在西藏荣恩公司提出抗辩时即知道或应当知道权利受到侵害,而其并没有申请参加诉讼提出主张,说明其认可或放任另案审理并判决。因此,一审判决认定三普公司因不可归责于本人的事由未参加诉讼,认定事实有误,适用法律错误,应予纠正。

3. 原诉生效判决是否损害三普公司权益,应否撤销

对此问题,青海省高级人民法院与最高人民法院亦持不同观点。

青海省高级人民法院认为:远东智慧公司(甲方)与西藏荣恩公司(乙方)所签《股权收购协议》约定:“截至股权过户日,标的公司需偿还的对甲方及其关联方的应付款项不超过 1 亿元,甲方及其关联方对标的公司的应付款项预计不超过 5000 万元,此两项相抵后的净值应当按 5000 万元取值,由乙方借款给标的公司按照本协议第六条支付,按此规定支付完成后,如尚有标的公司欠付甲方款项,由甲方自行处理,标的公司不再承担偿还义务,以上数据以三普公司财务报表为准。”上述约定内容分三个层次,存在以下问题:第一,“截至股权过户日,三普公司需偿还的对远东智慧公司及其关联方的应付款项不超过 1 亿元,远东智慧公司及其关联方对三普公司的应付款项预计不超过 5000 万元,此两项相抵后的净值应当按 5000 万元取值。”在三普公司及远东智慧公司的关联方未参与协议订立的情况下,以上债权债务及金额的确定与三普公司及远东智慧公司的关联方具有法律上的利害关系,有可能损害三普公司及远东智慧公司关联方的民事权益。第二,“由西藏荣恩公司借款给三普公司按照本协议第六条支付给远东智慧公司。”首先,借贷关系的成立需债务人主动举债,在三普公司自身未主动举债的情况下,远东智慧公司即与西藏荣恩公司达成协议,由西藏荣恩公司借款给三普公司,但所借款项又并非支付给三普

公司,而是通过三普公司支付给远东智慧公司,远东智慧公司与西藏荣恩公司通过协议的方式为三普公司设定债务,损害了三普公司的民事权益。其次,借款合同为实践性合同,需借贷双方达成合意,即由借款方三普公司与出借方西藏荣恩公司达成借款合意并实际支付款项,在三普公司未举债,西藏荣恩公司不同意出借款项的情况下,远东智慧公司无权要求西藏荣恩公司借款给三普公司,向远东智慧公司支付该笔款项。第三,"以上数据以三普公司财务报表为准。"截至本案一审法庭辩论终结,各方当事人均未提交三普公司财务报表,故以上数据是否准确未有定论。三普公司既未参与《股权收购协议》的订立,又未参加(2017)青 01 民初 52 号及(2020)青民终 291 号案件审理,法院在案件审理中亦未对三普公司是否欠款及欠款金额等情况进行调查核实,即(2017)青01 民初52 号及(2020)青民终291 号案件对三普公司是否欠付远东智慧公司及其关联方 5000 万元的事实并未查清。生效判决在对上述法律关系及各方之间是否存在欠款及金额等事实未予查清的情况下,简单依据《股权收购协议》的约定判决西藏荣恩公司给付远东智慧公司《股权收购协议》中约定的应付款项 5000 万元及相应违约金错误。该判决虽判令西藏荣恩公司给付远东智慧公司 5000 万元及违约金,但根据协议约定,该款项系西藏荣恩公司借款给三普公司,通过三普公司支付给远东智慧公司,当西藏荣恩公司履行生效判决支付远东智慧公司上述款项后,三普公司将面临被西藏荣恩公司追偿的风险,生效判决存在错误,且损害了三普公司的民事权益。

最高人民法院则认为:虽然三普公司可以作为原诉生效判决案件的无独立请求权第三人参加诉讼,但在三普公司未参加诉讼的情况下,原诉生效判决没有损害三普公司的权益,理由如下:

首先,案涉《股权收购协议》的本质是股权款的支付和股权的交付,三普公司作为交易的标的,其不能阻却也无法约束案涉股权转让。虽然协议约定的股权转让价款为 3.2 亿元,但双方在第 4.1 条约定"截至股权过户日,标的公司需偿还的对甲方及其关联方的应付款项不超过 1 亿元,甲方及其关联方对标的公司的应付款项预计不超过 5000 万元,此两项相抵后的净值应当按 5000 万元取值。""由乙方借款给标的公司按照本协议第六条支付,按此规定支付完成后,如尚有标的公司欠付甲方款项,由甲方自行处理,标的公司不再承担偿还义务,以上数据以三普公司财务报表为准。"即受让方要承担标的公司对转让股东以及关联公司的债务 5000 万元,并约定该 5000 万元承担后,如果标的公司还有债务超过 5000 万元,则转让股东不能再向标的公司主张等,该条款是股权转让双方对于标的公司在转让前的有关债务确认和清理条款,是双方对有关债权债务的"一揽子"解决方案,并约定由西藏荣恩公司向远东智慧公司支付，该 5000 万元依法应认定为股权转让的对价。虽然该 5000 万元是双方对三普公司债务进行的核算，但该数额作为股权转让的对价是否真实、是否显失公平属于西藏荣恩公司依法行使撤销权的范畴，与三普公司并无关联，因此，三普公司称该协议额外给其设定债务的理由，依据不足。

其次，根据本案查明事实，三普公司对案涉《股权收购协议》应当明知。案涉《股权收购协议》签订当时，三普公司的唯一股东为远东智慧公司，远东智慧公司对三普公司的账务作出处理，三普公司应当明知。拟受让的股东西藏荣恩公司也是三普公司将来 100% 股权的股东，且《股权收购协议》上签字的西藏荣恩公司的法定代表人也是股权转让后三普公司的法定代表人，因此，无论是股权转让前还是股权转让后，三普公司对于案涉股权转让应当明知。案涉股权转让后，三普公司已经按照协议约定办理了工商变更登记，并将《股权收购协议》作为工商备案资料。三普公司称其未参与协议签订、协议双方擅自给其设定义务的理由，与事实不符，依法不能成立。

再次，《股权收购协议》第 6 条约定，案涉 5000 万元由西藏荣恩公司借款给三普公司，再由三普公司支付给远东智慧公司，该条款确对三普公司设定了履行义务。但如前所述，案涉 5000 万元系远东智慧公司和西藏荣恩公司的股权转让对价，其支付义务主体为西藏荣恩公司，该约定应是 5000 万元的履行方式。因西藏荣恩公司没有按照协议约定的方式借款给三普公司，三普公司也没有向远东智慧公司支付。在西藏荣恩公司未按照合同约定的方式支付该款项的情况下，远东智慧公司以违约为由起诉西藏荣恩公司直接履行，远东智慧公司在原诉案件中并没有依据协议约定请求由三普公司支付，原诉生效判决依据远东智慧公司的诉讼请求进行审理并依法判决由西藏荣恩公司向远东智慧公司继续支付 5000 万元并承担违约责任，该判决在论理和判项中均没有给三普公司设定义务和责任，因此，原诉生效判决并不损害三普公司的权益，依法不应撤销。三普公司称原诉生效判决必然导致西藏荣恩公司向三普公司追偿的理由，依据不足，依法不能成立。一审判决认定案涉《股权收购协议》给三普公司设定了 5000 万元借款债务，而借款尚未履行，故认为原诉生效判决可能损害三普公司权益，认定事实有误，依法予以纠正。

最后，就案涉 5000 万元债务，协议虽然约定“以财务报表为准”，双方在一审、二审中没有提交一份名称为“财务报表”的文件，但西藏荣恩公司认可远东智慧公司提交的三普公司的财务审计报告，该审计报告的附件即为三普公司的资产负债表、利润表等财务资料，已经能够体现三普公司的资产负债情况。从三普公司和西藏荣恩公司分别起诉远东智慧公司的相关案件的情况看，股权转让后的三普公司与西藏荣恩公司的相关主张也一致，故三普公司在本案中称双方在股权转让后未提交财务报表，三普公司账务不确定的理由，与事实不符，依法不应支持。

（四）诉讼启示

从上可见，对本案重要的两个争议焦点，青海省高级人民法院和最高人民法院，给出了两个截然不同的观点，并由此导致了两个不同的审判结果。

就第二个争议焦点，即三普公司未参加原诉生效判决案件审理过程是否属于不能归责于本人的事由的问题，青海省高级人民法院认为，无独立请求权的第三人对诉讼标的没有独立的请求权，案件的处理结果同他有法律上的利害关系，因此在诉讼进行过程中、处理结果出来之前，通常难以判断。无独立请求权人即使知道诉讼已经存在，法院未通知其参加诉讼，当事人也未申请其参加诉讼，其未申请参加诉讼的，一般不能认定其有明显的过错。但是，最高人民法院则认为，三普公司对于案涉《股权收购协议》的签订过程以及内容明知，其在签约以及履约过程中均未提出异议，且原诉案件审理中，西藏荣恩公司已经提出该笔债务不真实、数额错误的抗辩，该抗辩与三普公司在本案中的抗辩本质并无不同，三普公司如果认为其权利可能受到侵害，其在西藏荣恩公司提出抗辩时即知道或应当知道权利受到侵害，而其并没有申请参加诉讼提出主张，说明其认可或放任另案审理并判决。因此，三普公司不构成“因不能归责于本人的事由未参加诉讼”的情形。显然，最高人民法院认为不应依案件结果来判断第三人的权益是否受到侵害，而应当根据第三人是否明知诉争协议及争讼双方抗辩的事实来进行判断，如果第三人对此是明知的，自其明知之时起就应当知道其权利受到侵害，并应主动申请参加诉讼，否则就不属于“因不能归责于本人的事由未参加诉讼”，不符合提起第三人撤销之诉的条件。

就第三个争议焦点，即原诉生效判决是否损害三普公司权益，应否撤销的问题，青海省高级人民法院认为，“由西藏荣恩公司借款给三普公司按照本协议第六条支付给远东智慧公司”的约定，实质是股权转让双方为标的公司设定了借款债务，在三普公司自身未主动举债的情况下，该约定损害了三普公司的民事权益，而且借款合同是实践性合同，在三普公司未举债，西藏荣恩公司不同意出借款项的情况下，远东智慧公司无权要求西藏荣恩公司借款给三普公司，并向远东智慧公司支付该笔款项。最高人民法院则认为，《股权收购协议》的本质是股权款的支付和股权的交付，三普公司作为交易的标的，其不能阻却也无法约束案涉股权转让。该条款是股权转让双方对于标的公司在转让前的有关债务确认和清理条款，是双方对有关债权债务的“一揽子”解决方案，并约定由西藏荣恩公司向远东智慧公司支付，该5000万元依法应认定为股权转让的对价。虽然该5000万元是双方对三普公司债务进行的核算，但该数额作为股权转让的对价是否真实、是否显失公平属于西藏荣恩公司依法行使撤销权的范畴，与三普公司并无关联，并不构成为三普公司额外设定债务。显然，最高人民法院认为不能仅依据合同条款的内容来片面判断是否构成为第三人设定债务，而应当从股权转让的这个根本视角来看待条款内容，三普公司作为股权交易双方的标的，其不能阻却也无法约束案涉股权转让，故条款的约定仅是双方对标的公司在股权转让前有关债权债务的确认和清理，至于双方约定的债权债务数额是否真实、准确，与标的公司无关，只有交易双方才享有合同的撤销权。

上述两级法院不同的观点，可以让我们获得两点实务启示：首先，作为第三人，如果明知案件发生而且案件处理结果与自己有法律上的利害关系，不要坐等案件结果，而应主动申请参加诉讼。其次，股权转让双方在交易协议中，通常会对标的公司转让前的债权债务进行清算、确认，有关债权债务的清理是否构成股权转让价格的一部分，或者是否附条件支付，双方应当在协议中明确说明，以免发生争议。

七、广东兴艺数字印刷股份有限公司诉张某标等股东瑕疵出资纠纷案①

导读：公司登记是企业信息公示的核心，而公示信息的公信力是公司登记的存在基础，关乎公司登记的生命力。本案再审法院通过改判，彰显了公司登记之公示效力，强化了商事外观主义，有利于推动我国现有企业信用信息公示制度体系的完善。本案入选最高人民法院发布的"2022年度全国法院十大商事案件"，对于今后类案裁判具有极强的指导意义。

（一）当事人信息

再审申请人（一审原告、二审上诉方）：广东兴艺数字印刷股份有限公司（以下简称兴艺公司）

再审被申请人1（一审被告、二审被上诉方）：八源公司

再审被申请人2（一审被告、二审被上诉方）：张某标等4位八源公司的前股东及现股东

（二）基本案情

八源公司系2014年9月26日成立的有限责任公司，其股东为张某标、颜某委、

① 参见广东省江门市中级人民法院民事判决书，(2019)粤07民终2711号。

黄某林。原公司章程约定，八源公司注册资本为50万元，各股东应于2014年9月22日前缴足出资。根据八源公司于国家企业信用信息公示系统所公布的2014及2015年年度报告显示，各股东均于2014年9月22日实缴出资完毕。然而八源公司银行账户流水显示，公司基本账户自1994年10月收到50万元后，仅几日就几乎被现金支取完毕，八源公司及各股东均未能解释现金支取原因及用途。

2015年9月15日，八源公司制定新公司章程，新公司章程约定公司增资至100万元，各股东均应于2025年12月31日前实缴出资。根据八源公司于国家企业信用信息公示系统所公布的2016年年度报告显示，各股东均已于2015年5月18日缴足出资。

2017年12月20日，股东张某标将其股权分别转让与颜某纬、黄某林、任某强，并于同日办理股权变更登记，4人在向工商行政管理机关填报的《自然人股东股权变更信息记录表》（非公示信息）中均确认，八源公司实收资本为0元。

八源公司因欠付兴艺公司货款，被兴艺公司诉至法院。兴艺公司请求法院判决八源公司偿还欠款及逾期利息，并请求八源公司股东张某标、颜某纬、黄某林在未出资本息范围内承担补充赔偿责任，颜某纬、黄某林、任某强对张某标的补充赔偿责任承担连带清偿责任等。

本案历经一审、二审及再审。一审、二审法院仅支持由八源公司偿还对于兴艺公司的欠款及利息，驳回了兴艺公司的其他诉讼请求。再审法院最终改判支持兴艺公司要求各股东在其未出资的本息范围内承担补充赔偿责任，并由颜某纬、黄某林、任某强对张某标的补充赔偿责任承担连带清偿责任的请求。

（三）争议焦点及法院裁判说理

本案再审裁判观点与一审、二审裁判观点相互冲突，因此，可将本案争议焦点归纳为：在公司章程、股东会决议等文件中所确定的股东出资期限与国家企业信用信息公示系统所公示的出资期限不一致的情形下，应当以哪一期限为准。

一审、二审法院的裁判理由在于，依据《九民纪要》第6条①、《企业破产法》第

---

① 《九民纪要》第6条规定："在注册资本认缴制下，股东依法享有期限利益。债权人以公司不能清偿到期债务为由，请求未届出资期限的股东在未出资范围内对公司不能清偿的债务承担补充赔偿责任的，人民法院不予支持。但是，下列情形除外：（1）公司作为被执行人的案件，人民法院穷尽执行措施无财产可供执行，已具备破产原因，但不申请破产的；（2）在公司债务产生后，公司股东（大）会决议或以其他方式延长股东出资期限的。"

35 条[①]、最高人民法院《关于适用〈中华人民共和国公司法〉若干问题的规定(二)》第 22 条[②]之规定,除破产、清算等四种情形外,股东对于其认缴出资享有期限利益。

再审法院在肯定股东享有出资期限利益的前提下,认为公示年报信息是企业的法定义务,各股东对于八源公司在国家企业信用信息公示系统对外公示的实缴出资信息应当知晓而未依法提出异议,应当认定为其明知且认可年报信息,债权人对于公示信息形成的合理信赖依法应当予以保护。虽然八源公司新公司章程中约定的出资期限未届满,但兴艺公司主张应按八源公司在国家企业信用信息公示系统公示的实缴出资时间作为出资期限,依据充分。

(四)诉讼启示

本案充分彰显了公司登记之公示效力,系商事外观主义的有力体现。本案确立了一项重要的裁判规则,即股东认缴出资期限尚未届至,却允许公司公示其已提前实缴出资,则应当以公示的日期作为股东的应缴出资日。股东于公示日期前未足额缴纳出资的,应当在未出资的本息范围内承担对于债权人的补充赔偿责任。

外观主义源于德国传统民法,在德国"民商分立"的制度体系下,却更加广泛地适用于德国商法,因为商事交易中更加注重对表征交易安全的信赖保护。[③] 我国成文法虽未对外观主义进行条文化的一般规定,但其早已作为一项法律基本原则贯穿、体现于具体的商事制度中。当法定事项、章定事项或约定事项登记并公示后,便产生了一定的外观事实。对信赖该外观事实的人而言,其便拥有了选择权,可以主张外观事实如同真实存在而发生相应的法律效力,也可以主张依据真实的法律状态认定法律行为无效。[④]

公司登记作为企业信息公示的核心,《中华人民共和国公司法(修订草案第二次审议稿)》设专章予以规定,体现了这一问题的重要性。公司登记制度规则的完善是构建良好企业信用信息公示制度的关键。有学者认为,"基于问题导向、目标导向与结果导向的原则,公司登记制度现代化必须持续提高登记信息的真实性、准

---

① 《企业破产法》第 35 条规定:"人民法院受理破产申请后,债务人的出资人尚未完全履行出资义务的,管理人应当要求该出资人缴纳所认缴的出资,而不受出资期限的限制。"

② 最高人民法院《关于适用〈中华人民共和国公司法〉若干问题的规定(二)》第 22 条规定:"公司解散时,股东尚未缴纳的出资均应作为清算财产。股东尚未缴纳的出资,包括到期应缴未缴的出资,以及依照公司法第二十六条和第八十条的规定分期缴纳尚未届满缴纳期限的出资。公司财产不足以清偿债务时,债权人主张未缴出资股东,以及公司设立时的其他股东或者发起人在未缴出资范围内对公司债务承担连带清偿责任的,人民法院应依法予以支持。"

③ 参见李长兵:《德国商法中的权利外观责任及其借鉴》,载《甘肃政法学院学报》2012 年第 6 期。

④ 参见刘胜军:《论商事外观主义》,载《河北法学》2016 年第 8 期。

确性、完整性与透明度，保护善意第三人的合理信赖，促进公司法律关系主体民事权利与登记制度的同频共振，预防登记权利救济机制失灵。"[①]其中，公示信息的公信力是公司登记的存在基础，关乎公司登记的生命力，必须确保公信力的有效发挥。

本案再审法院通过改判，确保了公示信息的公信力，保障了外部债权人对于企业公示信息的合理信赖，也对作为市场主体的公司、股东及债权人产生如下启发：

（1）公司所公示的信息应当力求真实、准确。尤其对于股东出资，其是公司运行的物质基础，是公司人格健全的前提，应当与公司章程内容保持一致。

（2）对于公司预备公示的信息，股东应当及时审查。有异议的内容应当及时向公司提出。如本案中股东发现公司所公示的出资期限与公司章程不一致，股东应当及时要求修正，以免自身期限利益被抹除。

（3）公司之外部债权人应当积极审查股东出资情况，对于已届出资期限却仍未缴足出资的股东，债权人有权要求其在未出资本息范围内承担对于公司债务的补充赔偿责任，以最大化地扩充责任主体范围，提高自身债权的受偿可能性。

八、君正集团子公司乌海市君正矿业有限责任公司及其法定代表人、总经理何某非法采矿案[②]

导读：本案是矿产行业的一桩丑闻，涉案金额达4000万元，虽然投资者反应平淡，但该案违法行为持续时间长，受实际控制人影响，非核心高管代为受过，颇具警示意义。

（一）当事人信息

公诉机关：乌海市海南区人民检察院

被告单位：乌海市君正矿业有限责任公司（以下简称君正矿业）

被告人：何某，君正矿业法定代表人、总经理

（二）基本案情

乌海市海南区人民检察院以海南检刑诉〔2022〕1号起诉书指控被告单位君正

---

① 刘俊海：《公司登记制度现代化的解释论与立法论：公共信息服务、公示公信效力与可诉可裁标准的三维视角》，载《法律适用》2023年第1期。

② 参见内蒙古自治区乌海市海南区人民法院刑事判决书，(2022)内0303刑初11号。

矿业、被告人何某犯非法采矿罪一案，于 2022 年 1 月 6 日向乌海市海南区人民法院提起公诉。

本案起因是 2020 年内蒙古自治区开展了煤炭资源领域违规违法问题专项整治工作。君正矿业在 2013 年经当地政府批准实施的基于环境保护为目的的白音乌素煤矿采空区灾害综合治理项目中，所实施的治理区域与内蒙古自治区原煤炭工业局批准的《乌海市煤矿采空区灾害综合治理总体规划》（以下简称《采空区治理总规》）中划定的治理区域存在部分面积差异，该差异区域为经地方政府批复同意由君正矿业进行资源整合的矿权之间的缝隙地带，是环保工程治理过程中无法跨越的间隔区域。按照《采空区治理总规》确定的“集中连片治理”划分原则，当时公司认为该缝隙地带应当被划入治理范围，但由于《采空区治理总规》编制人员工作疏忽，导致该缝隙地带未被划入治理范围，即形成本案的案涉区域。

2022 年 1 月 6 日，乌海市海南区人民法院立案受理，依法组成合议庭，适用普通程序，于 2022 年 3 月 9 日、6 月 10 日、10 月 11 日三次公开开庭审理了本案。审理中，经上级法院批准，本案延长审理期限一次，中止审理一次。2022 年 12 月 13 日，乌海市海南区人民法院作出一审判决，出具了（2022）内 0303 刑初 11 号刑事判决书。乌海市海南区人民法院经审理认为，被告单位君正矿业违反《矿产资源法》的规定，在未取得采矿许可证的情况下，超出灭火工程和采空区灾害治理工程批复范围，擅自开采煤田，其行为已构成非法采矿罪。被告人何某作为君正矿业直接负责的主管人员以召开班子会议方式决定以单位名义对案涉区域内煤炭资源进行开采并组织实施上述犯罪行为，构成非法采矿罪。公诉机关指控君正矿业、何某犯非法采矿罪的罪名成立。综合本案被告单位及被告人的犯罪事实、犯罪的性质、情节和对于社会的危害程度及法定、酌定的量刑情节，经乌海市海南区人民法院审判委员会讨论决定，判决如下：（1）被告单位君正矿业犯非法采矿罪，判处罚金 250 万元（罚金限本判决生效后 10 日内一次性缴纳）。（2）被告人何某犯非法采矿罪，免予刑事处罚。（3）被告单位君正矿业退缴的违法所得 3706.5 万元予以没收，上缴国库。

本案案件经过如图 3－2 所示。

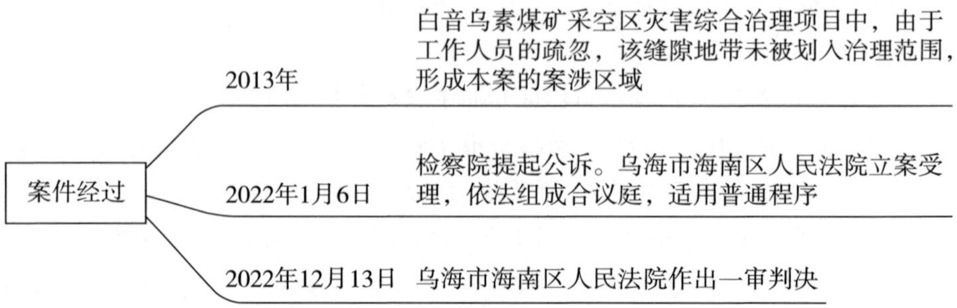

图 3－2　本案案件经过示意

一审判决后，经过该公司研究决定，本案不进行上诉，但是就存在的环境保护问题，公司将实事求是上报给地方政府。

（三）争议焦点及法院裁判说理

本案的争议焦点有以下三点：（1）被告单位是否构成非法采矿罪；（2）被告人是否构成非法采矿罪；（3）双罚制逻辑下，应对被告人判处何种刑罚。具体分析如下：

1. 被告单位是否构成非法采矿罪

法院认为，被告单位君正矿业违反《矿产资源法》的规定，在未取得采矿许可证的情况下，超出灭火工程和采空区灾害治理工程批复范围，擅自开采煤田，其行为已构成非法采矿罪。

2. 被告人何某是否构成非法采矿罪

法院认为，被告人何某作为君正矿业直接负责的主管人员，以召开班子会议方式决定以单位名义对案涉区域内煤炭资源进行开采并组织实施上述犯罪行为，构成非法采矿罪。

3. 双罚制逻辑下，对被告人判处何种刑罚，有哪些考量因素

法院认为，综合本案被告单位及被告人的犯罪事实、犯罪的性质、情节和对于社会的危害程度及法定、酌定的量刑情节，对被告人何某免于刑事处罚。

（四）诉讼启示

1. 超层越界开采并不当然构成“未取得采矿许可证”的情形

《刑法》第 343 条“非法采矿罪”中规定的典型情形是未取得采矿许可证擅自采矿，即被告人没有采矿权的情形下从事矿业开采活动。实务中，被告人是否取得采矿许可证，在有的情况下并非不言自明，而应该成为诉讼律师辩护的焦点。对此，最高人民法院、最高人民检察院《关于办理非法采矿、破坏性采矿刑事案件适用法律

若干问题的解释》(以下简称《非法采矿解释》)列举了五种情形:(1)无许可证;(2)许可证被注销、吊销、撤销的;(3)超越许可证规定的采矿范围和开采范围的;(4)超出许可证规定的矿种的(共生、伴生矿种除外);(5)其他未取得许可证的情形。

《非法采矿解释》第 2 条第 3 项规定,“超越许可证规定的矿区范围或者开采范围”采矿的,属于“未取得采矿许可证”擅自采矿的情形。关于超越矿区范围采矿,原国土资源部办公厅《关于认定超越矿区范围采矿法律适用问题的复函》指出,“根据《矿产资源开采登记管理办法》第 32 条‘本办法所称矿区范围,是指经登记管理机关依法划定的可供开采矿产资源的范围、井巷工程设施分布范围或者露天剥离范围的立体空间区域’的规定,在采矿登记管理机关批准的矿区范围(即由拐点坐标和开采深度圈定的立体空间区域)内开采矿产资源的,不属于超层越界开采。”按照这一批复的精神,超层越界开采构成非法采矿。

不过,这并不意味着所有违法的超层越界开采行为达到一定数量后,就都能够构成本罪,因为对违法性的判断是实质的,认定犯罪要考虑刑法所固有的违法性。违反行政法律法规的行为具有行政违法性,但其是否具有刑事违法性是存疑的,因此,违反规定固然是刑事违法性判断的工具,但仅具有“辅助性”。顾及前置法并不等同于将前置法作为判断的依据与标准,简单粗化地扩张刑事犯罪圈。

因此,在实务中,既要判断行政犯中“违反规定”的内容,又要认识到其仅能对客观构成要件的判断提供有限支撑。前述分析表明,实施采矿活动的行为人虽未持有采矿许可证或其采矿许可证存在一定的瑕疵,行为虽然违反前置法的相关规定,但这一事实对于犯罪认定至多有提供客观构成要件的线索意义。行为人是否具有刑法意义上的“未取得采矿许可证”的情形,不能简单套用行政违法,而是应该仔细甄别。

2. 确立“从行到刑”的移送标准

“以刑替罚”,是指刑事追诉机关将一般违法行为当作犯罪处理的现象。以刑替罚现象既发生在自然犯领域,也发生在行政犯领域。目前实践中存在大量原本只属于行政违法甚至并不违法的行为被作为犯罪处理的现象,主要原因在于公安机关将其作为刑事案件予以立案,从而导致被定罪和量刑,甚至出现司法机关按照《刑事诉讼法》作出撤销案件、不起诉或者无罪判决后,最高人民法院赔偿办仍认为相关案件事实上已经构成犯罪,只是法律上被视为无罪而已,最终仍被犯罪化处理的情况。

毋庸置疑,在行为明显构成犯罪(尤其是自然犯)的场合,可以采取所谓刑事优先原则。这是因为，如果行为构成犯罪，给予刑罚处罚，一般就不需要再给予行政处罚。首先，从宏观上说，绝对的刑事优先容易造成"以刑替罚"，导致将一般违法行为当作犯罪行为处理。其次，实践中，大部分行政犯都是行政程序先行查处的，刑事程序优先并不符合客观实际。最后，行政犯涉及诸多专业技术问题，行政执法机关通常比刑事追诉机关对这些问题更为熟悉。

因此，为了避免"以刑替罚"，相关机关必须遵循由行到刑的移送标准。首先，要遵循刑法的实体标准。由于我国《刑法》分则对犯罪都有量的限制，所以，如果行政执法机关发现行为人的违法行为没有达到《刑法》分则规定的量的标准，就不能将案件移送刑事追诉机关。其次，要基本遵循《刑事诉讼法》的证明标准。虽然不要求证据达到确实、充分，排除合理怀疑的刑事证明标准，但也应当有证据证明行为人的行为已经基本达到刑事证明标准。

第三节　上市公司投融资专题

一、南京高科新浚成长一期股权投资合伙企业（有限合伙）诉房某某、梁某某等上市公司股份回购合同纠纷案①

导读：本案入选"2022 年度全国法院十大商事案件"，确立了一项重要的裁判规则，即投资人与上市公司股东、实际控制人签订的与股票市值挂钩的回购条款应认定无效。本案有效提醒了广大投资人，在设计对赌条款时，不应设计、签订与股票市值直接挂钩的对赌条款。此外，在目标公司上市前，应依据相关监管规则，将对赌条款予以清理。

（一）当事人信息

一审原告 1（二审上诉方）：南京高科新创投资有限公司（以下简称高科新创）

一审原告 2（二审上诉方）：南京高科新浚成长一期股权投资合伙企业（有限合伙）（以下简称高科新浚）

一审被告 1（二审被上诉方）：绍兴闰康生物医药股权投资合伙企业（有限合伙）（以下简称绍兴闰康）

一审被告 2（二审被上诉方）：房某某、梁某某，江苏硕世生物科技股份有限公司

① 参见上海市第二中级人民法院执行裁定书，（2021）沪 02 执异 50 号；上海市高级人民法院民事判决书，（2021）沪民终 745 号。

(以下简称江苏硕世)的实控人

(二)基本案情

2016 年 12 月,房某某、梁某某与高科新浚、高科新创签订协议并约定,高科新浚、高科新创认购绍兴闰康新增出资 1 亿元,绍兴闰康作为江苏硕世的股东之一,对江苏硕世进行股权投资。此后,各方签订《修订合伙人协议》,其中第 4.2 条"上市后回售权"约定:在江苏硕世完成合格首次公开发行之日起 6 个月届满之日,投资方有权要求任一回售义务人(房某某、梁某某或绍兴闰康)按照规定的价格购买其全部或部分合伙份额对应的收益权;上市后回售价款以按发出回售通知之日前 30 个交易日江苏硕世股份在二级市场收盘价算术平均值作为计算依据。

2019 年 12 月,江苏硕世在上海证券交易所科创板上市。根据《上海证券交易所科创板股票发行上市审核问答二》第 10 条的规定①,前述第 4.2 条约定属于发行人在申报科创板股票发行上市前应予以清理的对赌协议。但江苏硕世在申报发行过程中,未按监管要求对回购条款予以披露和清理。2020 年 7 月 13 日,高科新浚、高科新创向房某某、梁某某、绍兴闰康发出《回售通知书》,要求绍兴闰康履行上市后回购义务。当日,江苏硕世盘中的股票交易价格达到历史最高价 476.76 元。此前 30 个交易日,江苏硕世的股票价格涨幅达 155%。次日起江苏硕世股价一直处于跌势,直至 2020 年 9 月 11 日交易收盘价为 183.80 元。

因房某某、梁某某、绍兴闰康未在高科新浚发出回售通知后 3 个月内支付相应回购价款。高科新浚遂提起本案诉讼:(1)判令房某某、梁某某、绍兴闰康共同向高科新浚支付合伙份额的回售价款 499,023,228.60 元;(2)判令房某某、梁某某、绍兴闰康共同向高科新浚赔偿因逾期支付回售价款导致的利息损失;(3)判令绍兴闰康协助高科新浚办理绍兴闰康所持江苏硕世 204.0995 万股股份的质押登记手续,在前述股份质押登记手续办结后或逾期未在法院判决限定期限内办理股份质押手续的,高科新浚可通过协议折价或以拍卖、变卖后的价款在房某某、梁某某、绍兴闰康应向高科新浚支付的回售价款及利息损失范围内享有优先受偿权。

---

① 《上海证券交易所科创板股票发行上市审核问答二》第 10 条规定:"问:部分投资机构在投资时约定有估值调整机制(对赌协议),发行人及中介机构应当如何把握?答:PE、VC 等机构在投资时约定估值调整机制(一般称为对赌协议)情形的,原则上要求发行人在申报前清理对赌协议,但同时满足以下要求的对赌协议可以不清理:一是发行人不作为对赌协议当事人;二是对赌协议不存在可能导致公司控制权变化的约定;三是对赌协议不与市值挂钩;四是对赌协议不存在严重影响发行人持续经营能力或者其他严重影响投资者权益的情形……"本问答已于 2023 年 2 月 17 日《上海证券交易所股票发行上市审核规则》施行而失效。

本案历经两审，最终二审法院维持一审判决，驳回了原告方，即请求回购一方的全部诉讼请求。

（三）争议焦点及法院裁判说理

一审、二审法院均围绕案涉回购条款之效力展开说理论证，本案争议焦点应当归纳为，投资人与上市公司股东、实际控制人签订的与股票市值挂钩的回购条款是否有效。

上海市第二中级人民法院一审认为，案涉上市后回售权的约定违反金融监管秩序，判决驳回高科新浚、高科新创全部诉讼请求。后高科新浚、高科新创上诉至上海市高级人民法院。上海市高级人民法院指出，案涉《修订合伙人协议》系绍兴闰康的合伙人之间签订，但房某某、梁某某系江苏硕世的实际控制人，高科新浚、高科新创借合伙形式，实质上与上市公司股东、实际控制人签订了直接与二级市场短期内股票交易市值挂钩的回购条款，不仅变相架空了禁售期的限制规定，更是对二级市场投资人的不公平对待，有操纵股票价格的风险，扰乱证券市场秩序，属于《民法典》第 153 条①违反公序良俗之情形，应认定无效，故驳回上诉，维持原判。

综上所述，一审、二审法院均肯定投资人与上市公司股东、实际控制人签订的，与股票市值挂钩的回购条款应认定无效，原因在于其扰乱金融市场秩序，违反《民法典》第 153 条这一效力性强制性规定。

（四）诉讼启示

本案通过深入剖析监管部门将涉案对赌条款纳入上市前必须清理规制范围的初衷原意，以及该规则背后所需要保护的公共法益，参照《九民纪要》第 31 条之精神，最终认定“直接与二级市场短期内股票交易市值挂钩的价格计算方式，涉及破坏证券市场秩序，损害社会公共利益，违反公序良俗之情形，应属无效”。案涉回购条款又称为“定增保底”条款，2022 年 6 月 23 日最高人民法院颁布《关于为深化新三板改革、设立北京证券交易所提供司法保障的若干意见》，其中第 9 条②明确该类

---

① 《中华人民共和国民法典》第 153 条规定：“违反法律、行政法规的强制性规定的民事法律行为无效。但是，该强制性规定不导致该民事法律行为无效的除外。违背公序良俗的民事法律行为无效。”

② 《关于为深化新三板改革、设立北京证券交易所提供司法保障的若干意见》第 9 条规定：“……在上市公司定向增发等再融资过程中，对于投资方利用优势地位与上市公司及其控股股东、实际控制人或者主要股东订立的‘定增保底’性质条款，因其赋予了投资方优越于其他同种类股东的保证收益特殊权利，变相推高了中小企业融资成本，违反了证券法公平原则和相关监管规定，人民法院应依法认定该条款无效……”

条款为无效条款,原因在于其赋予了投资方优越于其他同种类股东的保证收益特殊权利,变相推高了中小企业融资成本,违反了证券法公平原则和相关监管规定。本案正是法院对上市公司对赌协议效力认定作出的示范性裁判,对于法院日后审查上市公司股权对赌条款的效力发挥了先导作用,具体体现在如下两个方面:

1. 本案裁判参照《九民纪要》第 31 条之精神,对于证券监管规则的规范对象,及其所保护的法益予以充分考查,并对案涉回购条款之合法性进行审查,实现对于违反证券监管行为的司法认定。案涉回购条款与二级市场股票市值直接挂钩,该种约定扰乱证券市场正常交易秩序,损害社会公共利益,且从回购通知前后江苏硕世股票的价格走势来看,不排除人为操纵股价的可能,案涉回购条款应当认定为违背公序良俗的无效条款。

2. 案涉当事人均为专业投资人,却在目标公司发行上市申报期间未对违规的回购条款进行清理,而选择故意隐瞒,最终违规获取上市发行资格。对于上述刻意规避证券监管的行为,司法裁判应当作出回应,并予以严厉打击。本案中,一审、二审法院都明确表明了司法立场,体现了司法审判与证监监管规则的一致性,维护了证券市场正常的监管秩序,具有很强的示范性,实现了司法裁判与证券监管的优势互补及良性互动。诚然,伴随市场经济的不断繁荣,市场主体间的交易模式呈现多样性。相应地,诸如“抽屉协议”“皮包公司”等规避证券监管的手段也层出不穷,该类规避监管的违法违规手段将侵蚀注册制以信息披露真实性、准确性、完整性为核心的制度根基。

本案收获了来自投资者及监管机构的热烈反响。本案通过司法裁判对规避证券监管要求的行为作出否定评价,不仅提高了违法者的违法成本,避免违法者因违法而不当获益,而且还能充分发挥金融司法与证券监管不同的功能优势,提升金融市场的治理实效。尤其在当前 IPO 注册制背景下,对保障证券监管要求不被架空,维护金融系统安全,推动金融服务实体经济、服务经济高质量发展具有积极意义。①

二、杨某国及常州中驰投资合伙企业(有限合伙)与云南旅游股份有限公司股权转让纠纷案②

导读:在这起已历经 8 年时间的股权收购纠纷中,投资方与收购公司股东之间

---

① 参见最高人民法院:《最高法民二庭发布 2022 年度全国法院十大商事案件》,载最高人民法院网 2023 年 1 月 19 日,https://www.court.gov.cn/zixun-xiangqing-387081.html。

② 参见江苏省高级人民法院民事判决书,(2021)苏民终 1922 号;云南省昆明市盘龙区人民法院民事判决书,(2020)云 0103 民初 8810 号;江苏省常州市新北区人民法院民事判决书,(2018)苏 0411 民初 7483 号;江苏省常州市中级人民法院民事判决书,(2019)苏 04 民终 3703 号等。

攻守易势、奇策频出，纷纷提起合同纠纷之诉、股权转让纠纷之诉、劳动合同纠纷之诉、公司决议撤销纠纷之诉，历经一审、二审、再审，审理中均提起管辖权异议（历经一审、二审），资本市场的残酷纷争被演绎得淋漓尽致，同时本案也为资本收购、业绩对赌带来诸多警醒。

（一）当事人信息

投资方：云南旅游股份有限公司（以下简称云南旅游）

标的公司：江南园林有限公司（以下简称江南园林）

标的公司股东：常州中驰投资合伙企业（有限合伙）（以下简称中驰投资）和杨某国等17个自然人主体（以下合称江南园林十八名股东）①

（二）基本案情

1. 案件情况

2014年8月，云南旅游筹划重大资产重组，计划以发行股份与支付现金的方式购买江南园林80%股权，其中以发行股份方式购买杨某等17名自然人及中驰投资所持江南园林53.33%股权，以支付现金方式购买杨某国等18名自然人及中驰投资所持江南园林26.67%股权。

2014年8月13日，云南旅游（甲方）与杨某、杨某国、中驰投资等19名江南园林股东（乙方）签订《发行股份及支付现金购买资产协议》，云南旅游如约收购了江南园林80%的股权。该购买协议第11.4条约定："甲方承诺，在上市公司公告2016年年度报告，且乙方按照《盈利预测补偿协议》履行完毕补偿义务后，在2017年12月31日前，乙方有权向甲方提出甲方收购江南园林剩余20%股权的书面申请。在乙方提出上述书面申请之日起6个月内，甲方需完成收购江南园林剩余20%股权的事宜。江南园林100%股权的价值按2016年江南园林经审计后的扣除非经常性损益后的归母净利润的11倍进行估值……"第7.4条约定，若江南园林截至2016年12月31日应收账款净额已满五年且仍未收回，则由江南园林十八名股东现金清偿。

即上述交易双方签订了业绩对赌协议，要求江南园林2014～2016年累计扣非

---

① 本案主体云南旅游与江南园林十八名股东均提起多重诉讼，在不同案件中各方具有不同的身份。例如，在收购剩余20%股权的股权转让诉讼中，云南旅游系唯一被告，江南园林十八名股东为原告；在云南旅游提起的请求股东清偿江南园林2018年度应收账款的股权转让纠纷之诉中，云南旅游作为原告，江南园林十八名股东为被告。

归母净利润不低于 2.28 亿元。云南旅游承诺,若完成对赌,江南园林原股东将有权要求云南旅游收购剩余 20% 股权,并且云南旅游在申请提出的 6 个月内必须完成相关收购事宜。具体的收购价则按照江南园林 2016 年经审计后的扣非归母净利润的 11 倍对江南园林 100% 股权进行估值。

起初的合作非常顺利,江南园林如约完成业绩承诺,其 2014 ~ 2016 年累计实现扣非归母净利润 2.54 亿元,完成盈利预测数的 110.98% 。其中,江南园林 2016 年的扣非归母净利润约为 1.13 亿元。按照 11 倍进行估值,对应江南园林剩余的 20% 股权的价格约为 2.49 亿元。正是这个 11 倍的高溢价许诺给双方合作埋下隐患。

收购江南园林的过程中,云南旅游从 2014 年 6 月 23 日起停牌,2018 年 8 月 14 日复牌。进一步来看,在完成业绩对赌后,江南园林原股东于 2017 年 4 月要求云南旅游收购剩余的 20% 股权。因云南旅游 2017 年处于非公开发行股份在审期间,根据相关规定,云南旅游在 2018 年年初启动收购江南园林剩余 20% 股权事宜。

剩余股份尚未收购,江南园林却发生了业绩突变。2017 年,江南园林实现营业收入 4.48 亿元,同比下降 65.5% ;实现净利润 4861.4 万元,同样大幅下降。此外,江南园林还深陷多起买卖合同、民间借贷纠纷。

基于此,云南旅游对待江南园林剩余 20% 股权的态度发生了变化,并体现在了资产评估过程中。云南旅游认为,江南园林业绩存在较大不确定性,将采用资产基础法(而非原"收益法")对江南园林进行重新评估。在经过重新评估之后,截至 2017 年年末,江南园林价值 3.64 亿元,20% 股权价值为 7281.39 万元,剩余 20% 股权从 2.49 亿元下降到 7281.39 万元。江南园林原股东无法接受如此"折扣"。由于双方分歧较大,自 2018 年开始,江南园林原股东分别起诉云南旅游,要求其按照约定价格收购公司剩余 20% 股权。

2018 年,江南园林原股东秦某率先打响了"第一枪",将云南旅游告上法庭,要求云南旅游按照 124.12 万元的价格以发行股份方式收购其剩下的江南园林 0.1% 股权,最终成为了事件导火索。随后,江南园林原股东杨某国及其控股公司中驰投资于 2020 年 4 月 30 日起诉云南旅游,要求云南旅游按照 1.24 亿元、9172.67 万元的价格收购其所持江南园林 10% 股权、7.39% 股权。其余股东亦纷纷提起诉讼。一审常州市中级人民法院、二审江苏省高级人民法院均判决:云南旅游按要求履行承诺,对剩余的江南园林股权进行收购。截至本书成稿时,云南旅游已向最高人民法院申请再审。再审并不影响终审判决的裁定和执行,杨某国一方向法院申请强制执行,2023 年 3 月 1 日,云南旅游及法定代表人张某被常州市中级人民法院限制消费。

2. 相关诉讼情况

在云南旅游与江南园林十八名股东股权收购诉讼进行的同时，根据《购买协议》第 7.4 条关于应收账款清偿的特别约定，若江南园林截至 2016 年 12 月 31 日应收账款净额已满 5 年且仍未收回，则由江南园林十八名股东现金清偿。云南旅游与江南园林十八名股东针对江南园林应收账款回收、清偿情况另行起诉。

（1）针对江南园林 2018 年度应收账款回收情况

2019 年 6 月 12 日，江南园林十八名股东向江苏省常州市新北区人民法院起诉云南旅游，请求确认其已完成 2018 年度关于被告江南园林应收账款和 BT 项目形成的长期资产的特别约定和承诺的义务。一审法院判决确认已完成 2018 年度相关约定的义务。二审法院驳回上诉，维持原判。

2019 年 7 月 17 日，云南旅游向云南省昆明市盘龙区人民法院起诉江南园林十八名股东，请求股东清偿自 2016 年 12 月 31 日经审计的应收账款净额账龄已满 5 年仍未收回的应收账款（实质上确认股东未完成 2018 年度相关约定的义务）。一审法院判决确认已完成 2018 年度相关约定的义务，无须支付清偿款。二审法院裁定驳回上诉，维持原判。

（2）针对江南园林 2019 年度应收账款回收情况

2020 年 8 月 26 日，云南旅游向云南省昆明市盘龙区人民法院起诉江南园林十八名股东，请求江南园林十八名股东清偿自 2016 年 12 月 31 日经审计的应收账款净额账龄已满 5 年仍未收回的应收账款（实质上确认股东未完成 2019 年度相关约定的义务）。一审法院于 2021 年 8 月 27 日判决各股东应按比例清偿未收回的应收账款。暂未查询到二审判决。

2020 年 8 月 21 日，杨某国、苏州中驰以及其余 5 名股东向江苏省常州市新北区人民法院起诉云南旅游，请求确认股东已完成 2019 年度江南园林应收账款约定的义务。法院判决确认股东已完成 2019 年度约定的义务。2022 年 6 月 20 日，二审法院以云南旅游已就 2019 年度承诺约定完成事项向云南省昆明市盘龙区人民法院起诉并已作出（2020）云 0103 民初 8794～8810 号裁判，本案系重复起诉为由撤回一审判决，驳回上诉。

（3）针对业绩对赌过程中原公司管理团队被裁撤的问题

江南园林原总经理杨某国提起劳动合同纠纷之诉，原公司管理团队成员杨某芳提起公司决议撤销之诉。

相关诉讼情况如图 3－3 所示。

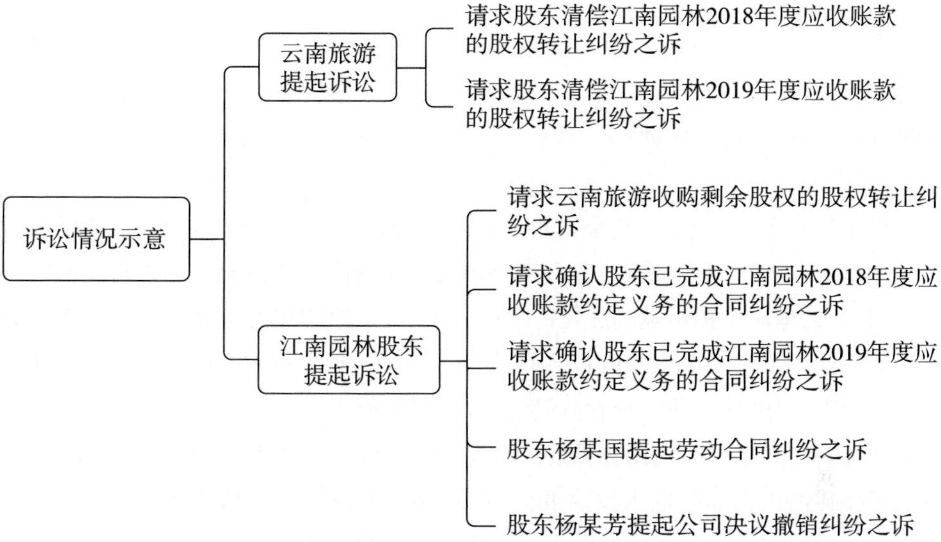

图 3－3　本案相关诉讼情况示意

（三）争议焦点及法院裁判说理

云南旅游与杨某国、苏州中驰等江南园林十八名股东的股权纷争历时多年，涉及股权转让纠纷、合同纠纷、劳动合同纠纷、公司决议撤销纠纷等多起纷争，纵观多起纷争，争议焦点主要集中在以下几个方面：（1）云南旅游是否需收购江南园林剩余 20% 股权，云南旅游关于增资扩股及实控人变更的抗辩理由能否有效阻止剩余股权收购事宜；（2）江南园林剩余 20% 股权的收购价格如何确定；（3）江南园林股东是否已完成 2018 年度应收账款约定和承诺的义务。具体分析如下：

1. 云南旅游是否需收购江南园林剩余 20% 股权，云南旅游关于增资扩股及实控人变更的抗辩理由能否有效阻止剩余股权收购事宜

一审、二审法院均认为，涉案《发行股份及支付现金购买资产协议》是云南旅游与江南园林 19 名股东的真实意思表示，且未违反法律、行政法规的强制性规定，应属合法有效，各方均应按约履行。该协议不仅涉及江南园林 80% 股权的收购事宜，且在其第 11.4 款对江南园林剩余 20% 股权的收购事宜进行了约定，约定内容包括云南旅游承诺在其公告 2016 年年度报告，且秦某等股东按照《盈利预测补偿协议》履行完毕补偿义务后，在 2017 年 12 月 31 日前，秦某等股东有权向云南旅游提出云南旅游收购江南园林剩余 20% 股权的书面申请；在秦某等股东提出上述书面申请之日起 6 个月内，云南旅游需完成收购江南园林剩余 20% 股权的事宜；对江南园林

100%股权价值如何确定以及股权收购的具体方式等。从上述约定内容可知,各方就江南园林剩余20%股权的收购事宜也达成了一致。云南旅游有关各方仅就江南园林剩余20%股权在2年后是否启动收购的程序达成了约定,并未就该20%股权的转让价格达成一致,因此,关于该20%股权的转让合同并未成立的理由,不能成立。

涉案《发行股份及支付现金购买资产协议》已约定云南旅游应在秦某等人提出收购申请后的6个月内完成江南园林20%股权的收购事宜,秦某等人在2017年4月13日向云南旅游提出收购股权的书面申请,云南旅游按约应在2017年12月13日前完成收购事宜。云南旅游在2018年7月24日向秦某等股东的回函中称,因云南旅游2017年度处于非公开发行股份在审期间,故不得启动发行股份购买资产等重组工作;在本案中又称,因其控股股东在2016年6月～2018年3月进行增资扩股导致云南旅游的实际控制人发生变化,从而导致云南旅游无法启动发行股份收购江南园林股权程序。云南旅游对于其未能在协议约定期限内完成江南园林20%股权收购事宜的理由陈述不一,且上述理由均系云南旅游的内部事宜,与其按涉案《发行股份及支付现金购买资产协议》第11.4款约定的时间履行收购江南园林剩余20%股权的合同义务无关。

2.江南园林剩余20%股权的收购价格如何确定

关于云南旅游收购江南园林剩余20%股权的价格,涉案《发行股份及支付现金购买资产协议》在第11.4款约定:江南园林100%股权的价值按2016年江南园林经审计后的扣除非经常性损益后的归母净利润的11倍进行估值,最终参考具有证券从业资格的评估机构出具的并经云南省国资委备案的评估报告的评估值协商确定。上述约定已明确江南园林100%股权价值的估值原则。云南旅游在其2016年年度报告中公告江南园林2016年度经审计后实现的净利润为11,283.88万元(归属于母公司所有者扣除非经常损益后的净利润),即江南园林100%股权价值的估值基础也已经确定。虽协议约定江南园林100%股权的价值最终应参考具有证券从业资格的评估机构出具的并经云南省国资委备案的评估报告的评估值协商确定,但云南旅游未及时启动按协议约定的估值原则对江南园林100%股权价值进行评估的程序以及后续的备案程序,相应不利后果应由云南旅游承担。因此,剩余股权收购价格应按照协议确定的收益法计算,不能采用云南旅游的资产基础法,减损股东权益。

3.江南园林股东是否已完成2018年度应收账款约定和承诺的义务

在(2018)苏0411民初7483号民事判决书中,一审法院认为,需审视《发行股份及支付现金购买资产协议》第 7.4 条约定的真正目的，该条首先约定，“如果江南园林 2016 年 12 月 31 日经审计的应收账款净额（扣除已计提的坏账准备）及 BT 项目形成的长期资产（存货、长期应收款等）净额（扣除已计提的减值准备）在下列所述的合理账期内仍未收回，乙方承诺以现金、甲方认可的土地、其持有的江南园林的股权、其持有的上市公司的股权或各方同意的其他方式向江南园林进行清偿”，由此可见，订立该条的真正目的是保证被告江南园林 2016 年 12 月 31 日经审计的应收账款净额（扣除已计提的坏账准备）及 BT 项目形成的长期资产（存货、长期应收款等）净额（扣除已计提的减值准备）在合理账期内能够全部收回，如不能全部收回，原告及第三人必须全额补足后核心团队方能实际取得业绩奖励款，即《发行股份及支付现金购买资产协议》第 7.4 条是对被告江南园林 2016 年 12 月 31 日经审计的应收账款净额及 BT 项目形成的长期资产净额的整体回款的约定，原告及第三人需要用现金先行清偿的前提是“经复核上述应收账款净额仍未收回且账龄已满五年部分”，所以“应收账款净额仍未收回”是现金清偿的前提，如果仅存在个别单位的应收账款净额未能完全收回且账龄超过 5 年，只要整体的应收账款净额超过约定的金额，就应当视为已完成“关于江南园林应收账款和 BT 项目形成的长期资产的特别约定和承诺”的义务，否则就会产生账龄期满后，净额的整体回款已超过约定，原告和第三人仍应以现金等支付巨额的账龄超过 5 年部分的应收款的情况，这显然违背协议的初衷，对原告和第三人显失公平；通过对《江南园林 2018 年度应收账款等情况专项审核报告》的分析，由于 48 个单位的实际收款超过应收款净额，且超收金额高于个别账龄已满 5 年的未收回净额，故截至 2018 年年末，被告江南园林实际收回的应收账款净额已经超过应当收回的应收账款净额。原告和第三人已经完成 2018 年度关于被告江南园林应收账款和 BT 项目形成的长期资产的特别约定和承诺的义务。

在（2019）苏 04 民终 3703 号民事判决书中，二审法院对上述焦点阐释如下：案涉《发行股份及支付现金购买资产协议》第 7.4 条规定了对江南园林应收账款和 BT 项目形成的长期资产的特别约定和承诺的约定，关于对该条约定的理解，双方当事人存在分歧，到底是单笔考核还是整体考核？首先，从订立案涉《发行股份及支付现金购买资产协议》第 7.4 条的订立目的分析，该条约定显然是确保江南园林公司 2016 年 12 月 31 日经审计的应收账款净额（扣除已计提的坏账准备）及 BT 项目形成的长期资产（存货、长期应收款等）净额（扣除已计提的减值准备）在合理账期内能够全部收回，如不能全部收回，被上诉人及第三人必须全额补足后核心团队才能取得相应的业绩奖励款。这里被上诉人及第三人无论是先行“清偿”还是受到

"奖励",都是对整体工程回款的考核,而非细分对单个工程回款的考核。因此,应收账款收回应为整体收回,而非单项收回。其次,从案涉《发行股份及支付现金购买资产协议》内容及上诉人的主张分析,该协议并未明确约定进行单笔考核,而上诉人在秦某 2018 年向其提起回购股权的诉讼后主张单笔考核,从 81 个单位中挑取了 3 个单位的应收账款,认为被上诉人及第三人未完成 2018 年度该三个单位应收账款回收任务,应向上诉人先行"清偿",但根据 2018 年年度专项审计报告,被上诉人及第三人对其中 48 个单位的应收账款回款超过应收款净额,且超收金额高于个别账龄已满 5 年的未收回净额。按照上诉人的逻辑,是否应就该 48 个项目单独对被上诉人及第三人进行奖励?答案是否定的。如果按照上诉人的逻辑,本案显然就会出现账龄期满后,净额的整体回款已超过约定,而被上诉人和第三人仍应以现金等支付巨额的账龄超过 5 年部分应收款的情形。据此,二审法院对一审认定上诉人主张单笔考核违背案涉协议初衷、对被上诉人和第三人显失公平予以认同。综上分析,案涉《发行股份及支付现金购买资产协议》第 7.4 条约定应认定为从整体角度而非单项角度对被上诉人及第三人进行应收账款及 BT 项目形成的长期资产回款的考核。被上诉人及第三人已经完成 2018 年度关于江南园林公司应收账款和 BT 项目形成的长期资产的特别约定和承诺的义务。

(四)诉讼启示

在投融资交易中,投资方与目标公司及股东为解决交易双方对目标公司未来发展的不确定、信息不对称以及代理成本,设计了对未来目标公司的估值进行调整的相关条款,包括现金补偿、股权回购等。同时,为保证对赌业绩中营业收入、净利润等财务数据的真实性、准确性,对赌双方往往对应收账款的账期、清偿作出特殊约定。本案也是围绕对赌业绩、应收账款等问题展开的。

本案因云南旅游收购江南园林后业绩突变而引发,历经 8 年时间,纷争仍在持续,云南旅游董事长因此引咎辞职,云南旅游的业绩也大幅下滑。在这起股权收购纠纷中,投资方与收购公司股东之间攻守易势、奇策频出,纷纷提起合同纠纷之诉、股权转让纠纷之诉、劳动合同纠纷之诉、公司决议撤销纠纷之诉,资本市场的残酷纷争被演绎得淋漓尽致,也为资本收购、业绩对赌带来诸多警醒。

本案核心在于投资方与标的公司股东业绩对赌,对赌期间业绩达标,但对赌期一过公司业绩突变。投资方是否需要继续收购剩余 20% 股权?投资方收购剩余股权需要按照什么价格收购?纵观全案,收购协议合法有效,协议也明确约定了业绩承诺实现后收购剩余股权的程序、价格。但收购协议却没有约定业绩期过后业绩突变是否构成违约、如何补偿、收购剩余股权如何处理的问题。因此，按照协议约定，云南旅游应继续收购江南园林剩余 20% 股权。至于云南旅游主张的“其正进行新的定增不能实施发行股份收购剩余股权的事宜”“公司实际控制人变更问题”系其内部事宜，不能对其义务进行有效抗辩。此外，云南旅游基于被投公司业绩下滑、诉讼缠身的现实考虑，采用资产基础法（而非原“收益法”）对江南园林进行重新估值，收购价格大幅降低，但该调整评估方法的行为无法律依据，同时违反了合同约定。

在收购协议明确约定的前提下，即使江南园林经营业绩不理想，云南旅游仍摆脱不了继续收购江南园林剩余股权的义务。但云南旅游历经资本沙场十几载，在收购之初为防止对赌期间公司管理团队操纵业绩、虚构交易、透支未来业绩等问题，已经对公司应收账款账期、股东替代清偿等问题做了特殊约定。在云南旅游先失一城的前提下，针对应收账款的股东清偿问题成为收购双方新的争议战场。云南旅游主动起诉主张应收账款到期未收回，业绩对赌方即江南园林的十八位股东应予以补偿。相对地，江南园林股东也主动起诉确认其已完成应收账款的特别约定。从法院审理结果来看，江南园林股东需现金清偿的前提是“应收账款净额仍未收回且账龄已满五年部分”，如果仅存在个别单位的应收账款净额未能完全收回且账龄超过 5 年，只要整体的应收账款净额超过约定的金额，就应当视为已完成关于应收账款的特别约定。因此云南旅游若仅对几项应收账款存疑，主张应收账款尚未收回应予现金清偿，是不能得到法院支持的。法院两审认定江南园林股东已完成 2018 年度应收账款的特别约定，未完成 2019 年度应收账款的约定，未来双方很有可能会就 2020 ~ 2022 年度应收账款清偿问题再度提起诉讼。关于双方就股东会决议效力问题、裁撤管理团队的诉讼事宜，在此不做过多探讨。

本案也是当下股权收购纷争的缩影，收购双方往往会进行业绩对赌，为达成业绩目标，一定程度上会透支企业未来业务能力。因此造成了对赌期经过业绩暴雷的情形，收购双方对簿公堂。本案作为一种越发常见的情形，需要收购双方对未来作充分预期，并在收购协议中明确约定处理方法。例如，对赌期经过业绩突变如何补偿？剩余收购计划如何执行？若出现业绩造假及应收账款长期难以收回的情况，对应收账款清偿问题是否应采取整体回款与个体回款相结合的标准？业绩突变情况下是否应对企业资产评估方法予以变更？避免推诿扯皮。本案收购双方已历经 8 年纷争，据笔者查询裁判文书网，双方的纷争仍在继续。无论最终的结果如何，云南旅游和江南园林的股东均非赢家。

三、东方证券股份有限公司与上海中路(集团)有限公司质押式证券回购纠纷诉讼案[①]

导读:本来是简单的合同违约纠纷案,却对两家上市公司造成了较为严重的挫伤。近 10 年间,两起民事诉讼,涉及四份交易协议,案涉质押股权 5000 余万股,融资本金价值超过 5 亿元,逾期利息及违约金也高达 8000 余万元。股市不可预知的风险,外加疫情期间的巨大经营压力,令两方不得不对簿公堂。前车之鉴,后事之师。本案件案情并不复杂,但其中涉及的经营风险却值得上市公司引以为戒。

(一)当事人信息

原告:东方证券股份有限公司(以下简称东方证券)
被告:上海中路(集团)有限公司(以下简称上海中路)

(二)基本案情

2014 年 11 月 13 日,被告上海中路为进行股票质押式回购交易及相关事宜,与原告东方证券签署了《东方证券股份有限公司股票质押式回购交易业务协议(两方)》(以下简称《回购业务协议》)。随后,上海中路为在《回购业务协议》项下具体开展各笔股票质押式回购交易业务,并分别于 2015 年 6 月 16 日、7 月 8 日、8 月 25 日与东方证券签署了三笔股票质押式回购交易协议。被告上海中路以其持有的中路股份作为质押标的证券,参与原告东方证券股票质押式回购交易,向原告融入资金。在三笔交易协议中,分别约定了具体的交易要素,包括质押标的证券名称、数量、性质,购回期限,初始交易金额,违约金率等。第一笔交易以10,000,000 股中路股份作为质押标的,融资 238,000,000 元;第二笔交易以15,000,000 股中路股份作为质押标的,融资 200,000,000 元;第三笔交易以 7,810,734 股中路股份作为质押标的,融资 150,000,000 元。三笔交易协议详细内容如图 3－4 所示。

---

① 参见上海金融法院民事判决书,(2021)沪 74 民初 4211 号;上海市黄浦区人民法院民事判决书,(2022)沪 0101 民初 6450 号。

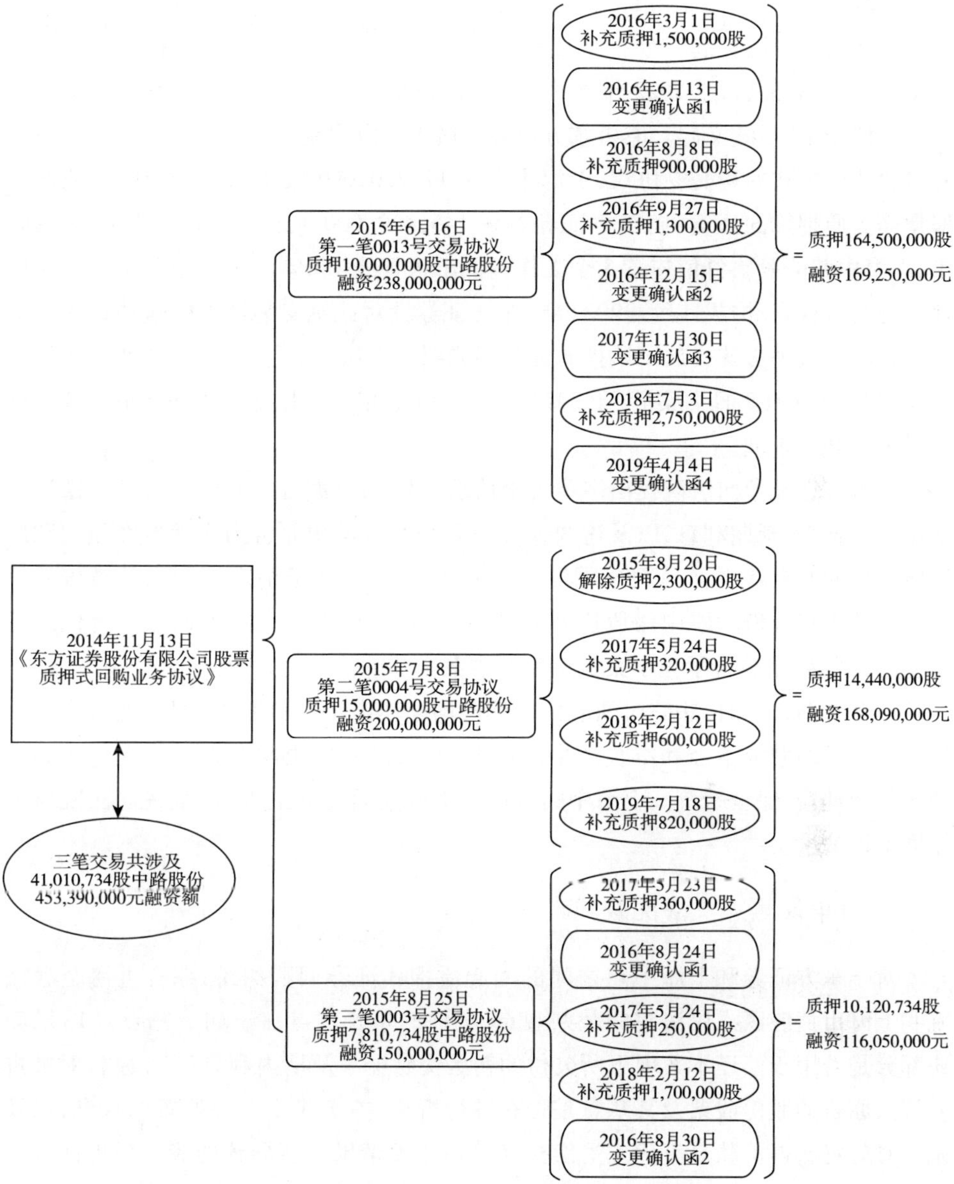

图 3－4　涉案三笔交易协议内容示意

被告作为资金融入方，理应根据《回购业务协议》的约定，履行包括及时提供履约保障措施、按时购回质押标的证券在内的多项合同基本业务。但是，被告却在上述三笔交易中均违反了合同相关约定，不但在业务交易中出现了违约情形，且均未在约定购回日期前完成股权回购，构成了实质违约。

2021 年,原告东方证券针对与被告在 2015 年间签订的三笔交易协议的违约行为向上海金融法院提起了质押式证券回购纠纷诉讼(1)①。上海金融法院于 2021 年 11 月 4 日立案后,于 2022 年 7 月 5 日依法适用普通程序进行了公开开庭审理。

一波未平,一波又起。原告东方证券与被告上海中路于 2018 年 5 月 17 日再次签订股票质押式回购交易协议,上海中路用 17,750,000 股中路股份无限售流通股股票作为质押标的证券,向东方证券融资 145,420,000 元,2018 年 9 月 3～7 日收市,上海中路的股票价值连续 5 个工作日低于预警线 150%。上海中路未能按照协议约定及时补仓,构成违约。2022 年,东方证券针对此笔交易协议的违约行为向上海市黄浦区人民法院提起了质押式证券回购纠纷诉讼(2)②。上海市黄浦区人民法院于 2022 年 3 月 2 日立案后,于 2022 年 8 月 17 日依法适用普通程序组成合议庭进行了公开开庭审理。

原告东方证券向法院提出多项诉讼请求:(1)判令被告向原告支付尚未偿还的初始交易金额,延期利息,以及违约金;(2)判令被告承担原告为实现本案债权和质权所产生的所有费用;(3)判令原告在上述第 1 项、第 2 项请求范围内就被告质押给原告的中路股份股票中路股份及其孳息的折价、拍卖或变卖等处置所得价款优先受偿;(4)判令被告承担本案保全费及本案全部诉讼费用。

截至本书成稿时,法院对两起民事诉讼均已作出了一审判决,判决上海中路支付尚未支付的融资本金和本金产生的逾期利息,同时应当向东方证券支付违约金及案件受理费、保全费等。上海中路曾在一审判决后提起上诉,但很快向法院申请撤回上诉请求。

(三)争议焦点及法院裁判说理

对于东方证券和上海中路之间的两起质押式证券回购纠纷,综合上海金融法院和上海市黄浦区人民法院的裁判观点,案件的争议焦点在于如下三点:(1)已归还部分是否用于偿还本案项下所欠付的初始交易金额及期内利息;(2)原告对被告质押给原告的股份股票及其孳息是否有进行折价、拍卖或变卖等处置的权利,以及是否对处置所得价款享有优先受偿权;(3)由于疫情暴发所导致的股票质押回购违约行为,能否对违约金部分相应减免责任。简单总结如下:

1. 对于已归还的金额的去处认定

法院认为,根据原告、被告双方提交的证据,被告上海中路的部分支付款项可

① 参见上海金融法院民事判决书,(2021)沪 74 民初 4211 号。

② 参见上海市黄浦区人民法院民事判决书,(2022)沪 0101 民初 6450 号。

证明分别用于支付第一次协议中的三笔交易，其余部分则用于归还被告在原告处开展的其他股票质押式回购业务所产生的应付款。

2. 原告对于质押的股份是否具有优先受偿权的认定

法院认为，原告、被告在《回购业务协议》中约定被告上海中路以其相应账户中的中路股份股票质押为其融资提供担保，双方亦办理质押登记。现原告要求以上述质押股票优先受偿以清偿债务的主张，符合法律规定和合同约定，予以支持。

3. 疫情可否成为违约金减免的理由

疫情期间经济迟缓，导致公司经营困难并不是上海中路违约的法定理由，法院并未支持其此项请求。

（四）诉讼启示

东方证券是一家经中国证监会批准设立的综合类证券公司，公司于 2015 年 3 月 23 日成功登陆上交所（证券代码：600958），2016 年 7 月 8 日 H 股成功发行并上市（股份代号：03958），成为行业内第五家 A + H 股上市券商。上海中路前身为上海永久自行车公司，是中国较早开办的自行车整车制造厂之一，也是全国轻工行业重点骨干企业。双方都是国内知名企业，为经济发展提供了有力支持。但是，此次质押股权回购诉讼对双方公司的经营能力和现金流都造成了较大的打击，进而可能会影响公司的存续。无论是上市公司还是证券公司，在追求利益的同时，都需要再三权衡利弊轻重，尽量避免不可控风险的发生。

股票质押式回购交易，作为一种以股票质押为手段的融资模式，自 2013 年从场外进入场内以来，在短短几年内发展迅速，交易量不断增加。根据万得资讯（wind）统计的质押数据，2018 年 10 月末，市场整体 A 股质押股票市值超过 4.5 万亿元，质押占比超过 50% 的上市公司共计 151 家，对应质押股票市值超过 0.88 万亿元。自 2017 年以来，在股市连续下跌的背景下，不少质押股票跌破平仓值，导致进入诉讼或仲裁程序的股票质押式回购交易纠纷较前几年明显增多。截至 2022 年 12 月 31 日，以公开文书中包含“股票质押回购”关键词进行检索，经提出无效数据，涉及股票质押式回购纠纷的判决有 273 份，其中 112 份判决生效于近 3 年。股票质押式回购纠纷主要涉及管辖、违约处置、利息及违约金的计算、担保等问题。同时，对资金融出方而言，在获得胜诉裁判的同时，其更关心执行过程中质押股票的处置变现问题，以及极个别情况下上市公司破产情形的应对。

1. 上市公司融资需注意风险

股权回购是上市公司进行市值管理的重要手段之一，是指上市公司利用现金等方式从公开市场回购本公司发行在外的一定数额股票,特别是大股东、董监高增持股票,向资本市场传递公司发展信心,引导中小投资者对公司正面评价,从而确保市值稳定和增长。对于上市公司而言,质押式回购本身是公司融资的一种方式,成本较低,变现能力较强。通过融资,公司短期流动资金增加,现金流增加,但是同时出现了融资成本,所以总体而言对上市公司不会产生实质影响。这体现了股权质押回购交易的重要优势:既可以把公司获得的贷款投入公司的营运中,又能够确保公司不会丧失股权,还可以以较低的折价达到融资目的。所以,股东在急需用钱,但又不愿意出售自持股份的情况下,常常会选择与证券公司的资金融出方签订质押式证券回购协议。股票质押式回购场内交易流程如图3－5所示。

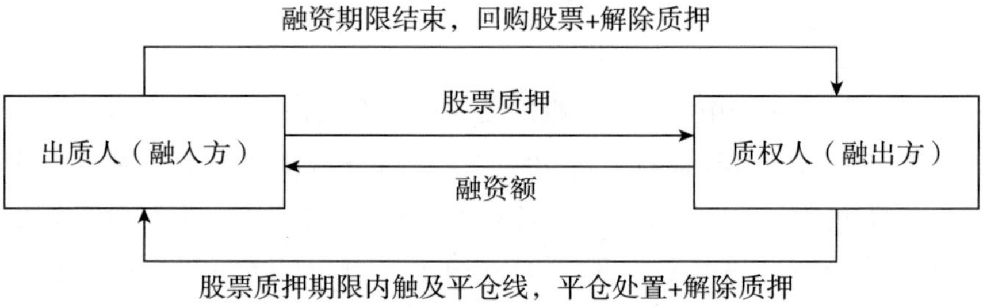

图3－5　股票质押式回购场内交易流程示意

但质押式回购也暗藏巨大风险。首先,股权质押回购交易往往会导致公司股价的波动,这会影响公司的投资市场。公司若无法按时完成回购,也会严重影响公司的财务状况。上市公司作为公开发行股票的社会公司,其股票价值受到多方因素影响。部分原因可以通过公司内部的管理经营或合规进行控制和纠正,但是外部原因导致股价波动的,很难通过企业自身的风控操作进行挽救。当股价波动临近预警线,公司应当及时补仓。这就要求公司投入更多的资金和股票份额,对正处在下行线上的公司来说是巨大的压力。在付出更大经济成本的前提下,还要同时警惕股价的进一步降低。股价到达平仓线时会面临被强制平仓的风险,会对公司股价造成进一步重创。严重时,可能直接导致公司面临退市。

2.融出方可能面临的风险

对于融出方而言,股权质押回购本质上还是一种质押贷款。鉴于质押标的物自身的特性,在交易过程中,不仅存在融资方不按时履行回购的违约风险,还存在由于股票价格不定性导致的市场性风险,以及在司法执行程序中存在的流动性风险。虽然融出方可以通过约定保障比例和平仓线来保障所质押的股权的价值,但是如果在回购期间股票大幅下跌,导致质押标的价值下降至平仓线,甚至大幅突破平仓线,融资方实现股权回购的可能性就极低。

就本案而言,东方证券作为国内领先的证券投资企业,在国内有着较高的声誉和知名度。东方证券从 2013 年推出股票质押式回购交易业务后,为数十家企业提供了相应的股票质押和融资业务。而近几年,东方证券的计提减值准备公告中,多次出现大量的股票质押式回购资产。在 2021 年半年报中,东方证券披露了其涉事的 20 起金额较重大的未决质押式证券回购纠纷案,合计涉诉金额约为 55 亿元。2022 年上半年,东方证券对股票质押式回购业务计提的减值准备金额高达 3.89 亿元,居所有券商之首,且总计提金额已超过其最近一个会计年度经审计净利润的 30% 以上。其中,有 3 家与东方证券签订了质押式股权回购协议的上市公司股价现均不足 3 元,未来可能面临退市危机。东方证券即使通过诉讼成功获得对已质押股票的拍卖、变卖权,以及对相应价款的优先受偿权,被告公司的股票价值以及在司法拍卖的过程中市值的进一步流失,都会使东方证券因市场风险和流动性风险而遭受巨大的经济损失。

3. 疫情期间对企业的免责、减免规定适用困难

根据笔者在威科先行检索的数据,疫情期间,因隔离、强制防疫措施等导致的合同纠纷案中,法院判决正常执行的案件多达 20 余万件。有 8 万余件案件在诉讼请求中提出依据最高人民法院《关于依法妥善办理涉新冠肺炎疫情执行案件若干问题的指导意见》第 8 条的规定对债务进行免除或减免,受到法院支持的判决多为自然人债务人在房屋租赁合同纠纷中提出的减免部分租金的诉讼请求,法人等公司债务多数并未受到法院支持。法院驳回当事人部分减免违约金等请求的理由为,案涉合同系各方当事人的真实意思表示,内容未违反国家法律和行政法规的强制性规定,故应认定合法有效,各方当事人均应依照合同约定履行合同义务。被告公司未如期还本付息,构成违约。[①] 在本案中,上海中路提出公司疫情期间经营困难,要求部分减免违约金的请求,也同样没有得到法院的支持。法院普遍认为,社会公司在疫情期间虽然经营受到一定的外界影响,但是任何商业行为本身就面对各种不确定性。如此大规模的疫情,对全国造成了巨大经济影响,虽然极为罕见,但也是正常经营的企业随时可能会面对的正常经营风险,疫情难以成为有效的抗辩理由。

虽然此次疫情已经过去,但是下一次可能造成经济迟缓的外界因素随时可能再次发生。上市公司应当对相似的情形作出对应的风险防控预案,同时在融资发

---

① 参见北京市高级人民法院民事判决书,(2019)京民初 68 号。

展的过程中更加高度警惕政治、社会等因素对公司在稳定扩张过程中造成的经营风险。

四、浙江亿利达风机股份有限公司与子公司股东戴某某业绩对赌索赔纠纷案①

导读:如今,对赌协议已经成为创投圈的一个标配,一纸对赌协议,一不小心就会葬送全副身家。对赌协议,签还是不签?成为一个摆在投资机构与创业者面前的难题。陷入子公司业绩违约官司一年多后,本案原告公司收到了法院的一审判决,但公司能否收到业绩补偿款,还是未知数。

(一)当事人信息

原告:浙江亿利达风机股份有限公司(以下简称亿利达公司)

被告:戴某某

(二)基本案情

被告戴某某、案外人戴某芝系案外人台州三进压铸有限公司(以下简称三进压铸)的股东,被告戴某某占90%的股份、案外人戴某芝占10%的股份。2018年1月3日,亿利达公司与被告及案外人三进压铸、戴某芝签订一份《增资协议》(以下简称《增资协议一》),约定:原告以19,775万元认购三进科技1561.22万元的新增注册资本(第一次增资),被告承诺2018年、2019年、2020年(以下合称利润承诺期)公司扣除非经营性损益后的净利润分别不低于6000万元、11,000万元、19,000万元(以下合称承诺净利润),并且,利润承诺期累计扣除非经营性损益后的净利润总额不低于36,000万元。如公司在利润承诺期间内任一年度实际实现的当年净利润小于该年度承诺净利润,则被告应对该年度承诺净利润与实际实现的净利润之间的差额部分对原告进行业绩补偿。之后原告履行了出资义务并持有三进压铸51%的股权。2018年2月,三进压铸更名为浙江三进科技有限公司(以下简称三进科技)。2018年5月31日,原告与被告及案外人三进科技签订一份《增资协议》(以下简称《增资协议二》),约定:原告以8725万元认购三进科技688.78万元的新增注册资本(第二次增资),被告承诺其继续遵守第一次增资之《关于台州三进压铸有限公司之增资协议》项下所有相关义务(包括但不限于陈述和保证、承诺、业绩承诺及

① 参见浙江省台州市路桥区人民法院民事判决书,(2022)浙1004民初2949号。

补偿等）。之后原告履行了出资义务并持有三进科技 60% 的股权。2018 年 10 月 29 日，原告与被告及案外人三进科技、戴某芝签订一份《增资协议的补充协议》，将《增资协议一》项下的利润承诺期调整为“2019 年至 2021 年”，被告承诺三进科技 2021 年净利润不低于 19,000 万元，如无法达到，被告应向原告支付业绩补偿款，补偿原则：年度应补偿金额 =（该年度承诺净利润 - 该年度净利润实现数）× 原告持有的三进科技股权比例。2018 年 12 月 28 日，原告与被告签署《股权转让协议》，原告以 7925.4 万元的价格向被告受让三进科技 15% 的股权（对应注册资本 562.5 万元），协议签署后原告即完成了相应董事会决议，并按上市规则完成了相应信息披露程序，原告由此取得三进科技 15% 的股权且所持有的三进科技股权比例提升至 75%，三进科技也通过章程修正案（由被告签字）确认了原告、被告持股的比例为 75%∶25%。前述 15% 股权的转让，因被告未缴付股权转让税费，后在原告代缴后于 2020 年 3 月 24 日完成工商变更登记。2020 年 5 月 13 日，三进科技的法定代表人从戴某某变更为徐某顺。2020 年 9 月 23 日，台州市中级人民法院作出（2020）浙 10 民初 110 号民事判决，判决被告向原告支付 2019 年度业绩补偿款 91,218,243.53 元及逾期利息。判决作出后，被告不服，向浙江省高级人民法院提起上诉，因被告未缴纳上诉费，浙江省高级人民法院于 2020 年 11 月 9 日作出（2020）浙民终 1053 号民事裁定，裁定该案按戴某某撤回上诉处理。2021 年 10 月 18 日，台州市中级人民法院作出（2021）浙 10 民初 341 号民事判决，判决被告向原告支付 2019 年度业绩补偿款 22,804,560.88 元及逾期利息、2020 年度业绩补偿款 105,508,506.45 元及逾期利息。2022 年 1 月 5 日，原告持有的三进科技的股权比例工商变更登记为 100%。根据三进科技 2021 年度财务报表及三进科技委托天职国际会计师事务所出具的天职业字〔2022〕7784 号《浙江三进科技有限公司审计报告》，三进科技 2021 年度实现税后净利润 -62,065,381.31 元，扣除非经常性损益后的净利润为 -62,070,692.68 元。

亿利达公司向浙江省台州市路桥区人民法院提出诉讼请求：(1) 判令被告向原告支付 2021 年度业绩补偿款 189,053,019.51 元及逾期利息（自起诉日起至实际清偿之日止，按全国银行间同业拆借中心公布的贷款市场报价利率计算）；(2) 本案的诉讼费用由被告承担。2022 年 11 月 3 日，浙江省台州市路桥区人民法院作出一审判决，判决被告戴某某于判决发生法律效力之日起 10 日内支付原告亿利达公司对三进科技 2021 年度业绩补偿款 189,053,019.51 元及逾期利息（自 2022 年 5 月 25 日起至实际清偿之日止，按全国银行间同业拆借中心公布的贷款市场报价利率计算）。而后各方均未上诉。

本案中,戴某某与亿利达公司业绩对赌过程如图 3－6 所示。

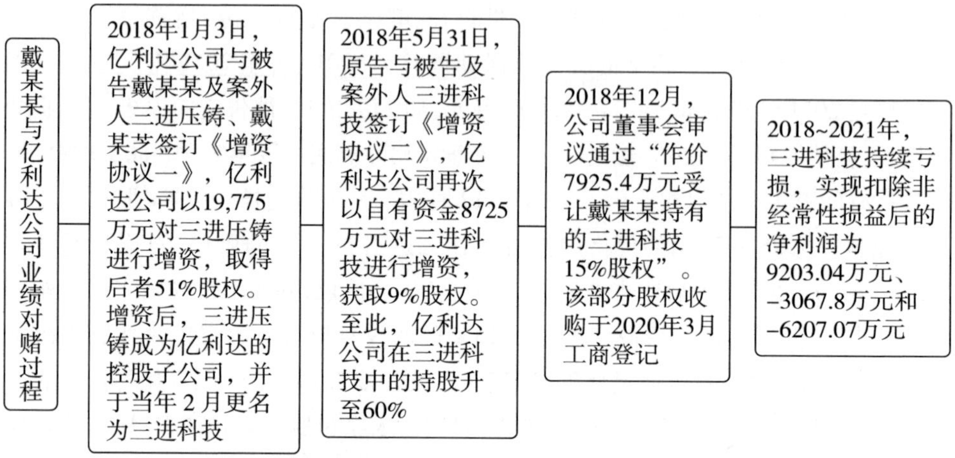

图 3－6　戴某某与亿利达公司业绩对赌过程示意

(三)争议焦点及法院裁判说理

浙江省台州市路桥区人民法院认为,该案的争议焦点在于被告是否应承担业绩补偿责任。

法院认为,原告与被告及案外人前后签订的《增资协议一》《增资协议二》《增资协议的补充协议》,系各方的真实意思表示,且不违反法律、法规的强制性规定,应认定合法有效,各方应严格按合同的约定去履行。原告在《增资协议一》《增资协议二》签订后,均按协议约定的内容履行了其出资义务,现已取得持有三进科技 100% 的股权(2021 年间的持股比例为 75%)。本案被告在《增资协议一》《增资协议二》《增资协议的补充协议》中承诺,三进科技于 2021 年在扣除非经常性损益后的实现净利润不低于 19,000 万元,如三进科技在利润承诺期间内实际实现的当年净利润小于该年度承诺净利润,则被告应对该年度承诺净利润与实际实现的净利润之间的差额部分对原告进行业绩补偿。同时被告确认并同意,其放弃且不得以公司之董事会及经营管理不再受原股东控制或类似理由作为其无法完成本协议所约定之业绩承诺的抗辩。依据三进科技出具的 2021 年度财务报表与〔2022〕7784 号《浙江三进科技有限公司审计报告》显示,三进科技 2021 年度实现税后净利润－62,065,381.31元,扣除非经常性损益后的净利润为－62,070,692.68 元。故原告根据合同的约定主张被告支付其三进科技 2021 年度业绩补偿款 189,053,019.51 元及自起诉之日起至实际清偿之日止的逾期利息的请求,合法有据。

（四）诉讼启示

本案是双方及 2019 年、2020 年业绩对赌的余波，上市公司因收购考察不慎，陷入困境，虽然获得胜诉，但有关执行却遥遥无期，损失惨重。

根据双方最初签订的合作意向书，标的公司及股东戴某某承诺三进科技 2017 年税后净利润为 1500 万元，2018 年、2019 年、2020 年扣除非经常性损益后的净利润分别不低于 6000 万元、1.1 亿元、1.9 亿元，并且，利润承诺期累计扣除非经常性损益后的净利润总额不低于 3.6 亿元。

也就是说，亿利达公司期待通过投入 2.85 亿元，拥有一家四年可以赚得 3.75 亿元的公司，然而，在被收购时，三进科技的净资产和净利润连年为负（2014 年～2017 年 7 月），且亏损额逐渐扩大，2017 年年底和 2018 年一季度分别亏损 2303 万元、1091 万元。也许是因为看到业绩承诺完成有困难，2018 年 10 月 30 日，亿利达公司调整了该控股子公司的业绩承诺，将时间改为 2019 年、2020 年、2021 年，承诺数额不变。2019～2020 年，三进科技都未能完成承诺业绩。对此，亿利达公司 2020 年 3 月就向台州市中级人民法院提起诉讼。但直到 2021 年 3 月才收到法院的执行款 102.8 万元。深圳证券交易所还就此事对戴某某给予公开谴责的处分。关于公司与戴某某 2019 年度业绩赔偿案件，台州市中级人民法院于 2021 年 2 月裁定拍卖戴某某所有的三进科技 25% 的股权。首次起拍价 4015 万元，惨遭流拍。根据亿利达公司 2021 年财报显示，公司取得投资收益 2885.34 万元，主要为接受戴某某以三进科技 25% 股权抵偿其所欠公司部分业绩对赌补偿款项所致。至此，三进科技成为亿利达公司的公司全资子公司。基于亿利达公司与戴某某 2019 年、2020 年年度业绩对赌案件执行进展情况，本案件具体何时执行落地以及执行结果如何，均无法准确判断，存在不确定性，进而对亿利达公司的本期利润或期后利润的影响无法确定。

五、亚钾国际投资（广州）股份有限公司、李某波新增资本认购纠纷、买卖合同纠纷案[①]

导读：股权认购目的已无法实现，发行对象拒绝认购，是否还需要支付巨额违约金？上市公司并购重组过程中未能实现业绩承诺目标，又会导致哪些风险？本案当事人各方从“蜜月期”到最后对簿公堂，在这场并购大战中，各方主体尤其是广大中小股东究竟是谁在获益？又是谁在被侵害？这些问题的答案就隐藏在这场诉

① 参见广东省广州市海珠区人民法院民事判决书，（2018）粤 0105 民初 2742 号；广东省广州市中级人民法院民事裁定书，（2021）粤 01 民终 21784 号。

讼中……

（一）当事人信息

原告：亚钾国际投资（广州）股份有限公司
被告：李某波

（二）基本案情

广州东凌国际投资股份有限公司（以下简称东凌国际公司），原名广州东凌粮油股份有限公司，于2020年9月1日经核准变更名称为亚钾国际投资（广州）股份有限公司，即本案原告。

2014年8月22日，东凌国际公司（甲方）与中农集团等十家单位（乙方）签订《非公开发行股份购买资产协议》，约定甲方以向乙方非公开发行股份的方式购买乙方合计持有的中农国际100%股份，并向广州东凌实业投资集团有限公司（以下简称东凌实业公司）等不超过10名特定对象非公开发行股份募集配套资金。东凌国际公司发布《第六届董事会第四次会议决议公告》，第3项内容如下：三、审议通过《关于公司非公开发行股份购买资产并募集配套资金暨关联交易具体方案的议案》；公司拟向中农国际全体股东非公开发行股份购买其合计持有的中农国际100%股权，并向包括公司控股股东东凌实业、实际控制人赖某昌及其一致行动人李某波在内的6家特定投资者非公开发行股份募集配套资金；本次发行股份募集配套资金以本次发行股份购买资产的成功实施为前提，但本次发行股份募集配套资金的成功与否不影响本次发行股份购买资产的实施。具体募集配套资金方案见表3－2。

表3－2　2014年东凌国际公司募集配套资金方案

发行对象	发行数量/股	认购资金/万元	认购比例/%
东凌实业	9,578,544.00	10,000.00	8.13
赖某昌	9,578,544.00	10,000.00	8.13
李某波	9,578,544.00	10,000.00	8.13
百堂投资	42,880,000.00	44,766.72	36.41
颢德投资	38,880,000.00	40,590.72	33.01
和熙投资	7,280,000.00	7,600.32	6.18
合计	117,775,632.00	122,956.76	100.00

2014 年 8 月 22 日，原告东凌国际公司（甲方）与被告李某波（乙方）签订《附条件生效的股份认购协议》，主要内容如下：甲方和中农国际全体股东于 2014 年 8 月 22 日签署了《非公开发行股份购买资产协议》，就甲方非公开发行股份购买中农国际 100% 股权相关事宜作出了详细约定；甲方在本次非公开发行股份购买中农国际 100% 股权的同时，拟非公开发行股份募集配套资金，乙方拟以其自有资金认购甲方本次非公开发行的股份；乙方愿以现金方式出资 10,000 万元认购甲方本次非公开发行的 A 股普通股；认购价格为 10.44 元/股，乙方的认购数量为 9,578,544 股；本协议生效后，乙方在收到甲方发出的《募集配套资金非公开发行股份缴款通知书》后，按该通知书确定的日期将认购款项一次性支付至甲方指定账户；甲方应当于本次非公开发行募集的配套资金足额到位后 10 个工作日内，向中国证券登记结算有限责任公司深圳分公司申请办理本次非公开发行新增股份的登记手续，按照中国证监会及证券交易所和证券登记结算部门规定的程序，将乙方认购的股份通过中国证券登记结算有限责任公司深圳分公司的证券登记系统记入乙方名下，以实现交付；若乙方非经甲方同意解除本协议或未能按照本协议的约定如期履行足额交付认购款项义务的，即构成违约，乙方应向甲方支付本协议项下约定的认购金额的 10% 作为违约金。

2015 年 3 月 19 日，东凌国际公司分别与上海百堂公司、上海颢德公司和上海和熙公司签订《股份认购解除协议》，约定《附条件生效的股份认购协议》自本协议签署之日起解除，《附条件生效的股份认购协议》解除后，该协议约定的双方权利义务即终止履行，双方对因该协议所产生的一切责任和后果互不追究。

东凌国际公司调整后的募集配套资金方案见表 3－3。

表 3－3　2015 年东凌国际公司调整后的募集配套资金方案

发行对象	发行数量/股	认购资金/万元	认购比例/%
东凌实业	98,618,544.00	102,957.76	83.73
赖某昌	9,578,544.00	10,000.00	8.13
李某波	9,578,544.00	10,000.00	8.13
合计	117,775,632.00	122,956.76	100.00

2016 年 6 月 29 日，东凌国际公司向被告发出告知函并办理了寄送该文件的公证，致函提醒被告尽快、如期履行足额交付认购款项的义务，否则将承担违约责任。

2016 年 6 月 30 日，东凌国际公司接到东凌实业公司、赖某昌的告知函，获悉：东凌实业公司、赖某昌因考虑老挝钾盐 100 万吨扩建项目的进展现状未达预期，建设项目总资金中的大部分金额尚未得到落实，且钾肥市场在相关资产购买协议签订之后发生了超出预期的变化。因此，东凌实业公司、赖某昌决定在中国证监会指定的有效期间内不认购东凌国际公司重大资产重组配套资金。

2016 年 7 月 5 日，被告向东凌国际公司发出告知函，提出其与赖某昌于 2014 年 8 月签署《一致行动人协议》，关于是否认购本次募集配套资金事项，与赖某昌保持一致行动，在中国证监会批复指定的有效期间内不认购东凌国际公司重大资产重组配套资金。

2016 年 8 月 26 日，东凌国际公司向被告发出《关于李某波先生违反股份认购协议告知函》，告知被告未按照协议约定履行如期足额交付认购款项的义务，已构成违约，应在收到该函后，尽快向其支付违约金 1000 万元。

2017 年 3 月，东凌国际公司就李某波放弃认购公司非公开发行股份购买中农国际钾盐开发有限公司 100% 股权重大资产重组的配套新增资本纠纷事项提起诉讼，案件由广州市海珠区人民法院审理。原告起诉要求：(1)确认原告、被告于 2014 年 8 月 22 日签订的《附条件生效的股份认购协议》于 2016 年 7 月 6 日解除；(2)被告向其支付违约金 1000 万元；(3)被告承担本案全部诉讼费用。2021 年 5 月 7 日，广州市海珠区人民法院作出一审判决，判决：(1)原告、被告于 2014 年 8 月 22 日签订的《附条件生效的股份认购协议》于 2017 年 3 月 29 日解除。(2)被告在本判决生效之日起 10 日内支付违约金 1000 万元给原告。被告不服一审判决提起上诉，本案进入二审程序。2022 年 4 月，东凌国际公司收到广州市中级人民法院送达的(2021)粤 01 民终 21784 号民事裁定书，裁定准许被告撤回上诉，一审判决自本裁定书送达之日起发生法律效力。鉴于被告未按期向公司支付相应违约金，东凌国际公司向广州市海珠区人民法院递交了强制执行申请材料，本案进入执行程序。经执行，目前李某波已经履行了该案的全部义务，该案已执行完毕结案。①

本案的案件经过如图 3－7 所示。

① 参见《亚钾国际投资(广州)股份有限公司关于重大诉讼进展暨结案的公告》。

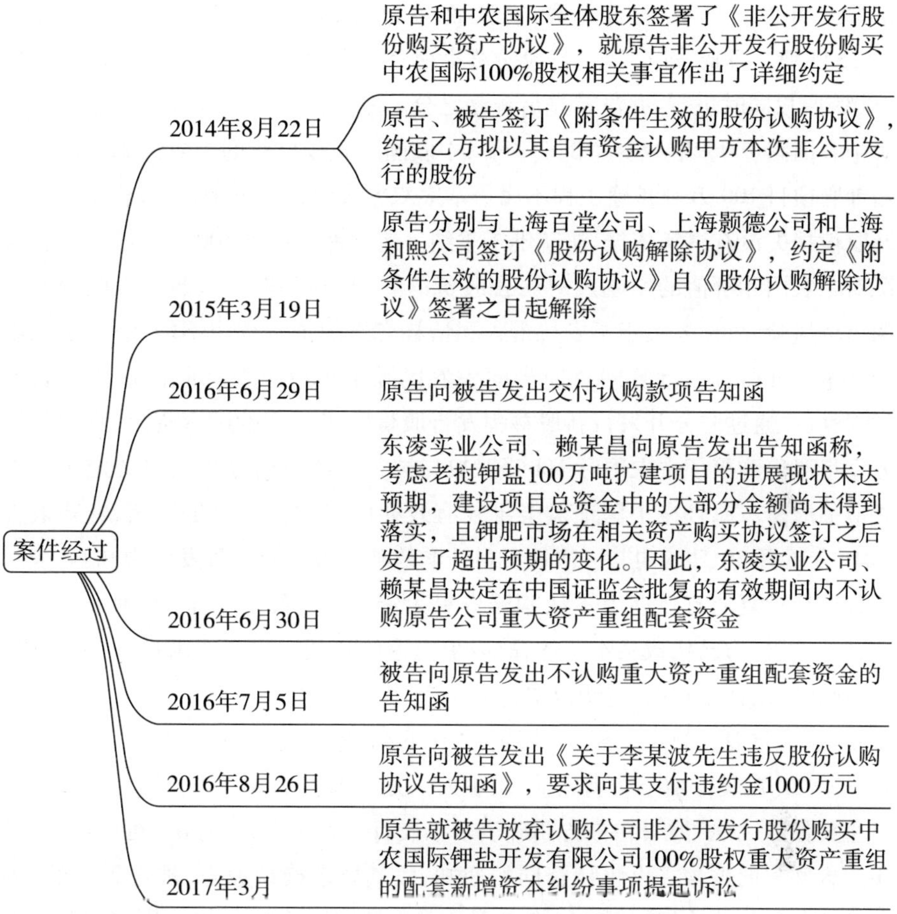

图3－7　本案的案件经过示意

(三)争议焦点及法院裁判说理

本案的争议焦点在于:李某波未按照合同约定认购东凌国际公司非公开发行的股份是否构成违约。

广州市海珠区人民法院认为,本案为新增资本认购纠纷。原告、被告签订的《附条件生效的股份认购协议》是当事人的真实意思表示,没有违反法律、行政法规的效力性强制性规定,应为有效合同。当事人均应按照约定全面履行自己的义务。上述协议约定:原告东凌国际公司(甲方)在本次非公开发行股份购买中农国际100%股权的同时,拟非公开发行股份募集配套资金,李某波(乙方)拟以其自有资金认购甲方本次非公开发行的股份;乙方愿以现金方式出资10,000万元认购甲方本次非公开发行的 A 股普通股;认购价格为 10.44 元/股,乙方的认购数量为 9,578,544 股。据此,非公开发行股份募集配套资金和非公开发行股份购买中农国际 100% 股权同时进行,并没有先后顺序之分。原告向被告非公开发行股份是为其购买中农国际 100% 股权募集配套资金,中农国际间接控股的中农钾肥有限公司的老挝钾肥项目 100 万吨扩建工程不属于本案双方合同约定范围,故被告主张原告违约及赔偿损失没有事实依据,法院不予采纳。老挝钾肥项目 100 万吨扩建工程实施情况对中农国际价值的影响及对原告股价的影响,属于被告认购原告股份所应承担的市场风险,故被告关于不安抗辩权和情势变更的抗辩理由不能成立,法院不予采纳。中国证监会已批复同意原告向中农国际全体股东发行股份购买中农国际 100% 股权并通过非公开发行新股募集发行股份购买资产的配套资金,且原告已非公开发行股份购买了中农国际 100% 股权。被告依约应向原告支付约定价款以认购相应的股份。原告在中国证监会批复有效期内向被告发出告知函,告知被告应于 2016 年 6 月 30 日前向其一次性支付认购款项。被告向原告发出告知函,表示在中国证监会批复的有效期内不认购原告重大资产重组配套资金,明确表示不履行主要债务,其行为已构成根本违约,故应承担违约责任。原告要求被告向其支付违约金 1000 万元合法有据,应予以支持。

根据《合同法》第 94 条①的规定:“有下列情形之一的,当事人可以解除合同:……(二)在履行期限届满之前,当事人一方明确表示或者以自己的行为表明不履行主要债务……”原告在被告明确表示不履行主要债务的情况下可以解除合同。鉴于原告并未向被告提出解除合同的通知,故其要求确认原告、被告签订的《附条件生效的股份认购协议》于 2016 年 7 月 6 日解除没有事实依据。原告提起本案诉讼主张解除合同,故应认定原告、被告签订的《附条件生效的股份认购协议》于起诉之日 2017 年 3 月 29 日解除。

(四)诉讼启示

1. 明确了股权认购中,不安抗辩权、情势变更不适用于因市场风险而不履约的情形

《民法典》第 527 条规定了不安抗辩权的适用情形,即应当先履行债务的当事人,有确切证据证明对方有经营状况严重恶化,转移财产、抽逃资金以逃避债务等情形的可以中止履行;当事人没有确切证据中止履行的,应当承担违约责任。也就

---

① 《合同法》已失效,相关规定参见《民法典》第 563 条。

是说，当事人履行义务有顺序，并且先履行义务一方的义务已届履行期。本案中《附条件生效的股份认购协议》约定：甲方在本次非公开发行股份购买中农国际100%股权的同时，拟非公开发行股份募集配套资金，乙方拟以其自有资金认购甲方本次非公开发行的股份；乙方愿以现金方式出资 10,000 万元认购甲方本次非公开发行的 A 股普通股；认购价格为 10.44 元/股，乙方的认购数量为 9,578,544 股。可见，非公开发行股份募集配套资金和非公开发行股份购买中农国际 100% 股权同时进行，并没有先后顺序之分，并不符合不安抗辩权的适用情形。跳出本案之外进一步来看，若确需行使不安抗辩权，则行使不安抗辩权之一方当事人需注意以下几点："一是当事人须有确切证据证明对方存在经营状况严重恶化；转移财产、抽逃资金，以逃避债务；丧失商业信誉；有丧失或者可能丧失履行债务能力的其他情形。上述证据应在权利行使前已然取得，并以此作为向相对方中止履行之依据。二是不安抗辩权的行使应当以通知方式作出，且通知内容应明确表示己方中止履行的意思以及具体理由，必要时应附有相关证据，以便对方采取适当方式恢复履行能力或提供担保，以促进合同继续履行。"①

《民法典》第 533 条规定了情势变更的适用情形，即合同成立后，合同的基础条件发生了当事人在订立合同时无法预见的、不属于商业风险的重大变化，继续履行合同对于当事人一方明显不公平的，受不利影响的当事人可以与对方重新协商；在合理期限内协商不成的，当事人可以请求法院或者仲裁机构变更或者解除合同。本案中，老挝钾盐 100 万吨扩建项目的进展现状未达预期，建设项目总资金中的大部分金额尚未得到落实，且钾肥市场在相关资产购买协议签订之后发生了超出预期的变化导致的股价下跌属于"商业风险"。对情势变更和商业风险的认定和划分也是司法实践中的难题，山东法院《民法典》适用典型案例第 105 号"林某诉张某某合同纠纷案"中法院对商业风险的认定具有典型意义："一、在是否具有可预见性上，商业风险是从事商业活动的固有风险，作为合同基础的客观情况的变化未达到异常的程度，并非当事人不可预见、不能承受。一般的市场供求变化、价格涨落等属于此类。二、在对合同履行的影响程度上，商业风险是在商业活动过程中，交易双方应当承担的由于市场变化所带来的合理的、正常的可能损失。作为合同基础的客观情况的变化未达到异常的程度。三、在法律后果上，风险自负是市场主体从事交易时必须遵循的一项基本准则，故发生商业风险后，由当事人承担该风险责任并不

---

① 《北京市通州区人民法院发布九个副中心民营企业商事纠纷典型案例》，载北大法宝网，https://www.pkulaw.com/pal/a3ecfd5d734f711d9d0ab1f25dc961f703b391a5e7e853b4bdfb.html。

会产生不公平的后果。"[①]根据该案对商业风险的总结和梳理，老挝钾肥项目实施情况对中农国际价值的影响及对原告股价的影响，属于典型的被告应承担的商业风险，不属于情势变更。

2. 上市公司并购重组中业绩承诺的风险

本案中，李某波拒绝履行足额交付认购款项义务的起点是老挝钾肥的扩建项目未达预期，中农国际 2017 年度的业绩承诺已经根本无法实现。于是，东凌国际公司对被并购方中农国际的 10 名股东提起了追缴业绩补偿的诉讼。这实际上也反映了当前我国并购重组过程中业绩承诺的现状和风险。

首都经济贸易大学王竞达教授和范庆泉副教授认为："业绩承诺的目的在于被并购资产未来收益的业绩承诺可以解决市场交易过程中的信息不对称问题，缩小并购买卖双方对资产估值认识的差距，进而有利于提高项目交易的可能性。然而，一些高业绩承诺并购重组项目在后期经营中出现了巨额亏损，可能的解释是并购重组双方存在共同'需求'，通过高业绩承诺，向市场提供良好的业绩预期，以提升二级市场股价进而实现高位套现。在业绩承诺无法实现时，造成股价回落，给中小投资者利益带来极大损失。"[②]这也揭示了上市公司并购重组过程中业绩承诺无法实现所带来的风险之一。除此之外，同时因并购重组业绩承诺"高承诺""高估值"现象的常态化，使交易当期本应是博弈对手的各方形成一致利益，但却最终破坏了市场有效配置资源的功能且极易引发商誉减值，破坏信息披露机制。[③]

针对上市公司并购重组中业绩承诺的乱象，中国证监会出台了《上市公司监管指引第 4 号——上市公司及其相关方承诺》，第 12 条第 1 款明确规定："承诺人应当严格履行其作出的各项承诺，采取有效措施确保承诺的履行，不得擅自变更或者豁免。"其中，包括上市公司重大资产重组中按照业绩补偿协议作出的承诺。除此之外，对承诺人作出承诺的原则、承诺事项、信息披露的要求、变更豁免的程序等予以规范，意味着在监管层面强化了对上市公司并购重组业绩承诺的要求。

3. 实践中新增资本认购纠纷的审理难点与裁判要点

除本案因市场风险导致的非公开发行对象不履行股份认购协议的新增资本认购纠纷外，根据《最高人民法院民事案件案由规定理解与适用》一书的观点，新增资

---

① 参见《情势变更与商业风险的区分与认定》，载"山东高法"微信公众号 2022 年 12 月 30 日，https://mp.weixin.qq.com/s/FlKXrbaA1TmNbN2nkwQARw。

② 王竞达、范庆泉：《上市公司并购重组中的业绩承诺及政策影响研究》，载《会计研究》2017 年第 10 期。

③ 参见方重、程杨、肖媛：《并购重组业绩承诺的现况与监管》，载《清华金融评论》2016 年第 10 期。

本认购纠纷主要有两种类型:(1)股东或者公司之外的其他人起诉要求确认享有公司股权;(2)因为行使优先认购权产生的纠纷。

本文通过对三件典型增资认购纠纷案例的分析,就其中的几项审理难点和对应的裁判要点做了进一步总结,具体内容如表 3 –4 所示。

表 3 –4　增资认购纠纷案件审理难点与裁判要点

案件名称	审理难点	裁判要点
捷安公司与黔峰公司等新增资本认购纠纷申请再审案[(2010)民申字第1275 号]	捷安公司是否对其他股东承诺放弃的认缴新增出资份额享有优先认购权	首先,增资扩股不同于股权转让。增资扩股是指企业向社会募集股份、发行股票、新股东投资入股或原股东增加投资扩大股权,从而增加企业的资本金。对于有限责任公司来说,增资扩股一般指企业增加注册资本,增加的部分由新股东认购或新股东与老股东共同认购,企业的经济实力增强,并可以用增加的注册资本,投资于必要的项目。股权转让是指公司股东依法将自己的股份让渡给他人,使他人成为公司股东的民事法律行为。股权转让是股东行使股权经常而普遍的方式,我国《公司法》规定,股东有权通过法定方式转让其全部出资或者部分出资。 其次,本案中黔峰公司股东会对优先认购的问题没有形成决议,故应当依据《公司法》规范来认定。虽然黔峰公司因增资扩股,各股东持股比例会发生变化,但持股比例发生变化或者说原有股权被稀释的是除捷安公司外的其他股东,本案捷安公司已根据《公司法》(2005 年修订)第 35 条之规定按照其实缴的出资比例行使了优先认缴权,其对黔峰公司享有的支配权和财产权仍然继续维持在原有状态,不存在受到侵害的事实或危险。在《公司法》无明确规定有限责任公司新增资本时,部分股东欲将其认缴出资份额让与外来投资者,其他股东对此不享有优先认购权的情况下,捷安公司不能依据与增资扩股不同的股权转让制度行使《公司法》(2005 年修订)第 72 条所规定的股权转让过程中的优先购买权

续表

案件名称	审理难点	裁判要点
东方家园有限公司诉 ARCH 家居有限公司（ARCHHouseholdLimited）等股东出资纠纷案［（2013）一中民初字第 3568 号］	新增资本认购纠纷与股东出资纠纷的区分	东方家园有限公司以新增资本认购纠纷提起本案诉讼，依据《民事案件案由规定》的规定，新增资本认购纠纷是指有限责任公司新增资本认购、股份有限公司发行新股认购产生的纠纷，是对增资行为本身有异议产生的纠纷。新增资本认购纠纷与股东出资纠纷不同，股东出资纠纷适用于股东违反出资义务的各种情形，而新增资本认购纠纷规范的是公司新增注册资本时，除股东出资纠纷之外的相关纠纷。本案是公司增资后增资义务人是否按期缴纳增资的纠纷，故本案应定为股东出资纠纷
张某与健都公司新增资本认购纠纷二审民事判决书［（2023）京 02 民终 4350 号］	新增资本认购关系的成立要件	张某主张其与健都公司之间成立新增资本认购关系，应当提供证据证明双方就新增资本认购达成合意。根据查明的事实，张某向健都公司支付涉案款项后，健都公司虽然出具收据称涉案款项为“新三板股权认购款”，但双方并未签订书面投资认购协议，张某亦未提供证据证明双方就新增投资的用途、性质、收益方式、风险承担等协商一致，且张某向健都公司支付涉案款项后数年时间，健都公司既未新增资本、向张某出具出资证明，也未修改公司章程或办理工商变更登记，张某在此期间既未就新增认购资本行使权利，也未提出异议。此外，2017 年 4 月 30 日王某军、张某平与王某军、张某超签订的协议书中实际将投入资金视为公司负债，新增资金没有形成健都公司的新增财产外观，且在王某军、张某平与王某军、张某超的股权转让协议书的附件中确认投资款月利率 1.5%，并有王某军、王某军、宋某玲的签字。综合以上事实，法院认为，张某所主张支付款项系用于认购新增资本、双方成立新增资本认购关系的主张，缺乏充分证据支持，不能排除名为投资认购实为借贷的合理怀疑，故法院不予采信

六、孔某、高某宁等合同诈骗案[①]

导读：五名被告在与被害单位达成并购交易的过程中，为支撑并购估值、完成

① 参见山东省淄博市中级人民法院民事判决书，(2022) 鲁 03 刑初 1 号。

业绩对赌，合谋虚增利润5.1亿元，构成诈骗罪，引起轩然大波。此案例对合同诈骗罪的认定以及量刑情节如何影响法院量刑均具有不小的启发。

（一）当事人信息

公诉机关：淄博市人民检察院

被告人1：孔某，宽毅上海股权投资基金管理有限公司实际控制人

被告人2：高某宁，上海整投网络科技有限公司原总经理、法定代表人

被告人3：王某，江苏高能时代在线股份有限公司董事会秘书兼财务总监

被告人4：黄某，上汽通用汽车公司高级经理

被告人5：叶某，上海激创广告有限公司法定代表人、总经理、实际负责人

被害单位：山东联创产业发展集团股份有限公司（以下简称山东联创公司）

（二）基本案情

上海鏊投网络科技有限公司（以下简称上海鏊投公司）成立于2014年9月，主营业务为网络营销。2015年11月，该公司法定代表人变更为高某宁。2015年年底，被告人孔某与高某宁认识后，共谋包装上海鏊投公司被上市公司高价并购。在被告人孔某的策划下，上海鏊投公司调整股权结构，确定通过借用体外资金、购买虚假业绩等手段虚增公司业绩，制作虚假财务账目，提升上海鏊投公司的估值，以达到被上市公司并购的目的，通过被告高某宁、王某、黄某、叶某等人具体实施。

2017年9月29日，被告人高某宁等人与山东联创公司签订《股权收购协议》，约定山东联创公司以支付现金64,807万元的方式收购上海鏊投公司50.10%的股权，所得现金用于增持山东联创股份，并承诺上海鏊投公司2017～2019年实现的扣除非经常性损益后归属于母公司山东联创公司的净利润分别不低于9800万元、12,250万元、15,500万元，签订业绩补偿承诺。2018年8月16日，高某宁等人与山东联创公司签订《发行股份及支付现金购买资产协议》《业绩承诺补偿协议》，约定山东联创公司以68,363万元价格收购上海鏊投公司剩余49.90%股权，支付方式包括定向增发5471.9584万股份（作价51,272.25万元）和支付现金17,090.75万元，承诺上海鏊投公司2018～2020年实现的扣除非经常性损益后归属于母公司山东联创公司的净利润分别不低于12,250万元、15,500万元、16,900万元。2016～2019年，被告人孔某、高某宁、王某、黄某等人为支撑估值、完成业绩对赌，通过虚增业绩的方式累计虚增利润约5.1亿元。案件经过如图3－8所示。

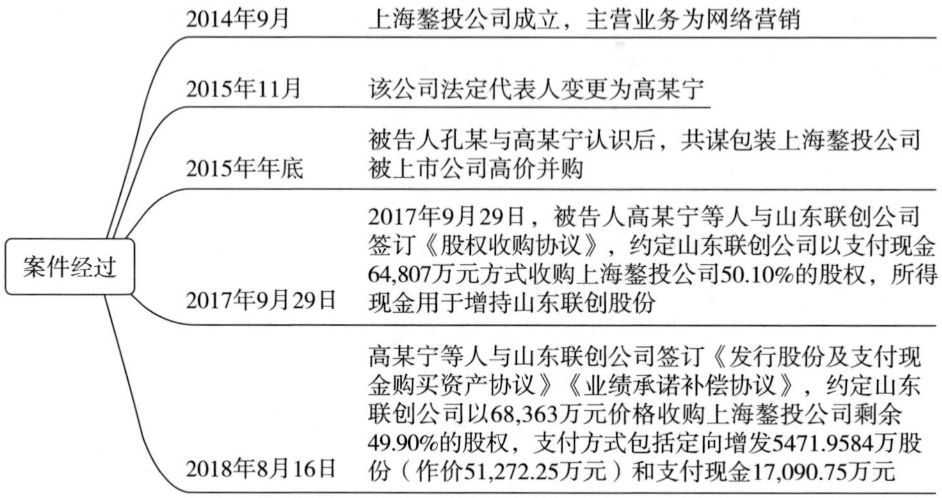

图3－8　本案的案件经过示意

法院最终判决如下:(1)被告人孔某犯合同诈骗罪,判处无期徒刑,剥夺政治权利终身,并处没收个人全部财产。(2)被告人高某宁犯合同诈骗罪,判处有期徒刑15年,并处罚金200万元。(3)被告人王某犯合同诈骗罪,判处有期徒刑11年,并处罚金150万元。(4)被告人黄某犯合同诈骗罪,判处有期徒刑3年6个月,并处罚金50万元。(5)被告人叶某犯合同诈骗罪,判处有期徒刑3年,并处罚金50万元,与所犯非国家人员行贿罪被判处的有期徒刑6年,并处罚金10万元并罚,决定执行有期徒刑7年6个月,并处罚金60万元。(6)扣押在案的被告人孔某、高某宁、王某、黄某、叶某违法所得现金及股票予以追缴,返还被害单位山东联创公司,不足部分责令被告人继续退赔。

根据一审判决结果的司法鉴定数据,上海鳌投公司2017～2019年累计虚增净利润约3.44亿元。其中2017年11月～2018年12月山东联创公司按照50.1%的持股比例对上海鳌投公司进行了并表处理,2019年1～12月山东联创公司按照100%的持股比例对上海鳌投公司进行了并表处理。经初步测算,本次一审判决对山东联创公司2017～2019年经审计的归母净利润金额不会产生重大影响,不会造成2017～2019年连续三年亏损情形,不影响财务审计报告意见类型。山东联创公司将根据案件后续进展情况尽快进行财务报告差错纠正。

山东联创公司已经完全回归化工新材料领域,且完成了对互联网板块业务的彻底清理:上海激创广告有限公司于2020年7月完成剥离、上海新合文化传播有限公司于2021年4月完成剥离、上海鳌投公司于2021年5月完成剥离、上海麟动市场营销策划有限公司于 2021 年 11 月完成剥离。本次判决对山东联创公司现有业务和未来发展不会产生重大影响。

山东联创公司于 2012 年 8 月 1 日在深圳证券交易所创业板上市,目前主营业务为含氟新材料、聚氨酯新材料相关产品的研发、生产及销售。2017 年、2018 年、2019 年、2020 年,公司净利润分别为 3.72 亿元、-19.54 亿元、-14.74 亿元、-0.87 亿元。在剥离完互联网板块业务后,2021 年重回盈利轨道,实现净利润 2.88 亿元,2022 年 1~9 月净利润更是达到了 9.03 亿元。

(三)争议焦点及法院裁判说理

北京市第二中级人民法院认为,本案焦点为以下两点:(1)共同犯罪中,如何认定主犯与从犯;(2)被告人是否具有量刑情节。具体说理情况如下:

1. 对于共同犯罪中如何认定主犯与从犯的区别

法院认为,被告人孔某、高某宁、王某、黄某、叶某以非法占有为目的,在签订、履行合同过程中,骗取对方当事人财物,数额特别巨大,其行为均构成合同诈骗罪。在共同犯罪中,被告人孔某、高某宁、王某起主要作用,系主犯,但被告人王某相较被告人孔某、高某宁在共同犯罪中地位、作用相对较轻,在量刑时酌情考虑。被告人黄某、叶某在共同犯罪中起次要作用,系从犯,对二被告人依法减轻处罚。

2. 被告人是否具有量刑情节

法院认为,被告人黄某、叶某在共同犯罪中起次要作用,系从犯,对二被告人依法减轻处罚。被告人叶某有立功情节,对其可从轻处罚。各被告人部分赃款未实际取得,对其依法可从轻处罚。被告人黄某认罪认罚,对其可从宽处罚。被告人黄某积极退赔并取得被害单位谅解,被告人高某宁有退赔情节,对二被告人可酌情从轻处罚。被告人叶某认罪态度相对较好,对其可酌情从轻处罚。各被告人违法所得依法应予追缴,不足部分由各被告人退赔。

(四)诉讼启示

1. "非法占有目的"的认定是合同诈骗罪的核心问题

回顾立法沿革,合同诈骗罪最早规定于 1950 年的《刑法大纲草案》第 79 条,内容仅保护国家机关、国营或公营企业;在最高人民法院、最高人民检察院于 1985 年颁布的《关于当前办理经济犯罪案件中具体应用法律的若干问题的解答(试行)》([85]高检会〔研〕字 3 号,已失效)中规定,对于个人利用合同进行诈骗的犯罪行为需要以诈骗罪论;最高人民法院于 1996 年颁布的《关于审理诈骗案件具体应用法律的若干问题的解释》(法发〔1996〕32 号,已失效)以规范性文件的形式,进一步区分诈骗罪与合同诈骗罪两者异同,但并未作为罪名将其独立。直到 1997 年修订的《刑法》颁布,方才从立法层面首次将利用合同进行诈骗的犯罪行为较一般的诈骗犯罪进行区分,设置为独立罪名。

司法实践中,对非法占有目的的认定依赖证言。证人证言是刑事诉讼当事人以外的第三人就自己所感知的案件事实向侦查机关、检察机关和审判机关做出的陈述。证人证言不同于书证、物证,也不同于被害人陈述、被告人供述。问题的关键在于证人做出的陈述中哪一部分可以被采信,以及如何保证被告人质证的权利。证人一般只能对亲身经历过的事情发表陈述,意见性证言不被采纳。证人也不得转述庭外陈述,否则有涉及传闻危险。证言可以作为线索,提供侦查方向。

司法实践中,对非法占有目的的认定依靠倾向财产去向。所谓言词证据,是指以语言说明表达或者陈述形式表现事实的各种证据材料,主观性较强。其弱点可以通过质证等程序性方式予以消弭,也可以采用与实物证据相结合的方式予以加强。同时,仅以证人证言等作为证据认定犯罪主观方面,难免有"因言获罪"之嫌,根据刑法主客观相一致原则、刑事诉讼法中证据的补强规则,非法占有目的的认定也要依靠客观方面的相关证据。其中,在司法实务中,认定的核心是资金去向。资金去向相关的证据一旦被采纳,便具有很强的证明力,因此这一方面往往是控辩双方必争之地。

2. 面对检控方相对完备的证据链,积极认罪认罚不失为一项良策

2018 年修正的《刑事诉讼法》,将认罪认罚从宽制度正式入法。认罪认罚从宽制度不仅在实务界造成巨大影响,也成为学界的"新宠"。有学者指出,"随着认罪认罚从宽改革的持续推进,我国刑事诉讼法学研究的重心已然呈现某种虹吸效应。其主要特质,即针对认罪认罚从宽的理论探索愈发具象化且富于针对性。"①

对于被告人而言,当控方经过侦查阶段,具有相对完整的证据链时,积极认罪认罚不失为一种良策。首先,积极认罪认罚能够彰显良好的认罪态度,可以获得相应的量刑减免。就本案而言,法院认为"被告人叶某认罪态度相对较好,对其可酌情从轻处罚。"其次,积极认罪认罚能够为律师取得较大的辩护空间。我国诉讼律师的地位是相对独立的,可以根据其独立的地位发表对案件的辩护意见。因此,就理论而言,即使被告人认罪认罚,辩护律师也可以进行独立辩护。而对应的检察院所提出的量刑建议,也不能随意更改、撤回。实务中,部分法院、检察机关可能对此

① 参见孙皓:《认罪量刑建议的"高采纳率"误区》,载《中外法学》2021 年第 6 期。

有所异议，具体能否按照理论、规范进行，还有待商榷。

第四节　资本市场监管专题

一、厦门华侨电子股份有限公司诉上海证券交易所行政处理案①

导读：1992 年 10 月，国务院原证券委员会和中国证监会在北京成立，标志着我国证券市场开始逐步纳入全国统一监管框架。而作为为证券集中交易提供场所和设施、组织和监督证券交易的证券交易所，其在中国证监会管理下所实施的自律监管措施是否能够被起诉，以及起诉后的诉讼地位如何，长久以来无论是在理论界还是在实践中都存在不同的声音。本案系退市新规实施后法院对证券交易所作出退市决定进行审查并依法作出行政诉讼判决的第一案，上海金融法院在一审判决中对上述争议问题作出了有力的论证及回答，也为后续类似案件提供了明确的指引。

（一）当事人信息

原告：厦门华侨电子股份有限公司（以下简称厦华电子）

被告：上海证券交易所

（二）基本案情

厦华电子的股票原在上海证券交易所上市。2021 年 4 月 29 日，厦华电子发布 2020 年年报，其中载明：当期主要会计数据中营业收入为 8,505,794.08 元，比上年同期减少 70.09%，扣除与主营业务无关的业务收入和不具备商业实质的收入后的营业收入为 0 元。

根据 2020 年 12 月修订的《上海证券交易所股票上市规则》第 13.9.1 条第 6 款"最近连续三个会计年度扣除非经常性损益前后净利润孰低者均为负值，且最近一个会计年度财务会计报告的审计报告显示公司持续经营能力存在不确定性"，以及第 13.3.2 条第 1 款"最近一个会计年度经审计的净利润为负值且营业收入低于人民币 1 亿元，或追溯重述后最近一个会计年度净利润为负值且营业收入低于人民币 1 亿元"之规定，厦华电子发布的 2020 年年报显示，其已经同时触发了上述规定，故

---

① 参见上海金融法院行政判决书，(2022)沪 74 行初 1 号；上海市高级人民法院行政判决书，(2022)沪行终 288 号。本案系"上海金融法院 2022 年度十大典型案例"之一。

厦华电子于2021年4月29日发布了《关于公司股票实施退市风险警示暨临时停牌的公告》，公告载明：退市风险警示起始日为2021年5月6日，并于2021年4月30日停牌一天。

2022年4月29日，厦华电子发布《厦门华侨电子股份有限公司2021年年度报告》，其中载明：当期营业收入152,397,617.52元，同比上涨1691.69%，扣除与主营业务无关的业务收入和不具备商业实质的收入后的营业收入为133,945,619.51元，净利润为－4,737,609.51元，扣除非经常性损益的净利润为－6,237,691.17元。同日披露的《2021年度专项核查意见》中记载：厦华电子营业收入扣除情况表中"营业收入扣除后金额"13,394.56万元属于"与主营业务无关的业务收入"，应予以扣除，营业收入扣除后金额为0元。

2022年4月30日，上海证券交易所向厦华电子发出《关于拟终止厦门华侨电子股份有限公司股票上市的事先告知书》，其中载明：根据年报审计机构出具的《2021年度专项核查意见》，其营业收入扣除后金额为零元，已触及2022年《上海证券交易所股票上市规则》第9.3.11条规定的终止上市条件，将根据2022年《上海证券交易所股票上市规则》第9.3.14条的规定，对厦华电子股票作出终止上市的决定。并告知了申请听证的权利。

2022年5月20日，上海证券交易所应厦华电子的申请，就厦华电子股票终止上市决定事宜组织了听证。同日，上海证券交易所上市委员会依据听证会内容作出审核意见，同意股票终止上市。2022年5月25日，上海证券交易所认定厦华电子已构成2022年《上海证券交易所股票上市规则》第9.3.11条规定的终止上市情形，同时根据2022年《上海证券交易所股票上市规则》第9.3.14条的规定并经上海证券交易所上市委员会审核，最终作出〔2022〕148号《关于厦门华侨电子股份有限公司股票终止上市的决定》（以下简称《终止上市决定》），决定终止厦华电子股票上市，并在退市整理期届满后5个交易日内对厦华电子股票予以摘牌，股票终止上市；对《终止上市决定》不服的，可以在上海证券交易所公告决定之日后的5个交易日内申请复核。

厦华电子收到《终止上市决定》后不服，遂以上海证券交易所为被告，向上海金融法院提起行政诉讼。其诉称，2018年以来，厦华电子即以农产品进口为主营业务，在2021年度相应营业收入核查中，应当被认定为主营业务收入。上海证券交易所认为，厦华电子披露的定期报告和询问回复公告显示，其2021年下半年开展的进口冻牛肉业务尚未形成稳定的业务模式。厦华电子2017～2021年连续五年扣非净利润为负，财务报告被年审会计师出具"与持续经营相关的重大不确定性存在较大的不确定性，尚处于形成稳定盈利模式的转型期”的意见，且从相关披露信息中反映，厦华电子开展的进口冻牛肉业务并非一项持续、稳定的业务，故厦华电子主张相应收入作为主营收入计算缺乏事实根据。

2022 年 9 月 9 日，上海金融法院公开审理该案，庭审中，双方当事人围绕《终止上市决定》的法律性质、退市新规的理解与适用、退市决定程序是否正当等争议进行了举证、质证和辩论。当日，上海金融法院作出(2022)沪 74 行初 1 号行政判决：驳回厦华电子的诉讼请求。一审判决后，厦华电子不服，向上海市高级人民法院提起上诉。上海高级人民法院于 2022 年 12 月 27 日作出(2022)沪行终 288 号行政二审判决，判决驳回上诉，维持原判。

(三)争议焦点及法院裁判说理

上海金融法院认为，该案的争议焦点为如下三点：(1)上海证券交易所所作的《终止上市决定》的性质；(2)对《终止上市决定》依据的退市新规的理解与适用；(3)退市决定程序是否正当。

1. 上海证券交易所所作的《终止上市决定》的性质

法院经审理查明认为，证券交易所是依法设立的重要金融基础设施，公开上市的证券交易是受国家监管的金融活动。证券交易所在实施监管行为时，可以作为公法上的法律主体履行相应职责并承担相应责任。本案中，被诉《终止上市决定》作为被告上海证券交易所履行证券交易监管职责之表现，被告依照《证券法》第 48 条、《证券交易所管理办法》第 64 条以及《股票上市规则》的规定作出被诉决定，应当视为授权行政主体；《终止上市决定》系上海证券交易所依照 2022 年《上海证券交易所股票上市规则》，对原告股票所实施的强制退市监管措施，该决定对原告权益产生终局性影响，受合法性原则约束，属于可诉的行政行为。

2. 对《终止上市决定》依据的退市新规的理解与适用

法院认为，主营业务收入是证券交易场所实施证券监管的标准，同时《上海证券交易所股票上市规则》和上海证券交易所监管指南中对“主营业务收入”的认定标准均作了相应规定。同时，2022 年《上海证券交易所股票上市规则》第 9.3.2 条、第 9.3.11 条等条款所规定的组合财务退市指标，亦构成了约束上市公司股票财务类强制退市的法定条件。原告作为市场参与主体应当予以遵守，被告上海证券交易所亦应依照业务规则规定的构成要件，依法对原告财务情况予以认定。本案中，被告上海证券交易所根据原告披露的 2017 ~ 2021 年年报以及问询回复，结合营收扣除专项核查结论以及相关披露文件，认定原告厦华电子 2021 年度营业收入在扣除与主营业务无关或不具备商业实质的收入后的金额为 0 元，并据此作出终止上市决定，认定事实清楚，适用法律正确。

3. 退市决定程序是否正当

法院经审理查明认定，被告上海证券交易所依照 2022 年《上海证券交易所股票上市规则》第 9.3.2 条、第 9.3.11 条、第 9.3.13 条和第 9.3.14 条的规定，在原告厦华电子被实施退市风险警示后，再次触及《上海证券交易所股票上市规则》第 9.3.2 条组合财务退市指标时，事先告知了拟终止上市决定，并依申请组织了听证，调查了相关事实、听取了原告的陈述申辩，经上海证券交易所上市委员会审核后作出被诉终止上市决定，行政程序合法。

（四）诉讼启示

2020 年 11 月，中央全面深化改革委员会第十六次会议审议通过了《健全上市公司退市机制实施方案》和《关于依法从严打击证券违法活动的若干意见》。其后，上海证券交易所于 2022 年 1 月修订了股票上市规则，对组合财务退市指标等强制退市条件作出明确规定，被市场称为“退市新规”。

上海证券交易所依据“退市新规”对厦华电子作出退市决定，系实施证券监管行为的表现。厦华电子起诉上海证券交易所行政处理一案的第一审判决对证券交易所的诉讼地位、自律监管措施的可诉性所作阐述，对进一步深化行政诉讼基本理论的研究和探讨，有着重要理论价值。

法院认为，我国证券交易所系依法设立的、不以营利为目的的、归属中国证监会直接管理的自律监管法人机构。主要职能包括：为证券集中交易提供场所和设施、制定证券交易所的业务规则、组织和监督证券交易及管理和公布市场信息等。与此同时，公开上市的证券交易是受国家监管的金融活动。因此，依照《证券法》第 96 条、第 99 条第 1 款和第 115 条等规定，证券交易所在实施监管行为时，可以作为公法上的法律主体履行相应职责并承担相应责任。同时，自律监管措施并不单纯是基于证券交易所与上市公司的意思自治，还须同时依照法律、法规等上位法的规定予以实施，应当遵循合法性的原则。简言之，应当将退市决定等自律监管措施纳入行政诉讼受案范围。

有观点认为，证券交易所实施的自律监管权是由民事合同权利演化而来的，因此不宜纳入司法审查范围。本案判决否定了该观点，明确证券交易所自律监管措施的属性和相关规范的公法定位并不影响证券交易所依法开展证券交易市场活动，而是更为有力地将证券交易所实施的证券监管行为纳入法治化、透明化的治理路径。行政审判既赋予上市公司必要的救济路径，也从另一个维度促进证券交易所依法公正履行监管职责，完善证券市场治理体系。

厦华电子还是首例因触及组合财务退市指标而涉诉的案件原告。一审法院在审判过程中根据中央全面深化改革委员会《健全上述公司退市机制实施方案》和 2019 年修订的《证券法》的相关精神，确认了证券交易所上市规则在退市制度中的核心规范定位，并依据上市规则对被诉终止上市决定的合法性，即厦华电子相应财务状况是否触及组合财务退市指标进行重点审查，充分展现了组合财务退市指标在上市公司质量评价中的重要性。由此可见，证券交易所在实施自律监管措施时，应健全并合理适用退市机制，把握好退市规则的尺度及判断标准，确保作出的退市决定公开、公正，从而更好地塑造公开透明的资本市场环境，推动上市公司治理在法治化道路上行稳致远、投资者的合法权益得到有效保障。

二、同济堂信息披露违法违规行政处罚案①

导读：2023 年 2 月 17 日，中国证监会发布全面实行股票发行注册制相关制度规则，全面注册制时代到来。信息披露是资本市场健康发展的基石，更是全面注册制制度理念的核心，必将成为未来监管的重点。上市公司财务造假严重破坏资本市场信息披露秩序，侵蚀市场诚信基础，必将遭到严厉打击。

（一）当事人信息

当事人 1：新疆同济堂健康产业股份有限公司（以下简称同济堂）
当事人 2：张某华，时任同济堂法定代表人、董事长
当事人 3：李某，时任同济堂副董事长、总经理
当事人 4：魏某桥，时任同济堂董事、副总经理、财务总监

（二）基本案情

同济堂公司因信息披露违法行为受中国证监会处罚，其违法事实如下：

（1）同济堂《2016 年年度报告》《2017 年年度报告》《2018 年年度报告》中存在虚假记载。2016 ~ 2018 年，同济堂通过同济堂医药有限公司（以下简称同济堂医药）、南京同济堂医药有限公司（以下简称南京同济堂）、新沂同济堂医药有限公司（以下简称新沂同济堂）三家子公司虚构销售及采购业务、虚增销售及管理费用、伪

---

① 参见中国证监会（2022）17 号行政处罚决定书。

造银行回单等方式，累计虚增收入 207.35 亿元，虚增成本 178.51 亿元，虚增利润总额 24.3 亿元。

（2）同济堂《2019 年年度报告》中存在虚假记载，虚增其他业务收入 3.86 亿元，虚增利润总额 3.86 亿元。2019 年同济堂通过虚构业务的方式虚增营业收入－其他业务收入 3.86 亿元，虚增利润总额 3.86 亿元，虚增净利润 2.99 亿元，占 2019 年年度报告中披露净利润的 226.52%，上述情况导致同济堂披露的《2019 年年度报告》存在虚假记载。

（3）同济堂未及时披露及未在 2016～2019 年年度报告中披露控股股东及其关联方非经营性占用资金的关联交易。2016 年 1 月～2019 年 12 月，同济堂在未经过审议程序的情况下，直接或间接通过团风县鑫旺药业有限公司、武汉日月新保健食品有限公司等多家公司累计向控股股东湖北同济堂投资控股有限公司（以下简称同济堂控股）及其关联方提供非经营性资金 25.92 亿元（其中募集专户资金 1.35 亿元），截至 2020 年 6 月 30 日已归还 11.31 亿元，未归还 14.61 亿元。上述占用资金主要用于控股股东及其关联方偿还股票质押融资本息、大股东投资等用途，同济堂未及时披露且未在《2016 年年度报告》《2017 年年度报告》《2018 年年度报告》《2019 年年度报告》中按规定披露控股股东及其关联方非经营性占用资金的关联交易情况。根据《上海证券交易所股票上市规则》（2014 年修订、2018 年修订、2019 年修订）第 10.2.4 条的规定，上市公司与关联法人发生的交易金额在 300 万元以上，且占公司最近一期经审计净资产绝对值 0.5% 以上的关联交易（上市公司提供担保除外），应当及时披露。根据《公开发行证券的公司信息披露内容与格式准则第 2 号——年度报告的内容与格式》（中国证监会公告〔2016〕31 号、中国证监会公告〔2017〕17 号）第 40 条的规定，公司应当披露报告期内发生的重大关联交易事项。同济堂违反《证券法》第 78 条第 1 款、《关于规范上市公司与关联方资金往来及上市公司对外担保若干问题的通知（2017 修改）》第 1 条第 2 项①并构成虚假记载。

（4）同济堂未如实披露公司募集资金存放及实际使用情况。2016 年 5 月，同济堂借壳新疆啤酒花股份有限公司重组上市并以非公开发行方式募集资金 15.51 亿元，其中支付重组交易现金对价 7.81 亿元，拟用于 3 个募投项目 7.70 亿元。2018 年 6 月～2019 年 4 月，同济堂以预付工程款的名义分别向中胜（北京）建设有限公司（以下简称中胜建设）、汉唐电力建设有限公司（以下简称汉唐电力）等 4 家公司累计支付 1.62 亿元，中胜建设、汉唐电力等 4 家公司将上述资金同日转回至同济堂

---

① 此通知已失效，相关规定参见《上市公司资金往来、对外担保的监管要求》第 5 条。

医药,用于支付股利及日常经营开支等方面。上述变更募集资金用途占募集资金总额(7.70亿元)的21%。但同济堂在2019年4月披露的《关于2018年募集资金存放及实际使用情况的专项说明》、2020年6月披露的《关于2019年募集资金存放及实际使用情况的专项说明》中未如实披露募集资金存放及实际使用情况。

(5)同济堂未及时披露且未在《2018年年度报告》《2019年年度报告》中按规定披露为控股股东及其关联方提供担保及重大诉讼的有关事项。2018年1月,同济堂为控股股东同济堂控股承担申万宏源证券有限公司(以下简称申万宏源)10亿元基金份额收购义务事项提供担保,2020年3月20日,申万宏源因同济堂控股未按期履行合同提起诉讼。2020年4月30日,法院裁定冻结同济堂控股、同济堂、张某华、李某银行存款共计10.8亿元。2018年9月同济堂为控股股东及其关联方向锯洲资产管理(上海)有限公司(以下简称锯洲资产)融资2亿元事项提供担保。2019年8月16日~9月11日,同济堂控股至到期日未能全额偿还,锯洲资产提起诉讼。2019年9月9日,法院裁定冻结同济堂控股、湖北同济堂控股科技有限公司、张某华、李某、同济堂医药、武汉卓健投资有限公司、新疆嘉酿投资有限公司、同济堂银行存款2.02亿元。同济堂未按规定及时披露上述重大事件,违反信息披露相关规定,构成重大遗漏。

综上所述,中国证监会认为同济堂上述行为违反信息披露相关规定,其时任董事长张某华,时任副董事长、总经理李某,时任董事、副总经理、财务总监魏某桥是涉案信息披露违法行为的主要策划者、组织实施者,系直接负责的主管人员,应承担相应责任。故决定对同济堂公司责令改正,给予警告,并处以300万元罚款。对张某华、李某夫妇给予警告,并合并处以500万元罚款,其中作为直接负责的主管人员罚款300万元,作为实际控制人罚款200万元;对魏某桥给予警告,并处以100万元罚款。

(三)申辩焦点及证监会说理

当事人对本案申辩要点主要为:(1)同济堂财务造假认定事实不清、证据不足;(2)同济堂虚构收入的认定口径不准确;(3)计算虚构成本使用的毛利率不准确、虚构费用的计算口径偏低;(4)由于走访客户、供应商比例较低,《情况说明》的证明力不足、采纳标准不一;(5)同济堂控股股东占用资金剩余金额仅为10.3527亿元而非14.61亿元;(6)未如实披露公司募集资金存放及实际使用情况并未实际造成损害后果;(7)同济堂未披露诉讼不会对上市公司造成任何损失;(8)《事先告知书》适用法律不当,同济堂在疫情期间做出过重大贡献且目前在积极盘活资产、筹措资金，中国证监会应当减轻处罚；(9)张某华、李某、魏某桥不知悉且已勤勉尽责。

对以上申辩意见，中国证监会认为：

(1)同济堂财务造假的事实清楚、证据充分。经调取发现，从银行调取的公司账户资金流水与公司会计账簿记载的银行资金收付存在重大差异，公司的财务不规范，公司账簿记载的确认收入的会计凭证，原始单据缺失情况较为严重。另外，中国证监会实际走访数据与公司财务确认数据不符，税务资料也显示公司纳税记账造假，以上证据证明同济堂相关收入、成本、费用确认依据不符合会计准则要求，内部资料不能证明相关交易真实存在，外部资料进一步印证公司记账虚假，故认定为虚构。

(2)对于同济堂虚构收入的认定口径的问题，经调查发现，同济堂部分银行存款收款及收入确认缺乏交易合同、发票、物流记录等，公司不能提供对应收入所需原始凭证。《企业会计准则》规定了收入确认条件，确认收入要求与总额法、净额法等会计核算方法或直营业务、渠道业务等表述方式无关。同济堂部门收入无相关原始凭证支撑仍然确认，构成虚构收入。

(3)对于计算虚构成本使用的毛利率不准确、虚构费用的计算口径偏低的意见，中国证监会认为，其系使用公司业务系统——医舟系统记录的虚构交易客户收入、成本为基础计算单个客户的平均毛利率，再整理计算出单个客户的虚构成本。同济堂认为使用该系统计算的毛利率不正确，又坚称其自身使用该系统计算的年报披露数据真实，自相矛盾。

(4)关于走访客户、供应商比例较低，《情况说明》的证明力不足，采纳标准不一的申辩意见，中国证监会认为，通过抽取原则为三年虚增银行流水金额为前十的全部客户、供应商，年均交易额超过2000万元的部分客户、供应商，以及部分挂账金额较大的客户、供应商，覆盖了同济堂账务上反映的重要上下游单位，其出具的《情况说明》均与同济堂账面确认金额存在重大差异。《情况说明》作为第三方证据进一步印证了同济堂账务存在虚假记录，走访比例与虚构收入核算准确性无关。

(5)对于同济堂控股股东占用资金剩余金额仅为10.3527亿元而非14.61亿元的申辩意见，中国证监会认为，2018年，同济堂及其子公司通过5家相关公司同济堂控股股东及关联方占用资金共计4.43亿元，构成事实上的控股股东及其关联方非经营性占用资金的关联交易。上述款项转账时间、转账方负责人态度、资金来往情况等明显不符合常理，综合判断可以认定该4.43亿元属于控股股东及关联方占用资金。

(6)对于未如实披露公司募集资金存放及实际使用情况并未实际造成损害后

果的申辩意见,中国证监会认为,根据相关证券法律法规规定,同济堂应当真实、准确、完整地披露募集资金的实际使用情况。董事会应当每半年度全面核查募集资金投资项目的进展情况,出具《公司募集资金存放与实际使用情况的专项报告》并披露。年度审计时,应聘请会计师事务所对募集资金存放与使用情况出具鉴证报告。其当日回款补充上市公司流动资金并不能构成免责理由。

(7)对于未披露诉讼不会对上市公司造成任何损失的申辩意见,中国证监会认为,同济堂应当按照相关证券法律法规的规定披露相关重大诉讼情况,无论其融资是否在项目公司账面上,均不构成其违反《证券法》规定的信息披露义务的理由。

(8)关于"《事先告知书》适用法律不当"以及"同济堂在疫情期间做出过重大贡献且目前在积极盘活资产、筹措资金,中国证监会应当减轻处罚"的申辩意见,中国证监会认为,本案认定同济堂的信息披露违法行为自 2016 年起至 2019 年处于持续状态,行为终了于现行《证券法》实施后,适用现行《证券法》并无不当。此外,处罚时已经充分考虑相关情况。

(9)对于相关责任人的申辩意见,中国证监会认为,张某华、李某为同济堂实际控制人,张某华时任同济堂董事长,李某时任副董事长、总经理,魏某桥时任董事、副总经理、财务总监,应当作为直接负责的主管人员对其任职期间上市公司的违法违规行为承担责任。

(四)诉讼启示

1. 严厉打击上市公司财务造假破坏市场秩序违法行为示范意义

同济堂信息披露违法违规案系中国证监会发布的 2022 年证监稽查 20 起典型违法案例之一。本案中,2016 年同济堂通过新疆啤酒花股份有限公司借壳上市 A 股市场。为完成签订的对赌协议,同济堂通过系统性财务造假的方式提高公司业绩。对赌协议完成后业绩大幅下滑,引起中国证监会关注并最后予以处罚,该公司目前已被迫退市。就本案而言,中国证监会指出:"本案是一起上市公司系统性造假的典型案例。2016 年至 2019 年,同济堂健康产业股份有限公司通过子公司虚构销售及采购业务、虚增销售及管理费用、伪造银行回单等方式,累计虚增收入 211.21 亿元、利润 28.16 亿元。本案表明,上市公司财务造假严重破坏资本市场信息披露秩序,侵蚀市场诚信基础,监管部门必将予以严厉打击。"[①]随着全面注册制的实施,

---

① 《2022 年证监稽查 20 起典型违法案例》,载中国证券监督管理委员会网 2023 年 3 月 24 日,http://www.csrc.gov.cn/csrc/c100028/c7397653/content.shtml。

上市公司信息披露成为证券市场监管的重中之重，上市公司亦应当将信息披露合规管理放在首位，提高信息披露质量，避免信息披露不当导致的行政处罚、民事纠纷甚至刑事风险。

2. 严格落实信息披露相关制度，未造成损失不构成合理抗辩

本案中，同济堂多次以未依法披露公司募集资金存放及实际使用情况、未依法披露重大诉讼等对上市公司不造成实际损害后果进行抗辩，均未被中国证监会采纳。其提出此种抗辩的原因是对证券法信息制度和相关规则意义存在错误理解。《证券法》第78条“发行人及法律、行政法规和国务院证券监督管理机构规定的其他信息披露义务人，应当及时依法履行信息披露义务。信息披露义务人披露的信息，应当真实、准确、完整，简明清晰，通俗易懂，不得有虚假记载、误导性陈述或者重大遗漏”的规定的根本意义在于保护投资者的合法权益、维护市场的公平公正和稳定运行，通过有效的信息披露，才能建立起一个健康、有序的证券市场，为投资者提供一个公平、透明的交易环境。《证券法》及相关披露规则对信息披露规定并不以造成损害结果为处罚要件，只要违法相关披露规则，就构成违法违规。对此，上市公司应当谨慎意识到信息披露的制度意义，保证信息披露真实、准确、完整。

三、李某国诉中国证监会警告、罚款案[①]

导读：证券市场千变万化，涉及发行人、控股股东、董监高、中介机构、收购人等各类主体。在利益的驱使下，虚假记载、误导性陈述、重大遗漏等信息披露违法行为频频发生。信息披露制度作为监管的核心和主要抓手，能够在一定程度上遏制内幕交易和操纵市场行为，对维护资本市场的稳定发挥着重要作用。在重大资产重组中，究竟谁才是信息披露的义务主体？“有关各方”又应如何理解？这应当是首要回答的问题，因为只有明确了主体责任，后续规制才能有的放矢。

（一）当事人信息

原告：李某国

被告：中国证监会

（二）基本案情

2015年12月17日，宁波A公司开始停牌筹划重大资产重组，重组标的为深圳

---

① 参见《北京金融法院投资者保护十大典型案例》，载“北京金融法院”微信公众号2023年5月16日，https://mp.weixin.qq.com/s/0YidqGy1sCu1czwjIlVY6g。

B公司。2016年12月13日,宁波A公司披露《发行股份及支付现金购买资产并募集配套资金暨关联交易报告书(草案)》(以下简称《交易报告书(草案)》),拟以发行股份及支付现金的方式购买深圳C公司等12名交易对方合计持有的深圳B公司100%股权。本次交易拟购买的资产净额占宁波A公司最近一个会计年度经审计的合并财务会计报告期末净资产额的比例达到50%以上,构成重大资产重组。

2017年7月15日,宁波A公司披露《交易报告书(修订稿)》,同时披露重组方案获得中国证监会核准。7月17日,交易双方完成了深圳B公司100%股权过户及工商变更登记手续,资产重组完成。宁波A公司于2017年8月将深圳B公司纳入合并财务报表。

2014年7月~2018年3月,深圳B公司存在虚增营业收入、利润,虚增应收款项,隐瞒关联关系及关联交易等行为。深圳B公司向宁波A公司提供了含有上述虚假信息的财务报表,导致宁波A公司2016年12月13日披露的《审计报告及财务报表(2014年1月1日至2016年9月30日止)》和《交易报告书(草案)》、2017年7月15日披露的《交易报告书(修订稿)》、2018年4月26日披露的《2017年年度报告》和《2018年第一季度报告》存在虚假记载,《2017年年度报告》存在重大遗漏。

重大资产重组完成后,深圳B公司的财务造假行为仍在继续。宁波A公司在违法行为被发现前及时向证券监管机构报告。

中国证监会认定,在重大资产重组阶段,李某国作为深圳B公司董事长、实际控制人,全面负责决策、组织实施上述违法行为,是深圳B公司信息披露违法行为的直接负责的主管人员,未勤勉尽责且违法情节特别严重。

重大资产重组完成后,宁波A公司披露的《2017年年度报告》存在虚假记载和重大遗漏、《2018年第一季度报告》存在虚假记载,时任宁波A公司副董事长李某国(原深圳B公司董事长)全面负责决策、组织、实施上述财务造假行为,未履行勤勉尽责义务,是宁波A公司信息披露违法行为的直接负责的主管人员,违法情节特别严重。

中国证监会于2021年1月5日作出《行政处罚决定书》,就重大资产重组阶段的违法行为,决定对李某国给予警告,并处以30万元罚款;就重大资产重组完成后的违法行为,决定对李某国给予警告,并处以30万元罚款。同时对涉案公司和其他相关责任人员分别予以处罚。本案的案件经过如图3-9所示。

李某国不服,向北京金融法院提起诉讼,请求撤销上述行政处罚决定中对其的处罚内容。法院判决驳回了李某国的诉讼请求。

各方当事人均未提出上诉,本案已发生法律效力。

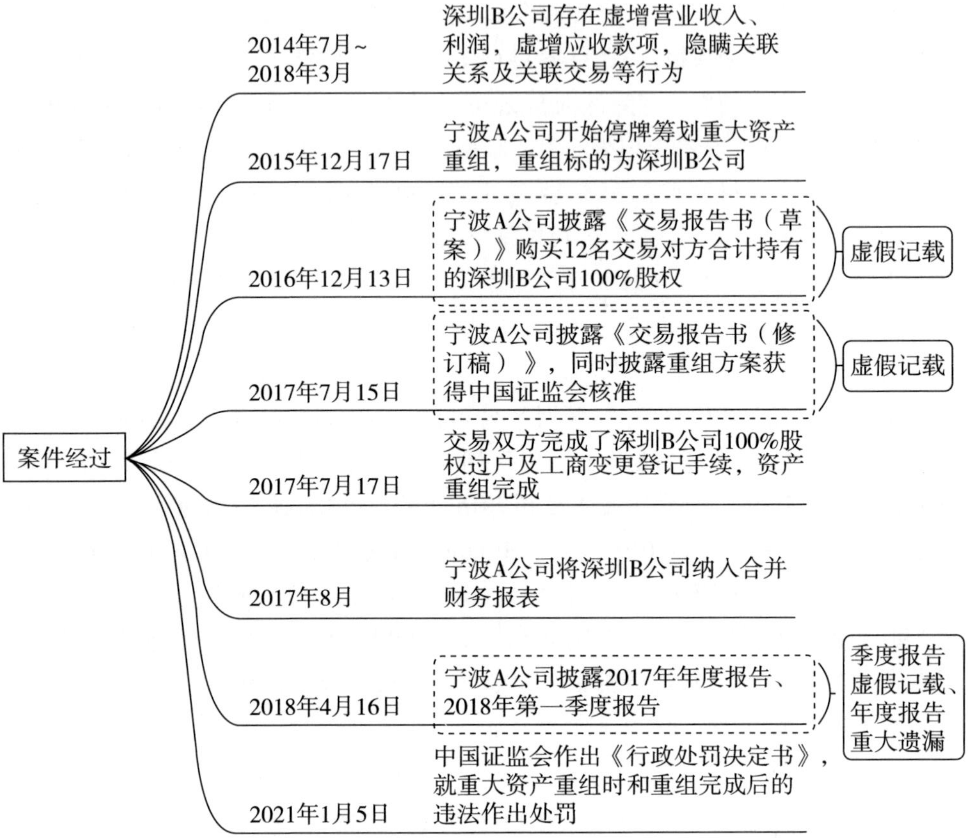

图 3－9　本案案件经过示意

（三）争议焦点及法院裁判说理

该案的争议焦点在于：上市公司收购标的公司的重大资产重组过程中，标的公司是否属于受信息披露规则约束的主体。

法院经审理认为，深圳 B 公司作为交易标的，属于重大资产重组中的“有关各方”，其应当确保为本次重组所提供信息的真实性、准确性和完整性。深圳 B 公司存在虚增收入、虚增利润，虚增应收款项之情形。在重大资产重组阶段，深圳 B 公司向宁波 A 公司提供了含有上述虚假信息的财务报表，导致宁波 A 公司 2016 年 12 月 13 日披露的《审计报告及财务报表（2014 年 1 月 1 日起至 2016 年 9 月 30 日止）》和《交易报告书（草案）》、2017 年 7 月 15 日披露的《交易报告书（修订稿）》存在虚假记载，故深圳 B 公司应当承担信息披露违法的责任。重大资产重组阶段，李某国为深圳 B 公司的董事长、实际控制人，中国证监会对其在该阶段的违法行为给予处罚具有事实及法律依据。

在重大资产重组完成后，深圳B公司继续存在虚增营业收入、利润，虚增应收款项，隐瞒关联关系及关联交易等行为，导致财务并表之后的宁波A公司披露的《2017年年度报告》和《2018年第一季度报告》存在虚假记载，《2017年年度报告》存在重大遗漏。鉴于重大资产重组后，宁波A公司已经持有深圳B公司100%股权并合并财务报表，故相关信息披露义务的主体应为宁波A公司，宁波A公司应当承担信息披露违法的相应责任。同时，鉴于重大资产重组完成后，原深圳B公司董事长李某国担任了宁波A公司副董事长并继续全面负责、组织、实施深圳B公司的财务造假行为，故中国证监会基于李某国该阶段的违法行为给予其行政处罚并无不当。

（四）诉讼启示

1. 以审判立规则，明确了标的公司属于受信息披露规则约束的主体

在涉及上市公司收购标的公司的重大资产重组过程中，法律法规没有直接明确规定标的公司是否属于受信息披露规则约束的主体，因此有观点认为，标的公司不应属于重大资产重组履行信息披露义务的“有关各方”。但是在资产重组完成以前，标的公司不为上市公司所控制，上市公司对外披露的重大资产重组信息有赖于标的公司如实提供，因此标的公司应当属于《上市公司重大资产重组管理办法》（以下简称《重大资产重组办法》）第4条①规定的“有关各方”，亦应受《证券法》规定的上市公司信息披露真实、准确、完整的要求约束，应当如实向上市公司提供财务数据等以供上市公司向广大投资者披露，否则该标的公司及其相关责任人员应承担信息披露不真实的法律责任。

就职于中国证监会上海专员办的黄江东认为：标的公司虽然不是重组交易的协议双方，但它是借壳上市的主体，是最受资本市场关注的对象，因此《重大资产重组办法》第四条所称的“有关各方”当然应当包括标的公司。该条所指的“提供信息”，既包括直接提供，即标的公司的股东向被借壳的上市公司提供，也包括间接提供，即标的公司向其股东提供财务报表等信息，股东再向被借壳的上市公司提供。从本质上看，标的公司是源头上的虚假财务信息提供者。因此，应当认为重组的标的公司属于《重大资产重组办法》上第四条所称的“提供信息者”，进而认为其应属

---

① 《重大资产重组办法》第4条规定：“上市公司实施重大资产重组，有关各方必须及时、公平地披露或者提供信息，保证所披露或者提供信息的真实、准确、完整，不得有虚假记载、误导性陈述或者重大遗漏。”

“其他信息披露义务人”。①

本案是关于重大资产重组标的公司的实际控制人是否应受信息披露规则约束的行政裁判，2022 年最高人民法院、最高人民检察院、公安部、中国证监会联合发布的依法从严打击证券犯罪典型案例之二“郭某军等人违规披露、不披露重要信息案”②也明确了信息披露义务主体的范围和责任承担，即上市公司以外的其他信息披露义务人，提供虚假信息经上市公司公开披露，严重损害股东或者其他人利益的，依法以违规披露、不披露重要信息罪定罪处罚。该案中，被告人郭某军系九某网络科技集团有限公司（以下简称九某集团）实际控制人，被告人杜某芳系郭某军妻子，被告人宋某生系九某集团总裁，被告人王某系九某集团副总监。2013～2015 年，郭某军及杜某芳、宋某生、王某等人为了吸引风投资金投资入股，实现“借壳上市”等目的，组织公司员工通过虚构业务、改变业务性质等多种方式虚增九某集团服务费收入 2.64 亿元、贸易收入 57.47 万元。2015 年 1 月，九某集团在账面上虚增货币资金 3 亿余元，为掩饰上述虚假账面资金，郭某军等人利用外部借款购买理财产品或定期存单，在九某集团账面形成并持续维持 3 亿余元银行存款的假象。为及时归还借款，郭某军等人以上述理财产品、定期存单为担保物，为借款方开出的银行承兑汇票提供质押，随后以银行承兑汇票贴现的方式将资金归还出借方。后郭某军等人在九某集团与鞍某股份有限公司（以下简称鞍某股份，是上市公司）重大资产重组过程中，向鞍某股份提供了含有虚假信息的财务报表。鞍某股份于 2016 年 4 月 23 日公开披露了重组对象九某集团含有虚假内容的 2013～2015 年的主要财务数据，其中虚增资产达到当期披露的九某集团资产总额的 30% 以上；未披露 3.3 亿元理财产品、银行存单质押事项，占九某集团实际净资产的 50% 以上。

“郭某军等人违规披露、不披露重要信息案”与本案在案情上极为相似，最终法院认定郭某军等人均犯违规披露、不披露重要信息罪。明确了《刑法》规定的“依法负有信息披露义务的公司、企业”不限于上市公司，也包括其他披露义务人（作为重大资产重组标的公司的九某集团），其他信息披露义务人提供虚假信息，构成犯罪的，应当依法承担刑事责任。根据中国证监会《上市公司重大资产重组管理办法》《上市公司信息披露管理办法》等相关规定，《刑法》第 161 条规定的“依法负有信息披露义务的公司、企业”，除上市公司外还包括进行收购、重大资产重组、再融资、重大交易的有关各方以及破产管理人等。其他信息披露义务人应当向上市公司提供真实、准确、完整的信息，由上市公司向社会公开披露，这些义务人向上

① 参见李文莉、黄江东：《美国并购集团诉讼的剖析与借鉴》，载《证券市场导报》2015 年第 8 期。

② 参见浙江省杭州市拱墅区人民法院刑事判决书，(2020) 浙 0105 刑初 255 号。

市公司提供虚假信息或隐瞒应当披露的重要信息，构成犯罪的，依法以违规披露、不披露重要信息罪追究刑事责任。“郭某军等人违规披露、不披露重要信息案”与本案在信息披露义务人认定上相同的裁判结果，为后续同类案件的认定提供了范本。

2. 体现了以投资者保护为导向的披露原则

本案是 2023 年北京金融法院发布的投资者保护十大典型案例之一。关于上市公司披露义务，北京大学法学院的甘培忠教授认为，应当将要求上市公司“披露什么”以及“如何披露”的话语权交还给投资者，使信息披露成为投资者和上市公司之间进行博弈的有力工具，即认为“以投资者需求为导向”是构建我国证券市场信息披露制度的更佳选择路径。华政国际金融法律学院郑彧副教授认为，证券市场信息披露的最终目的应该存在于两个方面：一方面，要使信息披露义务主体能够方便、准确、完整地按照信息披露的义务规则做出信息披露，这是信息披露规则价值实现的存在基础；另一方面，确保投资者（包括潜在投资者）能够或充分、方便、完整、及时地获得，以便其进行证券投资的判断和决策。可见，以投资者保护为中心是各主体履行信息披露义务的关键。

证券市场信息披露不真实是资本市场较为常见的违法行为，该行为误导投资者投资决策，严重损害投资者合法权益。打击证券市场信息披露违法行为是维护投资者合法权益、促进资本市场健康发展的重要手段。本案通过审理，进一步明确了在上市公司实施重大资产重组过程中，标的公司亦应遵循上市公司信息披露的基本要求，否则亦应承担相应的法律后果。本案的审理，充分贯彻了中共中央办公厅、国务院办公厅《关于依法从严打击证券违法活动的意见》的精神，体现了维护投资者合法权益的价值取向，为市场主体今后的相关行为树立了规则。同时，通过支持行政机关依法对相关个人作出行政处罚，有助于提升公司实际控制人、高级管理人员等关键岗位人员的法律意识，促进其严格遵守各项法律规定，诚信履责，共同营造良好的资本市场法治环境，促进资本市场的健康稳定发展。

3. 延伸讨论：证券市场信息披露义务主体的嬗变——以案例为切入点

关于证券市场中的信息披露义务人，《证券法》第 78 条第 1 款规定，发行人及法律、行政法规和国务院证券监督管理机构规定的其他信息披露义务人，应当及时依法履行信息披露义务。《上市公司信息披露管理办法》第 62 条第 1 款第 2 项予以细化：“信息披露义务人，是指上市公司及其董事、监事、高级管理人员、股东、实际控制人，收购人，重大资产重组、再融资、重大交易有关各方等自然人、单位及其相关人员，破产管理人及其成员，以及法律、行政法规和中国证监会规定的其他承担信息披露义务的主体。”该条规定较为明确地规定了信息披露义务主体，然而还是留有一定的解释空间，如本案中涉及的“重大资产重组有关各方”，《重大资产管理办法》也延续了这一表述。

“龙薇传媒收购万家文化案”①的法律依据为 2014 年修订的《证券法》第 193 条的“其他信息披露义务人”。在 2019 年修订的《证券法》发布前，“龙薇传媒收购万家文化案”受到了极为广泛的关注，该案与本案虽分属于重大资产重组信息披露和协议收购信息披露，但在案件的裁判和处罚结果上，体现了认定信息披露义务主体的共同倾向。

“龙薇传媒收购万家文化案”被广为关注的原因有二：一是其高达 51 倍的杠杆率，二是案件的主人公为知名演员赵薇。除此之外，从证券监管视角来看，该案中最值得关注的应当是龙薇传媒在协议收购中的数次信息披露以及监管部门对披露义务主体的认定。根据我国《证券法》的规定，信息披露义务人披露的信息，应当真实、准确、完整，简明清晰，通俗易懂，不得有虚假记载、误导性陈述或者重大遗漏。反观龙薇传媒，在股权收购过程中的信息披露触犯了“三宗罪”。首先，是虚假记载。龙薇传媒称，在其自筹资金中，15 亿元借款来自银必信，剩余 149，990 万元是通过质押向中信银行融资。而在中信银行的融资方案中，约定上报审批的最高额度为 30 亿元，中信银行内部实际申报方案中的融资金额也是不超过 30 亿元。可见，龙薇传媒在申请额度上构成了虚假陈述。其次，是误导性陈述。误导性陈述对比虚假记载，是对公司未来前景的粉饰，影响投资者投资决策。龙薇传媒在回复上海证券交易所的公告中声明，“若龙薇传媒未能及时足额取得金融机构股票质押融资，龙薇传媒将积极与万家集团进行沟通以使本次交易顺利完成，同时继续寻求其他金融机构股票质押融资”②。其在实际向中信银行融资失败后，并未积极沟通其他金融机构，而其在公告中所做的具有误导性的陈述引起了万家文化股价的大幅度上涨。最后，是重大遗漏。龙薇传媒早在 2017 年 1 月 23 日就得知中信银行拒绝向其融资，银必信也并未筹备好计划出借的资金。而这一融资失败的信息龙薇传媒并未在 2 月 16 日的公告中进行披露，收购人的融资情况无疑是协议收购过程中

---

① 参见浙江省高级人民法院民事判决书，(2021)浙民终 275 号。

② 万家文化在《关于对上海证券交易所〈关于对浙江万好万家文化股份有限公司权益变动信息披露相关事项的问询函〉回复的公告》中指出了龙薇传媒质押融资风险的同时，还给出了承诺：金融机构股票质押融资目前正在金融机构审批流程中，能否最终取得批准存在一定的不确定性。虽然金融机构股票质押融资是资本市场常见的一种融资方式，但如果龙薇传媒未能及时足额取得金融机构股票质押融资，可能导致龙薇传媒不能及时足额支付第三笔股份转让价款而构成违约，万家集团将因此有权解除股份转让协议，从而导致本次股份收购失败，信息披露义务人提请投资者注意相关风险。

的重大信息,因此龙薇传媒的信息披露中存在重大遗漏。

该案中,龙薇传媒主张其作为收购人,不应适用 2014 年《证券法》第 193 条处罚,收购人并不属于"其他信息披露义务人"范畴。[①]《证券法》中规范了"发行人、上市公司"的信息披露义务,而对作为其他信息披露义务人的主体则未明确,于是产生了"龙薇传媒收购万家文化案"中收购人是否为信息披露义务人的争议。根据龙薇传媒的披露流程,以及实务中大多数收购人的做法,其都并非直接的信息披露者,而往往是将需要披露的相关信息告知上市公司,由作为其收购对象的上市公司向中国证监会和证券交易所报告,同时在指定的媒体或平台公告。处罚机关则认为,2014 年《证券法》第 193 条规定了发行人、上市公司及其他信息披露义务人的信息披露义务。信息披露义务主体所披露的信息不仅止于法定信息,主动或被动披露的信息也应当真实、准确、完整、及时。依据《上市公司收购管理办法》的规定,龙薇传媒作为收购人属于信息披露义务人,属于《证券法》"其他信息披露义务人"的范畴,依法适用 2014 年《证券法》第 193 条。

谁应当是信息披露的主体,这是信息披露制度首先要回答的问题。只有明确了主体责任,后续的规制才会有的放矢。"龙薇传媒收购万家文化案"是 2019 年修订的《证券法》出台前的案例,结合本案,对我们梳理监管倾向以及立法态度有着重大意义。从该案的处罚到 2019 年修订的《证券法》的颁布,再到本案明确了标的公司同样属于"有关各方",信息披露义务主体的范围实现了"三级跳",呈现立法及实践扩大信息披露义务主体的覆盖范围的明确倾向,清扫了信息披露的主体盲区,强化了相关主体的信息披露义务。

四、四川宏达股份有限公司诉中国银保监会[②]、中国银保监会四川监管局[③]行政强制措施及行政复议案[④]

导读:本案是首例金融监管部门对于信托公司的股东采取限制股东权利的强制措施后引发行政诉讼的案件。本案明确无论是信托公司的控股股东还是非控股股东,挪用信托公司资金,造成信托公司违反审慎经营规则,拒不整改的,金融监管部门可以对其采取限制股东权利的强制措施。同时,明确了该行为的性质属于行政强制措施,不应当适用行政处罚的程序规定。本案对于依法支持金融监管部门

① 参见《中国证监会市场禁入决定书(孔德永、赵薇、黄有龙)》(〔2018〕7 号)。

② 现为中国金融监管总局。

③ 现为中国金融监管总局四川监管局。

④ 参见北京金融法院行政判决书,(2021)京 74 行终 67 号。

采取防范金融风险措施,避免系统性风险具有重要意义。

(一)当事人信息

原告:四川宏达股份有限公司(以下简称宏达股份)

被告:中国银保监会四川监管局(以下简称四川银保监局)

(二)基本案情

四川银保监局于2020年12月22日作出川银保监强字〔2020〕5号《监管强制措施决定书》(以下简称被诉决定),该决定载明:"2019年以来,我局要求四川信托有限公司切实承担风险防控主体责任,做好风险防范化解工作,并下发金融监管意见书、开展监管约谈,指出四川信托有限公司存在信托项目资金被股东四川宏达股份有限公司及其关联方挪用的情形,要求限期整改。但四川信托有限公司和你单位拒不整改,不配合我局开展风险处置,四川信托有限公司相关行为已严重违反审慎经营规则。以上事实有……为证。你单位向我局提出了陈述申辩意见。经复核,我局认为,一是你单位及关联方挪用四川信托有限公司信托项目资金且拒不整改的相关行为事实清楚,证据充分;二是适用法律依据准确;三是我局多次约谈你单位实际控制人、四川信托有限公司实际控制人刘某龙,明确要求股东挪用四川信托项目资金必须归位。你单位作为违法实施主体拒不承认违法行为、主张没有配合义务,明显与实际情况不符。我局对你单位的陈述申辩意见不予采纳。实施监管强制措施依据:《信托公司股权管理暂行办法》(中国银行保险监督管理委员会令2020年第4号)第六十六条第(十一)项和《中华人民共和国银行业监督管理法》第三十七条第一款第(四)项。实施审慎监管强制措施决定:限制你单位参与四川信托有限公司经营管理的相关权利,包括股东大会召开请求权、表决权、提名权、提案权、处分权等。本决定书自送达之日起生效……你单位作出整改后,应向我局提交整改报告。我局将视验收检查情况决定是否解除审慎监管强制措施或进一步采取监管措施。在未收到我局发出的《解除监管强制措施决定书》之前,本决定书继续有效。"宏达股份不服,向中国银保监会申请复议。中国银保监会于2021年4月1日作出银保监行复决字〔2021〕117号《行政复议决定书》(以下简称被诉复议决定),决定维持四川银保监局作出的被诉决定。

2021年10月22日,一审法院作出判决认为,依据《银行业监督管理法》第2条、第8条和第37条的规定,四川银保监局具有对宏达股份作出被诉决定的职权。依据《行政复议法》第12条第2款的规定,中国银保监会作为四川银保监局的上一级主管部门,具有作出被诉复议决定的职权。

宏达股份不服一审判决,上诉至北京金融法院(以下简称二审法院),二审法院另查明如下事实:

2014年12月12日,四川银保监局向四川信托有限公司(以下简称四川信托)作出川银监检〔2014〕32号《现场检查意见书》,将检查及整改意见向四川信托作出告知。该告知主要载明两方面内容:(1)检查发现的问题及评价判断。①合规问题。其中一项内容为不按信托目的使用资金、将资金运用于其他项目或关联方。②风险问题。(2)整改意见。其中一项内容为加强项目的资金管理,严禁将项目资金挪用于非信托目的的用途。

2019年8月27日,四川银保监局向四川信托印发《中国银保监会四川监管局办公室关于进一步做好信托公司风险排查工作的通知》,认为从前期风险排查情况来看,风险排查不深入、不细致,风险揭示不充分、不准确等问题较为突出,不利于下一步有效开展风险管控工作,要求四川信托再一次开展风险全面摸底排查工作。

2019年11月20日的《中国银保监会四川监管局监管约谈四川信托有限公司会议纪要》载明,2019年10月31日、11月11日,四川银保监局两次监管约谈四川信托实际控制人,宏达集团董事局主席刘某龙,指出四川信托存在的主要风险和问题,其中一个风险和问题是潜在违规关联交易,并对四川信托和控股股东提出监管要求。

2019年12月31日,四川银保监局向四川信托作出川银保监管〔2019〕14号《金融监管意见书》,将发现的主要问题和监管意见向四川信托作出告知。其中,存在的问题主要有:(1)违规关联交易。①信托项目资金挪用至控股股东及其关联方,一是川银监检〔2014〕32号《现场检查意见书》指出,2014年4月成立的成都国际商城项目的部分资金被挪用至宏达集团,截至本次调查结束,四川信托无法证明相关资金已归位完成整改。二是2013年11月成立的金沙国际商城项目的部分资金被挪用至宏达股份。三是2013年6月成立的聚信5号集合资金信托计划的部分资金被挪用至宏达集团,其中部分转回至该信托计划专户。四是2017年3月成立的锦宜3号集合资金信托计划的部分资金转至宏达股份。五是2012年4月成立的白鹤滩大型水电站配套项目贷款集合资金信托计划的部分资金转至宏达集团关联企业。六是2019年9月成立的鑫怡凯盛集合资金信托计划的部分资金被挪用至宏达集团。②固有贷款挪用至其他股东及其关联方。(2)资金被挪用至其他用途。(3)新增项目掩盖存量项目风险。(4)尽职调查严重失职。(5)审查审批流于形式。(6)违反程序发放贷款。(7)信托项目期限错配、多层嵌套。(8)穿透后单个信托计划自然人人数超过50人。(9)信息披露不充分。(10)表内资产风险分类不准确,拨备计提不足。(11)信托风险项目未充分反映,预计负债不足。监管意见为:(1)严肃整改问责;(2)严格规范压降资金池;(3)严格履行受托责任;(4)加强拨备和资本管理;(5)完善恢复与处置计划。要求相关整改问责报告和恢复与处置计划应于2020年1月底前书面报告四川银保监局。

2020年2月3日,四川信托向四川银保监局出具《四川信托有限公司关于落实〈金融监管意见书〉情况的汇报》,汇报了整改落实情况、恢复与处置计划和内部问责情况。整改落实情况的主要内容为:对公司治理、制度建设和风险管理优化完善;项目整改情况;资金池压降;拨备和资本管理。其中,项目整改情况中向股东和关联方询证项目资金情况,制定项目整改方案的情况如下:本次金融监管意见书中提及成都国际商城集合资金信托计划、金沙国际商城特定资产收益权集合资金信托计划、聚信5号集合资金投资信托计划、锦宜3号集合资金信托计划、白鹤滩大型水电站配套项目贷款集合资金信托计划、鑫怡凯盛集合资金信托计划6个信托项目和成都通安达实业、吉家村、白鹤滩水泥3个固有贷款项目的部分资金流向了股东及关联方。公司立即组织对上述项目进行了排查,对相关项目的审批流程和贷后管理工作进行了梳理,审慎认为公司基本做到了贷前审查融资人的资金缺口和用途,并按照合同约定进行放款和资金监管,贷后收集资金实际划付的用款合同和凭证。对于资金多次划转后的最终流向缺乏有效的监控手段。公司已制定整体的整改方案:上述固有贷款项目公司力争在2020年年内全部结束;信托项目采取多种方式加快清收,力争年内结束。根据监管的提示,公司也及时向融资人、公司相关股东和关联方发函进行询证,核实所属项目资金最终的流向。目前已收到股东宏达集团、濠吉集团相关回函,其中与宏达集团、宏达股份相关项目具体说明如下:(1)川宏实业和聚信5号资金情况。宏达集团并未收到中强实业任何款项,宏达集团周转贷款向川宏实业及下属公司借款7.3亿元;收到聚信项目资金2000万元。宏达集团已于2014年5月~2015年3月累计向川宏实业及下属公司划款10.4亿元,截至2019年12月31日川宏实业欠宏达集团2.9亿元。(2)金沙国际项目资金情况。宏达股份并未收到成都川宏金沙商业管理有限公司任何款项,但收到川宏实业资金2亿元。宏达股份已于2014年8月转给川宏实业资金2亿元。(3)锦宜3号资金情况。宏达股份并未收到成都博之源商贸有限公司任何款项,但收到川宏实业下属公司2.42亿元。宏达股份于2017年1月预付货款给川宏实业下属公司2.5亿元,川宏实业下属公司未按时供货,于2017年3月退回预付货款2.42亿元。(4)白鹤滩项目资金使用情况。白鹤滩水泥2011年12月向西昌天华借款7000万元、2012年1

月借入 3500 万元、2012 年 2 月借入 1500 万元、2012 年 3 月借入 700 万元，共计 1.9 亿元。2012 年 4 月，白鹤滩水泥归还西昌天华 1.08 亿元借款，尚欠西昌天华 8200 万元。（5）鑫怡凯盛资金情况。四川鑫怡凯盛科技有限公司于 2019 年 8 月 28 日向宏达集团借款 2376 万元，2019 年 9 月 12 日委托成都澳福莱贸易有限公司归还 95.5 万元，截至 2019 年 12 月 31 日四川鑫怡凯盛科技有限公司欠宏达集团 2280.50 万元。

2020 年 5 月 25 日的《四川银保监局、四川省地方金融监管局监管约谈四川信托有限公司会议纪要》载明，2020 年 4 月 24 日，四川银保监局、四川省地方金融监管局联合约谈四川信托实际控制人刘某龙和党委书记王某峰，传达了相关会议精神，要求四川信托必须立即停止相关违规行为，通报了相关事项，听取了四川信托汇报，提出监管要求，其中一项要求是对监管部门发现的股东挪用四川信托项目资金必须归位，并研究制订后续增资扩股计划，否则责任股东股权将被清零。

2020 年 7 月 8 日，四川银保监局向四川信托作出川银保监管〔2020〕20 号《金融监管意见书》，将发现的主要问题和监管意见向四川信托作出告知。存在的主要问题有 12 项内容，其中一项为违规开展关联交易，向股东进行利益输送。一是通过固有业务向股东融出资金，涉及股东宏达集团、濠吉集团、汇源集团有限公司及相关联企业；二是信托资金违规运用于股东及关联方，涉及股东宏达集团、宏达股份、濠吉集团及相关联企业。监管意见是：（1）真实反映风险水平。（2）严格关联交易管理。（3）严格规范压降资金池。（4）加强合规管理。（5）严肃整改问责。要求在 2020 年 7 月底前落实整改问责，并书面报告有关情况，将结合整改问责情况研究采取进一步的监管问责措施。

四川信托根据上述监管意见，将宏达股份涉嫌挪用资金的相关问题向宏达股份发函。宏达股份回复四川信托，宏达股份没有挪用相关资金。2020 年 8 月 3 日，四川信托向四川银保监局印发《四川信托有限公司关于落实〈金融监管意见书〉（川银保监管〔2020〕20 号）的情况报告》，其中，报告的“正在整改情况”中的第 2 点针对“违规开展关联交易，向股东进行利益输送”的问题说明如下：“本次意见书共提及相关的 6 个固有业务和 23 个信托项目，其中部分项目资金使用情况公司前期已向股东方发函询证，并通过《四川信托有限公司关于落实〈金融监管意见书〉（川银保监管〔2019〕14 号）的情况报告》向贵局进行了汇报。针对此次意见书中新增项目，包括启维科技、佳宇建筑、尊享优债、聚信 3 号、宏锦 3 号、宏锦 6 号，一方面，公司组织相关部门对上述项目进行了自查，对相关项目的审批流程和贷后管理工作进行了梳理，审慎认为公司基本做到了贷前审查融资人的资金缺口和用途，并按照合同约定进行放款和资金监管，贷后收集资金实际划付的用款合同和凭证；另一方面，公司立即向相关股东和融资方发函，要求其对本次意见书提及的相关事项进行回复，鉴于贵局未批准对融资方协查函进行用印，公司仅向相关股东送达了协查函。”

2020 年 12 月 18 日，四川银保监局向宏达股份作出川银保监管告〔2020〕4 号《监管强制措施意见告知书》，告知宏达股份拟向其实施的监管强制措施，如对措施意见有异议，可在接到告知书之日起 3 个自然日内向四川银保监局提出书面陈述和申辩意见。当日，四川银保监局向宏达股份直接送达上述告知。2020 年 12 月 20 日，宏达股份向四川银保监局提交《关于〈监管强制措施意见告知书〉（川银保监管告〔2020〕4 号）的陈述和申辩意见》。2020 年 12 月 21 日，四川银保监局对宏达股份陈述申辩意见进行审查，并经四川银保监局负责人批准。2020 年 12 月 22 日，四川银保监局作出被诉决定，并直接送达宏达股份。

宏达股份不服被诉决定，向中国银保监会提起行政复议申请。2021 年 2 月 4 日，中国银保监会受理宏达股份的行政复议申请。2021 年 2 月 18 日，中国银保监会向四川银保监局作出行政复议答复通知书。2021 年 2 月 22 日，四川银保监局收到中国银保监会的上述通知。2021 年 3 月 4 日，四川银保监局向中国银保监会提交行政复议答复书及相关材料。2021 年 4 月 1 日，中国银保监会作出被诉复议决定。中国银保监会向宏达股份邮寄被诉复议决定。

另查明，2021 年 2 月 6 日为休息日，2 月 11～17 日为春节假期。

再查明，二审法院庭审中，四川信托明确表示对四川银保监局认定的相关违法事实予以认可。此外，上诉人宏达股份认可四川信托将涉案监管意见书中涉及其的相关部分对其进行了告知，宏达股份提交了相关意见，并表示其不存在四川银保监局认定的挪用信托基金财产的行为。

（三）争议焦点及法院裁判说理

1. 一审法院裁判观点

一审法院认为，本案各方当事人争议的焦点为：（1）宏达股份是否存在被诉决定中认定的情形；（2）被诉决定程序是否合法。

第一，关于宏达股份是否存在被诉决定中认定的情形的问题。《银行业监督管理法》第 21 条规定：“银行业金融机构的审慎经营规则，由法律、行政法规规定，也可以由国务院银行业监督管理机构依照法律、行政法规制定。前款规定的审慎经营规则，包括风险管理、内部控制、资本充足率、资产质量、损失准备金、风险集中、关联交易、资产流动性等内容。银行业金融机构应当严格遵守审慎经营规则。”根据该法第 37 条第 1 款规定，银行业金融机构违反审慎经营规则的，国务院银行业监督管理机构或者其省一级派出机构应当责令限期改正；逾期未改正的，或者其行为严重危及该银行业金融机构的稳健运行、损害存款人和其他客户合法权益的，经国务院银行业监督管理机构或者其省一级派出机构负责人批准，可以区别情形，采取相关措施。根据《信托公司股权管理暂行办法》第 66 条第 11 项的规定，信托公司股东或其控股股东、实际控制人、关联方、一致行动人、最终受益人等存在不配合国务院银行业监督管理机构或其派出机构开展风险处置的，造成信托公司违反审慎经营规则的，国务院银行业监督管理机构或其派出机构根据《银行业监督管理法》第 37 条的规定，可以限制信托公司股东参与经营管理的相关权利。本案中，四川信托的信托项目资金存在被股东宏达股份及其关联方挪用的情形。四川信托根据监管的提示，将金融监管意见书中的相关事项向融资人、公司相关股东和关联方发函进行询证，宏达股份表示不存在违规开展关联的情况。四川信托落实相关金融监管意见书的汇报、报告显示，宏达股份、四川信托对该项整改要求未按照要求改正，不配合四川银保监局开展风险处置，四川信托相关行为已严重违反审慎经营规则。

第二，关于被诉决定程序是否合法的问题。根据《银行业监督管理法》第 37 条第 1 款的规定，银行业金融机构违反审慎经营规则的，国务院银行业监督管理机构或者其省一级派出机构应当责令限期改正；逾期未改正的，或者其行为严重危及该银行业金融机构的稳健运行、损害存款人和其他客户合法权益的，经国务院银行业监督管理机构或者其省一级派出机构负责人批准，可以区别情形，采取相关措施。本案中，2019 年 12 月 31 日、2020 年 7 月 8 日，四川银保监局分别向四川信托下发金融监管意见书，指出四川信托存在信托项目资金被股东宏达股份及其关联方挪用的情形，并要求限期改正。四川信托根据监管的提示，将金融监管意见书中的相关事项向融资人、公司相关股东和关联方发函进行询证，宏达股份向四川信托针对相关问题予以回复。2020 年 12 月 18 日，四川银保监局将拟对宏达股份实施的监管强制措施及相关陈述申辩权向宏达股份予以书面告知。宏达股份在限期内向四川银保监局提出陈述申辩。四川银保监局对宏达股份的陈述申辩予以审查，并经四川银保监局负责人批准，于 2020 年 12 月 22 日作出被诉决定并直接送达宏达股份。四川银保监局的上述做法，并不违反《银行业监督管理法》的相关规定。宏达股份主张未履行责令限期整改等前置程序、未充分保障其申辩权的观点，不能成立。因被诉决定并非行政处罚行为，宏达股份主张四川银保监局作出被诉决定的程序不符合《中国银保监会行政处罚办法》第 59 条规定的观点，亦不能成立。

综上所述，一审法院认为，四川银保监局根据查明的情况，按照法定程序，对四川信托的股东宏达股份，根据《银行业监督管理法》第 37 条第 1 款第 4 项的规定，并参照《信托公司股权管理暂行办法》第 66 条第 11 项的规定，作出被诉决定，并无不当。最高人民法院《关于适用〈中华人民共和国行政诉讼法〉的解释》第 135 条第 1 款规定，复议机关决定维持原行政行为的，法院应当在审查原行政行为合法性的同时，一并审查复议决定的合法性。本案中，中国银保监会收到宏达股份的复议申请后，按照法定程序向四川银保监局送达行政复议答复通知书，并在法定期限内作出被诉复议决定，对被诉决定予以维持，并无不当。综上所述，宏达股份的诉讼请求缺乏事实和法律依据，法院不予支持。一审法院依据《行政诉讼法》第 69 条、第 79 条之规定，判决驳回了宏达股份的诉讼请求。

2. 二审法院裁判观点

二审法院认为，《银行业监督管理法》第 37 条第 1 款第 4 项规定，“银行业金融机构违反审慎经营规则的，国务院银行业监督管理机构或者其省一级派出机构应当责令限期改正；逾期未改正的，或者其行为严重危及该银行业金融机构的稳健运行、损害存款人和其他客户合法权益的，经国务院银行业监督管理机构或者其省一级派出机构负责人批准，可以区别情形，采取下列措施……（四）责令控股股东转让股权或者限制有关股东的权利……”《信托公司股权管理暂行办法》第 66 条第 11 项规定，“信托公司股东或其控股股东、实际控制人、关联方、一致行动人、最终受益人等存在下列情形，造成信托公司违反审慎经营规则的，国务院银行业监督管理机构或其派出机构根据《中华人民共和国银行业监督管理法》第三十七条规定，可以限制信托公司股东参与经营管理的相关权利，包括股东大会召开请求权、表决权、提名权、提案权、处分权等；责令信托公司控股股东转让股权，股权转让完成前，限制其股东权利，限期未完成转让的，由符合国务院银行业监督管理机构相关要求的投资人按照评估价格受让股权……（十一）不配合国务院银行业监督管理机构或其派出机构开展风险处置的……”根据前述条文的规定，在四川信托违反审慎经营规则的情形下，四川银保监局有权对宏达股份作出限制股东权利的行政强制措施。

第一，关于上诉人主张其并未占用信托资金的问题。依据《信托公司管理办法》第 34 条的规定，信托公司开展信托业务，不得将信托财产挪用于非信托目的的用途。《信托公司集合资金信托计划管理办法》第 27 条第 3 项规定，信托公司管理信托计划，不得将信托资金直接或间接运用于信托公司的股东及其关联人，但信托资金全部来源于股东或其关联人的除外。首先，本案中涉及的信托计划均约定了信托计划的用途,应该按照信托计划约定用途使用信托资金,四川银保监局提供的证据可以证明涉案信托计划中部分信托资金流向了上诉人及其关联方。无论上诉人之后是否已经归还资金,均已经违反信托计划约定的用途,违反前述办法的规定,造成了一定的金融风险。其次,上诉人主张相关款项已经归还关联方,但其提供的材料亦不足以证明相关资金已经归还于信托计划中。在此情况下,四川信托违反了前述法规的规定,宏达股份挪用信托财产,造成了四川信托违反审慎经营规则,在四川信托未按照监管部门的要求开展风险处置的情况下,四川银保监局对宏达股份作出被诉决定并无不当。

第二,关于上诉人主张的被诉决定程序违法的问题。首先,《银行业监督管理法》第37条第1款规定,银行业金融机构违反审慎经营规则的,国务院银行业监督管理机构或者其省一级派出机构应当责令限期改正;逾期未改正的,或者其行为严重危及该银行业金融机构的稳健运行、损害存款人和其他客户合法权益的,经国务院银行业监督管理机构或者其省一级派出机构负责人批准,可以区别情形,采取相关措施。该条并未对责令限期改正的形式作出明确规定,本案中,四川银保监局作出的川银保监管〔2020〕20号《金融监管意见书》中明确提出了责令整改的要求,在四川信托未予整改的情况下,四川银保监局作出被诉决定符合法律规定。上诉人主张相关责令整改要求并未向其送达,该项主张不具有法律依据,且上诉人亦认可四川信托已经将相关情况对其进行告知,其仅针对宏达股份未挪用信托资金提交了相关意见。在此情况下,四川银保监局作出被诉决定并未侵害其程序性权利。其次,《行政强制法》第2条第2款规定:“行政强制措施,是指行政机关在行政管理过程中,为制止违法行为、防止证据损毁、避免危害发生、控制危险扩大等情形,依法对公民的人身自由实施暂时性限制,或者对公民、法人或者其他组织的财物实施暂时性控制的行为。”该法第18条规定:“行政机关实施行政强制措施应当遵守下列规定:(一)实施前须向行政机关负责人报告并经批准;(二)由两名以上行政执法人员实施;(三)出示执法身份证件;(四)通知当事人到场;(五)当场告知当事人采取行政强制措施的理由、依据以及当事人依法享有的权利、救济途径;(六)听取当事人的陈述和申辩;(七)制作现场笔录;(八)现场笔录由当事人和行政执法人员签名或者盖章,当事人拒绝的,在笔录中予以注明;(九)当事人不到场的,邀请见证人到场,由见证人和行政执法人员在现场笔录上签名或者盖章;(十)法律、法规规定的其他程序。”本案中,四川银保监局作出对股东权利限制的决定属于为了防止涉案信托公司风险进一步扩大的暂时性控制的行为,属于行政强制措施的范围,不属于行政处罚,故上诉人主张应当适用行政处罚的相关程序缺乏事实及法律依据。四川银保监局在作出本案被诉决定时，告知当事人拟对其采取被诉行为的理由、依据以及当事人依法享有的权利、救济途径，听取了上诉人的陈述和申辩，并未违反《行政强制法》第 18 条的规定。

第三，关于四川银保监局未提供证据材料原件和一审法院驳回上诉人调取证据申请的问题。四川银保监局在庭审过程中对其未提交证据原件的情况进行了合理说明，且大量证据原件均保存于四川信托，相关银行凭证上诉人作为行为主体亦可以通过其他途径予以核对，上诉人并未举证证明相关复印件存在不真实的情形，故应当认定四川银保监局尽到了举证义务。上诉人在一审期间申请调取的证据，上诉人作为公司股东可以获取，且四川银保监局提供的证据已经可以证明资金流向的相关情况，故一审法院驳回上诉人的调取证据申请并无不当。上诉人关于一审程序违法的主张缺乏事实及法律依据。此外，二审法院认同一审法院关于被诉复议决定职权及程序合法性的意见。

综上所述，宏达股份的上诉理由不能成立，二审法院对其上诉请求不予支持，依照《行政诉讼法》第 89 条第 1 款第 1 项的规定，判决：驳回上诉，维持一审判决。

（四）诉讼启示

北京金融法院负责审理由中级人民法院受理的对"一行两会一局"等国家金融管理部门以及其他国务院组成部门和法律、法规、规章授权的组织因履行金融监管职责作出的行政行为不服提起诉讼的第一审涉金融行政案件，和北京市基层人民法院作出的涉金融行政案件判决、裁定提起的上诉案件。对此类案件的审理，一方面，要依法监督金融监管部门的行政行为，另一方面，也要依法支持金融监管部门开展金融风险防范化解工作。本案中，北京金融法院依据《行政强制法》《银行业监督管理法》等法律规定，认定信托公司股东挪用信托基金、不配合开展风险处置工作，造成信托公司违反审慎经营规则的，国务院银行业监督机构或其派出机构可以采取限制信托公司股东参与经营管理相关权利的行政强制措施，对信托公司股东提起的上诉予以驳回，依法支持了金融监管部门采取风险防控措施，保障金融市场的健康、稳定发展。另外，本案是全国首个信托领域因限制股东权利引起的行政案件，本案中限制股东权利的行为属于行政处罚还是行政强制，是一个值得研究的学术问题。本案中，法官依据法律规定以及行政法学理论综合分析后，从限制股东权利行为的目的性、暂时性、即时性的特点出发，认定该行为属于行政强制措施，符合法理和法律规定。信托公司股东挪用信托资金、不配合金融监管部门开展风险处置工作，造成信托公司违反审慎经营规则，拒不整改的，金融监管部门有权依法采取限制信托公司股东(包括非控股股东)参与经营管理权利的措施。上述限制措施是为防止信托公司风险进一步扩大的暂时性控制行为,属于行政强制措施的范围,不属于行政处罚,故应当按照《行政强制法》规定的程序进行。该判决为进一步厘清金融监管行为的法律属性及其法律依据作出了有益的探索。

五、王某某泄露内幕信息、金某某内幕交易案[①]

导读:本案积极适用第三方评估机制开展企业合规工作,突出检察机关在合规工作中的全流程主导作用,探索实践检察机关主导的企业合规路径。积极参与企业合规整改,是否成为减轻或者免除刑罚的一种有效路径?在事后合规中,如何才能为自己争取最大利益?这些问题对于与本案类似的企业高管而言,显得十分重要。

(一)当事人信息

公诉机关:北京市人民检察院第二分院
被告人1:王某沣
被告人2:金某

(二)基本案情

2016 年 12 月,广东某电子科技股份有限公司(以下简称广东某电子公司)拟向深圳市某畅科技股份有限公司(以下简称深圳某畅公司)出售其全资子公司江西某电子科技有限公司。2017 年 1 月 15 日,广东某电子公司实际控制人卢某光与深圳某畅公司时任总经理张某涛基本达成合作意向。同年 2 月 9 日,双方正式签署收购意向协议,同日下午向深圳证券交易所报备,次日开始停牌。同年 4 月 7 日,深圳某畅公司发布复牌公告,宣布与广东某电子公司终止资产重组。本案收购经过如图 3 - 10 所示。经中国证监会认定,上述收购事项在公开前属于内幕信息,内幕信息敏感期为 2017 年 1 月 15 日 ~4 月 7 日。被告人王某沣作为广东某电子公司董事会秘书,自动议开始便知悉重组计划,参与重组事项,系内幕信息的知情人员。

2016 年 12 月、2017 年 2 月 9 日,被告人王某沣在见面和通话过程中,两次向其好友,被告人金某泄露重组计划和时间进程。金某为非法获利,获取内幕信息后于 2017 年 2 月 9 日紧急筹集资金,使用本人证券账户买入深圳某畅公司股票 8.37 万

---

① 参见北京市第二中级人民法院刑事判决书,(2021)京 02 刑初 154 号。

股,成交金额 411 万余元,复牌后陆续卖出,亏损合计 50 余万元。

本案收购经过见图 3－10。

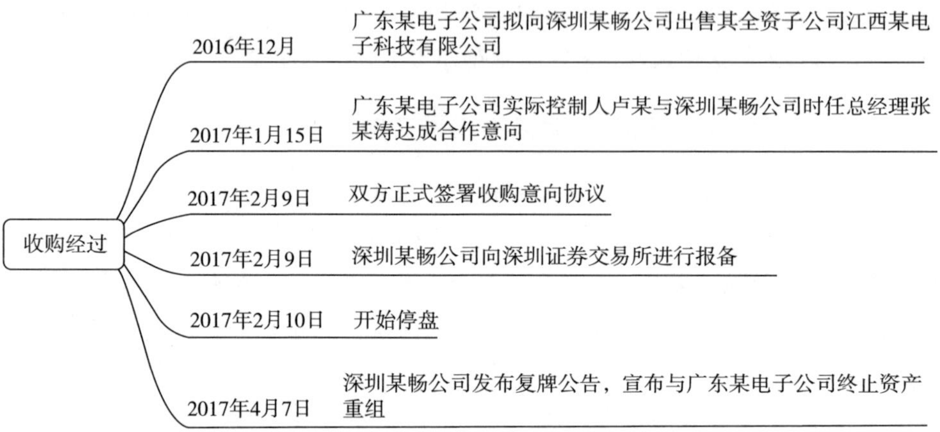

图 3－10　本案收购经过示意

2018 年 4 月 18 日,中国证监会对王某沣泄露内幕信息、金某内幕交易行为作出行政处罚决定,对二人分别处以罚款 10 万元、20 万元。王某沣、金某缴纳了罚款。

2019 年 2 月 12 日,中国证监会将王某沣、金某犯罪线索移送公安部;同年 3 月 1 日,公安部经济犯罪侦查局决定将本案移交北京市公安局经济犯罪侦查总队侦查;同年 12 月 23 日,北京市公安局进行立案。2021 年 5 月 6 日,王某沣、金某主动到案,并分别如实供述泄露内幕信息、内幕交易的犯罪事实。二人当日被刑事拘留,同年 6 月 11 日被逮捕,同年 9 月 23 日被取保候审。

针对上述指控的事实,公诉机关当庭宣读、出示了书证、证人证言、被告人供述等证据材料,认为被告人王某沣作为证券交易内幕信息知情人员,在对证券交易价格有重大影响的信息尚未公开前,泄露该信息给他人,导致他人从事与该内幕信息有关的证券交易,情节特别严重;被告人金某在内幕信息敏感期内,从内幕信息知情人处非法获取内幕信息后进行证券交易,情节特别严重,二被告人的行为均已触犯《刑法》第 180 条第 1 款之规定,犯罪事实清楚,证据确实、充分,应当分别以泄露内幕信息罪、内幕交易罪追究刑事责任。鉴于王某沣、金某具有自首情节且自愿认罪认罚,建议对二人均判处 2 年至 2 年 6 个月有期徒刑,适用缓刑,并处罚金。

法院经审理后判决:(1)被告人王某沣犯泄露内幕信息罪,判处有期徒刑 2 年,缓刑 2 年,并处罚金 10 万元(缓刑考验期限,从判决确定之日起计算;罚金已折抵)。(2)被告人金某犯内幕交易罪,判处有期徒刑 2 年,缓刑 2 年,并处罚金 20 万元(缓刑考验期限,从判决确定之日起计算;罚金已折抵)。

(三)争议焦点及法院裁判说理

北京市第二中级人民法院认为,本案争议焦点主要为以下三方面:(1)王某沣与金某并未从犯罪中获利,是否应成为从宽量刑情节;(2)被告人王某沣与金某是否存在其他量刑情节;(3)王某沣与金某是否适用缓刑。具体分析说明如下:

1. 王某沣与金某并未从犯罪中获利,是否应成为从宽量刑情节

辩护人发表如下辩护意见:王某沣未从犯罪中获利;金某内幕交易无实际获利,危害结果不大。

法院认为,金融安全系国家安全的重要组成部分,为进一步防范和化解金融风险,国家强化金融监管,加大对证券犯罪的惩处力度。泄露内幕信息、内幕交易虽与非法获利目的相关,但危害性更在于对证券市场公平交易秩序和国家金融管理秩序的破坏。内幕交易成交额大小与对公平交易秩序、金融管理秩序的破坏程度高低密切相关,相关司法解释将成交额作为衡量泄露内幕信息、内幕交易情节严重、情节特别严重的标准。王某沣长期从事资本运营,明知内幕信息对证券交易价格具有重大影响,故意向金某泄露内幕信息,金某利用从王某沣处非法获取的内幕信息进行证券交易,成交额高达 411 万余元,超过最高人民法院、最高人民检察院《关于办理内幕交易、泄露内幕信息刑事案件具体应用法律若干问题的解释》规定的“证券交易成交额在二百五十万元以上”,构成情节特别严重的数额标准,不能仅因二人未实际获利,就认为相关行为的危害结果不大,进而对二人从宽处罚。

2. 被告人王某沣与金某是否存在其他量刑情节

法院认为,两名被告人存在自首、认罪认罚等法定量刑情节。另外,王某沣积极参与合规整改,客观上有利于促进企业合法守规经营,优化营商环境,实现办案法律效果与社会效果的统一,可在本案量刑时酌情考虑。

3. 王某沣与金某是否适用缓刑

法院认为,根据王某沣、金某具有的上述量刑情节,可对二人均予以减轻处罚,二人属于可以宣告缓刑的对象;王某沣、金某此前无前科劣迹,犯罪后认罪悔罪,人身危险性较小;司法行政机关通过调查评估,认为王某沣、金某对所居住社区没有明显不良影响,愿意对二人进行社区矫正;对王某沣、金某适用缓刑,既能贯彻宽严相济刑事政策,实现惩教并重刑罚目的,亦可以促进矫正对象顺利融入社会,兼顾敬老扶幼等家庭和社会责任的履行。据此,王某沣、金某符合缓刑法定条件,法院对二人依法宣告缓刑。

(四)诉讼启示

1. 内幕交易罪的核心是“交易性”

从《刑法》第180条的条文表述看,内幕交易、泄露内幕交易信息罪的客观行为有四种:“买入或者卖出该证券,或者从事与该内幕信息有关的期货交易,或者泄露该信息,或者明示、暗示他人从事上述交易活动”。前两种行为都是证券、期货的交易行为,因交易对象有证券和期货之分,故在行文上分开表述,因此该条实际上规定了交易、泄露以及明示、暗示他人交易三种行为。而法条对后两种行为模式的表述,易使人认为行为人只要实施了泄露内幕消息或者明示、暗示他人进行交易的行为就构成该罪。肖中华教授指出,内幕信息的知情人员或者非法获取内幕消息的人员自己不进行交易,仅是泄露内幕消息或者明示、暗示他人从事相关交易的,也构成泄露内幕信息罪。也有学者认为,纯粹的暗示行为,由于没有泄露内幕消息,也没有进一步产生后续的基于内幕消息的证券、期货交易,不应该纳入该罪的归置范围,但明示他人从事证券、期货交易的,即使被建议者没有实际交易行为,仍构成泄露内幕信息罪。也有实务人员认为,“交易性”是构罪的核心要件。但无论持上述何种观点,基于内幕消息进行交易活动,盈利与否都不是构罪的核心要件。

2. 涉案个人积极参与合规整改,可以获得宽大处理结果

我国检察机关一直在积极探索企业合规制度。2019年12月,最高人民检察院理论研究所提交《检察职能有待拓展的空间:刑事合规监督》的专题报告,提出以优化营商环境与保护民营企业作为切入点,构建中国的企业合规检察监督机制。2020年3月,最高人民检察院在6家基层检察院开展第一期试点,重点探索企业合规相对不起诉制度。2020年11月,最高人民检察院决定成立企业合规问题工作组,统筹安排企业合规的实践与理论问题。2021年3月,最高人民检察院在工作报告中指出,“探索督促涉案企业合规管理”。2021年4月,最高人民检察院启动第二批企业合规改革试点,重点探索第三方监管机制的构建、运行与完善,同时扩大相应的试点范围,涉及十个省(直辖市),可以根据本省(直辖市)情况自行确定1～2个设区的市级检察院及其所辖基层检察院作为试点单位。2021年6月,最高人民检察院召开主题新闻发布会,发布《关于建立涉案企业合规第三方监督评估机制的指导意见(试行)》,同时发布第一批企业合规相关的4个典型案例。2021年12月,最高人民检察院发布第二批企业合规典型案例,重点是第三方监督评估机制。

随着改革的进一步深入,我国出现了不同于英美国家“放过企业,严惩自然人”的合规理念,即“既放过企业,也放过自然人”。由此,在很多刑事案件中,有效的合

规整改就成为对企业责任人员作出宽大处理的直接依据。对此，北京大学的陈瑞华教授提出了合规的关联性理论。所谓合规关联性理论，是指在检察机关启动合规整改的案件中，涉案企业建立或完善了合规管理体系，有效发挥预防犯罪作用的，作为犯罪嫌疑人的责任人员，无论是企业的法定代表人、实际控制人、高级技术人员，还是企业中层管理或者普通员工，只有提出足够证据，证明自己在企业进行合规整改中作出了积极有效的贡献，通过自己的行为帮助企业采取了补救挽损措施，推动了企业合规管理体系的建立或者完善，才能获得检察机关的宽大处理。

由此观之，该案例是企业合规整改中通过积极参与合规整改获得检察机关宽大处理，经由法院审判确认的经典案例。不少企业家或者是具有责任的工作人员，可以通过积极参与事后合规整改来取得宽大处理的结果。

后　　记

“中国上市公司诉讼蓝皮书”是北京策略律师事务所联合北京市金融服务法学研究会、中央财经大学金融服务法研究中心首创推出并已连续发布四年的研究项目。研究成果收获了业界的积极反响并引起了不少上市公司的关注。2023 年 2 月 18 日，在上海举办的“首届法律服务业品牌发展论坛”中，《2021～2022 中国上市公司诉讼蓝皮书》更有幸获评“律所品牌优秀案例‘特色品牌影响力奖’”。

为持续展开对中国上市公司诉讼状况的“年度总结”，供资本市场从业者、法律工作者洞察市场、观测得失，同时淬炼策略律所的特色业务和专业品牌，2023 年春夏之交，本部《2022～2023 中国上市公司诉讼蓝皮书》的编撰工作启动，二十余位法律伙伴应声加入编写队伍。本书覆盖上市公司 5079 家，拆解诉讼案例的总数达 22,516 件，由各个维度统计分析而来的数据则是不可胜计。海量收集案例、整理信息、阐释数据，这是一项庞大而艰巨的工程，真挚感谢数据组伙伴们所付出的辛勤汗水！

将视角切至典型案例撰写方面，今年为更好地向广大读者呈现案例全貌、实现资本市场法律研究与上市公司经营实战的良性互动，在总主编的策划下，编委会采取内部撰稿与面向上市公司邀稿相结合的方式，征集含案件背景、争讼过程、后续处置、法院文书等在内的可供公开的事实材料，因此，相较往年更能凝结实战经验与诉讼启示，内容值得期待。

春种秋收，本部《2022～2023 中国上市公司诉讼蓝皮书》的出版须一并致谢姜帅、邹龙妹、周忠成、王安东、宋立妍、宋鹤、杨功鹏、丁文庆、郭琴婷、陈乙芳、康笛、孟祥昊、杨睿、章祥兵、赵婷婷、张培铮、高歌、苗萍、田彦钰、王金强、吴玉婷、蔡九川、谢安丽等同仁，以及法律出版社朱轶佳编辑，他们严谨出色、不辞辛苦，为本书的顺利面世贡献了专业、热情与耐心。

愿以此书增益中国资本市场的法治建设，并堪切磋老友、结交新朋。文中涉及大量数据与案例，如发现疏漏与不当之处，敬请读者们雅正。

“中国上市公司诉讼蓝皮书”编委会

2023 年 8 月